L. H.

Kochbuch für drei und mehr Personen

L. H.

Kochbuch für drei und mehr Personen

ISBN/EAN: 9783742896414

Hergestellt in Europa, USA, Kanada, Australien, Japan

Cover: Foto ©Lupo / pixelio.de

Manufactured and distributed by brebook publishing software (www.brebook.com)

L. H.

Kochbuch für drei und mehr Personen

Kochbuch
für drei und mehr Personen.

Eine Anleitung,
gut aber auch sparsam für kleinere Haushaltungen zu kochen.

 Besonders für junge Frauen.

Von H. L.

München 1897.
Verlagsbuchhandlung Seitz & Schauer.

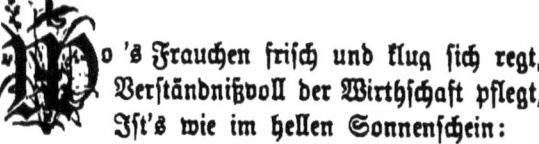

Wo 's Frauchen frisch und klug sich regt,
Verständnißvoll der Wirthschaft pflegt,
Ist's wie im hellen Sonnenschein:
Es nistet sich Behagen ein!
Selbst wenn der Mann verstimmt, beklommen
Von seiner Arbeit heimgekommen,
So wird ihm Aug' und Herz schon heller
Sieht er vor sich den Suppenteller
Voll kräft'ger Brüh', der keine gleicht
Und die sein Liebchen stolz ihm reicht.
Und wenn dann erst des Bratens Duft
Mit seiner Würze füllt die Luft,
Sein Wohlschmack ihn befriedigt, mundet,
Und er's in Wort und Blick bekundet,
Dünkt Sorge ihn wie leichter Flaum,
An seine Arbeit denkt er kaum —
Und bis der Nachtisch dann gekommen,
Wird schon in Lieb' und Glück geschwommen.

Ja, ja, die Lieb' geht durch den Magen!
So ganz im Stillen darf man's sagen.
Drum Frauen, folgt in Einem mir,
Schließt Freundschaft mit dem Kochbuch hier;
Es wird in gut' und bösen Tagen
Euch treulich stets das Beste sagen
Und so sich heimlich Euch verbünden,
Des Hauses Frohsinn zu begründen!

Vorwort.

Trotz der Unzahl Kochbücher, welche existiren, gibt es nur wenige, die für einen kleinen Haushalt wirklich handlich sind. Ich reduzirte daher meine erprobten Rezepte für drei Personen, zunächst um meiner jung verheiratheten Tochter zu nützen; doch glaube ich mit Veröffentlichung derselben allen jungen Frauen oder solchen, welche es werden wollen, einen Dienst zu erweisen: sie werden darin in Kürze Alles finden, um ihren Tisch mit Abwechslung und Wohlgeschmack zu bestellen. — Zu einer guten Küche gehört vor Allem eine aufmerksame Köchin, und eine Frau, welche mit Liebe für ihren Mann kocht, wird auch ohne große Vorkenntnisse in der Kochkunst in Bälde eine tüchtige Köchin werden, wenn sie sich genau nach den Rezepten und den Vorbemerkungen eines jeden Abschnittes richtet.

Ist es nöthig, für eine größere Anzahl von Personen zu kochen, so darf man z. B. nur das doppelte Quantum für sechs Personen nehmen. Es ist immer leichter, die Masse um das Zwei-, Drei- oder Vierfache zu vergrößern, als Rezepte für 12 Personen auf weniger zu reduziren. Für Suppen, Saucen, auch Gemüse läßt sich das Mehl z. B. nicht genau bestimmen, da ja der Appetit verschieden ist. Für guten Appetit nehme man, wenn ein Löffel angegeben ist, denselben gehäuft voll, und Butter oder Fett muß dementsprechend sein, daß es eine dickfließende Einbrenn gibt.

Um allen Anforderungen möglichst zu entsprechen, war ich besorgt, bei guter Küche so sparsam als möglich zu verfahren und fügte deßhalb auch einen Abschnitt über Verwendung von Fleisch= resten bei.

Der wider Erwarten rasche Absatz, welchen die früheren Auflagen fanden, erscheint mir der beste Lohn für meine Arbeit.

Die Verfasserin.

Sachregister.

A.

	Nr.
Aal, blau abgesotten	497
— gebraten	496
— gesulzt	533
Aalraupen	498
Abstechen d. Geflügels	406
Abziehen des Hasen	450
Aeschen	501
Agnesenplätzchen	836
Amarellen	1012
Ananas-Bowle	974
— Gefrornes	943
— Gelée	1046
Anchovis	249
— Bröbchen	236
Anisbrod	819
— Laibchen	864
— Liqueur	979
Apfel-Auflauf	685
— Compot	988
— — verrührtes	989
— Gelée	1044. 1045
— Kuchen, belegter	789
— — gedeckter	788
— — gerührter	792
— — mit Marmelade	790
— — schwedischer	791
— Küchel	732
— Marmelade	1035
— Michel	629
— im Schlafrock	635
— Schmarn	619
— Schnitze	1003
— Strudel	650
Aprikosen-Bowle	972
— Compot	998
— im Dunst	1026
— eingemachte	1017
Aprikosen-Gefrorenes	941
— — mit Rahm	942
— Kuchen	782
— Küchel	733
— Marmelade	1032
— Sauce	703
Aralfrüchte	1025
Artischocken	200
Aspik	517
Auerhahn	448
Aufläufe	676—692
Auflösen der Gelatine	914
— — Hausenblase	914
Ausnehmen des Geflügels	406
Austern	244

B.

	Nr.
Backen aus d. Schmalz	726
Backteig mit Bier	728
— mit Brandteig	730
— mit Hefe	731
— mit Milch	729
— mit Wein	727
Bäckereien, kleine	826—881
Barben	486
Barsch, abgeschmälzter	494
— gebackener	493
Bavesen mit Haché	571
Beefsteaks	293
— mit Hindernissen	295
— rohe	296
— auf dem Rost	294
Beignets von Pfirsich	734
Bettelmann	630
Bier, warmes	963
— Suppe	98

	Nr.
Birkhahn	449
Birnen, gebratene	991
— Compot	990
— in Essig	1049
— mit Schlagrahm	992
— Schnitze	1004
Bischof	958
— Brod	820
Biscuit	847
— oder Biscottensuppe	43
— mit Chaubeau	645
— Krapfen	846
— Masse	774
— mit Obstschaum	644
— Roulade	815
— Stein	845
Bitterplätzchen	851
Blanc mangers	923
Blätterteig	770
Blaufelchen, blau abgesotten	503
— gebraten	504
Blaukohl	204
Blaukraut	205
Blitzkuchen	823
Blumenkohl-Gemüse	180
— in Essig	1056
— Salat	183
— Suppe	24. 81
Blutwürste	549
Boeuf à la mode	278
Bögen mit Mandeln	830
Bohnen, eingemachte	186
— grüne	183
— — auf andere Art	184
— — getrocknete	185
— in Essig	1054

Sachregister.

	Nr.
Bohnen-Püree	211
— Salat	135. 136
— in Salzwasser	1053
— Sauce	121
— weiße	136. 210
Brachsen	505
Brandkrapfen	740
Brandteig	730
Brandstrauben	739
Bratenreste mit Ochsenaugen	567
— mit Macaroni	562
— mit Rührei	566
Bratwürste	546
Bries, gebackenes	350
— Suppe	29
Brioche	765
Brod-Torte	804
— Suppe, durchgetriebene	53. 54. 73
Brokoli	203
Brödchen	234—243
— belegte	239
Brösel-Knödel	56
— Ringe	835
— Teig	768
Brunnenkresse	143
Butter	230—233
— Blättchen	840
— Blumen	839
— Brezen	838
— — mit Hefe	761
— Englische	230
— Hörnchen	762
— Laibchen, feines	752
— Nockensuppe	48
— Sauce	113
— — kalte	126
— Suppe	86
Butterteigschnitten	798
— Törtchen mit Erdbeeren	797

C.

	Nr.
Cacao	952
Cakes	872
Cardinal	976
Cardonen	201
Caviar	235. 245
Champignonsauce	109
Chaudeausauce	122

	Nr.
Chokolade	950
— Auflauf	686
— Brödchen	867
— Busserln	860
— Crême	901
— — in Dunst	910
— — m. Schlagrahm	916
— Gefrorenes	945
— Glasur	889
— Krapfen	846
— Lebkuchen	880
— Makronen	849
— Muscheln	868
— Pudding	715
— — mit Schwarzbrod	716
— Sauce	698
— Schaum	869
— Schnee-Schaum	647
— Stangen	858
— Strudel	652
— Suppe	97
— Torte	805
Claret	975
Compots	988—1010
Crambambuli	961
Crême	892—920
— mit Anisette	913
— mit Maraskino	913. 919
— Nocken	674
— russische	897
— Tortelettes	833
Crevettes	247
Croutons	584

D.

	Nr.
Dalken, böhmische	638
Dampfnudeln	636
Danziger Zwieback	818
Dorsch	507
Dressiren d. Geflügels	407
Dunst-Crême	907—913
— Obst ohne Zucker	1031

E.

	Nr.
Eier, eingerührte	603
— gefüllte, kalte	606
— — in Sauce	607
— — warme	605

	Nr.
Eier-Gerstensuppe	16
— Grog	960
— hartgesottene	600
— Käßsuppe	47
— Punsch	956
— — kalter	978
— Spiegel (Ochsenaugen)	601
— verlorene	602
— weichgesottene	599
— Sauce	119
Eierschwerkuchen	822
Einbrennsuppe	74
Einmachsuppe	20
Elisenlebkuchen	881
Endiviensalat	144
— Gemüse	179
— Suppe	26. 80
Ente, gebratene	426
— gedünstete	427
Entenjung (klein)	429
— — Suppe	31
Erbsen, gebackene	44. 45
— grüne	190
— Püree	212
— — grünes	192
— Suppe	51. 75
— — grüne	51. 76
Erdbeer-Bowle	970
— Compot	997
— eingemachte	1015
— Gefrorenes	931
— — mit Wasser	932
— Kuchen	785
— Schnee	941
Essig, Estragon	1058
— Gurken	1050
— Himbeer	1059

F.

	Nr.
Farcen, Füllen	225—229
Farinplätzchen	876
Fasanen	439
— mit Sauerkraut	440
— Brust mit Trüffel	441
— Salmi	442
Faschingskrapfen	749
Fastensulze	519
Feldsalat	143
Filetbraten	289
— gedämpfter	290

Sachregister.

	Nr.
Filet mit Madeira	291
— auf Wildpretart	292
Fingernudeln	675
Fische, Zubereitung und Tödten	470
— in Mayonnaise	252
— in Form gesulzt	533
— Knödel (Klöße)	88
— Nocken	89
Fisch-Pudding	595
— Rogensuppe	91
— Salat	516
— Sud	471
— Suppe, klare	70
— übersulzte	534
Flaumsuppe	14
Fleckchensuppe	19
Fleischbrühe	1
— Knödel	61
— — gebacken	62
— Kotelettes	554
— Kuchen	574
— Mehlspeisen	590—598
— Pfannkuchen	558
— Pudding	575
Fleischreste in Gurken-sauce	559
— geröstet	555
— Pastete	565
— mit Sardellen	563
— Roulade	276
— Salat	151. 561
— mit Sardellen	556
— Semmelschmarn	568
— Sulze-Aspik	517
— Strudel	573
— Würstchen mit Sardellen	557
Forellen, blau gesotten	474
— gebacken	476
— in Mayonnaise	475
— Franzosensuppe	83
Fricandeau	319
Frikassee, gemischtes	351
— Sauce	115
Froschschenkel, ein-gemachte	515
— gebacken	514
— Suppe	90
Früchte, eingemachte	1011—1046

	Nr.
Früchte in Essig	1047—1059
Fruchtzucker	987

G.

	Nr.
Gangfische	501
Gans, gebratene	424
— gefüllte	425
— gesulzte	521
Gansjung(Gänseklein)	429
Gansjungsuppe	30
Gansleber	430
— — Croquetten	263
— — gedünstet	262
— — gesulzt	522
— — Pastete, kalt	544
— Reste	428
Gartenerdbeeren, ein-gemacht	1015
Gebackene Erbsen-suppe	40. 41
Gebackenes, gemischtes	266
Gebackene Knödel	67
Geflügel, zahmes	406—430
Gefrornes	929—947
Gefrorener Pudding à la Nesselrode	946
Gelatin	914. 922
Gemsrücken	462
— Schlegel	463
Gemüse	174—225
Genueser Roulade	816
Geriebene Gersten-suppe	17
Gerstensuppe mit kleinen Rüben	9
— Schleimsuppe	8
— Wasser	967
Gesundheitskuchen	754
Getränke	948—987
— mit Obstsaft	968
Gewürzkuchen	825
Glasur, farbige	890
— Chokolade	889
— kalte	886
— Punsch	887
— Spritz	891
— warme	885
— weißgerührte	888
Glühwein	957

	Nr.
Goldwürfelsuppe	39
Götterspeise	718
Gries-Auflauf	681
— gebackener	743
— kalter	723
— Knödel (Klöße)	59
— Mus	666
— Nocken	59. 672
— — mit Chokolade	673
— Pudding	713
— Schmarn	622
— Suppe	11. 85
— — süße	95
Grog	959
Grundeln, gebackene	502
Grünkernsuppe	12
Gugelhopf	753
Gulasch	288
— ungarische Art	287
Gurkensalat	140
— in Essig	1050
— mit Senf	1051
— mit Zucker	1052
— Sauce	106

H.

	Nr.
Haché	560
Habersuppe	13
Hagebutten-Sauce	702
— Makronen	852
— Marmelade	1039
Hackbraten	396
Hammelsbraten	366
— Carré	373
— Kotelettes	370
— — gedünstete	371
— — gespickt	372
— Ragout	374
— Schlegel auf Wild-pret-Art	367
— Schulter, gedünstete	368
— — gefüllte	369
Häringe	250
— frische	506
Hase, gebeizter	452
— gebratener	451
Hasenjung (-Pfeffer)	453
— Pastete	538
Haselhühner	443
Haselnuß-Gefrorenes	940

Sachregister.

	Nr.
Haselnuß-Lebkuchen	879
— Makronen	853
— Schnitten	843
— Stangen	857
— Würstchen	866
Hasenöhrchen	745
Hausenblase 914.	921
Hecht, blau abgesotten	489
— gebacken	492
— gebraten	490
— gedünstet	491
Hechtbärschling	495
Hechten-Farce	227
Hefen-Backwerk	751—767
— Kranz, einfacher	756
— — gefüllter	755
Hefenteig-Bereitung	751
— zu Obstkuchen	772
Heidelbeer-Compot	1005
— eingemachte	1023
— Liqueur	980
— Kuchen	784
Henne, gebeizte	417
— in Frikasseesauce	416
Himbeeren, eingemachte	1014
— Bowle	971
— Compot	995
— Essig	1059
— Gefrorenes	933
— — mit Maraskino	934
— Kuchen	793
— Liqueur	982
— Marmelade	1034
— Saft	986
— Sauce	705
Hirn in Aspik	525
— Bavesen	347
— — Suppe	40
— Knödel	65
— Koch	41
— Pfannkuchen	597
— Suppe	22
Hirschkalbsrücken, gebraten	461
— Rücken, marinirt	462
— Schlegel, gedämpft	463
— Wild, braun eingemacht	465
— Ziemer mit Kruste	464
Hirschschwamm	223
Hohlhippen	828

	Nr.
Holdersuppe	100
Hollerküchel	737
— Mus	1010
Holländische Sauce	114
Honigpläßchen	877
Hopfensprossen-Salat	139
— Gemüse	188
Hörnchen, gefüllte	748
Huchen	478
— gebraten	479
— in Sauce	480
Huhn, eingemacht	414
— gebraten	412
— weiß gedünstet	413
— gesulztes	526
— Paprika	415
Hühner-Farce	226
— gebaden	419
— Knödel	64
— Knödelsuppe	63
— Suppe, gestoßene	35
— in Mayonnaise	254
Hummer in Mayonnaise	253

J.

	Nr.
Jägerbraten	280
— Schnitten	572
— Suppe	32
Indian, gebraten	408
Johannisbeeren, eingemachte	1016
— Compot	996
— Gefrorenes	936
— Gelée	1042
— Kuchen	786
— Schnee	642
Italienischer Salat	148
— — feiner	149
— — in Aspik	535

K.

	Nr.
Kabeljau	507
Kaffee	948
— Auflauf	689
— Crème mit Schlagrahm	920
— Liqueur	983
Kaiserschmarrn	616

	Nr.
Kalbfleisch	309—365
— als falscher Salm	528
— eingemachtes	321
— Farce	225
— gebackenes	339
— gedämpftes	317
— in Rahmsauce	318
— gesulztes	531
— gesulzt in Form	523
— in Essig abgesottenes	322
— kaltes	527
— Pastete	539
Kalbsbraten, gebrösetter	310
— pikanter	311
— Bries 258.	349
— — gebackenes	350
— — Suppe	29
— Brust, gefüllte	314
— gespickte	316
— Carré	338
— Fricandeau 319.	320
— Füße, eingemachte	363
— — gebackene	364
— Gekröse, eingemachtes	360
— Gulasch	323
— Haxe	361
— — abgebräunte	362
— Herz, gespicktes	358
— Hirn, eingemachtes 257.	345
— — gebackenes	346
— — in Kräutersauce	256
— — in Mayonnaise	255
— Kopf, abgebräunter	342
— — mit Champignons	343
— — mit Sauce	344
— — Suppe	21
— Kotelettes	333
— — faschirte	335
— — gefüllte	336
— — mit Sardellen	337
— — naturel	334
— Leber, gebackene	352
— — geröstete	353
— — saure	355
— Schnitzchen	354
— Lunge, eingemachte	359
— Milchnersuppe	29

Sachregister.

	Nr.		Nr.		Nr.
Kalbs-Milz als Schnepfenkoth	260	Kartoffel-Knödel	60	Kirschen-Kuchen mit Hefenteig	779
— Milzwurst	553	— — zu Ragout	589	— — gerührter	780
— Nierenbraten	312	— Laibchen	167	— — mit Rahmguß	777
— — roulirt	313	— Nudel	165	— — mit Sandteig	778
— Nierenschnitten	261	— Pastetchen	173	— Sauce	700
— Nieren, geröstete	356	— Pudding mit Schinken	596	— Schmarn	618
— — sauere	357	— Puffer	166	— Strudel	651
— Pilaff	324	— Püree	163	Klären der Gelatine	922
— Roulade	315	— Püreenocken	164	— der Hausenblase	921
— — kalte mit Sardellen	529	— Püreesalat mit Sardellen	146	— des Zuckers	882
— Schlegel, gebraten	309	— mit Rührei	171	Kletzenbrod	767
— — in der Rahmsauce	318	— mit Salami	169	Klops	576. 840
— Schnitzchen(naturel)	327	— Salat	145	— in Sardellensauce	341
— Rahmschnitzchen	328	— — mit Häring	147	Knödel	585—590
— Schnitzchen mit Sardellen	329	— Sauce	120	— feine	585
— — mit Paprika	330	— sauere	159	— gebackene	67
— Schnitzchen, panirte	331	— in der Schale	152	Köche, siehe Aufläufe	676
— — faschirte	332	— Schmarn	172	Kohlrabi	180
— Vögel	325	— Schnitz	157	— auf andere Art	181
— — gespickte	326	— Speise mit Schinkenfülle	265	— gefüllte	182
— Zunge	365	— Suppe	78	Kolatschen, Linzer	834
Kapaun, gebratener	409	— Torte	808	Kopfsalat	142
— gedünsteter	410	Käse-Bröbchen	241	Kopfsalatgemüse	179
Kapernsauce	105	— Stangen	760	Kotelettes, faschirte	335
Karamel	883	Kästuchen	796	— mit Hirn gefüllt	336
— Crême	902	Kastanien-Auflauf	692	Korallenschwamm	223
— in Dunst	912	— mit Aepfeln	1007	Krabben (Crevettes)	247
Karlsbadermus	660	Kastanienberg	646	Krachkuchen	824
Karfiol, siehe Blumenkohl	189	— Crême mit Schlagrahm	917	Kraftbrühe für Kranke (beef tea)	3
Karpfen	481	— gebratene	216	Krammetsvögel	432
— abgesottener	482	— gedünstete	217	Krapfen	749
— gebackener	483	— glacirte	219	Krautkopf, gefüllter	207
— gebratener	485	— Pudding	714	Krautsalat, warmer	138
— in schwarzer Sauce	484	— Püree	218	Kräutersauce	124
Karthäuser Klöße	628	— mit Schlagrahm	898	Kräutersuppe	25. 80
Kartoffel	152—173	— Torte	809	Krebse	246
— Auflauf	684	Kaviar	245	— Butter	231
— mit Bratwürsten	170	— Bröbchen	235	— Farce	229
— gebackene	162	Kerbelrübchen	198	— Suppe	92
— gebratene	161	Kindsmus	658	Kroquetten von Gänseleber	263
— gedünstete	160	Kirchweihnudeln	750	Kuchen, eierschwerer	822
— geröstete	153	Kirschen-Compot	993	— englischer	812
— geschwungene mit Petersilie	156	— Croquetten	631	Kuchenmichel	620
		— eingemachte	1013	Kuheuter	308
— Gemüse mit Petersilie	158	— gebackene	735		
		— getrocknete	701	**L.**	
— mit Häring	168	— Kuchen	775	Laberdan	510
		— — mit Biscuitguß	776	Lachs	472

Sachregister.

	Nr.
Lachs, blau abgesotten	473
Lachsforellen	477
Lammfleisch	375—385
— eingemachtes	380
— gebackenes	385
— mit Paprika	382
— in Rahmsauce	381
— mit Wurzeln	384
— Hase, gebratener	375
Lammsbraten, gespickter	376
— auf Wildpretart	377
— Rotelettes mit Fleischfarce	379
— Pilaff	383
— Viertel, gefülltes	378
Lapins, junge	386
Leberwürste	549
— Frankfurter	552
— Knödel	588
— Nocken	58
— Schnitzchen	354
— Spatzen	49
— Suppe	34, 82
Lebkuchen-Chokolade	880
— Elisen	881
— Haselnuß	879
— weiße	878
Lendenbraten s. Filet	289
— Pastete	540
Lerchen	432
Limonade	964
— warme	962
Linsengemüse	213
— Püree	214
— Salat	137
— Suppe	52. 77
Linzer Torte	811
— Golatschen	834

M.

Macaroni	577
— mit Schinken	590
— mit Schinken und Reis	591
Makronen	848
— feinerer Art	850
Madeirasauce	112
Mainwein	969
Mandelbögen	854
— Bretzen	855

	Nr.
Mandelmilch	966
— — gesulzte	923
— — Sulze in zwei Farben	924
— Pudding	711
— Torte	806
Mangold	202
Maraskino-Crème mit Schlagrahm	919
— in Dunst	913
— Sulze	928
Marktknödel	57
Marmeladensauce	704
Marzipan	873
— brauner	874
Mayonnaise	125
— mit Butter	126
Meerrettig	127
— mit Aepfeln	128
— mit Milch	118
— mit Semmel	117
— warmer	116
Mehlschmarn	615
— gebackener	617
Mehlspeisen	610
Meringuen mit Schlagrahm	831
Milchbrod	757
— Chokolade	950
— Suppe	93
Milchner s. Kalbsbries.	
Milzsuppe	33
— Schnitten	50
— Wassersuppe	82
Mirabellen, eingemachte	1021
— in Dunst	1029
Mus, gewickeltes	659
— Karlsbader	660

N.

Nierenschnitten	261
Nocken, Salzburger	671
— Gries-	59. 672
Nubier-Torte	803
Nudeln, abgetrocknete	668
— in der Milch	667
— Pudding	722
— Speise	669
— Suppe	18
— Timballo	268

	Nr.
Nüsse, eingemachte	1022
Nuß-Auflauf	691
— Hörnchen, gefüllte	763
— Plätzchen	875
— Pudding	721
— Stängelchen, gefüllte	856
— Torte	802

O.

Oblaten, gefüllte	837
— gefüllte, gebackene	738
Obstkuchen	775—798
— Saft	968
Ochsenaugen	601
Ochsenfleisch, gesotten	269
Ochsengaumen	306
— Hirn	307
— Maulsalat	150
Ochsenschweif, gedämpft	299
— — Suppe	46
— Zunge	300
— — geräucherte	305
— — mit Kräutersauce	301
— — mit Sauce	302
— — mit Sardellen	303
Oelsauce (Mayonnaise)	125
Ohren, gesulzte	520
Omelette	608
— mit Confiture	613
— mit Schinken	609
Omelette soufflée	614
Orangeade	965
Orangen-Auflauf	679
— Compot	1006
— Crème in Dunst	909
— — mit Schlagrahm	918
— Gefrorenes	937
— Liqueur	984
— Marmelade	1041
— Sauce	696
— — mit Wein	697
— — zu Wildpret	707
— Sulze	925
— Torte	799

Sachregister.

P.

	Nr.
Panadelsuppe	55
— Wassersuppe	71
Paprikas von Lammfleisch	382
Paprikahuhn	415
— Schnitzchen	330
Paradiesäpfel-Salat	151
— Sauce	111
Parasolpilz	222
Pastetchen mit Farce	543
— mit Ragout	542
Pasteten	536—545
— von Fleischresten	565
— von Gansleber, kalte	544
— vom Geflügel	537
— Kalbfleisch	539
— kalte	545
— Lendenbraten	540
— Wildpret	638
— von Wildpretresten	564
Pastetenhaus	541
Pastetenteig	536
Perlhuhn, als Fasan	418
Petersilienbutter	232
Pfannkuchen	611
— in der Form	612
— Auflauf	683
— Suppe	42
Pfeffernüsse	871
— Sauce	104
Pfirsichbowle	973
— Compot	999
— in Dunst	1027
— eingemachte	1018
— Kuchen	783
— Marmelade	1033
Pflaumen, eingemachte	1020
Pflückerbsen	194
Pickelsteinerfleisch	298
Pökelzunge	304
— gesulzt	524
Polenta	583
Polsterzipfel	747
Pomeranzen-Bröbchen	863
— Crème mit Schlagrahm	918
Poularde	411
Preißelbeeren	1024
Brünellen	1002
Puddings	708—725
— über das Kochen des	708
— französischer	719
— à la Nesselrode	946
Puff	813
— auf andere Art	814
Pumpernickel	243
— Torte	810
Punsch	953. 954
— à la Romaine	947
— Crème in Dunst	911
— Essenz	955
— Glasur	887
— Reis	725
— Schnitten	842
— Sulze	926
— Torte	800
Püreenoden	164

Q.

Quittencompot	1009
— Gelée	1043
— Marmelade	1036
Quodlibet v. Früchten	1040

R.

Radieschensalat	141
Ragout, gemischtes	259
— von Kalbsbries in Muscheln	258
— von Kalbshirn in Muscheln	257
Rahmschnee-Crèmes, gestürzte	914—920
— Schnitzchen	328
— Strudel, Wiener	649
Rauchzunge, gesulzt	524
Rebhuhn	435
— gedämpftes	436
Rebhühnerbrust mit Madeirasauce	437
Regenwürmer	670
Rehbraten, gebeizter	457
— Leber	460
— Ragout	459
— Rücken, gebratener (Ziemer)	455
— Schlegel, gebratener	456
Rehschulter, gedämpfte	458
Reineclauden-Marmelade	1038
Reis, gebackener	742
— gedünsteter	580
— gestürzter	594
— Auflauf	680
— Knöbel	66
— Mus	662
— — mit Aepfeln	665
— — mit Aprikosen	664
— — mit Chokolade	663
— Pudding	712
— kalter	724
— Rouletten	582
— Schleim auf französische Art	7
— — Suppe	6
— Suppe	4
— — braune	5
— — süße	94
— Timballo	267
— Würstchen	570
Reizker	221
— in Essig	1057
Renken, gebackene	500
— gebratene	499
Reste von gebratener Ente oder Gans	428
Rettig	129
Rhabarberpflanzen	202
— Compot	1008
Rheinsalm	472. 473
Rindfleisch	269—308
— in Gurkensauce	559
— gesulztes	531
Rindsbraten, gedämpfter	271
— kalter	530
— pikanter	273
— auf Wildpretart	275
— mit Wurzeln	272
Risotto	569. 581
— mit Geflügel	593
Roastbeef	281
Rogensuppe	91
Rohrnudeln	637
Rosenkohl, Brokoli	203
Rostbraten	282
— faschirter	283
— — auf andere Art	284

Sachregister.

Rothkohl (Blaukraut) 205
Roulade mit Sardellen,
 kalte 529
— mit Sardellen und
 Kapern 277
Rouletten v. Wirsing 175
Rüben, bayerische 197
— Teltower 197
— gelbe 193
— — mit Pflückerbsen 194
— — m. Zuckererbsen 195
— Kraut 209
— rothe 130
— weiße 196
Rührei mit Schinken 604
Rumpsteaks 285
— gedämpft 286
Rutten 498

S.

Sago-Auflauf 682
— Suppe 10
— — süße 96
Saiblinge 477
Salat 130—151
— von dürren,
 weißen Bohnen 136
— italienischer 148
— — auf feinere Art 149
— — mit Aspik 535
Salm 472
— blau abgesottener 473
Salmi von Fasan 442
— Sauce 107
Salzbretzen 242
— Stängelchen 759
Salzburger Nocken 671
Sander 495
Sandteig-Masse 773
— Stolle 821
— Plätzchen 844
— Torte 801
— — mit Aprikosen-
 Marmelade 807
Sardellen mit Kapern 248
— Bröbchen 234
— Butter 233
— Farce 228
— Sauce 102
Sardinen 249

Saucen, kalte 119—129
— süße 657—671
— warme 101—118
— holländische, zu
 Fischen 114
— zum Schwarz-
 wildpret 122
Sauerampfersauce 108
— Suppe 28
Sauerbraten 274
Sauerkraut, ge-
 dämpftes 208
Schalottengemüse 215
Schaumeier mit
 Mandeln 832
Scheiterhaufen,
 gefüllter 627
Schellfisch 507
Schinken zu kochen 404
— Bröbchen 237
— Fleckchen 592
— Kartoffel 155
— Knödel 68
— Roulade 264
— Strudel 654
Schlagrahm (Sahne-
 Obers) 892
— mit Chokolade 896
— mit Erdbeeren 894
— mit Himbeeren 894
— mit Marmelade
 von Himbeeren,
 Johannisbeeren,
 Aprikosen ꝛc. 895
— mit Kastanien 898
— mit Vanille 893
— gefrorener 899
— — mit Pumper-
 nickel 900
Schlegel, gedämpfter
 in der Rahmsauce 318
Schleien 487
— gedünstete 488
Schmankerlmus 661
Schmarn, gebackener 617
Schnecken, gefüllte 251
— Suppe 87
Schneeballen 744
Schneeberg mit
 Aepfeln 640
Schneehühner 438
Schneeteig 841

Schnepfen 433
— Brod (Schnepfen-
 bred) 434
Schnitten, gefüllte 746
Schnitzchen, faschirte 332
— gedünstete mit
 Zwiebel 392
— panirte 331
— vom Lendenbraten 297
— mit Sardellen 329
Schollen, gekochte
 (unächte Seezungen) 511
Schoten 191
Schwammsuppe 37. 80
— Gemüse 220—225
Schwarzbeeren, ein-
 gemachte (Heidel-
 beeren) 1023
— Liqueur 980
Schwarzbrod-Pudding 710
— Suppe, mit Ei 53
— — durchgetriebene 54
— Wassersuppe 73
Schwarzwild, gesulztes 532
— gebratenes 466
Schwarzwurzel 199
— Salat 132
Schweinefleisch mit
 Meerrettig 394
Schweinsbraten 387
— gedünsteter 393
Schweinsfilet, ge-
 braten 388
— Füße 398
— Gulasch 395
— Haxe 399
— Hirn 402
— Knöchel, gesulzte 520
— Kotelettes 389
— — gedünstete 390
— — faschirte 391
— — Schnitzchen 392
— Kopf 397
— Nieren, geröstete 400
— — sauere 401
— Ohren 398. 520
— Zungen 403
Seezungen 512
Selchwürstchen 550
Selleriesalat 131

Sachregister.   XV

	Nr.		Nr.		Nr.
Selleriesuppe	79	Tauben, gebackene	419	Weichseln, Compot	994
Semmel-Auflauf	688	— gebratene	420	— eingemachte	1011
— Knödel	587	— eingemachte	421	— in Dunst	1030
— Nudeln	624	— auf Rebhühnerart	423	— gebackene	735
— Pudding	709	— in ihrem Blut	422	— Gefrorenes	935
— Schmarn	621	Teig, mürber	769	— in Essig	1047
— Schnitten	584	— zu Obstkuchen		— Kuchen	781
— Suppe, geröstete	72		768—774	— Liqueur	981
Senf, deutscher	1060	Tellerfleisch	270	— Pudding	720
— französischer	1061	Thee	949	— Saft	985
— Gurken	1051	— Hörnchen (Cakes)	872	— Sauce	700
— Sauce	103	— Schnitten, einfache	240	— — getrocknete	701
Sorbet	977	Topfen-Auflauf	690	Weihnachts-Stollen	766
Spanferkel	405	— Nudeln	623	Wein-Auflauf mit	
Spargelgemüse	187	— Strudel	653	Maraskino	687
— in Essig	1055	Torten	799—825	— Chaudeau	699
— Salat	134	Tranchiren	469	— Crème, warme	906
— Suppe	23. 81	Trauben-Kuchen	787	— Punsch	954
Spatzen	579	— Schnee	643	— Sauce	706
Speckbraten	279	Tropfsuppe	15	— Schnitten	626
— auf Jägerart	280	Trüffelsauce	110	— Sulze	927
— Kartoffel	154	Truthahn	408	— — sauere	518
— Knödel	586	Tutti Frutti	1025	— Suppe	99
Speisen, welche nach		— — Gefrorenes	944	— Teig	727. 771
der Suppe gegeben				Weißkraut, gedämpftes	
werden	244—268	**U.**			206
Spinat	176			Weißwürste	548
— Pudding	177	Ulmer Brod	764	Wildente	444
— Strudel	178			— gebünstete	445
Spritz-Glasur	891	**V.**		Wildgänse	446
Steinpilz	220			Wildgeflügel	431—449
Steinbutt	513	Vanille-Auflauf	677	— Suppe	36
Stockfisch	508	— Busserln	859	Wildpret	450—468
— abgeschmälzter	509	— Crème	903	— gesulztes	523
Stranizen m. Schlag-		— — auf andere Art	904	— Pastete	538
rahm	829	— — in Dunst	907	— Sauce	123
Strudel, mürber	633	— — mit Schlagrahm		Wildschwein mit Kruste	
— Teig, ausge-			915		467
zogener	648	— Gefrorenes	930	— in brauner Sauce	468
Sulzen, sauere	517—535	— Sauce	693	Wildtauben	447
— süße	921—928	— Schlagrahm	893	Windnudeln	634
— von Maraskino	928	— Schnitten	862	Winterkohl	204
Suppen	1—92			Wirsing	174
— süße	93—100	**W.**		— Rouletten	175
— braune	2			— Suppe	27
— mit Eierkäs	47	Wachteln	431	— Wassersuppe	80
— vom Wildgeflügel	36	Waffeln	826	Würste	546—553
		Wasser-Chokolade	951	— geschwollene oder	
T.		— Nudeln	578	nackte	547
Tapioka-Suppe	10. 96	— Suppen	69—92	— Regensburger	551
Tag- u. Nacht-Pudding	717			Wurzel-Brühe	69
				— Suppe	38

Z.

	Nr.		Nr.		Nr.
Ziegen, junge	386	Zucker-Erbsen	191	Zwetschgen in Essig	1048
Ziemer, gebratener		— Gurken	1052	— Knödel	655
Rehrücken	455	— Jus	884	— — in Kartoffelteig	
Zimmtsauce	694	— klären	882		656
— Sterne	870	— Strauben	741	— Kuchen	794
— Waffeln	827	Zunge, geräucherte	305	— — gedeckter	795
Zitronen-Auflauf	678	— Bröbchen	238	— Marmelade	1037
— Crême	905	— in Eierkäs	598	— Speise	632
— — in Dunst	908	Zuspeisen zu Ragout	577—589	Zwieback	758
— Gefrorenes	938	Zwetschgen, einge-		— feiner	817
— — mit Rahm	939	machte	1019	— — Danziger	818
— Plätzchen	865	— gebackene	736	Zwiebelgemüse	215
— Sauce	695	— in Dunst	1028	— Kuchen	639
Zuckerbretzchen	861	— Bavesen	625	— Suppe	84
		— Compot	1000. 1001	— Sauce	101

Suppen.

1. Fleischbrühe.

Man nimmt ³/₄ Kilogramm Ochsenfleisch, klopft es, wäscht es kalt, gibt es mit 3 Liter Wasser in den Topf und siedet es 2½ Stunden. Größere Stücke jedoch länger. Handelt es sich vorzüglich um kräftige Suppe, so setzt man es mit kaltem Wasser zu, wodurch die Kräfte des Fleisches besser ausgesogen werden. Außerdem gibt man nur die Knochen, die Zuwage und den Ausschnitt von Leber oder Milz in das kalte Wasser und gibt das geklopfte Fleisch erst in das siedende Wasser, bringt es schnell zum Kochen, damit die Kraft mehr im Fleisch bleibt und läßt es dann langsam kochen, aber nicht wallen. Soll die Suppe sehr klar werden, so nimmt man den Schaum mit dem Schaumlöffel ab, außerdem läßt man ihn ruhig versieden, sie wird kräftiger, und der Schaum setzt sich als Satz zu Boden. Dann gibt man einen kleinen Eßlöffel Salz und 1 gelbe Rübe, 1 Petersilie, Porri, etwas Sellerie, die man rein putzt, klein schneidet und wäscht, dazu. Ebenso kann man Abfälle von Gemüsen, wie Wirsing, Spargel oder Blumenkohl dazu geben. Ist das Fleisch weich, so gießt man ein wenig kaltes Wasser an die kochende Suppe, um sie zu klären, schöpft das Fett ab, welches sich zum Dünsten der Gemüse sehr gut verwenden läßt und seiht die Suppe langsam durch ein feines Sieb. Das Fleisch bleibt mit einem Rest Suppe bis zum Anrichten stehen.

2. Braune Suppe.

Etwas Suppenfett, 1 gelbe Rübe, Petersilie, Sellerie, Zwiebel (Wirsing), Rindsleber, Alles klein geschnitten, wird mit einigen Rindsknochen in einer flachen Kasserole gut braun gedünstet, dann mit obiger Suppe aufgegossen, gut aufgekocht, abgeseiht und zum Einkochen von Suppen-Einlagen verwendet.

3. Kraftbrühe für Kranke (beef tea).

Ein halbes oder viertel Kilo Ochsenfleisch wird kleinwürflig zerschnitten, in ein Einsiedglas gethan und mit einer Schweinsblase gut verschlossen. In einen Suppentopf gibt man kaltes Wasser, stellt oder noch besser bindet das Glas oben an den Rand des Topfes, damit dasselbe nicht ganz den Boden berührt, doch so, daß das Fleisch gut vom Wasser umspült ist und läßt es $2^{1}/_{2}$—3 Stunden kochen, bis durch den Dampf sämmtlicher Saft aus dem Fleisch gesogen ist. Den hiedurch gewonnenen Extrakt (beef tea) verwendet man für Kranke zur Kräftigung der gewöhnlichen Suppe. Das Fleisch muß weggeworfen und soll nicht einmal Thieren mehr gegeben werden, da es, auf diese Art gekocht, gänzlich des Nährstoffes beraubt ist. — Da die Gläser auch mit Tüchern umwunden sehr gerne springen, ist eine Konservenbüchse mit gutschließendem Deckel sehr zu empfehlen.

4. Reissuppe.

Man rechnet einen Löffel Reis für einen Teller Suppe, gibt ihn ausgesucht und abgewischt, aber nicht gewaschen, in die siedende Suppe und läßt sie rasch eine halbe Stunde kochen.

Geriebener Parmesankäse kann extra dazu gegeben werden.

5. Braune Reissuppe.

Wird ganz wie die vorhergehende bereitet, nur braune Suppe Nr. 2 zum weißgedünsteten Reis gegeben.

6. Reisschleimsuppe.

Der Reis, 1 Löffel für den Teller gerechnet, wird ausgesucht, rein gewaschen und in guter Fleischbrühe $1^{1}/_{2}$ Stunden sehr weich gekocht. Sie muß fleißig gerührt, mit wenig Suppe zugesetzt und öfters mit Suppe nachgegossen werden; dann seiht man sie durch ein Sieb, legirt sie mit 1 Eidotter und würzt sie nach Belieben mit etwas Muskatnuß oder servirt geriebenen Parmesankäse dazu.

7. Reisschleim auf französische Art.

Man bereitet ihn wie vorhergehenden Reisschleim, seiht ihn jedoch nicht durch, sondern gibt in Salzwasser gesottene, fein geschnittene gelbe Rüben, Pflückerbsen, Blumenkohl und Spargelspitzen, je nach der Jahreszeit, in die Suppe.

NB. Zu jeder dieser Reissuppen kann eine gut gefütterte alte Henne beigegeben werden, die, mit dem Rindfleisch in dem Suppentopf gekocht, eine besonders kräftige und schmackhafte Brühe abgibt. Solche Hühnersuppe eignet sich besonders zu Reis- und Nudelsuppen.

8. Gerstenschleimsuppe.

Rollgerste, 1½ Eßlöffel voll auf den Teller gerechnet, wäscht man und kocht sie unter oftmaligem Umrühren mit Fleischbrühe zum Mindesten 1½—2 Stunden recht weich. Eine kleine ganze Zwiebel mit einer Gewürznelke durchstochen und 1 Stückchen Zitronenschale kocht man mit, dann wird die Suppe geseiht, nach Belieben mit Zitronensaft oder Essig etwas gesäuert und mit 1 Dotter legirt.

9. Gerstensuppe mit kleinen Rübchen.

Wird wie obige, aber ohne Würze gekocht. Unterdessen schneidet man gelbe Rübchen, sowie auch ein Stück von einer weißen Rübe klein nudelartig, wäscht sie, dünstet sie in Fleischbrühe weich und gibt sie kurz vor dem Anrichten unter die Suppe, in der man einen Theil der Gerste läßt.

10. Sago- oder Tapiokasuppe.

Man nimmt für je einen Teller einen Eßlöffel voll und kocht ihn eine halbe Stunde. Knorrs Tapioka julienne läßt man vorher mit kalter Suppe eine halbe Stunde stehen, ehe man ihn etwas länger kocht. Beim Anrichten legirt man die Suppe mit 1 Dotter.

11. Griessuppe.

In die kochende Suppe läßt man den Gries, einen Eßlöffel für die Person gerechnet, unter beständigem Rühren einlaufen, damit sich keine kleinen Knöpfchen bilden, und läßt sie eine halbe Stunde kochen. Dann zieht man sie vom Feuer, gibt ein klein wenig kaltes Wasser dazu, da der Gries dadurch besser aufgeht und legirt die Suppe beim Anrichten mit 1 Eidotter.

12. Grünkernsuppe.

Grünkern, 1½ Löffel auf den Teller gerechnet, mahlt man fein in der Mühle, wenn man ihn nicht gebrochen bekommt, wäscht ihn und kocht ihn zuerst mit weniger Suppe, dann unter Nachgießen der erforderlichen Suppe mindestens 2 Stunden schleimig unter fleißigem Umrühren. Man gibt ihn durch ein Sieb und frikassirt ihn mit 1 Eidotter, den man mit 1—2 Löffel saurem Rahm abklopfen kann.

13. Habersuppe.

Wird wie obiger Grünkern bereitet und muß sehr lange Zeit kochen, je länger, je besser.

14. Flaumsuppe.

Zwei Eßlöffel Mehl rührt man mit etwas Wasser fein ab, schlägt ein ganzes Ei dazu, verrührt Alles gut und läßt dann den Teig unter beständigem Rühren in die siedende Fleischbrühe einlaufen und eine Viertelstunde kochen.

15. Tropfsuppe.

In ein irdenes Töpfchen mit Schnabel gibt man 1 großes Ei, Salz und zwei kleine Eßlöffel Mehl und verrührt es zu einem dickflüssigen Teig. Durch längeres Rühren wird er flüssiger und muß wie feiner Bindfaden vom Löffel laufen. Ist dieß nicht der Fall, so kann man den Teig durch einige Tropfen Wasser verdünnen. Nun läßt man ihn eine Viertelstunde stehen, damit er etwas zäher wird. Man hält das Töpfchen dann über die kochende Suppe und läßt den Teig hineinfließen, indem man das Töpfchen hin- und herbewegt, damit die Nudeln lang und gleich werden. Auch nimmt man einen weiten Topf zur Suppe, damit die Nudeln nicht übereinander kommen; kocht man aber für mehr Personen, so nimmt man die Nudeln, sobald die Oberfläche der Suppe bedeckt ist, mit dem Schaumlöffel heraus und gibt sie einstweilen in die Suppenschüssel, bis alle Nudeln eingekocht sind und man sie alle zusammen nochmals aufkochen lassen kann.

16. Eiergerstensuppe.

Die Brösel von einer Semmel werden mit 1 Ei, etwas Salz, geriebener Muskatnuß und einem Stückchen Butter im Suppentopf gut am Feuer verrührt, dann die nöthige Fleischbrühe warm, aber nicht heiß, nach und nach aufgegossen und gut gerührt, bis sie kocht. Sie wird gesalzen und dann sogleich angerichtet.

17. Geriebene Gerstensuppe.

Von einem ganzen Ei, einem halben Eßlöffel Wasser und etwas Salz macht man auf dem Nudelbrett, auf dem man vorher beiläufig 1½ Quart Mehl gegeben hat, einen Teig. Man mischt zuerst mit einem Messer Alles gut zusammen, bis der Teig so fest ist, daß man ihn mit der Hand kneten kann, arbeitet ihn dann recht gut ab und knetet so viel Mehl dazu, das man immer neu auf's Brett streut, als er aufnimmt. Dann reibt man den Teig auf dem Reibeisen, streut das Geriebene auf dem Brette auseinander und läßt es trocknen, ehe man es in siedender Suppe einkocht. Nachdem es eine Viertelstunde gekocht, richtet man die Suppe an und gibt etwas geriebene Muskatnuß oder fein geschnittenen Schnittlauch als Würze darauf.

18. Nudelsuppe oder 19. Fleckchen.

Der Teig wird wie der vorhergehende bereitet, nur etwas weicher gehalten, auch nimmt man zu feinen Nudeln statt Wasser noch einen Eidotter. Man formt kleine Leibchen, die man zudeckt und nacheinander austreibt, dabei aber Brett und Nudelwalker mit Mehl bestreut, damit der Teig nicht anklebt. Die so fein als möglich ausgerollten Flecke werden auf einem Tuch ausgebreitet und etwas getrocknet, damit sie beim Schneiden nicht zusammenkleben; dann werden davon 3—4 fingerbreite Streifen geschnitten, 6 Stücke aufeinander gelegt und zu ganz feinen Nudeln oder Fleckchen geschnitten. Dieselben werden unter beständigem Rühren in die kochende Fleisch- oder Hühnerbrühe eingestreut und eine Viertelstunde gekocht.

20. Einmachsuppe.

Eine Hand voll zu kleinen Würfeln geschnittenes Kalbfleisch wird gesalzen und in 1½ Löffel Butter oder heißem Suppenfett mit etwas Wurzel, Zitronenschale und Zwiebel gedünstet. Wenn es Farbe hat, nimmt man das Fleisch heraus, staubt 2 Eßlöffel Mehl in's Fett, läßt es anziehen, gießt es mit Suppe an und läßt es kochen. Beim Anrichten wird die Suppe geseiht und nebst dem würflig geschnittenen Fleisch über kleinen Knödeln oder gerösteten Semmelwürfeln, die man auf der Pfanne mit etwas Butter backt, angerichtet.

21. Kalbskopfsuppe.

Man kocht Stücke vom Kopf oder den Füßen in der Suppe mit, bis man die Knochen auslösen kann und schneidet das Fleisch davon in längliche Stückchen. Dann gibt man ein großes Stück Butter in einen Topf, verrührt es mit 1½ Eßlöffel Mehl, daß es dickfließend ist und gießt es, ehe es heiß wird, mit Suppe langsam unter beständigem Rühren auf, bis es kocht. Dann färbt man es mit etwas Bratensaft und servirt nebst dem Fleische gesottene grüne Erbsen oder geröstete Semmelwürfel dazu.

22. Hirnsuppe.

Ein halbes Kalbshirn legt man in's lauwarme Wasser, zieht das feine Häutchen ab und kocht das Hirn in gesalzenem, kochenden Wasser 2 Minuten. Dann läßt man ein Stück Butter oder Suppenfett heiß werden, gibt 1½ Eßlöffel Mehl dazu, röstet dieß mit etwas gewiegter Petersilie, Zwiebel und Zitronenschale und gießt etwas Suppe auf, gibt jedoch das Hirn, solange die Einmachbrühe dicklich ist, dazu, um es gut verrühren zu können. Dann füllt man die Suppe auf, kocht sie eine halbe Stunde und gibt geröstete oder gebackene Semmelschnitten oder kleine Knöbelchen dazu.

23. Spargelsuppe.

Suppenspargel werden geputzt, gewaschen, in kleine, centimetergroße Stücke, soweit sie nicht zu hart sind, geschnitten und in der Suppe weich gekocht. Dann wird so viel Butter mit 1½ Löffel Mehl abgerührt, daß es noch fließend ist, und ehe es heiß wird, mit der Spargelsuppe aufgegossen, mit 1 Eidotter legirt und die Spargelstückchen hineingegeben.

24. Blumenkohlsuppe.

Der Blumenkohl wird in kleine Röschen getheilt und mit dem Stengel in gesalzenem, kochendem Wasser oder Suppe einige Minuten gekocht. Dann wird, wie zur Spargelsuppe, Buttersauce gerührt, der Stengel fein gewiegt, darunter gegeben, die Blumenkohlröschen in der angegossenen Suppe vollends weich gekocht und beim Anrichten die Suppe mit 1 Eidotter legirt.

25. Kräutersuppe.

Von dem im Frühjahr noch zarten Körbelkraut mit Sauerampfer untermischt, nimmt man zwei Hände voll, wäscht es und wiegt es fein. Dann dünstet man es in einem Stück Butter oder Suppenfett weich, staubt es mit 1½ Eßlöffel Mehl und gießt es langsam, damit es keine Knöpfchen bekommt, mit Suppe auf. Das Ei wird zum Legiren mit etwas saurem Rahm abgeschlagen.

26. **Endivien-**, 27. **Wirsing-** oder 28. **Sauerampfersuppe** wird ganz der vorhergehenden gleich gemacht.

29. Kalbsmilchner- oder Briessuppe.

Ein Kalbsmilchner wird eine halbe Stunde in lauwarmem Wasser gewässert, dann in gesalzenem Wasser 4 Minuten lang gekocht. Nun läßt man ein Stück Butter in einem Topf zergehen, gibt den Kalbsmilchner, kleinwürflig geschnitten, mit feingewiegter, grüner Petersilie und Zwiebel dazu und läßt es 8 Minuten gelb dünsten, staubt es mit 1½ Eßlöffel Mehl, gießt langsam die Suppe dazu und läßt sie eine Viertelstunde kochen. Man gibt gebackene Semmelschnitten, Brösel oder Reisknödelchen dazu.

30. Gansjung- oder 31. Entenjungsuppe.

Flügel und Hals werden in kleine Stücke gehackt, mit Herz und Magen in der Suppe weich gekocht, geseiht, und mit dieser Brühe Buttersuppe Nr. 86 aufgegossen. Herz und Magen, nudelartig geschnitten, und die Stücke von Hals und Flügeln gibt man in die Suppe, sowie kleine Knödel von Gansleber, die man aber in klarer Brühe kochen muß.

32. Jägersuppe.

Rindfleisch und Bratenreste werden mit Petersilie, Zitronenschale und sehr viel Zwiebel fein gewiegt. Dann wird mit 1 Löffel heißer Butter oder Suppenfett und 1½ Löffel Mehl ein helles Einbrenn gemacht, das Gewiegte hineingegeben, gedünstet, mit Suppe aufgegossen, gut aufgekocht und mit 1 Dotter legirt.

33. Milzsuppe.

Die rein gewaschene, frische Kalbsmilz wird mit einem blechernen Löffel gut ausgeschabt, dann mit Zwiebel, Petersiliengrün und etwas Zitronenschale fein gewiegt und mit Butter oder Suppenfett fünf Minuten gedünstet. Hierauf staubt man 1½ Eßlöffel Mehl dazu, gießt sie langsam mit Fleischbrühe auf und läßt sie gut kochen. Vor dem Anrichten seiht man sie durch ein feines Sieb und gibt geröstete oder gebackene Semmelschnitten oder kleine Knödelchen dazu.

34. Lebersuppe

wird ebenso, wie die Milzsuppe bereitet.

35. Gestoßene Hühnersuppe

Man löst das Fleisch vom gebratenen Geflügel ab, schneidet es fein, stößt es, gibt etwas gewiegte, grüne Petersilie, Zwiebel und Zitronenschale dazu, dünstet es im eigenen Bratenfett oder Butter und staubt es dann mit 1½ Löffel Mehl. Die Knöchelchen vom Geflügel werden gestoßen und in der Suppe gekocht und mit dieser Brühe das abgedünstete und gestaubte Fleisch angegossen, gut aufgekocht und mit einem Eidotter legirt.

36. Suppe vom Wildgeflügel.

Von gebratenen Rebhühnern löst man das Brustfleisch ab und gibt es kleinwürflig geschnitten später in die fertige Suppe. Alles andere Fleisch, Haut und Speck wird gestoßen und mit Suppe eine halbe Stunde gekocht. Die gestoßenen Knöchelchen werden mit etwas gelbgerösteten Zwiebeln, sowie gebähten Schnitten von ½ Semmel ebenfalls in Suppe gut ausgekocht und dann geseiht zu der obigen ungeseihten Suppe gegeben und mit dem Brustfleisch und gebackenen Semmelwürfeln angerichtet. Bei Schnepfensuppe servirt man Schnepfenbrod Nr. 434 dazu.

37. Schwammsuppe.

Einige Steinpilze oder sonst gute Schwämme reinigt man, d. h. entfernt die Haut und den Bart, wäscht sie und gibt sie auf ein Sieb. Dann wiegt man sie etwas grob, läßt ein großes Stück Butter heiß werden, dünstet sie mit feingewiegter Petersilie darin, staubt 1½ Eßlöffel Mehl dazu und gießt sie mit Fleisch oder Fastenbrühe auf. Man legirt die Suppe mit 1 Eidotter und gibt geröstete Semmelschnitten dazu. Man fügt der Schwammsuppe gern eine kleine Zwiebel bei: wird dieselbe schwarz, so ist es nicht rathsam, die Suppe zu essen, da giftige Schwämme dabei sein können. — Champignons kocht man ebenso, nur schneidet man sie feinblättrig und säuert sie mit etwas Zitronensaft. Beim Anrichten kann man gedünsteten Reis dazu serviren.

38. Wurzelsuppe.

Eine gelbe Rübe, eine Petersilienwurzel, ein Porri, ein Stück Sellerie, etwas von Kohlrabi, weißen Rüben und Wirsing, nudelartig geschnitten und gewaschen, sowie Blumenkohlröschen oder Pflückerbsen werden in Butter oder Mark gedünstet und immer etwas Suppe beigegossen und mit dem Kochlöffelstiel fleißig umgerührt, damit die Wurzeln nicht braun werden. Ist Alles weich, so gießt man die Fleischbrühe dazu und läßt es noch eine Viertelstunde kochen. Man kann dazu geröstete Semmelschnitten, gebackene Erbsen, verschiedene Knöbelchen oder in kleine Scheiben geschnittene Bratwürstchen geben.

39. Goldwürfelsuppe.

1½ Milchbrod wird in Würfel geschnitten, 2 Ei mit drei Löffel Milch und etwas Salz gut verrührt, die Würfel darin eine halbe Stunde eingeweicht und dann im heißen Schmalz schön gelb gebacken. Während des Backens müssen sie in der Pfanne fleißig umgerührt werden, damit sie gleichmäßig braun werden. Beim Anrichten gießt man siebende, kräftige Fleischbrühe darüber, deckt sie zu und servirt sie 5 Minuten später.

40. Hirnbavesensuppe.

Hirnbavesen Nr. 347 werden in vier längliche Theile zerschnitten, mit siebender Fleischbrühe übergossen und so zu Tisch gegeben.

41. Hirnkoch.

Eine abgeriebene Semmel weicht man in Milch ein. Dann werden 18 Gramm Butter abgetrieben, die gut ausgedrückte Semmel fein damit verrührt und 1 Eidotter mit etwas Salz dazu gegeben. In etwas Butter dünstet man ein halbes Hirn mit gewiegter Petersilie, Zwiebel und etwas Zitronenschale und gibt es nebst dem fest geschlagenen Schnee von dem 1 Klar dazu. Nun streicht man eine kleine Form mit Butter aus, bestreut sie mit Brösel, gibt die Masse hinein, stellt sie in eine Kasserole mit kochendem Wasser in's Rohr und läßt es eine halbe Stunde backen. Dann schneidet man daraus Würfel und gießt kräftige, klare Suppe darüber.

42. Pfannkuchensuppe.

Ein ¼ Liter Mehl wird langsam mit einem guten ¼ Liter Milch und etwas Salz, sowie einem ganzen Ei verrührt und versprudelt. Dann gibt man ein Stückchen Schmalz in die Pfanne, läßt es heiß werden und gibt nur soviel Teig darauf, daß sie gleichmäßig dünn damit bedeckt wird. Sollte man zuviel Teig genommen haben, so schüttet man ihn wieder zurück. Ist der Flecken unten braun, so hebt man ihn mit dem Schäuferl in die Höhe, dreht ihn um und backt ihn auf der anderen Seite. Wenn alle Pfannkuchen gebacken und erkaltet sind, rollt man sie und schneidet sie zu Nudeln. Diese gibt man in die Suppenschüssel, gießt kochende Fleischbrühe darüber und gibt sie 3 Minuten später zu Tisch.

43. Bisquit- oder Biscottensuppe.

Man treibt 50 Gramm Butter schaumig ab, rührt 2 Eidotter langsam einen nach dem andern dazu, gibt etwas Salz, dann den festen Schnee der 2 Eierklar darunter und vermengt dann zuletzt zwei gute Eßlöffel Mehl mit der Masse. Man bestreicht nun eine kleine flache Form mit Butter, bestaubt sie fein mit Mehl, streicht die Masse klein fingerdick hinein und backt sie schön gelb. Nach dem Erkalten werden kleine viereckige oder rautenförmige Stückchen geschnitten, in die Suppenschüssel gethan und mit kochender, kräftiger Fleischbrühe oder brauner Suppe übergossen zu Tisch gegeben.

44. Gebackene Erbsen.

$1/8$ Liter Milch wird mit 18 Gramm Butter und etwas Salz in einer Pfanne an's Feuer gesetzt und sobald es kocht, 70 Gramm feines Mehl auf einmal hineingegossen, die Pfanne zurückgezogen, das Mehl dazu gerührt, dann die Pfanne wieder an's Feuer gestellt und so lange gerührt, bis es ein zarter dicker Teig ist, der sich von Löffel und Pfanne löst. Dann schüttet man ihn schnell in ein anderes Gefäß, rührt ihn, bis er erkaltet, und gibt 2 Eier daran und ein paar Tropfen Branntwein oder Arac, damit die Erbsen nicht so fett und röscher werden. Den Teig füllt man in eine mit engem Rohr versehene Backspritze, aus der man in eine Pfanne mit heißem Schmalz durch kurzes Drücken mit dem Stößel erbsengroße Stücke schiebt, die man immer wieder mit einem in's heiße Schmalz getauchten Messer abschneidet. Ist die Backpfanne voll, nimmt man die gelbgebackenen Erbsen mit einem Schaumlöffel heraus. Hat man keine Backspritze, so kann man einen engen Spatzenseiher dazu verwenden, durch welchen man den Teig mit einem Kochlöffel in das heiße Schmalz treibt; auch kann man mit einem in's heiße Schmalz getunkten Kaffeelöffel kleine Knöbelchen herausstechen und backen. Man nennt sie dann Nüsse. Die fertigen Erbsen gibt man in die Suppenschüssel und gießt kochende braune Suppe darüber.

45. Gebackene Erbsen auf andere Art.

2 Eier werden mit 2 Löffel Mehl und etwas Milch und Salz zu einem ziemlich dünnflüssigen Teig gerührt. Ueber die Pfanne mit heißem Schmalz hebt man einen Schaumlöffel und läßt den Teig durch denselben in das Schmalz tropfen. Da diese kleinen Erbsen gleich gebacken sind, nimmt man sie sofort mit einem anderen Backlöffel wieder heraus und beginnt dann von Neuem mit dem Eintropfen.

46. Ochsenschweifsuppe.

In eine Kasserole gibt man ein Stück Butter, klein geschnittene Zwiebel, 1 gelbe Rübe, Sellerie, Petersilienwurzel, ein halbes Lorbeerblatt, 1 kleine Gewürznelke, einige Pfefferkörner und ein schönes fleischiges Mittelstück vom Ochsenschweif mit etwas Salz und läßt es gut anziehen. Dann staubt man das Fleisch und gießt Alles mit guter Fleischbrühe auf, daß die Suppe darüber geht und läßt es 2—3 Stunden kochen, bis das Fleisch so weich ist, daß es sich gut vom Knochen löst. Nun legt man es zwischen 2 Holzteller und preßt es, damit man es in schöne, viereckige Stücke schneiden kann. Nun gibt man 50 Gramm Butter an's Feuer und röstet darin so viel Mehl gelblich, als nöthig ist zu einer leichten Einbrenn und gießt sie langsam mit der Ochsenschweifbrühe auf, mit der man sie noch eine halbe Stunde kochen läßt und der man zum Schluß noch 1 Weinglas Kochmadeira oder $1/8$ Liter Rothwein beifügt. In die Suppenschüssel legt man das in Würfel geschnittene Fleisch, gedünstete Champignons, auch Trüffeln und seiht die Suppe recht heiß darüber.

47. Suppe mit Eierkäs.

3 Eier werden mit $1/8$ Liter kalter Milch oder guter kalter Fleischbrühe mit etwas Salz und geriebener Muskatnuß sehr gut abgesprudelt, dann in eine mit Butter ausgestrichene Form gegeben und diese in einen Topf gestellt, der bis zur Hälfte der Form mit heißem Wasser gefüllt ist. Man deckt ihn zu, stellt Alles in das heiße Rohr und läßt es eine halbe Stunde dämpfen, d. h. so lange, bis es eine feste Masse wird. Kochen aber darf es nicht, da der Eierkäs sonst nicht fein wird. Vor dem Anrichten wird er mit einem Löffel in kleine Stückchen ausgestochen und in kräftige weiße oder braune Fleischbrühe eingelegt.

48. Butternocken.

50 Gramm Butter werden sehr schaumig gerührt und nach und nach 2 Eidotter, Salz, der Schnee von 2 Klar und zuletzt $1/8$ Liter Mehl dazu gegeben. Als Probe legt man mit einem vorher in siedende Fleischsuppe getauchten Eßlöffel ein längliches Stückchen von dem Teig in die siedende Suppe ein. Es muß beim Sieden in der Form bleiben und größer werden. Wird es flach, so gibt man noch mehr Mehl, ist es zu fest, etwas Milch zum Teige, kocht dann die Nocken in siedender Suppe ein und läßt sie eine Viertelstunde langsam kochen. Man nimmt dazu einen

weiten Tiegel, damit sie sich besser ausbreiten können und kehrt sie mit dem Kochlöffelstiel um, indem man sie nur leicht damit berührt.

49. Leberspatzen.

100 Gramm Leber wird rein gewaschen, abgehäutet, geschabt und mit etwas Zwiebel fein gewiegt; dann werden 30 Gramm Butter oder Suppenfett schaumig gerührt, 1 Ei, die feingewiegte Leber, etwas geriebene Muskatnuß, 3 Löffel Semmelbrösel und etwas Mehl dazu gegeben, bis es ein leichter Knödelteig wird. Ueber die siedende Fleischbrühe hält man einen Spatzenseiher und treibt den Teig durch. Ist ein Theil davon durchgedrückt, so werden die Spatzen mit einem Schaumlöffel herausgenommen und wieder neue durchgetrieben. Zuletzt werden alle Spatzen in die Suppe gegeben, nochmal aufgekocht und dann angerichtet.

50. Milz-Schnitten.

100 Gramm Milz wird ausgeschabt, etwas feingewiegte Zwiebel und Petersilie mit Suppenfett oder Butter gedünstet, 1 ganzes Ei, Salz und Pfeffer, sowie ½ Kaffeelöffel Mehl dazu gethan, auf in Schnitten geschnittene Semmeln gestrichen und in heißem Schmalz mit der Milzseite nach unten eingelegt auf beiden Seiten gebacken. Sie werden mit heißer Suppe übergossen angerichtet.

51. Erbsensuppe und Grüne Erbsensuppe

wird wie Nr. 75 und 76 bereitet, nur daß statt Wasser Fleischbrühe genommen wird, auch kann man Schweinsrüssel und Ohren oder fein geschnittene Bratwürste dazu geben.

52. Linsensuppe.

wird wie Nr. 77 bereitet, nur statt Wasser Fleischbrühe genommen, auch können geräucherte, fein geschnittene Frankfurterwürste als Einlage beigegeben werden.

53. Schwarzbrodsuppe mit Ei.

Man schneidet schwarzes Brod in ganz feine Schnittchen und röstet es auf einem Kuchenblech im Bratrohr hellbraun, gibt es in die Suppenschüssel, gießt kochende Suppe darüber, schlägt für jede Person 1 ganzes Ei hinein, deckt die Schüssel zu und läßt sie 5 Minuten stehen, damit sich die Eier binden und streut vor dem Auftragen etwas Schnittlauch darüber.

54. Durchgetriebene Brodsuppe.

Feingeschnittenes Schwarzbrod wird im Ofen etwas getrocknet, dann mit Fleischbrühe eine halbe Stunde zugedeckt gekocht, durch ein Sieb getrieben und nochmals an's Feuer gesetzt, damit die Suppe gut heiß auf den Tisch kommt. Ein Ei wird mit etwas saurem Rahm verklopft, damit die Suppe legirt und dieselbe mit Schnittlauch bestreut. Als Einlage können frische oder geräucherte Bratwürste, die vorher im heißen Wasser gekocht wurden, in 2 Centimeter große Stückchen geschnitten, dazu gegeben werden.

55. Panadelsuppe.

3 gestrige Semmeln werden in kaltem Wasser geweicht, fest ausgedrückt, dann in Fleischsuppe aufgekocht und durch ein Sieb passirt. Kurz vor dem Anrichten gibt man 1 Stück frische Butter in die Suppe und frikassirt sie mit 1 Eidotter.

Suppen mit Knödel (Klöße).

Man nimmt dazu gewöhnlich braune Suppe Nr. 2 oder wenigstens muß die Fleischbrühe recht kräftig sein. Die Knödelmasse bereite man zum Mindesten 1 Stunde vor dem Einkochen, damit die Brösel gut aufgehen können. Von allen Knödeln legt man ein kleines Probeknödelchen in die kochende Suppe, damit man sieht, ob sie nicht zu fest oder zu locker sind. Die Masse läßt sich nie so genau bestimmen, da es auf die Semmel ob sie länger oder kürzer trocken liegt, ankommt. Ist die Masse zu fest, so gibt man etwas Milch; ist sie zu weich, etwas Brösel, Gries oder Mehl dazu. Bei den kleinen, weichen Knödelchen gibt man eines nach dem andern geformt in die kochende Suppe, bei den großen mit geschnittenem Brod aber macht man alle zuerst, legt sie auf ein Brett und gibt sie zusammen in die Suppe, nachdem man aber, ehe sie herausgedreht wurden, ein Probeknödelchen versucht hat. Bei den großen Knödeln ist es vorzuziehen, sie in Salzwasser abzukochen, da die Suppe sonst zu trüb wird. Sie werden mit dem Schaumlöffel dann herausgehoben und in die angerichtete Fleischbrühe gegeben.

56. Brösel-Knödel.

25 Gramm Butter werden fein abgetrieben. 1 Ei dazu geschlagen, fein gewiegte Petersilie, Zwiebel und Zitronenschale damit verrührt und so viel Brösel (beiläufig 4 Eßlöffel), als der

Abtrieb verlangt, um weiche Knödelchen zu formen, daran gegeben. Will man von 1 Ei mehr Knödelchen haben, so feuchtet man etwas mehr Bröseln mit etwas Milch an. Man formt mit in Wasser getauchten Händen oder Löffeln nußgroße Knödel, gibt sie in die siedende Suppe und läßt sie 10 Minuten kochen.

57. Markknödel.

40 Gramm Rindsmark wird gut ausgewässert, damit es weiß wird, dann die Butter sehr schaumig gerührt. Dann gibt man 2 Eier, gewiegte Petersilie, Zwiebel und Zitronenschalen oder etwas geriebene Muskatnuß, sowie 5—6 Löffel Semmelbrösel dazu, verrührt Alles gut zusammen und läßt es 1 Stunde stehen. Sollte die Masse etwas hart geworden sein, so gibt man 1 Eßlöffel heiße Suppe daran, macht nußgroße Knödelchen und gibt sie in die kochende Suppe.

58. Leberknödel oder -Nocken.

100 Gramm Kalbsleber wird gewaschen, abgehäutet, ausgeschabt und mit Petersiliengrün, Zwiebel und etwas Majoran oder Zitronenschale fein gewiegt. Dann treibt man 25 Gramm Butter oder Suppenfett schaumig ab, gibt 1 Ei dazu, etwas Salz und Pfeffer, nebst der gewiegten Kalbsleber und 4—5 Löffel mit Milch angefeuchtete Brösel, formt sie zu nußgroßen, weichen Knödeln oder legt sie wie Nocken mit dem nassen Löffel geformt in die kochende Suppe.

NB. Man kann die Leberknödel auch ohne Ei machen, dann nimmt man statt des Eies soviel Milch als nöthig ist, weiche Knödeln zu formen.

59. Gries-Knödel oder -Nocken.

Man rührt 35 Gramm Butter oder Suppenfett fein ab, gibt 1 Ei, gewiegte Petersilie oder geriebene Muskatnuß, Salz und 3 Eßlöffel Gries dazu, läßt sie eine Weile stehen, formt sie zu weichen Knödelchen oder Nocken und kocht sie eine halbe Stunde.

Oder: Man bringt einen guten achtel Liter (12 Eßlöffel) Milch mit 40 Gramm Butter zum Sieden, läßt 3 Eßlöffel Gries unter fortgesetztem Umrühren eine Viertelstunde darin kochen, dann erkalten, vermischt ihn mit 2 ganzen Eiern und sticht mit dem Kaffeelöffel Klößchen ab, die man mit einem in siedendes Wasser getauchten Messer glättet und 10 Minuten in Fleischbrühe kochen läßt.

60. Kartoffel-Knödel.

20 Gramm Butter oder Suppenfett wird schaumig gerührt, dann 1 Ei, das Klar als Schnee, gewiegtes Petersiliengrün und 4 Hand voll gesottene und geriebene Kartoffeln nebst 5 Löffel Semmelbrösel gut damit verrührt und, wenn man will, ein klein wenig gewiegter Schinken darunter gemengt. Man dreht dann kleine Knödel, läßt sie 10 Minuten in siedender Fleischbrühe oder Salzwasser kochen und gibt sie dann sogleich zu Tisch.

Sollte beim Kochen der Probeknödel zu weich sein, gibt man etwas Gries oder Mehl dazu.

61. Fleischknödel.

Eine altgebackene Semmel wird abgerieben und in Milch oder Wasser 8—10 Minuten gelegt. Ein Stück rohes Kalbfleisch oder auch dazu etwas Rindfleisch wird enthäutet und klein gehackt. Dann treibt man 30 Gramm Butter schaumig ab, verrührt die gut ausgedrückte Semmel fein damit, gibt 1 Ei, Salz, gewiegtes Petersiliengrün, Zwiebel, Zitronenschale, nebst dem gehackten Fleisch dazu, vermengt es gut und formt kleine Knödel, die man eine Viertelstunde in der siedenden Suppe kochen läßt.

62. Gebackene Fleischknödel.

Reste von Kalbsbraten, Nieren oder gedünstetem Herz 2c. werden fein verschnitten oder gewiegt. Unterdessen treibt man 40 Gramm Butter, Mark oder Nierenfett fein ab, gibt 1 Ei, etwas Salz, gewiegte Petersilie und Zwiebel, sowie das Fleisch nebst 4—5 Löffel mit Milch angefeuchteten Semmelbröseln dazu, formt kleine Knödel und backt sie in schwimmendem Schmalz heraus.

63. Hühnerknödelsuppe.

Man nimmt ein halbes, rohes Huhn oder auch eine Viertel-Henne, löst alles Fleisch von den Knochen und befreit es von der Haut. Das Fleisch wird nun geklopft, fein gewiegt und im Mörser mit 1 Ei und 30 Gramm Butter fein gestoßen. Eine abgeriebene Semmel wird in Milch eingeweicht, dann ausgedrückt, fein verrührt und in 70 Gramm Butter auf dem Feuer abgedämpft, nach Erkalten 2 Eier, etwas Bröseln, Salz und Muskatnuß dazu genommen und dieß mit dem gestoßenen Hühnerfleisch abgerührt. Nun werden davon Knödelchen in kochende Suppe oder Salzwasser eingelegt, die fertig sind, sobald sie in die Höhe kommen.

Die Knochen, Gerippe, Haut ꝛc. kann man verstoßen und in etwas Butter dämpfen und mit Fleischbrühe aufkochen; dann nimmt man 50 Gramm Butter, rührt, ehe sie heiß wird, 1½ Löffel Mehl dazu und gießt sie mit der Hühnerbrühe langsam auf und rührt sie, bis sie kocht. — Die Knödelchen darf man aber nie in Mehlsuppe, sondern nur in klarer Suppe einkochen. In diesem Falle werden sie in Salzwasser gekocht und, wenn sie fertig sind, erst in die obige Suppe gegeben, die mit einem oder zwei Dottern legirt wird.

64. Hühnerknödel

von gebratenen Hühnern oder Hühnerresten können wie Nr. 62—63 bereitet werden.

65. Birnknödel.

25 Gramm Butter werden schaumig gerührt, 1 Ei und 8 Löffel Semmelbrösel dazu gegeben. Ein halbes Hirn, welches man gut gewässert hat, wird abgehäutet und mit gewiegter Petersilie, Zwiebel und Zitronenschale etwas gedünstet, dann zum Obigen gegeben und Alles zusammen gut verrührt. Davon werden Knödelchen geformt, die man in der siedenden Fleischbrühe kocht.

66. Reisknödel.

3 Löffel Reis kocht man mit Fleischbrühe zu einem dicken, festen Brei. 25 Gramm Butter werden fein abgetrieben, 1 Ei, etwas gewiegter Schinken, der Reis und 1 Löffel Mehl dazu gerührt, kleine Knödel geformt und in der Suppe gekocht.

67. Gebackene Knödel.

Brösselknödel Nr. 66, Markknödel Nr. 57, Reisknödel Nr. 66, etwas weich gehalten, dreht man, wenn sie geformt sind, in Ei, dann in Brösel, bäckt sie in heißem Schmalz und läßt sie dann in der Suppe nochmals aufkochen. Sehr gern gibt man die Hälfte gesotten und die andere Hälfte gebacken in brauner Suppe.

68. Schinkenknödel

werden wie die Semmelknödel Nr. 585 gemacht, nur daß man gewiegten Schinken darunter mengt. Zum Wiegen des Schinken nimmt man nur das Fleisch und schneidet das Fett eigens, da sich der trockene Schinken viel leichter mit der Masse vermengt und beim Wiegen mit dem Fett sich Ballen bilden, die sich nicht so gern lösen.

Speck-, Semmel-, Leber- und Kartoffelknödel

siehe bei Zuspeisen zu Ragout Nr. 584—587.

Wassersuppen.

69. Wurzelbrühe.

1 Zwiebel, 1 gelbe Rübe, 1 Porri, 1 Petersilienwurzel, ein Stückchen Sellerie werden geputzt, klein geschnitten, gewaschen und mit einem Stückchen Butter lichtbraun gedünstet. Dann gibt man eine handvoll ganze getrocknete Erbsen oder geschnittene Kartoffel dazu, füllt den Topf mit 1—2 Liter kaltem Wasser, salzt es leicht und läßt es 1 oder 2 Stunden kochen. Man kann die Abfälle vom Gemüse, wie Spargel, Champignons, Blumenkohl, Wirsing ꝛc. auch zum Absud nehmen. Nach dem Abkochen zieht man den Topf vom Feuer, damit sich die Kräuter setzen und seiht die Wurzelbrühe eine Viertelstunde später durch ein feines Sieb in einen Topf zum Gebrauch von Wassersuppen und Saucen. Soll dieselbe nicht als Fastensuppe dienen, so dünstet man Milz- und Leber-Ausschnitt, in kleine Würfel geschnitten, mit den Wurzeln, gibt Rindsknochen oder Fleischabfälle dazu und füllt es wie oben mit dem kalten Wasser ꝛc. auf. Nachdem es gar gekocht, gibt man nach Belieben auch etwas Liebig'schen Fleischextrakt bei.

70. Klare Fischsuppe.

Dieselben Wurzeln wie oben gibt man zu einem größeren Stück Butter und dämpft damit ½ Kilo ordinären Fisch, geputzt und ausgenommen, in kleine Stücke zerschnitten oder auch Abfälle, wie Köpfe ꝛc. von Fischen, gibt 1 Lorbeerblatt, 2 Nelken, einige Pfefferkörner und Salz dazu, dämpft es gelblich und behandelt es ebenso wie obige Wurzelbrühe, nachdem man sie mit 1—2 Liter Wasser mit Erbsen aufgegossen hat. Nach zweistündigem Kochen muß die Suppe durch ein sehr feines Sieb oder eine Serviette geseiht werden.

71. Panadelsuppe.

3 gestrige Semmeln werden in Wasser geweicht, ausgedrückt, mit Wurzelbrühe oder Wasser an's Feuer gesetzt, weich gekocht und dann durch ein Sieb getrieben. Man stellt die Suppe dann nochmals auf's Feuer, gibt eigroß Butter hinein, Salz und geriebene Muskatnuß, verdünnt sie nach Belieben, klopft ein Ei gut mit Wasser oder Rahm ab und gibt die Suppe darüber.

72. Geröstete Semmelsuppe.

3 altgebackene Semmeln werden gerieben, die Brösel in 50 Gramm Butter gelb geröstet, dann mit Wurzelbrühe Nr. 69

aufgegossen und gekocht. Man salzt sie, würzt sie etwas mit geriebener Muskatnuß, gibt in die Suppenschüssel ein ganzes Ei, das man mit Rahm oder Wasser gut verklopft und richtet die Suppe darüber an. Man kann Schnittlauch oder fein gewiegte Petersilie, auch fein geschnittene und in Butter gelb geröstete Zwiebel darüber geben.

73. Schwarzbrodsuppe.

In 50 Gramm Butter röstet man erst fein geschnittene Zwiebel und dann fein geschnittenes Roggenbrod noch einige Zeit mit. Dann füllt man es mit kaltem Wasser oder Wurzelbrühe auf, salzt und pfeffert es und läßt es gut kochen. Ein oder zwei Eier verklopft man gut mit Wasser oder viel besser mit saurem Rahm, gibt die Suppe darauf und überstreut sie mit Schnittlauch. Dient sie nicht als Fastensuppe, so schneidet man Frankfurter Bratwürste oder sonst geräucherte Würstchen in Scheiben hinein.

74. Einbrennsuppe.

Zu 50 Gramm heißem Schmalz oder Butter gibt man 2½ Eßlöffel Mehl, röstet es dunkelbraun, gießt es dann mit Wasser auf, gibt Salz und etwas Kümmel daran und läßt es eine gute Viertelstunde kochen. Man gibt würflig geschnittenes, in Schmalz geröstetes Weißbrod dazu.

75. Erbsensuppe.

5 Löffel gebrochene dürre Erbsen werden mit Suppenwurzel und Wasser an's Feuer gesetzt und 1½—2 Stunden weich gekocht, so daß sie sich leicht durch ein Sieb treiben lassen. In einem Suppentopf gibt man 35 Gramm Butter oder anderes gutes Fett, röstet 2 Löffel Mehl darin hellgelb, gibt dann die durchgetriebenen Erbsen dazu und verdünnt es mit Wurzelbrühe, Nr. 69, oder Wasser, salzt sie und läßt die Suppe gut aufkochen. Man gibt die Suppe über geröstete oder gebackene Brodwürfel, abgekochte Nudeln oder auch weich gedünsteten Reis.

76. Grüne Erbsensuppe.

¼ Liter frische grüne Erbsen dünstet man in 50 Gramm Butter mit feingewiegter Petersilie und Zwiebel und einer halben fein nudlig geschnittenen gelben Rübe recht weich, indem man immer etwas Wurzelbrühe oder Wasser aufgießt, aber vor dem Stauben kurz eindünsten läßt. Dann gibt man zwei Eßlöffel Mehl darauf, verdünnt es mit Wurzelbrühe oder Wasser, läßt es gut aufkochen und gibt es über geröstete Semmelwürfel. Nach Belieben kann man auch Alles durch ein Sieb treiben.

77. Linsensuppe

wird ganz wie Erbsensuppe Nr. 75 bereitet und kann nach Belieben mit etwas Pfeffer und 1 Kaffeelöfel Essig gewürzt und mit Petersilie oder Schnittlauch bestreut werden.

78. Kartoffelsuppe.

4—5 mittelgroße Kartoffel werden geschält, in Scheiben geschnitten und gewaschen. Ebenso 1 gelbe Rübe, 1 Petersilienwurzel und 1 Stückchen Sellerie. Alles zusammen wird mit einem Stück Butter und etwas Wasser weich gedämpft, dann mit 1½ Löffel Mehl gestäubt, damit gut verrührt, mit Wasser oder Wurzelbrühe verdünnt und dann gut aufgekocht. Nun wird Alles durch ein Sieb getrieben, nochmals an das Feuer gestellt, damit es gut heiß wird, ein Stückchen frische Butter, sowie etwas weißer Pfeffer und geriebene Muskatnuß dazu gegeben, mit einem Ei legirt und über geröstete Semmelschnitten angerichtet.

79. Selleriesuppe.

Ein kleiner Selleriekopf wird rein geputzt, in feine Blättchen geschnitten und in 50 Gramm Butter mit einer geriebenen gelben Rübe weich gedämpft. Dann staubt man 2 Löffel Mehl daran, gießt es langsam mit Wurzelbrühe oder Wasser auf und läßt sie gut kochen. Nun treibt man sie durch ein feines Sieb, stellt sie nochmals heiß und würzt sie mit Muskatnuß. Man legirt sie mit einem Dotter; auch kann man verlorene Eier 1 Stück für die Person oder Bröselknödel, in Salzwasser gekocht, auch geröstete Semmelwürfel dazu geben.

80. Endivien-, Wirsing-, Kräuter- und Schwammsuppe

bereitet man wie die Fleischsuppen gleichen Namens, nur daß statt Fleischbrühe Wurzelbrühe Nr. 69 dazu genommen wird. Das Gleiche gilt von:

81. Spargel- und Blumenkohlsuppe,

nur wird sowohl von Spargel wie Blumenkohl der Absud zum Aufgießen der Suppe genommen; sie werden alle mit Eidotter frikassirt.

82. **Milz- und Lebersuppe**

kann man nach Nr. 33 auch nur mit Wurzelbrühe bereiten an Tagen, wo man Braten, statt gesottenem Fleisch genießt. Die meisten Fleischsuppen, mit Buttersauce oder Einbrenn, lassen sich als Wassersuppen verwenden, nur kocht man dann in der Wurzelbrühe noch Knochen und Abfälle von Fleisch mit und gibt etwas Fleischextrakt oder Bratensauce darunter.

83. **Franzosensuppe.**

Wirsing, gelbe Rüben, Lauch, Sellerie, Petersilie, weiße Rüben, Kohlrabi (Blumenkohl, Spargel, Schoten oder grüne Erbsen) werden fein geschnitten, gewaschen und in 40 Gramm Butter weich gedämpft und dann mit Wasser aufgekocht. 1 Vertelstunde vor dem Anrichten werden kleinwürflig geschnittene Kartoffel, 5 Minuten vorher eine Hand voll ganz fein geschnittenes Hausbrod gut mitgekocht und die Suppe mit Ei, das mit saurem Rahm abgeklopft ist, legirt.

84. **Zwiebelsuppe.**

40 Gramm Butter wird mit 2 Löffel Mehl schön gelb geröstet, dann eine große Zwiebel fein geschnitten dazu gegeben, bis sie die Farbe des Mehles hat. Nun wird es mit Wasser aufgefüllt, gesalzen und die Suppe eine gute halbe Stunde gekocht. Hat man Bratensauce, so kann man sie, wie zu allen Wassersuppen, dazu geben. Man richtet die Suppe über gebähte Semmelschnitten an und legirt sie mit 1 Ei und saurem Rahm.

85. **Griessuppe.**

40 Gramm Butter werden heiß gemacht, 3 Eßlöffel Gries damit gelb geröstet, dann Wurzelbrühe oder Wasser darauf gegossen, gesalzen und eine halbe Stunde gekocht. Sie wird dann mit 1 Ei frikassirt zu Tisch gegeben.

86. **Buttersuppe.**

70 Gramm Butter wird mit 2 Eßlöffel Mehl abgerührt, an's Feuer gestellt, sogleich mit kräftiger Wurzelbrühe aufgegossen und kurz aufgekocht. Sie wird mit 1—2 Eidotter frikassirt und mit fingergliedlang geschnittenen Macaroninudeln, die erst in Salzwasser weich gekocht wurden, eingelegt.

Man kann dazu auch Brösel- oder Fischknödel, Fischnocken oder gedünstete Champignons geben.

87. Schneckensuppe.

10 Stück Schnecken werden so lange im sprudelnden Wasser gekocht, bis der Deckel sich leicht abheben läßt, dann nimmt man sie aus dem Häuschen, löst die Schweife und die hinten sich befindende Galle ab, wäscht mit Salzwasser alles Schleimige ab und kocht sie dann in Salzwasser weich. Nun wiegt man sie nebst Petersilie, Zwiebel und Zitronenschalen, dünstet sie in 50 Gramm Butter, staubt 1½ Löffel Mehl dazu, gießt sie mit Wurzelbrühe oder Wasser auf, gibt Salz und etwas Muskatnuß daran und läßt sie gut durchkochen. Man frikassirt sie mit 1 Ei und gibt gebähte oder gebackene Semmelschnitten dazu.

88. Fischknödel.

25 Gramm Butter werden schaumig gerührt, 1 Dotter, 1 Löffel saurer Rahm, Salz, Pfeffer, geriebene Muskatnuß, nebst klein geschnittenen Stückchen von einem gebackenen oder gekochten Fisch (die Gräten ausgelöst), sowie die Fischleber mit Petersiliengrün und Zwiebel gewiegt, dazu gegeben, und mit dem festen Schnee von 1 Eiklar, sowie 3 Löffel geriebener Semmelbrösel und 1 Kochlöffel Mehl gut zusammen verrührt und daraus kleine Knödel geformt, die in klarer Fischsuppe (Nr. 70) eingekocht werden. Man kann aus der Masse auch kleine Kotelettes formen und im Schmalz backen.

89. Fischnocken.

100 Gramm rohes Fischfleisch von Haut und Gräten ausgelöst, stößt man mit der Leber und 30 Gramm Butter fein im Mörser. Während dessen weicht man eine außen gut abgeriebene Semmel in Milch ein, drückt sie fest aus, stößt sie mit gewiegter Petersilie, Zitronenschale und Zwiebel, 1 Ei und etwas Salz und formt davon mit dem Löffel Nocken, die man in klare Fischsuppe einkocht.

90. Froschschenkelsuppe.

12 Froschschenkel werden geputzt, klein zerhackt und in heißer Butter mit fein geschnittener Petersilie, Zwiebel, Zitronenschale, Salz und geriebener Muskatnuß gedünstet; dann gibt man 2 Eßlöffel Mehl dazu, röstet es 1 Minute mit, gießt es mit Fastenwurzelbrühe auf und läßt sie eine halbe Stunde langsam kochen. Hierauf wird sie durch ein Sieb passirt, nochmals heiß gestellt und mit 1 Dotter, den man mit Rahm oder Wasser abschlägt, legirt.

91. Roggensuppe.

50 Gramm Butter läßt man im Suppentopf heiß werden, gibt 2 Löffel Mehl und einen halben Löffel fein geschnittene

Zwiebel dazu, bis sie gelb sind, dann gibt man einen schön gewaschenen Karpfenrogen hinein, rührt ihn damit ab, gießt ihn mit Wurzelbrühe (Nr. 69) auf und gibt 1 Glas voll Essig, 1 Glas Rothwein und noch besser 1 Löffel Madeira dazu, salzt und pfeffert die Suppe, gibt etwas geriebene Muskatnuß daran, kocht Alles zusammen gut durch und richtet sie über in Butter geröstete Brodwürfel an.

92. Krebssuppe.

8—10 kleine Suppenkrebse werden in Salzwasser gekocht und Scheeren und Schweifchen schön ausgelöst. Das Uebrige stößt man, nachdem man die Galle herausgelöst, im Mörser fein und dünstet es mit 70 Gramm Butter, bis diese roth ist, staubt dann 2 Eßlöffel Mehl darauf, dünstet es noch eine Weile und gießt es mit Wurzelbrühe (Nr. 69) auf. Man läßt die Suppe gut kochen und seiht sie vor dem Anrichten durch ein Sieb. Man gibt nebst dem Krebsfleisch gebackene Semmelwürfel dazu.

Süße Suppen.

93. Milchsuppe.

1 Liter frische Milch kocht man mit oder ohne einem Stückchen Vanille, zuckert sie gehörig, gibt ein Körnchen Salz dazu und gießt sie über gebähte Semmelschnitten. Auch kann man dazu 2—3 Dotter mit etwas kalter Milch absprudeln und die kochende Milch damit langsam aufgießen. Als Einlage dazu gibt man Schnitten von mürbem Brod, dick mit gestoßenem Zucker bestreut, und bäht dieselben auf einem Blech im Rohre, bis der Zucker geschmolzen ist.

94. Reissuppe.

1 Liter Milch siedet man mit einem Stückchen Zimmt und dem nöthigen Zucker, kocht 3 Eßlöffel ausgesuchten, aber nicht gewaschenen Reis ein und läßt ihn eine halbe Stunde auf Kohlenfeuer langsam kochen. Beim Anrichten kann man ihn mit 1—2 Eidottern, die man mit kalter Milch absprudelt, legiren.

95. Griessuppe.

3 Eßlöffel Gries läßt man in 1 Liter siedender Milch, welcher man Zucker, sehr wenig Salz und nach Belieben Zimmt oder

Vanille beigefügt hat, einkochen, rührt, nachdem er eine Viertelstunde gekocht, nußgroß Butter beim Anrichten darunter und legirt die Suppe mit 1 Dotter, welcher mit kalter Milch abgesprudelt wurde.

96. Sago- oder Tapiokasuppe

wird ebenso wie die Grießsuppe bereitet.

97. Chokoladesuppe.

70 Gramm Chokolade läßt man mit etwas Milch warm werden und verrührt sie fein, sprudelt dann 1 Liter Milch dazu und läßt sie einige Male aufkochen. Dann sprudelt man 1—2 Dotter mit kalter Milch ab und richtet die Suppe drüber an. Man gibt sie über geröstete oder mit Zucker bestreute Schnitten, wie bei Nr. 93.

98. Biersuppe.

1 Liter weißes Bier wird mit 120 Gramm Zucker, etwas Zimmt und Zitronenschale aufgekocht. Dann versprudelt man ⅛ Liter süßen Rahm mit 3 Dotter, gibt das heiße Bier dazu und kocht es, bis es dick wird, worauf man es anrichtet und kleine, geröstete Semmelwürfel dazu servirt.

99. Weinsuppe.

1 kleiner Eßlöffel feines Mehl wird mit etwas kaltem Wasser fein abgerührt, dann gibt man 4 Dotter, 40 Gramm frische Butter, etwas Zimmt oder Zitronenschale nebst einem Körnchen Salz dazu und rührt es mit 1 Liter Wein und 120 Gramm Zucker gut durcheinander, stellt es dann auf das Kohlenfeuer, rührt es, bis es zu kochen anfangen will, zieht es jedoch dann sofort zurück. Man richtet sie über würflig geschnittenes und geröstetes Milchbrod an.

100. Holdersuppe.

½ Liter Wasser und 1 Glas rother Wein werden mit ½ Liter Holberbeeren, etwas Zimmt und dem nöthigen Zucker, eine halbe Stunde langsam gekocht. Dann rührt man 1 Kochlöffel Mehl mit etwas Milch fein ab, gibt langsam ¼ Liter Milch dazu, rührt es in den Holder und läßt es zusammen noch eine Viertelstunde kochen. Würflig geschnittene und in Schmalz geröstete Semmeln werden dann mit der kochenden Suppe übergossen und dieselbe warm oder kalt zu Tisch gegeben.

Saucen.

Warme Saucen.

101. Zwiebelsauce.

Ein großes Stück Butter wird mit einem Stück Zucker hellbraun geröstet, 1½ große Zwiebel fein geschnitten, dann hineingegeben und dieselben damit braun geröstet (aber ja nicht verbrannt). Dann staubt man 1 Eßlöffel Mehl dazu, gießt es mit kochender Fleischbrühe langsam auf, gibt Salz, Pfeffer und 1 Löffel Essig daran und läßt die Sauce eine halbe Stunde kochen. Man richtet sie durch ein Sieb geseiht in eine Saucière an.

102. Sardellensauce.

Ein Stück Butter oder Suppenfett wird mit 2 Löffel Mehl gelb geröstet. 4 Sardellen werden gewaschen, ausgegrätet und sammt einer halben Zwiebel und etwas Petersiliengrün fein gewiegt, in dem gelben Einbrenn gedünstet, dann mit guter Fleischbrühe aufgegossen und eine halbe Stunde gekocht. Man mischt sie mit etwas Zitronensaft und gibt sie geseiht zu Tisch.

103. Senfsauce.

Ein Stück Butter oder Suppenfett wird mit 2 Löffel Mehl und einem Stückchen Zucker gelb geröstet, dann ein Löffel fein geschnittener Zwiebel hineingegeben, bis sie dieselbe Farbe haben; nun wird die Sauce mit guter Fleischbrühe angegossen, Salz, Pfeffer, 1 Lorbeerblatt, 2 Nelken, Zitronenschale beigegeben und damit eine halbe Stunde gekocht. Vor dem Anrichten gibt man 2 Löffel französischen Senf dazu; auch kann man sie nach Belieben mit etwas Zitronensaft säuern. Man gibt sie passirt in die Saucière.

Warme Saucen.

104. Pfeffersauce.

2 Löffel Essig läßt man mit einem Kaffeelöffel Pfefferkörner, einem Eßlöffel fein geschnittener Zwiebel und 1 Lorbeerblatt kurz einbünsten. Dann röstet man in einem Stück Butter 2 Eßlöffel Mehl gelb, gibt das oben Gebünstete dazu, läßt es zusammen eine halbe Stunde kochen und seiht die Sauce zum Anrichten durch's Sieb.

105. Kapernsauce.

Man bereitet obige Pfeffersauce oder Senfsauce Nr. 103, gibt die geseihte, fertige Sauce vor dem Anrichten nochmal in den Tiegel, gibt statt des Senfes 2 Löffel Kapern dazu und läßt die Sauce damit aufkochen; auch kann man nach Belieben einige Löffel sauren Rahm beigeben.

106. Gurkensauce.

In Sauce Nr. 103 ohne Senf gibt man Essiggurken, die man feinblättrig oder nudelartig verschneidet und läßt sie statt des Senfes in der Sauce aufkochen.

107. Salmisauce.

Man schabt von übrig gebliebenem Wildgeflügel das Fleisch von den Beinen, stößt es im Mörser mit einigen gebähten Semmel= schnitten, bünstet es mit fein geschnittenen Zwiebeln, am besten im abgenommenen Fett des gebratenen Wildes oder einem Stückchen Butter gelb und staubt es dann mit 1$^1/_2$ Eßlöffel Mehl. Die Knochen des Geflügels stößt man ebenfalls, kocht sie mit Suppe gut aus, gießt die geseihte Brühe auf das gestaubte Fleisch, gibt etwas Pfeffer und Zitronenschalen dazu, läßt es eine halbe Stunde kochen und gibt ein Glas Rothwein, sowie einige Löffel sauern Rahm daran.

108. Sauerampfersauce.

Vier Hände voll Sauerampfer putzt und wäscht man und bünstet ihn dann in heißer Butter. Wenn er weich ist, staubt man 1$^1/_2$ Eßlöffel Mehl dazu, verrührt ihn ganz fein, füllt ihn mit etwas Suppe auf und kocht ihn eine Viertelstunde zu einer dickfließenden Sauce und passirt sie vor dem Anrichten. Nach Belieben kann man auch 2 Löffel sauren Rahm dazu geben.

109. Champignons.

8—10 Stück Champignons werden geputzt, indem man den Bart an der unteren Seites des Hutes, sowie alles Angefressene und Madenhaltige entfernt, sie ganz fein schält und jeden gleich in frisches Wasser legt, bis alle geputzt sind. Dann nimmt man sie heraus, damit sie nicht zu viel Wasser einsaugen und schneidet sie feinblätterig auf. Nun läßt man ein Stückchen Butter heiß werden gibt die geschnittenen Champignons nebst feingewiegter Petersilie' und einer kleinen ganzen Zwiebel oder Schalotte hinein, dünstet sie so lange, bis der Saft eingegangen ist, staubt dann 1 Eßlöffel Mehl dazu, gießt sie mit guter Fleischbrühe auf, salzt und pfeffert sie, gibt etwas Zitronensaft daran und läßt sie eine Viertelstunde aufkochen. Wird die kleine Zwiebel schwarz, so sind giftige Schwämme dabei, ebenso muß man vorsichtig sein und keine alten, morschen, angefaulten oder wässerigen Schwämme verkochen. Dagegen kann man die frischen Abfälle von Champignons trocknen und zu Suppen und Saucen, welche geseiht werden, verwenden; sie geben denselben einen angenehmen Geschmack.

110. Trüffelsauce.

Man läßt ein Stück frische Butter in einer Kasserole zergehen, rührt 1½ Eßlöffel Mehl dazu, röstet es langsam gelbbraun und rührt es mit guter Fleischbrühe und einem Glas Rothwein gut ab. 3—4 Trüffel schält man, verschneidet oder verwiegt sie, gibt sie nebst Salz und Pfeffer, etwas Zitronensaft und einigen Löffeln Bratensauce oder Fleischextrakt in die Sauce und läßt sie eine halbe Stunde gut kochen. 1 Löffel Madeira oder 1 Löffel Rum erhöht den Geschmack.

111. Paradiesäpfelsauce.

Man läßt ein großes Stück Butter heiß werden, röstet 1½ Eßlöffel Mehl hellgelb, gibt 3 geschälte Paradiesäpfel dazu und läßt sie gut dämpfen, gießt sie mit etwas kaltem Wasser und Fleischbrühe auf, gibt Salz, etwas Zimmt, 1 Löffel Zucker und nach Geschmack etwas Weinessig dazu und läßt es gut aufkochen.

112. Madeirasauce.

Abfälle von rohem Kalbfleisch oder 50 Gramm rohen Schinken, Suppenwurzel, sowie 2 Schalotten, Alles fein geschnitten, dünstet man mit kleingeschnittenem Speck. Wenn es Farbe hat, staubt man 1—2 Löffel Mehl daran, gießt es mit Fleischbrühe, 1 Glas Madeira und etwas Zitronensaft an und kocht es eine halbe Stunde.

113. Buttersauce.

Man nimmt 50 Gramm Butter läßt sie zerschleichen, aber nicht heiß werden, rührt 1 Eßlöffel Mehl dazu, gießt sie mit der nöthigen Suppe unter beständigem Rühren auf und rührt sie fort, bis sie kocht und eine dickfließende Sauce gibt, die man, vom Feuer gezogen, mit Eidottern frikassiren und je nach Bedarf mit Zitronensaft würzen kann. Sie wird, sobald sie aufgekocht ist, angerichtet.

114. Holländische Sauce zu Fischen.

Man bereitet vorhergehende Buttersauce Nr. 113, nur wird zum Angießen statt Fleischsuppe der Fischabsud verwendet, der mit etwas Suppe oder Wasser gemildert wird, wenn er zu scharf ist. Hat sie aufgekocht, so stellt man sie vom Feuer, sprudelt 2 Eidotter mit 2 Löffel gutem sauren Rahm ab, rührt dieses in die Sauce und läßt dieselbe anziehen, aber ja nicht mehr kochen. Zuletzt gibt man noch einige Tropfen Zitronensaft daran und gibt sie sofort zu Tisch.

115. Frikasseesauce.

70 Gramm frische Butter drückt man mit einem großen Eßlöffel Mehl am Herde ab, gießt sie mit dem Safte des gedünsteten Fleisches und guter Suppe auf, läßt sie unter beständigem Rühren aufkochen und stellt sie dann bei Seite. 2—3 Eidotter sprudelt man mit etwas Suppe oder besser 2—3 Löffel sauren Rahms ab, gibt sie langsam unter beständigem Rühren an die Sauce und läßt sie am Feuer anziehen, aber ja nicht mehr kochen; man würzt sie mit etwas Zitronensaft oder 1 Glas Wein und richtet sie über das gedünstete Fleisch oder Geflügel sofort an. Alle Buttersaucen dürfen nicht lange stehen.

116. Warmer Meerrettig.

Ein Stück Butter oder Suppenfett läßt man heiß werden, gibt 1 Eßlöffel Mehl dazu und röstet es nur kurz, damit es ganz hell bleibt, gibt den geriebenen Meerrettig hinein, salzt ihn und gießt ihn dann mit kräftiger Suppe auf.

117. Semmel-Meerrettig.

Zu einem Stück Butter oder Suppenfett gibt man 2 Eßlöffel Semmelbrösel und läßt sie leicht anlaufen, gießt sie dann mit guter Fleischbrühe an, läßt sie eine halbe Stunde gut verkochen und gibt vor dem Anrichten den geriebenen Meerrettig dazu. Nach Belieben kann man auch 1 Löffel Essig dazu geben.

118. Milch-Meerrettig.

Ein Stück Butter rührt man mit 1 Löffel Mehl ab, gießt es sogleich mit kochender Milch an, gibt einige abgezogene, gestoßene oder gewiegte Mandeln nebst etwas Zucker, Zitronen= schale und den geriebenen Meerrettig dazu und läßt es gut aufkochen.

Kalte Saucen.

119. Eiersauce.

Von zwei sehr hart gesottenen Eiern löst man die Dotter aus und drückt sie mit dem Salatlöffel sehr fein ab, dann gibt man 1 rohen Eidotter dazu und rührt die Eier mit 2 Löffel feinstem Olivenöl, das man nach und nach dazu gibt, recht schaumig ab, salzt und pfeffert sie und mischt so viel Essig dazu, als zu einer dickfließenden Sauce nöthig ist.

Mit Schnittlauch. Nachdem man obige Eiersauce bereitet hat, schneidet man ein Büschelchen Schnittlauch fein auf, wiegt das Weiße von den Eiern sehr fein und rührt dann Alles gut zusammen.

Mit Senf. Man rührt die Dotter wie oben fein mit dem Olivenöl, gibt dann einen Löffel französischen Senf dazu, mischt Salz, Essig und Schnittlauch darunter und gibt es nach Belieben mit oder ohne dem feingewiegten Weißen der Eier zu Tische.

Mit Sardellen. Wird wie obige bereitet, nur nimmt man statt Senf 4—5 gewiegte Sardellen dazu.

120. Kartoffelsauce.

Einige Kartoffeln werden gesotten, geschält und noch heiß durch das Sieb oder die Kartoffelpresse gedrückt. Einen Häring wässert man, löst die Gräten aus und gibt ihn nebst 1 hart= gesottenen Eigelb in den Mörser, stößt ihn fein und gibt ihn zu den Kartoffeln nebst fein gewiegter Zwiebel. Dann rührt man den Milchner fein mit dem Oel ab, gibt Essig, Salz und Pfeffer und je nach der Schärfe des Essigs mehr oder weniger warme Fleischbrühe daran, gießt es über die Kartoffeln und rührt es gut zusammen ab. Man kann auch den Häring in kleine Würfel schneiden.

121. Bohnensauce.

Weiße Bohnen kocht man weich und passirt sie durch's Sieb, verrührt sie dann fein mit etwas ganz fein gewiegten Zwiebeln, Salz, Pfeffer, Essig und Oel zu einer dicken Sauce und bestreut sie nach Belieben mit Schnittlauch oder Meerrettig.

122. Sauce zum Schwarzwildpret.

2 hartgekochte Eidotter, fein verdrückt, und 1 frischer Dotter werden mit 2 Löffel Olivenöl fein abgerührt, dann mischt man 1 großen Eßlöffel französischen Senf, einen Kaffeelöffel Zucker, einen Kaffeelöffel sehr fein gewiegter Wachholderbeeren, 1 Messerspitze feingewiegte Zitronenschale und so viel Essig, als nöthig ist, dazu, damit die Sauce dickfließend und nicht zu scharf ist.

123. Wildpretsauce.

In einem Mörser stößt man mit 2 hartgesottenen Eiern die Reste von Hasen- oder Rehbraten, Schalotten, 2 Sardellen und 1 Löffel voll Kapern, was Alles zuerst fein geschnitten wird. Nach dem Stoßen passirt man es durch ein grobes Sieb, verrührt es gut mit Oel, Salz und Pfeffer und gibt zuletzt den nöthigen Essig daran.

124. Kräutersauce.

Sauerampfer, Petersilie, Bertramblätter, fein gewiegt, von jedem 1 Löffel voll, sowie ½ Löffel Schnittlauch und Pimpinelle, werden mit 3 Sardellen, 3 kleinen Essiggurken und 2 kleinen Schalotten, Alles klein verschnitten, zusammen im Mörser gestoßen und dann mit 2 hartgesottenen Eidottern durch ein Sieb passirt. Zu dem Passirten gibt man 1 rohen Eidotter, Salz und Pfeffer und 1 Löffel französischen Senf, verrührt es mit 2 Löffel Olivenöl recht fein und verdünnt es mit Essig zu einer dicklichen Sauce.

125. Oelsauce (Mayonnaise.)

2 Eidotter werden flockig abgerührt, dann mit ¼ Liter Olivenöl, das man tropfenweise daran gibt, 1 Stunde schaumig gerührt (im Sommer muß die Schüssel zum Rühren auf Eis stehen), dann gibt man soviel Estragon-Essig, als der Geschmack erfordert, etwas Zitronensaft, Salz, weißen Pfeffer und 2—3 Löffel aufgelösten, aber kalten, gelben Aspik (Sulz, welche man bei jedem Charcutier bekommt) dazu, rührt Alles gut zusammen, richtet den Fisch oder

das Fleisch in Muscheln, übergießt es mit der Sauce und stellt es auf Eis. Man verziert die Muschel, indem man in eine Ecke das Achtel eines hartgesottenen Eies nebst einem kleinen Herzchen Kopfsalat oder einem kleinen Sträußchen Petersiliengrün gibt und sie außen mit einem Kranz von gehackter, gelber und rother Aspik umgibt. Servirt man das ganze auf einem Plättchen, so taucht man jedes Stück Fisch oder Fleisch in Mayonnaise, richtet es erhaben an, schüttet die übrige Sauce darüber und verziert es mit harten Eiern, Salat, Sardellen und gehackter Aspik.

126. Kalte Buttersauce statt Mayonnaise.

Schalotten, Petersilie und Bertram werden fein gewiegt und mit $1/2$ Löffel Kapern, 2 hartgesottenen Eidottern, 3 Sardellen, welche geputzt und ausgegrätet sind, im Mörser fein gestoßen. 70 Gramm Butter werden schaumig gerührt, 35 Gramm Olivenöl, sowie das Gestoßene fein damit abgetrieben und zuletzt der nöthige Essig für eine dickfließende Sauce dazu gegeben. Man stellt sie zum Gebrauch auf Eis oder in kaltes Wasser.

127. Meerrettig.

Geriebenen Meerrettig kann man nach Belieben noch feiner wiegen, und sollte er zu scharf sein, wird das Uebergießen mit heißer Suppe ihn milder machen. nur gießt man dieselbe wieder ab, gibt dann etwas gestoßenen Zucker und nach Belieben auch Essig dazu und vermengt Alles gut zusammen. Man kann ihn auch mit Essig und Oel, etwas Zucker und Salz geben.

128. Meerrettig mit Aepfeln.

Man reibt 2 schöne Aepfel, übergießt sie sogleich mit Essig, da sie sonst anlaufen, und gibt eben so viel Meerrettig und etwas gestoßenen Zucker dazu.

129. Rettig.

Als Zuspeise zum Rindfleisch reibt man den Rettig, salzt ihn, gießt das zu viele Wasser ab, aber preßt ihn nicht aus, macht ihn mit Essig und Oel an und pfeffert ihn etwas.

Salat.

Guter Essig und feines Salatöl, am besten Olivenöl, sind die Hauptbedingungen eines guten Salates.

130. Rothe Rüben.

Die rothen Rüben werden rein gewaschen und in Wasser gekocht, bis sie weich sind und sich die Haut davon abstreifen läßt, was ein paar Stunden beiläufig dauert. Dann werden sie zu Scheiben geschnitten, 1 Löffel Kümmel und 1 Löffel gestoßener Zucker dazu gegeben und noch warm mit Essig übergossen. Sie können gleich servirt oder mehrere Tage in einem steineren Topf aufbewahrt werden.

131. Selleriesalat.

Der rein geputzte Sellerie wird in feine Scheibchen geschnitten, gewaschen und mit halb Essig, halb Wasser, einer Prise Salz und 4—5 Stück Zucker weich gekocht und abgekühlt servirt.

Oder: Man kocht einen rein geputzten Sellerie in Salzwasser weich, schält ihn warm, schneidet ihn in dünne Scheiben, streut etwas Salz, Pfeffer und gestoßenen Zucker darüber und macht ihn mit Essig und Oel gut durcheinander.

132. Schwarzwurzelsalat.

Man rührt 1 Kochlöffel Mehl mit Essig ab und gibt Wasser darauf. Die Wurzeln werden dann rein geschabt und in halb= fingerlange Stückchen geschnitten und sogleich in das Mehlwasser gelegt, damit sie nicht schwarz werden, herausgewaschen, und dann im stark siedenden Salzwasser weich gekocht. Nun seiht man sie ab, übergießt sie mit kaltem Wasser, läßt sie abtropfen und macht sie mit Salz und Pfeffer, sowie mit Essig und Oel und nach Belieben etwas gewiegter Petersilie an.

133. Blumenkohlsalat.

Eine schöne Rose Blumenkohl wird rein geputzt und in siedendem Salzwasser weich gekocht, doch nur so lange, daß die Röschen ganz bleiben. Man seiht sie dann vorsichtig ab, richtet sie in der Form einer Blume in die Salatschale, macht Essig, Oel, Salz und Pfeffer in einer Obertasse an und begießt sie einigemal damit. Auch kann man sie statt mit Essig und Oel mit Eiersauce Nr. 119 übergießen.

134. Spargelsalat.

Die Spargel werden von unten gegen den Kopf zu von der dickeren, festeren Haut mit einem Messer befreit und das unterste Harte abgeschnitten. Dann wäscht man sie, bindet sie in kleine Büschel und kocht sie in siedendem Salzwasser, bis sie weich sind, was eine halbe Stunde erfordern wird. Dann hebt man sie sorgfältig auf eine flache Platte heraus, schneidet die Fäden weg, macht Essig, Oel, Salz und Pfeffer in einer Obertasse an und begießt die Spargel damit.

135. Grüner Bohnensalat.

Grüne, zarte Bohnen werden von ihren Fäden befreit, fein geschnitten und in siedendem Salzwasser weich gekocht. Nun seiht man sie ab, gibt etwas Salz, Pfeffer, fein geschnittene Zwiebel, Essig und Oel daran, mischt sie gut durcheinander und gibt sie noch warm zu Tisch.

136. Salat von dürren, weißen Bohnen.

Dieselben werden in kaltem Wasser einige Stunden eingeweicht, dann mit frischem Wasser an's Feuer gesetzt und erst gesalzen, wenn sie fast weich gekocht sind. Ist Letzteres der Fall, so seiht man sie ab und gibt sie mit Salz, Pfeffer, fein geschnittenen Zwiebeln, Essig und Oel gut durcheinander; auch kann man den Salat nach Belieben mit einem Kranz von Endivien, Brunnkresse oder Feldsalat garniren.

137. Linsensalat

wird wie der vorhergehende bereitet; doch kann man statt Zwiebel auch feingewiegte Petersilie dazu nehmen.

138. Warmer Krautsalat.

Man schneidet von einem kleinen, aber festen Krautkopf die äußeren rauhen Blätter weg, halbirt ihn, löst die groben Rippen

aus, rollt die Blätter zusammen und schneidet sie sehr fein nudel=
artig. Hat man einen Gurkenhobler, so viertelt man den Kopf,
schneidet nur in der Mitte das Starke weg, da er sonst zerfällt,
und hobelt ihn, weil er mit dem Hobler noch feiner geschnitten
wird. Nachdem man das Kraut gewaschen und ausgedrückt hat,
bestreut man es mit Salz und Kümmel und läßt es 1 Stunde
stehen. Hierauf schneidet man Speck kleinwürflig und läßt ihn
etwas anlaufen, gibt feingeschnittene Zwiebel dazu, läßt sie gelb
werden, gießt ⅛ Liter Essig daran und dünstet damit das Kraut
einige Minuten, bis es zusammengefallen ist; man gibt es warm
zu Tisch.

139. Hopfensprossen.

Hopfensprossen werden geputzt, das untere Ende etwas zu=
gestutzt, gut gewaschen und in Salzwasser weich gekocht. Dann
seiht man sie ab und macht sie mit Salz, Pfeffer, fein geschnittener
Zwiebel, Essig und Oel an.

140. Gurkensalat.

Die Gurken werden kurz vor dem Anrichten geschält und fein=
blätterig geschnitten, am besten ist hiezu ein Gurkenhobler. Dann
salzt man sie, macht sie mit Essig und Oel gut durcheinander,
bestreut sie mit Pfeffer und servirt Senf dazu. Sie können statt
mit Essig und Oel auch mit saurem Rahm angemacht werden.

141. Radieschensalat.

Die Radieschen werden abgeschabt, feinblätterig geschnitten,
oder gehobelt und mit Salz, Pfeffer, Essig und Oel angemacht.

142. Kopfsalat.

Der Kopfsalat wird von den äußeren, rauhen Blättern befreit,
die inneren gelben Blätter in der Mitte gespalten, die Herzchen in
2 oder 4 Theile getheilt und nur von den äußeren Blättern die
gröbsten Rippen entfernt. Nun wird er mehrmals in frischem
Wasser gewaschen und in einem Seiher gut ablaufen gelassen.
Dann salzt man ihn, gibt ebensoviel Zucker, welcher dem Essig
eine angenehme Milde gibt, daran, gießt Essig und Oel darüber
und mischt ihn tüchtig durcheinander. Fein nudelig geschnittener
Boretsch darunter gemengt, gibt dem Salat einen angenehmen
Geschmack. Man soll nur so viel Essig und Oel nehmen, als der

Salat erfordert, um feucht und glänzend zu werden; auch ist es sehr gut, den abgelaufenen Salat mit Eiersauce Nr. 119 mit oder ohne Senf anzumachen. Beim Anrichten bekränzt man den Kopfsalat meist mit Vierteln von hartgesottenen Eiern. Sehr hübsch sieht es aus, wenn man den Kopfsalat mit Crevetten oder feinblättrig geschnittenen Paradiesäpfeln vermischt.

143. Brunnenkresse und Feldsalat.

Beide Sorten werden schön geputzt, gut gewaschen und nach dem Abtropfen mit Salz, Essig und Oel untereinander gemengt.

144. Endivienfalat.

Der Endivienfalat wird von den grünen Blättern befreit, die inneren gelben Blätter aber länglich fein geschnitten oder die Blätter, nachdem man die gröbsten Rippen entfernt, aufeinandergelegt, gerollt und wie Nudeln geschnitten, gewaschen und dann in einen Durchschlag zum Abtropfen gelegt. Mann reibt dann die Salatschüssel mit einem kleinen Stückchen Knoblauch aus, was dem Salat einen feinen Geschmack gibt, und macht ihn mit Salz, etwas Zucker, Essig und Oel an. Man garnirt damit gern den Kartoffelsalat, nur muß man beim Garniren den Essig gut vom Salat ablaufen lassen, damit nicht zuviel Brühe in den unteren Kartoffelsalat bringt.

145. Kartoffelsalat.

Frischgesottene Kartoffeln werden geschält und warm in feine Scheiben geschnitten. Salz, etwas Pfeffer, 1 Eßlöffel voll feingeschnittenen Zwiebeln, Essig und Oel, sowie einige Löffel warme Fleischbrühe oder in Ermangelung dieser warmes Wasser beigegeben und gut durcheinander gemacht. Er wird nach Belieben noch etwas warm oder auch kalt servirt, doch soll er stets warm angemacht werden. Man kann ihn mit einem Kranz von Endivien- oder Feldsalat garniren.

146. Kartoffelpüreesalat mit Sardellen.

Frischgesottene Kartoffeln werden geschält und gleich heiß durch das Sieb oder die Presse getrieben, 4—6 Sardellen gewaschen, ausgegrätet, in feine Würfel geschnitten, ebenso $1/2$ Zwiebel. Nun mischt man Kartoffeln, Sardellen und Zwiebeln mit Salz, Pfeffer, Essig und Oel, sowie etwas warmer Fleischbrühe, gibt es erhöht glatt gestrichen in eine Schüssel, treibt das Gelbe eines hartgesottenen Eies durch ein Sieb über den Salat und servirt ihn zu Rindfleisch oder kaltem Fleisch.

147. Kartoffelsalat mit Häring.

1 Häring wird gewaschen, geklopft und die Haut abgezogen. Dann schneidet man den Kopf ab, faßt den Fisch an den unteren Schwanzflossen, schwingt ihn ein paarmal um sich selbst und zieht ihn der Länge nach auseinander. Man nimmt nun das Rückgrat, sowie die Gräten heraus und schneidet den Häring in kleine Würfel. Der Milchner wird mit dem Oel, das man zum Salat benöthigt, in einer Tasse fein zerdrückt und abgerührt und dann mit 2—3 Löffel Essig angegossen. Nachdem nun die frischgesottenen Kartoffeln in feine Scheiben geschnitten sind, werden die Häringswürfel, sowie ein Eßlöffel feingeschnittener Zwiebel, etwas Salz und die abgeriebene Häringsmilch darüber gegossen und nach Bedarf mit Essig und Suppe verdünnt. In die Mitte des Salates steckt man den Häringskopf und bekränzt ihn nach Belieben mit Endivien- oder Feldsalat, läßt aber vorerst den Essig gut vom grünen Salat abtropfen.

148. Italienischer Salat.

4 Stück gesottene und abgeschälte Kartoffeln, 2 gereinigte und entgrätete Häringe, 1 abgeschälter schöner Apfel werden in kleine, erbsengroße Würfelchen geschnitten, 2 Löffel voll Kapern, 4 Stück daumengroße Essiggurken, 1 sehr kleine, gekochte rothe Rübe und 1 Zwiebel werden noch kleiner geschnitten oder wie die 2 hartgesottenen Eier grob gewiegt und Alles zusammen in eine Salatschüssel gethan. Die Milchner der Häringe werden in einer Tasse mit 3—4 Löffel Oel fein verrührt und mit 1 Eßlöffel französischen Senf und dem nöthigen Essig verdünnt über den Salat gegossen und mit etwas warmer Fleischbrühe gut durcheinander gemacht. Dann gibt man ihn in die dazu bestimmte Schale, streicht den Salat glatt, bildet mit Sardellenstreifchen einen Stern mit 8 Feldern, die alle in der Mitte spitz zulaufen und belegt sie mit hartgesottenen Dottern, rothen Rüben, hartem Eiweiß, Essiggurken, Alles fein gewiegt, von jeder Farbe ein Feld und gibt in die Mitte und im Kranz herum sehr schmal geschnittenen, gut abgelaufenen Endiviensalat oder gehackten Aspik.

149. Italienischer Salat auf feinere Art.

Wird ebenso wie vorhergehender italienischer Salat bereitet, nur läßt man die Kartoffeln weg und nimmt dafür Ochsenmaul (siehe Nr. 150), welches man ganz weich kocht und nach dem Erkalten in erbsengroße Würfel schneidet, ebenso ein Stück gebratenes Kalbfleisch, mageren Schinken, 50 Gramm Anguilotti, 50 Gramm Bricken und etwas Cervelatwurst. Zum Untereinanderschwingen nimmt man noch 1 Eßlöffel feinen französischen Senf und 1 Kaffeelöffel gestoßenen Zucker. Zur Verzierung läßt man den Endiviensalat weg und macht in der Mitte eine Rosette von Krebsschweifchen, Sardellen und recht grünen Oliven und einen kleinen Kranz von gehacktem Aspick. Auch kleine, rund ausgestochene Kartöffelchen, in rothen Rübensaft einige Stunden gelegt und in feine runde Scheibchen aufgeschnitten, lassen sich zur Verzierung verwenden.

Italienischer Salat in Aspik siehe bei den Sulzen.

150. Ochsenmaulsalat.

Ein Ochsenmaul wird, nachdem man den Schleim gut mit Salz ausgerieben hat, fest gewaschen und mit 1—2 Ochsen- und Kalbsfüßen 4—5 Stunden in Salzwasser mit etwas Wurzeln und einem Lorbeerblatt gekocht. Wenn Beides gut weich ist, nimmt man es heraus, beint es aus, legt es auf einen flachen Teller und beschwert es. Nach dem Erkalten wird es fein nudelartig geschnitten und mit Salz, Pfeffer, feingeschnittenen Zwiebeln, Essig und Oel, nach Belieben auch mit etwas Kapern, gut durcheinander gemengt. Es läßt sich zugedeckt einige Tage aufbewahren.

151. Fleischsalat.

Uebrig gebliebenes, gesottenes, wie gebratenes Fleisch oder Geflügel wird nudelartig geschnitten und mit geringeltem, fein geschnittenem Zwiebel, Salz, Pfeffer, Essig und Oel gut durcheinandergemischt. Man kann es mit einem Kranz von Kopf- oder Endiviensalat nebst hartgesottenen Eiern serviren.

151a. Paradiesäpfel-Salat.

Nachdem man Paradiesäpfel gewaschen und wieder gut abgetrocknet hat, schneidet man sie in dünne Scheibchen, aus denen man die Kerne entfernt, legt sie in eine Schüssel, die man vorher mit einer Zehe Knoblauch etwas eingerieben hat und bestreut sie reichlich mit Salz und wenig Pfeffer, beträufelt sie mit Olivenöl und etwas Essig und mischt sie gut durcheinander.

Kartoffeln.

152. Kartoffeln in der Schale.

Am besten werden die Kartoffeln im Dunsthafen, in dessen unteren Theil man das Wasser füllt, während man die reingewaschenen Kartoffeln auf den Seiher gibt; doch darf das Wasser ja nicht über den Seiher gehen und die Kartoffeln berühren. Man verschließt den Hafen fest mit einem Deckel und läßt die Kartoffeln im Dunst kochen. Oder man gibt die rein gewaschenen Kartoffeln in einen Topf, bedeckt sie mit Wasser, salzt sie, gibt nach Belieben auch etwas Kümmel dazu und läßt sie, gut zugedeckt, kochen. Gut ist es, wenn man vor dem Weichwerden der Kartoffeln etwas Wasser abgießt und sie noch im Dunst weich werden läßt. Sind sie fertig, so gießt man das Wasser ab, drückt mit einem reinen Tuch die Kartoffeln etwas auf und gibt sie auf eine Platte, die mit einer Serviette bedeckt ist und schlägt deren Ecken dann fest über die Kartoffeln zusammen, damit sie noch im Dunste stehen. Man gibt frische Butter oder Sardellenbutter dazu.

153. Geröstete Kartoffeln.

Die wie vorher gesottenen Kartoffeln werden geschält in feine Scheibchen geschnitten. In einer Kasserole wird Butter, Gänse- oder Schweinefett heiß gemacht und damit 1 Löffel fein geschnittener Zwiebel etwas gedämpft, die Kartoffeln nebst dem nöthigen Salz dazu gegeben und schön gelb, unter öfterem Umwenden mit dem Schäufelchen, geröstet. Nach Belieben kann man etwas Pfeffer oder Kümmel dazu geben. Auch macht 1—2 Löffel saurer oder süßer Rahm oder auch heiße Suppe am Schluß die Kartoffeln milder.

154. Speckkartoffeln.

Die wie vorher geschnittenen Kartoffeln werden in eine Kasserole mit kleinwürflig geschnittenen und mit einem Löffel fein gewiegter

Zwiebel gerösteten Speck gethan, mit Salz und Pfeffer etwas bestreut, schön gelb geröstet und zum Schlusse mit etwas saurem Rahm oder Suppe befeuchtet.

155. Schinkenkartoffeln

werden ganz wie Nr. 153 oder Nr. 154 geröstet und nur vor dem Anrichten mit gewiegtem Schinken vermischt und mit 2—3 Löffel saurem Rahm befeuchtet.

156. Geschwungene Kartoffeln mit Petersilie.

Große Kartoffeln werden geschält, mit dem Ausstecher ausgestochen oder in Würfel geschnitten, gut ausgewässert und im Salzwasser weich gekocht. Sobann wird das Wasser abgegossen, ein Löffel feingewiegte Petersilie und ein Stück frische Butter daran gegeben, die Kartoffel mit dem Tiegel ein paarmal geschwungen und am warmen Herd stehen gelassen. Nach 10 Minuten schwingt man sie noch ein paarmal und gibt sie dann zu Tisch; sie sind besonders zu Fischen gut.

157. Kartoffelschnitz.

Die Kartoffeln werden roh geschält, in Schnitze geschnitten und in Salzwasser weich gekocht. Sind sie weich, so wird das Wasser abgegossen, die Kartoffeln im Topf geschwungen und einen Augenblick noch abgedeckt auf den Herd gestellt. Unterdessen gibt man frische Butter in ein kleines Pfännchen, macht sie heiß, gibt in dieselbe einen Löffel fein geschnittene Zwiebel, läßt sie gelb backen und schüttet sie auf die unterdessen angerichteten Kartoffelschnitze. Man kann ebenso statt der Zwiebel fein gewiegtes Petersiliengrün kurz darin dünsten oder Semmelbrösel in heißer Butter rösten und über die Kartoffeln geben.

158. Kartoffelgemüse mit Petersilie.

Die Kartoffeln werden in messerrückendicke Scheiben geschnitten und in Salzwasser weich gekocht. Unterdessen läßt man ein Stück Butter oder Suppenfett heiß werden, gibt 1 Eßlöffel Mehl und 1 Eßlöffel fein geschnittene Zwiebeln dazu und röstet es so lange, bis die Zwiebeln hellgelb sind, dann gibt man einen Eßlöffel fein gewiegtes Petersiliengrün daran und rührt das sehr helle Einbrenn mit guter Fleischbrühe zu einer dicken Sauce, die man gut aufkochen läßt. Nun schüttet man die gekochten Kartoffelscheiben darunter, salzt es nach Bedarf noch ein wenig und läßt Alles zusammen noch einige Minuten kochen, ehe man es anrichtet.

159. Sauere Kartoffeln.

Man röstet in Suppenfett 1 Eßlöffel Mehl gelb, gibt dann 1 Eßlöffel fein geschnittene Zwiebeln dazu und röstet sie so lange, bis sie schön gelb sind. Dann gießt man sie mit guter Fleischbrühe zu einer nicht zu dünnen Sauce an, gibt ein Stückchen Zitronenschale, 1 Lorbeerblatt, etwas Essig, Salz und Pfeffer dazu und läßt sie gut kochen. Unterdessen schält man abgekochte Kartoffeln, schneidet sie in Scheiben, gibt sie in die Sauce und läßt sie noch eine Viertelstunde kochen. Nachdem man das Lorbeerblatt und die Zitronenschale aus dem Gemüse genommen, wird es angerichtet.

160. Gedünstete Kartoffeln.

Kartoffeln werden roh geschält, gewaschen und in Scheiben geschnitten. Nun gibt man sie in eine Kasserole, salzt und pfeffert sie, gibt 2 Löffel fein geschnittene Zwiebeln und einen Schöpflöffel sehr fetter Suppe darüber und dünstet sie langsam. Legen sich die Kartoffeln etwas an, so gießt man immer wieder etwas Suppe darauf, scharrt sie mit dem Backschäufelchen auf, bis sie fertig sind, und garnirt damit das Rindfleisch.

161. Gebratene Kartoffeln.

Rohe Kartoffeln werden geschält: am besten wählt man hiezu kleine runde, da man größere mit einer Form erst ausstechen muß. Nachdem sie gewaschen sind, trocknet man sie mit einem Tuch ab und gibt sie in eine Bratpfanne oder flache Kasserole in heiße Butter oder Bratenfett, bestreut sie mit Salz und bratet sie gut zugedeckt. Nach einer Viertelstunde nimmt man den Deckel ab, dreht die Kartoffeln auf die andere Seite, damit sie gleichmäßig braun werden, aber deckt sie nicht mehr zu und gibt nur Butter nach, wenn sie noch Fett bedürfen. Man kann auch Kartoffeln in der Schale fast gar kochen, schälen und in reichlichem Fett in der Pfanne braten.

162. Gebackene Kartoffeln (Pommes frittes).

Die Kartoffeln werden roh geschält, in Stängelchen oder Scheiben geschnitten, gewaschen und mit einem Tuch abgetrocknet. Dann bäckt man sie im schwimmenden, heißen Schmalz, nie zu viel auf einmal, schön gelb und rösch, nimmt sie mit dem Schaumlöffel heraus, salzt sie und garnirt damit Beefsteaks 2c. Man soll nie zu viel auf einmal in die Pfanne geben.

163. Kartoffelpüree.

Rohe Kartoffeln werden geschält, geschnitten, gewaschen und in Salzwasser ganz weich gekocht. Dann werden sie abgeseiht, durch ein Sieb oder (viel rascher) durch die Kartoffelpresse gedrückt, in eine Kasserole gebracht und sehr fein mit einem Stückchen Butter und heißer Milch oder Rahm zu einem dicken Brei abgerührt. Das Kartoffelpüree soll nur sehr heiß werden, aber nicht mehr kochen, daher kurz vor dem Anrichten bereitet werden. Man kann es nach Belieben mit in Butter gelb gerösteten Zwiebeln oder Semmelbröseln aufschmelzen.

164. Püreenocken.

Zu frischem oder übriggebliebenem Püree rührt man so viel Mehl, daß man mit dem Löffel feste Nocken formen kann und bäckt sie in einer Pfanne mit heißer Butter oder Schmalz auf beiden Seiten braungelb.

165. Kartoffelnudeln.

Ein Teller gekochte Kartoffeln wird geschält und heiß gerieben, oder durch die Mandelmühle (geht schneller) getrieben und am Nudelbrett mit Salz, einer Hand voll Topfen (weißer Käs) nebst 1 Eßlöffel Mehl und einem ganzen Ei zu einem Teig gut abgeknetet. Dann formt man mit der Hand eine lange Wurst, bestreut das Nudelbrett gut mit Mehl, schneidet von der Wurst quer durch kleine Stückchen und dreht sie mit der Hand zu fingerdicken Nudeln, die man leicht durch das Mehl laufen läßt. In einer großen Pfanne läßt man Schmalz gut heiß werden, legt die Nudeln hinein und bäckt sie auf drei Seiten lichtbraun. Man muß immer wieder etwas Schmalz nachgeben, da sie viel Fett schlucken.

166. Kartoffel-Puffer.

500 Gramm rohe Kartoffeln werden geschält, sauber gewaschen und gut abgetrocknet, dann auf dem Reibeisen gerieben, ebenso 1 große Zwiebel. Nun gibt man 2 Eier, 2 Eßlöffel Rum oder Arak, etwas Salz, 2—3 Löffel sehr feine Semmelbrösel dazu und rührt die Masse gut ab. Sodann läßt man Schmalz in der Pfanne heiß werden, gibt kleine Häufchen von der Masse darauf, streicht sie mit einem in's heiße Schmalz getunkten Löffel breit und dünn auseinander, bäckt sie auf beiden Seiten schön braun und gibt sie sofort zu Tisch. Die Kartoffelpuffer

Kartoffeln. 41

sollen immer wieder frisch gebacken auf den Tisch kommen. Man servirt dazu Kompot oder Salat, auch 1 Gläschen Liqueur.

167. Kartoffellaibchen.

1 Pfund Kartoffeln werden heiß gerieben oder durch die Presse gedrückt, gesalzen, feingewiegte Zwiebel und Petersilie, die etwas in heißer Butter geröstet werden, sowie 1 ganzes Ei und 1 Löffel saurer Rahm dazu gegeben und das Ganze mit etwas Mehl zu einem Teig geformt. Man bestreut das Brett mit Mehl, rollt den Teig nun fingerdick aus, sticht mit einem Weinglas oder Krapfenstecher runde Laibchen, läßt in einer Bratpfanne Schmalz heiß werden und bäckt sie auf beiden Seiten schön gelb.

168. Kartoffeln mit Häring.

50 Gramm Butter läßt man zergehen, rührt 1 Eßlöffel Mehl hinein und gibt ½ Liter kochenden Rahm oder Milch dazu und kocht es zu einem Brei (Beschamel), in welchem man 2—3 vorher in heißer Butter abgedünstete fein geschnittene Zwiebeln gut verrührt. Die schon vorher abgekochten Kartoffeln werden in messerdicke Scheiben geschnitten, 1—2 schöne Häringe geputzt, von Haut und Gräten befreit und in feine Stückchen geschnitten. Nun nimmt man eine tiefe Porzellanschüssel, streicht sie mit Butter aus, legt am Boden eine Lage Kartoffeln, streicht darüber etwas von dem warmen Beschamel, darauf den fein geschnittenen Häring, dann wieder Kartoffeln, Beschamel, Häring und oben auf Kartoffeln wieder mit Beschamel überstrichen, mit Semmelbrösel bestreut und mit etwas zerlassener Butter überträufelt. Nun stellt man die Schüssel auf ein Tortenblech mit Salz bestreut und läßt die Kartoffeln im Bratrohr langsam sehr heiß werden, aber nicht mehr kochen.

169. Kartoffeln mit Salami.

Bereitet man ebenso wie die Vorhergehenden, nur mischt man zum Beschamel 3 Löffel geriebenen Parmesankäse und etwas gewiegten Schinken. Nun richtet man die Porzellanschüssel ebenso ein, indem man die Schüssel dick mit Butter bestreicht, sie zuerst mit einer Lage Kartoffelscheiben belegt, etwas salzt, mit dem Beschamel überdeckt; darauf gibt man sehr feingeschnittene Salamiwurst, auf diese wieder Kartoffeln, Beschamel, Wurst und oben auf Kartoffeln mit Beschamel gut überstrichen, mit Schwarzbrodbröseln überstreut und mit zerlassener Butter überträufelt. Das Ganze wird wie Obiges im Rohr sehr heiß, aber nicht kochend gemacht.

170. Kartoffeln mit Bratwürsten.

Bereitet man ebenso, nur werden statt Beschamel — Pfeffer- oder Senfsauce und statt der Häringe — Bratwürste in Scheiben geschnitten mit etwas fein geschnittener Zunge dazu gegeben.

171. Kartoffeln mit Rührei.

In Scheiben geschnittene, frisch abgekochte Kartoffeln werden in Butter hellbraun gebraten, worauf man 4—6 Eier mit etwas Salz, Pfeffer, gehacktem Schnittlauch und einigen Löffeln sauern Rahm versprudelt, über die Kartoffel schüttet und mit diesen wie eingerührte Eier Nr. 603 bereitet.

Kartoffelspeise mit Schinken.

Siehe Nr. 265.

172. Kartoffelschmarn.

500 Gramm gekochte, kalte Kartoffeln werden geschält, gerieben und in einer Schüssel mit 2 Eier, 3 Löffel saurem Rahm oder Milch, 3 Löffel Mehl und etwas Salz zu einem dicken Teig angerührt, dann aus heißem Schmalz auf der Pfanne wie der Mehlschmarn Nr. 582 gebacken.

173. Kartoffelpastetchen.

500 Gramm Kartoffel werden gekocht, geschält und gerieben, dann 1 Ei nebst 1 Prise Salz und 17 Gramm Mehl dazu gemischt; hievon wird ein feiner Teig gemacht und dieser ausgewallt. Nun sticht man mit einem weiten Wasserglas runde Scheiben aus, umgibt sie mit einem Rand, legt sie auf ein mit Butter bestrichenes Blech, bestreicht sie mit Butter und bäckt sie im heißen Ofen hellgelb. Unterdessen wiegt man Fleischreste, welchen man etwas Schinken beigeben kann und etwas Zwiebel, Petersilie und Zitronenschale, versprudelt 1 Ei mit beiläufig 5 Eßlöffel saurem Rahm, vermischt es gut mit dem gewiegten Fleisch und etwas Salz, gibt es auf die kleinen halbgebackenen Kuchen und bäckt es im Rohr fertig.

Kartoffelnödel.

Siehe Nr. 587.

Gemüse.

Alle grünen Gemüse müssen mit gut gesalzenem und reichlichem kochenden Wasser zugesetzt und nur so lange zugedeckt werden, bis das Wasser wieder kocht. Sind sie weich, werden sie mit kaltem Wasser abgeschwenkt, damit sie den rauhen Geschmack verlieren und eine frische, grüne Farbe haben.
Alle Gemüse müssen so dick sein, daß man sie mit der Gabel essen kann.

174. Wirsing.

Die äußeren, rauhen Blätter kommen weg, der Kopf wird in der Mitte durchschnitten, die dicken Stiele abgelöst, gut gewaschen und die Blätter in kochendem Salzwasser weich gekocht. Hierauf gibt man sie in einen Durchschlag, übergießt sie öfters mit kaltem Wasser, drückt sie fest aus und schneidet sie einige Male durch. Dann wird Butter oder Suppenfett heiß gemacht, 1 Eßlöffel Mehl und 1 Kaffeelöffel fein gehackter Zwiebel darin ganz hell geröstet, der durchschnittene Wirsing hinein gegeben, damit gedünstet und je nach Geschmack entweder ganz musartig verrührt oder in größeren oder kleineren Stücken gelassen, mit guter Fleischbrühe angegossen, Salz, Pfeffer und nach Belieben etwas geriebene Muskatnuß dazu gethan und eine Viertelstunde damit gekocht.

175. Rouletten von Wirsing.

Man nimmt die schöneren, größeren Blätter von zwei Wirsingsköpfen, von denen man die vorstehenden Rippen flach abschneidet, wäscht sie, läßt sie im kochenden Salzwasser nur einmal aufwallen und kühlt sie im kalten Wasser ab. Nun wird jedes Blatt auf ein Brett gelegt, mit Farce Nr. 225, welche man vorher schon bereitet hat, halbfingerdick überstrichen, zusammengerollt, oben und unten etwas eingebogen und mit Faden etwas überwunden. Sobann nimmt man eine Kasserole, belegt sie mit Speck, legt eine Roulette an die andere, gießt etwas gute Fleischbrühe darüber und dünstet sie gut zugedeckt weich. Belegt man die Rouletten zum Dünsten mit Schinken, so werden sie noch schmackhafter. Nachdem man den Faden abgelöst, richtet man sie mit dem Backschäufelchen schön an.

176. Spinat.

Der Spinat wird sorgfältig ausgesucht, die dicken Stiele abgebrochen und öfters in reichlichem Wasser gewaschen. Dann gibt man ihn in gut gesalzenes, siedendes Wasser und kocht ihn langsam, bis er sich zwischen den Fingern zerdrücken läßt, seiht ihn ab, gießt ein paarmal frisches Wasser darüber, drückt ihn dann fest aus und wiegt ihn fein. Nun läßt man in heißer Butter oder Suppenfett fein gehackte Zwiebel mit einem kleinen Eßlöffel Mehl hell anlaufen, dünstet darin den Spinat 5 Minuten, verdünnt ihn mit guter Fleischbrühe, gibt Salz, Pfeffer und etwas geriebene Muskatnuß dazu und läßt ihn nur eine Viertelstunde kochen, da er vom langen Stehen sonst die Farbe verliert. An Fasttagen gießt man ihn mit Milch statt Fleischbrühe an. Als Beilage dazu dient besonders Schinken, Zunge, Bratwürste, gebackenes Kalbshirn oder Brieschen, gebackene Eier, dünne Pfannkuchen oder gebackene Brodschnitten.

177. Spinatpudding.

2 Hände voll Spinat wiegt man mit etwas Petersilie und Zwiebel sehr fein, weicht eine außen abgeriebene Semmel in Milch, drückt sie gut aus, verrührt sie ganz fein, mischt sie gut mit dem Gewiegten zusammen, dünstet es dann in heißer Butter ab und läßt es auskühlen. Nun schneidet man Bratenreste oder ein in Salzwasser gekochtes Kalbsbrieschen recht fein, rührt 4 Eidotter, das Fleisch und etwas Salz zum Abgedünsteten, zuletzt den Schnee der 4 Klar und gibt es in eine mit Butter bestrichene Serviette, die man mit Bindfaden gut zubindet und ³/₄ Stunde in Salzwasser kochen läßt. Nachdem man das Ganze 5 Minuten auf einem Sieb abtropfen ließ, bindet man die Serviette auf, stürzt den Pudding mit einer Schüssel um, nimmt das Tuch weg und übergießt ihn mit Buttersauce.

178. Spinatstrudel.

Von ¼ Liter Mehl, 2 Eiern und ¼ Liter Milch nebst etwas Salz werden dünne Pfannkuchen gemacht. Der Spinat wird weich gekocht, fein gewiegt, etwas Butter abgetrieben, 1 Ei, etwas saurer Rahm, der gewiegte Spinat und 1 Löffel Semmelbröseln dazu gegeben; diese Masse wird auf die heißen Pfannkuchen dick gestrichen, dieselben gerollt und entweder so zu Tisch gegeben oder in eine mit Butter bestrichene Bratpfanne gelegt, mit etwas Milch übergossen und langsam im Rohr gebacken.

179. Kopfsalat- und Endiviensalatgemüse.

Beide Arten Salat werden, nachdem die Stauden schön geputzt sind, als Gemüse ganz wie der Spinat bereitet. Als Beilage dient dasselbe wie bei Letzterem, doch sind auch Lamms- oder Schafkoteletttes gut dazu.

180. Kohlrabi.

Junge Kohlrabi werden geschält, das grüne Kraut von den Stielen gestreift, nudelartig geschnitten, gewaschen und die Köpfe, sowie eine Viertelstunde später das Kraut in Salzwasser weich gekocht. Nachdem sie in den Durchschlag gebracht und mit frischem Wasser abgekühlt sind, schneidet man die Köpfe zu feinen Scheiben. In einem Tiegel zerläßt man dann ein Stück Butter, rührt, ehe es heiß wird, einen Kochlöffel Mehl dazu und gießt es sofort mit guter Fleischbrühe zu einer Buttersauce an, in welche man die Kohlrabischeibchen und das fein verschnittene oder besser noch gewiegte Grüne mit Salz und Pfeffer einige Minuten aufkochen läßt. Für feineren Tisch theilt man die Sauce in zwei Tiegel, gibt in den einen die Kohlrabischeibchen, in den andern das gewiegte Grüne und läßt Beides gesondert aufkochen. Beim Anrichten häuft man in die Gemüseschüssel in die Mitte die weißen Scheibchen und garnirt sie rings herum mit dem Grünen.

181. Kohlrabi auf andere Art.

Man schneidet die Kohlrabi länglich, viereckig oder in dünne Scheibchen, das zarte Grüne nudelartig, wäscht sie, dünstet sie, indem man das Grüne später nachgibt, in Butter oder Suppenfett weich und gießt dabei öfters etwas Fleischbrühe nach. Sind sie weich und kurz eingedünstet, staubt man etwas Mehl dazu und kocht sie mit Fleischbrühe auf.

182. Gefüllte Kohlrabi.

Einige gleich große Kohlrabi schält man fein ab, höhlt sie mit einem Apfelbohrer oder einem kleinen Messer aus, ohne sie zu zerbrechen, nachdem man zuerst das Herzchen als Deckel abgeschnitten hat, wäscht sie und läßt sie in siedendem Salzwasser nicht zu weich kochen. Dann legt man sie auf ein reines Tuch, damit das Wasser gut abläuft, füllt sie mit Farce Nr. 225 und drückt das Deckelchen fest darauf. In einen Tiegel gibt man dann ein Stück Butter, läßt sie warm, aber nicht heiß werden, verrührt einen Kochlöffel Mehl damit und gießt sie mit kochender Fleischbrühe zu einer Buttersauce an, in welche man die gefüllten Kohlrabi setzt und darin vollends weich dünsten läßt.

183. Grüne Bohnen.

Nach Abziehen der Fäden an beiden Seiten werden sie in dünne, schiefe Streifen nudelartig geschnitten und rein gewaschen. Dann gibt man in einen Tiegel ein Stück Butter, röstet darin fein geschnittene Zwiebeln hellgelb, dünstet damit ganz kurz einen Löffel fein gewiegte Petersilie, gibt die Bohnen nebst etwas Bohnenkraut, Salz und etwas Fleischbrühe dazu und dünstet sie langsam weich. Dann stäubt man sie leicht mit 1 Kochlöffel Mehl, gießt sie mit etwas Fleischbrühe an und läßt sie kurz aufkochen.

Gebackene Lammskotelettchen sind gut als Auflage.

184. Grüne Bohnen auf andere Art.

Nachdem man die Bohnen wie die vorhergehenden geputzt und geschnitten hat, werden sie in siedendem Wasser weich gekocht, abgeseiht und sogleich, in der gewärmten Gemüseschüssel angerichtet und mit heißer Butter übergossen, zu Tisch gegeben.

Oder: Nachdem die Bohnen weich gekocht und abgeseiht sind, gibt man sie mit einem großen Stück Butter, fein gewiegter Zwiebel, Petersilie, einem Sträußchen Bohnenkraut, sowie etwas Salz und Pfeffer auf rasches Feuer, schwingt sie, bis der daran befindliche Saft eingedünstet ist und richtet sie erhöht auf der Platte an, nachdem man das Bohnenkraut entfernt hat.

Oder: Nachdem die Bohnen weicht gekocht und abgeseiht sind gibt man sie in etwas Buttersauce, nebst etwas Salz, Pfeffer und fein gewiegter Petersilie.

185. Getrocknete grüne Bohnen.

Dieselben werden in kaltes Wasser Abends vorher gelegt und die Schüssel damit nach dem Abkochen in's Bratrohr bis zum nächsten Tag gestellt. Am andern Morgen wäscht man sie noch einige Male in lauwarmem Wasser, übergießt sie mit kochendem

Wasser, seiht sie ab und kocht sie mit einem neuen Aufguß siedenden Wassers, bis sie weich sind, was die doppelte Zeit währt, wie bei frischen Bohnen. Nun röstet man 1—2 Kochlöffel Mehl in Butter oder Suppenfett gelb, dämpft damit feingewiegte Zwiebeln und Petersilie und gießt es nach Bedarf mit Fleischbrühe auf, gibt die Bohnen dazu und läßt sie eine halbe Stunde darin aufkochen.

186. Eingemachte grüne Bohnen.

Nachdem man die eingemachten Bohnen aus dem Stande genommen, wäscht man sie in frischem Wasser und gibt sie in kochendes Wasser, gießt dasselbe jedoch wieder ab und bringt sie sofort auf's Neue in siedendes Wasser, in welchem man die Bohnen weich kochen läßt, was wie bei den getrockneten Bohnen eine viel längere Zeit als bei frischen beansprucht; sonst werden sie wie die getrockneten Bohnen bereitet. Geräuchertes, weich gekochtes Schweinefleisch, Schinken oder geräucherte Zunge gibt man als Auflage.

187. Spargel.

Zarte Spargel werden, unter dem Kopfe angefangen, geschabt, dickeren aber von unten aufwärts die festere Haut bis zur Mitte mit dem Messer abgelöst, die Enden zugeschnitten und gewaschen. Dann bindet man sie in kleine Büschel zusammen und kocht sie in siedendem Salzwasser, bis sich die Köpfe weich anfühlen. Man hebt sie dann sorgfältig auf eine Platte, schneidet den Faden weg, gibt die Stiele gegen außen und übergießt die Spargel mit nachstehender Buttersauce: Ein Kochlöffel Mehl wird mit einem Stück Butter fein abgerührt, an's Feuer gestellt und mit halb Fleischbrühe, halb Spargelwasser langsam aufgegossen, bis es eine dicklich fließende Sauce ist. Sobald sie aufgekocht hat, zieht man sie vom Feuer, gießt sie über den Spargel und gibt letzteren sofort zu Tisch. Man kann sie mit etwas Zitronensaft würzen und 1—2 Eidotter, welche mit 1 Löffel kaltem Wasser oder saurem Rahm gut verklopft sind, in die Sauce rühren und dieselbe anziehen, aber ja nicht kochen lassen.

Oder: Man bestreut den gekochten, auf die Platte gerichteten Spargel mit in Butter angelaufenen Bröseln und gießt heiße Butter darüber.

188. Hopfensprossen.

Die Hopfensprossen werden gut geputzt, gewaschen und im siedenden Salzwasser gekocht. Dann seiht man sie und läßt sie in Buttersauce einmal aufkochen.

189. Blumenkohl, Karfiol.

Der Blumenkohl wird von allen Blättern und Flecken gereinigt, die Haut vom Stengel abgezogen und die Rosen in frisches Wasser gelegt. Eine halbe Stunde vor dem Anrichten kocht man ihn in siedendem Salzwasser ab. Ist er weich, ordnet man ihn so auf die Platte, daß die Stiele nach innen kommen und das Ganze wieder eine Rose bildet, welche mit Buttersauce, siehe Spargel Nr. 187, übergossen wird, nur daß man statt Spargelwasser dazu Blumenkohlwasser nebst Fleischbrühe nimmt.

190. Grüne Erbsen.

Die Erbsen werden aus den Schoten gelöst, gewaschen und mit Butter, etwas Zucker, Salz, Petersilie und einem Schöpflöffel Fleischbrühe weich gedünstet. Sodann stäubt man sie mit etwas Mehl, gießt sie mit Suppe auf und läßt sie damit nochmals gut aufkochen.

191. Zuckererbsen (Schoten).

Die Spitzen von den feinen Schoten werden auf beiden Seiten abgeschnitten und dabei die Fäden am Rande abgezogen, dann wäscht man sie und dünstet sie wie vorstehende Erbsen.

192. Grünes Erbsenpüree.

Große grüne Erbsen werden wie die Vorstehenden gedünstet und durch ein Haarsieb passirt. Dann stellt man sie nochmals an's Feuer und rührt ein Stückchen Butter ein.

Oder: Man gibt sie in wenig lichte Einbrenn und läßt sie mit etwas Suppe aufkochen. Ochsenzunge, warmer Schinken, sowie kleine Kotelettes sind gut als Beilage.

193. Gelbe Rüben.

Gelbe Rüben, am besten sind die Karotten, werden abgeschabt und in messerrückendicke Scheiben geschnitten, diese übereinander gelegt, zu langen Stückchen geschnitten und gewaschen. Dann gibt man sie in einen Tiegel mit einem Stückchen Butter, etwas Zucker und einem Schöpflöffel Fleischbrühe und läßt sie zugedeckt langsam weich dünsten, indem man nach Bedarf noch etwas Fleischbrühe nachgießt. Sind sie weich und kurz eingedünstet, so werden sie leicht mit Mehl bestäubt, dieses gut unter die Rüben gerührt, mit etwas Fleischbrühe aufgegossen und noch einige Minuten gedünstet.

Junge, kleine Rüben werden gewaschen und mit kochendem Wasser überſotten, bis man das Häutchen mit den Fingern abziehen kann. Man ſchneidet ſie in der Mitte dann der Länge nach durch oder läßt ſie auch ganz und dünſtet ſie in Butter, etwas Zucker und Suppe weich.

194. Gelbe Rüben mit Pflückerbſen.

Die gelben Rüben werden wie obige junge zubereitet, oder wenn ſie mittelgroß ſind, kleinwürflig oder länglich geſchnitten, gewaſchen und mit den ausgelöſten Pflückerbſen in einem Tiegel mit einem Stück Butter, etwas Zucker und einem Schöpflöffel Suppe weich gedünſtet. Sie werden dann mit etwas Mehl beſtäubt und, mit wenig Suppe aufgegoſſen, einige Minuten abgedünſtet.

195. Gelbe Rüben mit Zuckererbſen (Schoten).

Man ſchneidet von den Zuckererbſen die Spitzen weg und zieht dabei den am Rand befindlichen Faden ab. Nachdem ſie gewaſchen ſind, dünſtet man ſie mit den gelben Rüben gleich den vorhergehenden.

196. Weiße Rüben.

Die weißen Rüben werden geſchält, zu federkieldicken Scheiben geſchnitten, dieſe auseinander gelegt, in halbfingerlange Stängelchen geſchnitten und gewaſchen. Dann gibt man in einen Tiegel ein Stück Butter oder gutes Suppenfett, läßt 2—3 Stück Zucker darin braun werden, gibt die weißen Rüben nebſt einem Schöpflöffel Fleiſchbrühe dazu und dünſtet ſie weich und kurz ein. Dann ſtäubt man ſie mit 1—2 Kochlöffel Mehl, gibt etwas Fleiſchbrühe darunter und dünſtet ſie noch eine Viertelſtunde. Gedünſtetes Hammelfleiſch oder Hammelskotelettes ſind gut dazu.

197. Teltower oder Bayeriſche Rüben.

Nachdem ſie rein abgeſchabt, die kleinen ganz gelaſſen, die größeren zerſchnitten ſind, werden ſie gewaſchen und ganz wie die weißen Rüben gedünſtet. Teltower kann man nach Belieben, auch ohne zu ſtauben, ſerviren und Schweinswürſtchen oder Schweinskotelettes dazu geben.

198. Kerbelrübchen.

Dieſelben ſind im Dezember und Januar am beſten, man läßt ſie im ſiedenden Waſſer überkochen, ſchält ſie dann, dünſtet ſie mit Butter, Zucker und etwas Fleiſchbrühe, ſtaubt ſie und läßt ſie mit etwas Fleiſchbrühe nochmals aufdünſten.

199. Schwarzwurzel.

Ein Kochlöffel Mehl wird mit Essig angerührt und mit kaltem Wasser aufgefüllt, die Schwarzwurzeln dann rein abgeschabt, die dickeren gespalten, in halbfingerlange Stückchen geschnitten und immer sogleich in das Mehlwasser gelegt, da sie sonst schwarz werden. Nachdem sie darin gewaschen sind, werden sie in siedendem Salzwasser weich gekocht. Unterdessen läßt man ein Stück Butter zerschleichen, rührt sogleich einen Kochlöffel Mehl damit ab und gießt es mit Fleischsuppe langsam zu einer dicklich fließenden Buttersauce an, die man rühren muß, bis sie aufkocht; dann gibt man die abgeseihten Schwarzwurzeln hinein, etwas geriebene Muskatnuß oder Zitronensaft dazu, läßt sie einmal aufkochen und gibt sie sogleich zu Tisch. Hirnbavesen, Kalbskotelettes oder Kalbsbrieschen dienen als gute Beilage.

200. Artischocken.

Die Stengel werden hart am Boden abgeschnitten, die äußeren, groben Blätter entfernt und mit der Scheere die äußersten Spitzen an den oberen Blättern weggeschnitten, dann die Artischocken gewaschen und mit kochendem Wasser überbrüht. Nun nimmt man das innere Rauhe und Faserige heraus und legt sie in kaltes Wasser; dann kocht man sie in siedendem Salzwasser mit etwas Butter und Zitronensaft weich (so lange, bis sich ein oberes geschlossenes Blatt leicht herausziehen läßt). Das Wasser muß sie ganz bedecken und eine große Artischocke wird fast 2 Stunden kochen müssen. Beim Anrichten legt man sie umgestürzt auf ein Tuch oder Sieb, damit das Wasser ausläuft, gibt sie dann auf eine Schüssel zierlich nebeneinander und übergießt sie mit heißer Butter oder einer mit Zitronensaft gesäuerten Buttersauce.

201. Cardonen.

Von dieser Artischockenart werden die dicken, gebleichten Blattrippen als feines Wintergemüse verwendet. Man beseitigt die Stacheln und die grünen, hohlen Rippen, schneidet die zarten, gelben Blätter in nicht ganz fingerlange Stückchen, kocht sie in viel Salzwasser mit Essig, bis sich die faserige Haut abziehen läßt und legt sie dann in frisches Wasser. Nun schneidet man die beiden Enden der Cardonen schön zu, dünstet sie in fetter Fleischbrühe mit Zitronensaft ganz weich und gibt sie in heißer Buttersauce (Nr. 113) oder mit heißer Butter und Bröseln übergossen zu Tisch.

202. **Mangold- und Rhabarberpflanzen.**

Die jungen zarten Blätter derselben werden wie Spinat (176) bereitet.

203. **Rosenkohl, Brokoli.**

Je fester die Knospen und je fleischiger die Stengel sind, desto besser ist er. Die Röschen werden von den Stengeln gelöst, von den größeren äußeren Blättern befreit, gewaschen und eine Viertelstunde in siedendem Salzwasser kernig weich gekocht, dann abgeseiht und in kaltes Wasser gelegt. Nun bereitet man etwas Buttersauce nach Nr. 113 und kocht die Röschen schnell damit auf.

Oder: Man läßt eine Viertelstunde vor dem Anrichten Butter heiß werden, gibt etwas gewiegte Petersilie, die Röschen, etwas Salz und geriebene Muskatnuß oder Pfeffer dazu und läßt sie damit aufdünsten, bis der Saft davon verdampft ist. Als Beilage empfehlen sich Bratwürstchen, Croquettes, gebackene Leber, Kotelettes ꝛc.

204. **Blaukohl, Winterkohl.**

Die Blätter werden von ihren Rippen gestreift, die gröbsten Blätter entfernt, öfters gewaschen und in vielem siedenden Salzwasser weich gekocht. Hierauf seiht man ihn, übergießt ihn gut mit frischem Wasser, drückt ihn fest aus und wiegt ihn. Nun läßt man Butter, gutes Suppen- oder Gansfett heiß werden, röstet darin 1—2 Kochlöffel Mehl und etwas feingeschnittenen Zwiebel hellgelb, dünstet den Kohl damit ab, gießt ihn mit Suppe an, gibt Salz, Pfeffer und etwas geriebene Muskatnuß dazu und läßt ihn eine Viertelstunde damit kurz einkochen. Man gibt gebratene oder gedünstete Kastanien im Kranz um den Kohl, auch kann man warme, geräucherte Würste dazu serviren.

205. **Roth- oder Blaukohl (Blaukraut).**

Die rauhen Blätter werden entfernt, der Kopf in 4 Theile getheilt, der Strunk herausgeschnitten und das Kraut fein, nudelartig geschnitten oder besser gehobelt (hiezu genügt ein Gurkenhobler). Nun wird in einem Tiegel Butter oder Suppenfett heiß gemacht oder auch Speck fein geschnitten und darin 1 fein geschnittener Zwiebel gelb geröstet. Das gehobelte Blaukraut wird nun schnell aus frischem Wasser gewaschen, dazu gegeben und mit einer kleinen halben Tasse Essig und 1—2 Löffel Zucker, etwas

Salz und Pfeffer, weich gedünstet. Eine Viertelstunde vor dem Anrichten stäubt man es mit 1—2 Kochlöffel Mehl, gießt etwas Suppe nach, läßt es kurz einbünsten und garnirt es mit gebratenen oder gedünsteten Kastanien.

Man kann auch ein Gläschen Wein, dafür weniger Essig, mitbünsten.

206. Gedämpftes Weißkraut.

Die Köpfe, sowohl von Weiß- wie Rothkraut sollen im Verhältniß ihrer Größe schwer sein, dieß ist ein Beweis, daß die Blätter fein und dicht geschlossen aufeinander liegen. Das Weißkraut soll weiß, nicht grünlich sein; die äußeren Blätter entfernt man, theilt den Kopf in vier Theile, schneidet ihn dann sehr fein nudelartig mit der Hand oder hobelt ihn. Nun läßt man Butter oder Suppenfett heiß werden, röstet darin 1—2 Eßlöffel gestoßenen Zucker, indem man denselben mit dem Kochlöffel verrührt bis er eine lichtbraune Farbe hat, läßt damit 1 Löffel fein geschnittener Zwiebel etwas anlaufen, gibt das gewaschene Kraut, etwas Salz, 1 Glas Wein oder ein halbes Gläschen Essig, sowie nach Bedarf etwas Fleischbrühe darüber und bünstet es weich. Eine Viertelstunde vor dem Anrichten stäubt man es mit etwas Mehl, gießt etwas Fleischbrühe oder Wein nach und läßt es kurz einbünsten.

Bratwürste oder Netzkotelettes, Pöckelzunge oder gebratene Schweinsrippchen eignen sich als Beilage.

207. Gefüllter Krautkopf.

Man schneidet von einem nicht zu großen Kopf Weißkraut die äußersten Blätter weg, den Strunk mit einem scharfen, spitzen Messer heraus und höhlt den Kopf durch das Herausziehen der inneren Blätter so aus, daß derselbe nur noch fingerdick ist. Nun füllt man denselben mit Kalbfleischfarce Nr. 225, drückt unten ein Stück von dem Stengel darauf, salzt den Kopf, überbindet ihn mit Bindfaden und hüllt ihn schließlich in eine Serviette, in welcher man ihn 2 Stunden langsam in Fleischbrühe oder Salzwasser kochen läßt. Nun wird er sammt der Serviette auf ein Sieb gegeben, vorsichtig aufgebunden, aus der Serviette in eine Schüssel gehoben, dort der Bindfaden aufgeschnitten und weggelöst und mit Buttersauce (Nr. 113) oder einer guten, kräftigen, braunen Sauce übergossen zu Tisch gegeben.

208. Gedämpftes Sauerkraut.

Fein geschnittenen Zwiebel läßt man in Butter oder fein gewürfelten Speck gelb anlaufen, gibt das Sauerkraut dazu und

Gemüse.

läßt es zum Mindesten 2½ Stunden dämpfen, indem man nach Bedarf nur so viel Fleischbrühe oder auch Wein beigießt, daß es kurz dünsten kann. Es ist besser, das Kraut am zweiten Tag noch einmal zu dünsten und dann erst zu Tisch zu geben. Nach Belieben kann man es mit 1 Kochlöffel Mehl eine Viertelstunde vor dem Anrichten stäuben und, mit etwas Fleischbrühe angegossen, aufkochen lassen. Rohes, frisches oder geräuchertes Schweinefleisch kann im Kraut selbst mitgedünstet werden.

Zu Feldhühnern, Fasan oder Lerchen stäubt man das Kraut nicht; man gibt zum Schluß von dem Bratensaft dazu und dünstet es statt der Fleischbrühe mit Wein.

209. Rübenkraut.

Langes oder gehacktes Rübenkraut wird mit so viel Wasser beigesetzt, daß es gut zur Hälfte an das Kraut heraufreicht, und so zugedeckt gekocht, bis es weich ist, was ungefähr 2 Stunden dauert. Eine halbe Stunde vor dem Anrichten nimmt man Suppen-, Braten- oder Schweinefett, läßt es heiß werden, röstet fein geschnittene Zwiebeln und 1 Eßlöffel Mehl ganz hellgelb, rührt es mit Fleischbrühe zu einer dicken Einmachsauce, welche man an das weichgedämpfte Kraut gießt und damit gut aufkochen läßt. Wenn man ein Stück Schweinefleisch, geräucherte oder frische Schweinsrippchen mitkocht, wird das Kraut noch schmackhafter.

210. Weiße Bohnen.

Man nimmt die kleinste Art weißer Bohnen, sucht sie aus und legt sie über Nacht in's kalte Wasser, gießt dieses am Morgen ab, setzt sie mit frischem Wasser an's Feuer und läßt sie zugedeckt weich kochen. Erst wenn sie fast weich sind, salzt man sie und rührt sie nicht um, sondern schüttelt sie, damit sie nicht aufspringen. Unterdessen läßt man ein Stück Butter heiß werden, röstet darin eine fein geschnittene Zwiebel mit einem kleinen Eßlöffel Mehl hellgelb, rührt dasselbe mit Fleischbrühe zu einer Sauce, gibt die geseihten Bohnen, sowie das noch nöthige Salz, etwas Pfeffer und geriebene Muskatnuß dazu und läßt sie eine Viertelstunde noch langsam kochen. Diese so zubereiteten Bohnen kann man auch in eine Bratpfanne geben, mit Schnitten Schweinefleisch belegen und im Rohr herausbacken.

211. Bohnenpüree.

Die weißen Bohnen werden wie oben gewässert und weich gekocht, dann durch ein Sieb passirt und mit Butter, in welcher fein geschnittene Zwiebeln oder Bröseln gelb geröstet wurden, aufgeschmälzt.

Oder: Man bereitet lichte Einbrenn wie oben, rührt die passirten Bohnen dazu, läßt es nur einmal aufkochen und schmälzt das Gemüse mit gelb gerösteten Zwiebeln oder Bröseln auf.

212. Erbsenpüree.

Getrocknete ganze Erbsen werden, wie die Bohnen, Abends vorher eingeweicht, bei enthülst halbirten genügen ein paar Stunden, außerdem werden sie ebenso wie die Bohnen bereitet. Ochsenzunge oder Rauchfleisch ist gut dazu.

213. Linsengemüse und 214. Linsenpüree

werden genau wie Bohnengemüse und Püree bereitet. Sehr wohlschmeckend ist dazu Ochsenschweif. Nachdem derselbe wie Nr. 299 weich gedünstet ist, nimmt man 3 Löffel von diesem Fett, röstet darin 1 Eßlöffel Mehl mit feingeschnittener Zwiebel gelb, gießt dann den Saft von dem gedämpften Ochsenschweif, sowie die nöthige Fleischbrühe zu einer Sauce an, in welcher man die Linsen aufkochen läßt.

Unterdessen gibt man den Ochsenschweif mit seinem Fett übergossen in's Bratrohr, läßt ihn gelb braten und servirt ihn zum Linsengemüse. Auch Frankfurter Bratwürste sind als Beilage zu Linsen zu empfehlen.

215. Schalotten oder Zwiebelgemüse.

Schalotten oder kleine Zwiebel werden geschält, oben und unten etwas abgeschnitten und mit frischer Butter und etwas gestoßenem Zucker unter öfterem Umdrehen schön lichtbraun geröstet; dann mit etwas Suppe oder Bratensaft, Salz und Pfeffer, nach Belieben auch etwas Essig weich gedünstet, bis sie von allen Seiten eine glänzende, lichtbraune Farbe haben.

216. Gebratene Kastanien.

Man schneidet die Schalen der Kastanien an der flachen Seite quer ein, röstet sie im Bratrohr, bis sie weich sind und läßt sie angerichtet unter einer Serviette noch etwas dämpfen.

217. Gedünstete Kastanien.

Die Kastanien werden abgeschält, dann in siedendes Wasser gelegt und nach einigen Minuten auch die zweite Haut abgestreift.

Dann gibt man sie in fette Fleischbrühe mit 1 Löffel Zucker und dünstet sie zugedeckt, bis sie weich sind, unter Zugießen von nur so viel Suppe, daß sie beim Anrichten ganz eingedünstet ist.

218. Kastanienpüree.

Nachdem die Kastanien wie vorhergehend weich gedünstet sind, werden sie durch ein Sieb passirt und mit einem Stückchen Butter, etwas Fleischbrühe und einem Glas Madeira, oder statt dessen süßem Rahm, fein abgerührt und unter dem Rühren nochmals heiß gemacht.

219. Glacirte Kastanien.

Nachdem die Kastanien wie oben geschält sind, werden sie in frisches Wasser gelegt und auf einem Tuch abgetrocknet. Dann gibt man 30 Gramm Butter in eine Kasserole, läßt einen guten Eßlöffel Zucker unter fortwährendem Rühren gelb werden, gibt die geschälten Kastanien eine neben der anderen hinein, gießt etwas Fleischbrühe dazu und dünstet dieselben weich, doch so, daß sie ganz bleiben. Während dem Kochen schwingt man sie einigemal, damit sie von allen Seiten schön glänzend braun glacirt sind.

220. Steinpilze.

Die Steinpilze werden, nachdem der Bart von dem Hut gelöst ist, geschält, in feine Scheibchen geschnitten und schnell gut gewaschen. Dann wird ein Stück frische Butter heiß gemacht und die Schwämme nebst etwas gewiegter Petersilie und Zitronenschale weich gedünstet. Nach wenigen Minuten staubt man einen Kochlöffel Mehl daran, gießt sie mit Fleischbrühe etwas auf und läßt sie aufkochen. Vor dem Anrichten kann man etwas Zitronensaft oder 2 Löffel sauren Rahm, mit 1 Eidotter abgesprudelt, dazu rühren.

221. Reizker und 222. Parasolpilz

werden wie die Vorhergehenden bereitet.

223. Hirschschwamm und Korallenschwamm,

beide gehören zu den zäheren Arten, welche vorher mit heißem Wasser übergossen werden müssen. Dann werden sie fein geschnitten und nach Nr. 220 gedünstet.

224. Champignons.

Siehe Nr. 109.

Farcen.

Farcen oder Füllen.

Sie werden zum Füllen von Pasteten oder anderen Speisen genommen und können auch unpassirt verwendet werden, besonders zu kleinen Klößchen in Suppen und Ragouts. Im Falle die Farce zu fest wäre, kann man mit Milch oder Wasser nachhelfen, es ist daher gut, eine kleine Probe im siedenden Wasser zu überkochen.

225. Kalbfleisch-Farce.

250 Gramm Kalbfleisch und 120 Gramm Speck werden in kleine Stücke zerschnitten, die man in eine Kasserole gibt und nebst einigen Schalotten, Petersilie, Zitronenschalen, Salz, Pfeffer und etwas Fleischbrühe halbgar dünstet. Das Fleisch nimmt man dann heraus und wiegt es sehr fein. Unterdessen reibt man $1/2$ Semmel ab, weicht sie gut in Milch ein, drückt sie fest aus und röstet sie auf dem Feuer mit dem zurückgelassenen Fett. Dann gibt man dasselbe zu dem gewiegten Fleisch, schlägt 1 Ei dazu, stößt das Ganze im Mörser fein und passirt es durch ein Sieb.

226. Hühner-Farce.

Das Brustfleisch einer alten Henne oder von 2 Hühnern wird sorgfältig aus Haut und Sehnen geschabt, Semmel von halbem Gewicht des geschabten Fleisches in Milch geweicht und fest ausgedrückt, ebensoviel frische Butter, nebst etwas fein gewiegter Zitronenschale, 1 ganzes Ei und 1 Dotter dazu genommen, dies Alles im Mörser gestoßen, nach Belieben mit etwas Muskatnuß gewürzt, gesalzen und durch ein Haarsieb passirt.

227. Hechten-Farce.

250 Gramm Hecht werden aus Haut und Gräten gelöst und fein gewiegt; die übrige Farce wird ebenso bereitet wie Hühner-Farce.

228. Sardellen-Farce.

70 Gramm gewaschene und geputzte Sardellen werden ausgegrätet und mit 35 Gramm Butter, 1 Kaffeelöffel Zwiebel, besser noch Schalotten, 1 Kaffeelöffel gewiegter Petersilie, etwas Zitronenschalen oder geriebener Muskatnuß, einer in Milch eingeweichten und wieder fest ausgedrückten Semmel und 1—2 Eidottern sehr fein gestoßen und durch ein Sieb passirt.

229. Krebs-Farce.

6 Krebse werden in kochendes Wasser gelegt, doch nicht fertig gekocht, worauf man Schwänze und Scheeren ausnimmt und dieselben mit 60 Gramm Hechtfleisch, einem Kalbsmilchner (Bries) oder statt dessen entsprechend viel Kalbfleisch fein wiegt. Unterdessen wird nach Nr. 231 Krebsbutter von obigen Krebsschalen und 70 Gramm Butter bereitet, eine Semmel in Milch geweicht, fest ausgedrückt und Semmel, Krebsbutter und das gewiegte Fleisch mit 1—2 Eidottern, etwas gewiegter Petersilie und geriebener Muskatnuß im Mörser gestoßen und das Ganze dann durch ein Sieb passirt.

Farce für kleine Pastetchen.

Eine Gänseleber wird in Butter weich gedünstet, dann im Mörser fein gestoßen oder sehr fein gewiegt. Nun dämpft man in 60 Gramm Butter 60 Gramm rohen Schinken, den man vorher mit 2 Schalotten, einige Champignons, etwas Petersilie und Zitronenschale fein wiegt und gießt ihn dann mit ein paar Löffel kräftiger Suppe auf. Nach einigem Erkalten rührt man 2 Eidotter, einen halben Eßlöffel Mehl und eine Messerspitze Salz dazu, gießt noch etwas Suppe oder Weißwein nach und verrührt es über dem Feuer zu einem Brei, den man zuletzt mit der Gänseleber vermischt. — Statt der letzteren kann man auch Kalbs- oder Karpfenmilchner nehmen, schärft aber die Farce von Karpfenmilchner mit etwas Kräuteressig ab.

Butter.

230. Englische Butter.

Eine halbe Hand voll Körbelkraut, ebensoviel Sauerrampfer und die Hälfte Estragonblättchen werden rein gewaschen, fein gewiegt, etwas ausgedrückt, dann mit 100 Gramm Butter und dem nöthigen Salze gestoßen, durchpassirt, mit Zitronensaft abgerührt und bis zum Gebrauch kalt gestellt.

231. Krebsbutter.

12 Stück Suppenkrebse werden rein gewaschen und im siedenden Salzwasser schnell abgekocht. Nachdem sie abgekühlt sind, nimmt man die Schweischen heraus, entfernt das Schwarze aus dem Körper und stößt die Schalen mit 100 Gramm Butter. Nun dünstet man dieselben langsam, bis die Butter schäumt und eine schöne hochrothe Farbe hat, wobei man sie öfters umrührt, gießt sie dann mit etwas heißem Wasser auf, kocht sie gut aus und gießt sie durch ein Haarsieb oder preßt sie durch ein ausgewässertes Tuch in ein Gefäß mit sehr kaltem Wasser, wo sie sofort erstarrt. Man läßt sie eine Weile darin fest werden und nimmt sie dann ab.

232. Petersilienbutter.

Petersiliengrün wird im siedenden Salzwasser eine Minute lang abgekocht und fein gewiegt, dann treibt man 100 Gramm Butter ab, gibt die Petersilie, Zitronensaft, Salz und geriebene Muskatnuß dazu und stellt die Butter bis zur Verwendung kalt.

233. Sardellenbutter.

100 Gramm Sardellen werden etwas gewaschen, abgeschabt, ausgegrätet und mit 100 Gramm Butter im Mörser fein gestoßen und dann durch ein Sieb passirt.

Oder: Man treibt 100 Gramm Butter fein ab, wiegt 100 Gramm Sardellen mit etwas Petersilie und vermengt sie gut mit der Butter.

Brödchen.

234. Sardellenbrödchen.

2—3 feine Semmeln, besser noch ein feines, längliches Weckchen schneidet man in dünne Scheiben, röstet sie leicht im Rohr oder am heißen Herbe auf einer Seite, bestreicht die ungeröstete Seite messerrückendick mit Sardellenbutter, gibt fein geschnittene Streifchen von Sardellen gitterartig darauf und gibt mit den Farben wechselnd kleine Häufchen von gehackten, hartgesottenen Eidottern, Kapern und gewiegtem Schinken in die Zwischenräume.

Oder: Man bestreicht die Semmelscheiben geröstet oder auch frisch mit Tafelbutter und belegt sie gitterartig mit fein geschnittenen Streifchen von Sardellen.

235. Kaviarbrödchen.

Geröstete Scheiben von feinen Semmeln werden erst mit Tafelbutter, dann mit Kaviar bestrichen, auf einem Teller aufgerichtet und mit Zitronenscheibchen und rothen Radieschen garnirt, wenn sie als Vorspeise dienen.

236. Anchovisbrödchen.

Von Anchovisfarce, die man in kleinen Büchsen kauft und die sich lang aufbewahren läßt, nimmt man einen guten Kaffeelöffel voll und verrührt sie sehr fein mit 40—50 Gramm Tafelbutter, streicht sie messerrückendick auf geröstete oder frische Semmelscheibchen und richtet sie erhaben an.

237. Schinkenbrödchen.

Magerer Schinken wird fein gewiegt, Semmelscheibchen mit Butter bestrichen, mit dem Schinken gut überstreut, dieser mit der Messerklinge leicht darauf gedrückt und die Brödchen erhaben angerichtet. Man kann auch den gewiegten Schinken mit 1 Eidotter vermischen.

238. Zungenbrödchen

werden wie die Vorhergehenden bereitet.

239. Belegte Brödchen.

Die Brödchen werden mit Tafelbutter bestrichen und können je nach Geschmack mit viereckig zugeschnittenen Blättchen von Salamiwurst, Schinken, Zunge, Gänsebrust oder auch mit Sardellen, Anchovis, neuen Häringen oder Kielersprotten, welche man reinigt, von der Mittelgräte löst und wieder ganz zusammenschiebt, belegt werden. Zu dünnen Schnitzchen von Wild-, Kalbs-, Schweins- oder Hammelbraten mischt man etwas guten Senf unter die Butter, mit welcher man vorher die Brödchen bestreicht oder bestreut sie etwas mit gehacktem Aspik.

240. Einfache Theeschnitten.

Man schneidet 3—4 sehr dünne Scheiben von Roggenbrod, bestreicht jede mit Tafel- oder Sardellenbutter, legt sie aufeinander und schneidet sie zu schmalen, fingerlangen Streifen.

241. Käsebrödchen.

Weiche Gattungen von feinem Käse streicht man auf Semmelscheibchen, mit oder ohne Butter.

242. Salzbretzen oder -Stängelchen

theilt man in der Mitte mit einem scharfen Messer und bestreicht sie entweder mit Tafelbutter oder feiner rother bezw. grauer Streichwurst.

243. Pumpernickel

wird in feine Scheiben geschnitten, mit Butter bestrichen und sowohl zum Thee, wie auch als Nachtisch zum Käse servirt. Zum Thee kann er auch mit fein geschnittenem Emmenthaler belegt oder mit Butter bestrichenen Semmelscheiben bedeckt werden.

Speisen,

welche nach der Suppe gegeben werden.

244. Austern.

Sie werden rein gewaschen und mit einem stumpfen Messer geöffnet. Dann nimmt man die obere Schale weg, wischt den Rand rein ab, legt die Austern über einer Serviette auf die Schüssel, die man mit geschnittenen Zitronen garnirt.

245. Kaviar.

In der Mitte einer runden Platte richtet man den Kaviar in einer kleinen Schale erhöht an, garnirt ihn mit Zitronenscheiben und nach Belieben auch mit fein gewiegten Zwiebeln und belegt die äußere Platte mit etwas gerösteten oder auch ungerösteten Semmel=schnitten.

246. Krebse.

In den Monaten Mai, Juni, Juli und August sind die Krebse am besten. Man nimmt zum Abkochen nur die größten. Dieselben werden lebend rein gewaschen, dann in eine Pfanne mit siedendem Wasser gelegt und mit Salz, Kümmel und etwas Petersiliengrün zugedeckt ungefähr 10 Minuten lang gekocht, bis das Wasser schäumt und die Krebse hellroth geworden sind. Dann seiht man sie ab, läßt sie zugedeckt noch etwas stehen, und richtet sie auf einer Schüssel, die Scheeren gegen auswärts mit grüner Petersilie bekränzt, erhaben an.

247. Krabben (Crevettes).

Die kleinen Seekrebse, welche man in Büchsen bekommt, gibt man mit Essig, Oel und etwas Pfeffer, und servirt Spargeln dazu.

248. Sardellen mit Kapern.

Die Sardellen werden gewaschen, in der Mitte der Länge nach auseinandergezogen, das Rückgrat ausgelöst, ebenso die feinen Grätchen. Dann rollt man sie über einen Kochlöffelstiel, reiht sie auf eine flache Platte, überstreut sie mit feinen Kapern, gießt etwas Olivenöl mit gutem Weinessig vermischt daran und treibt mit einem Löffel hartgekochtes Eigelb durch ein Sieb darüber. Außen am Rand kann man die Platte mit gehacktem Aspik garniren.

249. Sardinen oder Anchovis.

Auf kleine, längliche Plättchen legt man die Sardinen oder Anchovis und übergießt sie mit ihrem Oel. Man garnirt sie mit Petersilie und Zitronenscheibchen, kann auch junge Kartoffeln mit Butter dazu serviren.

250. Häringe.

Will man Häringe zu Tisch serviren, so nimmt man nur ganz neue Häringe. Sie werden wie die gewöhnlichen mit der flachen Klinge gut geklopft, die Haut davon abgezogen und in halb Milch, halb Wasser zwei Stunden geweicht, dann theilt man sie der Länge nach auseinander, nimmt das Rückgrat heraus, legt die zwei Hälften wieder zusammen, setzt den Kopf und den Schweif wieder daran und schneidet den Häring in baumenbreite Stückchen, doch so, daß er seine natürliche Form nicht verliert und servirt ihn auf Weinlaub oder mit Petersiliengrün; man kann auch frische Butter und junge Kartoffeln dazu geben.

Oder: Man gibt eine dickfließende Senfsauce (Nr. 119) dazu.

Oder: Man zerdrückt den Milchner fein mit Olivenöl, gibt Essig und feingeschnittene Zwiebelringe dazu und gießt es über die Häringe.

251. Gefüllte Schnecken.

Die noch fest geschlossenen Schnecken werden gewaschen und 1 Stunde im Salzwasser gekocht, bis man den aufgesprungenen Deckel leicht entfernen kann; bann zieht man sogleich, so lang sie heiß sind, die Schnecken mit einer Spicknadel heraus und schneidet Kopf, Schweif und die Steine weg. Zu 25 Schnecken nimmt man 50 Gramm Butter, läßt sie zergehen, gibt 4 Sardellen, die man mit Schalotten und Petersiliengrün fein wiegt, sowie eine Hand voll Semmelbrösel, etwas Pfeffer und 2 Löffel sauern Rahm dazu und füllt davon in die ausgewaschenen Gehäuse, gibt die gereinigte Schnecke darauf, macht sie mit der Fülle ebenvoll, bestreut sie mit Bröseln, stellt sie in einer Bratpfanne in das Rohr und läßt sie eine Viertelstunde langsam backen.

252. Fische in Mayonnaise.

Man nimmt dazu Rheinlachs, Forellen, Huchen ꝛc.; dieselben werden in Fischsud Nr. 471 Nr. II gekocht, in Stücke zertheilt, mit einer Gabel in gut gerührter Mayonnaise Nr. 125 getaucht und in einer Schüssel, welche man auf Eis stellt, erhaben angerichtet. Man garnirt sie mit hartgesottenen Eiern in Viertel getheilt, Herzchen von Kopfsalat, gereinigten Sardellen, in 4 Theile zerschnitten, aufgerollt und in der Mitte mit einer Kaper belegt, und ziert den Rand mit gehacktem Aspik von mehreren Farben.

Ebenso kann man dieselben in Muscheln serviren.

253. Hummer mit Mayonnaise.

Man nimmt das Fleisch eines gekochten Hummers, den man auch in Büchsen zu kaufen bekommt, dreht sie wie in Nr. 252 in Mayonnaise und garnirt sie ebenso. — Oder: Man belegt eine Platte mit Kopfsalat, gibt den in Mayonnaise gedrehten Hummer darauf und garnirt sie wie oben.

254. Hühner in Mayonnaise.

Weiß gedünsteten Hühnern zieht man die Haut ab, löst die Beine aus, taucht sie in Mayonnaise und garnirt sie wie Nr. 252 oder Nr. 253.

255. Kalbshirn in Mayonnaise.

Kalbshirn, je nach Bedarf, wässert man, zieht das Häutchen ab und kocht es in halb Essig, halb Wasser mit 1 Lorbeerblatt, 1 Nelke, ½ Zwiebel, Zitronenschale und Salz. Ist es erkaltet, so schneidet man es zu Stücken, setzt es in eine Muschel, gibt Mayonnaise mit Oel oder Butter Nr. 125 oder Nr. 126 darüber, ziert es in den Ecken mit Krebsschweifchen oder einem Salatherzchen, einem Eiviertel und einer aufgerollten Sardelle mit Kapern, gibt außen herum feingehackten, weißen und rothen Aspik und stellt die gefüllten Muscheln bis zum Gebrauch auf Eis.

256. Kalbshirn in Kräutersauce.

Ein großes Kalbshirn wird gewässert, rein abgehäutet, in Salzwasser abgekocht und dann in kaltes Wasser gelegt. Wenn es kalt ist, wird es in Scheiben geschnitten und mit Essig und

Oel, Salz und Pfeffer übergossen, zugedeckt und 2 Stunden stehen gelassen. Dann wiegt man Estragonblätter, Schnittlauch, Petersilien= grün und Pimpinelle. Nun nimmt man 3 Eigelb von sehr hart= gesottenen Eiern, verdrückt sie ganz fein, gibt einen rohen Dotter dazu und rührt sie eine halbe Stunde, indem man erst langsam 3 Löffel feines Olivenöl, dann 1 Löffel der obigen Kräuter und 1 Eßlöffel französischen Senf dazu rührt und es zuletzt nur mit so viel Weinessig verdünnt, daß es eine sehr dickfließende Sauce bleibt. Man nimmt nun eine runde Platte, legt in die Mitte nudelartig geschnittenen Endivien= oder Kopfsalat, den man vorher mit Salz, Essig und Oel, sowie etwas gestoßenen Zucker angemacht hat, läßt alle Flüssigkeit nochmals gut von der Platte abtropfen, gibt ihm eine erhöhte Form, legt die Hirnscheiben kranzartig ohne Essig um denselben, gibt die dickfließende Kräutersauce darüber und faßt das Ganze mit gehacktem, feinem Aspik ein. Nun nimmt man die Hälfte von einem hartgesottenen Ei, von welchem man das Gelbe ent= fernt hat, schneidet es am Spitz etwas zu und zackt es oben aus, macht von einer Zitronenschale ein schmales Streifchen, das man ebenfalls auszackt, steckt es als Bogen in das Ei, damit es ein Körbchen bildet, füllt das Körbchen mit rothem Aspik oder in dessen Ermangelung mit Kapern oder kleinen Blumen und setzt es in die Mitte auf den erhöhten Salat.

257. Ragout von Kalbshirn in Muscheln.

Ein Kalbshirn nach Nr. 345 zubereitet, wird in Muscheln gefüllt, Knödelchen nach Nr. 56 in Fleischsuppe gekocht, ebenso kleine Röschen von Blumenkohl, bis sie weich sind, aber nicht zerfallen, dann ein paar Champignons geschnitten, in Butter weich gedünstet, von jedem etwas zum Hirn in die Muscheln gegeben. Dann wird das Ragout mit Frikasseesauce Nr. 115 übergossen und die Muscheln auf einem Blech mit Salz bestreut 5 Minuten in's Rohr gestellt.

258. Ragout von Kalbsbries in Muscheln.

Ein Kalbsbrieschen wird nach Nr. 349 gedünstet und ganz wie das vorhergehende Hirn bereitet. Man kann geriebene Parmesan= käse und Bröseln über die Sauce geben und mit Butter beträufeln, ehe man die Muscheln in's Rohr stellt.

259. Gemischtes Ragout.

Ein Huhn wird nach Nr. 414 mit Champignons gedünstet, ebenso ein Kalbsbries nach Nr. 349 und ein Kalbshirn, sowie einige Hahnenkämme und Hühnerlebern. Man richtet es in einer weiten Schüssel an, indem man außen herum einen Kranz von gedünstetem Reis gibt, ordnet das zu Stücken geschnittene Huhn, Bries und Hirn erhaben, garnirt es mit Krebsschweifchen, Karfiolröschen, Hahnenkämmen und Lebern, nimmt den Saft des gedünsteten Huhnes und des Brieses zum Aufkochen der Frikasseesauce Nr. 115 und übergießt damit das Ragout. Auch kann man gedünstete grüne Erbsen zum Ragout oder unter den Reis mischen oder statt Reis kleine Pastetchen dazu serviren.

Kalbskopf mit Champignon
siehe Nr. 343.

260. Kalbsmilz als Schnepfenkoth.

⅕ Pfund Kalbsmilz wird aus der umhüllenden Haut gestreift und mit Petersilie und Zitronenschale fein gewiegt. Dann läßt man ein Stück Butter oder Speck in einer Pfanne heiß werden und bünstet es mit 2 Löffel Semmelbrösel vermischt solange, bis die Milz die Farbe verliert, gibt dann 2 gewiegte Sardellen, 2—3 gestoßene Wachholderbeeren, etwas Zitronensaft, ein wenig Suppe und einen Löffel sauern Rahm, nebst dem nöthigen Salz und Pfeffer dazu, mischt das Ganze gut durcheinander und häuft es auf Semmelschnitten, die man in heißer Butter oder Schmalz auf der unbestrichenen Seite dann gelb bäckt.

261. Nierenschnitten.

Eine schöne gebratene Niere und etwas Fleisch von dem übrig gebliebenen Nierenbraten wird mit Salz, Zwiebel, Petersilie und etwas Zitronenschale fein gewiegt und in Butter gedämpft, dann zieht man sie vom Feuer und schlägt ein Ei daran, das man gut damit verrührt. Nun nimmt man Semmelschnitten, taucht sie in Ei mit Milch gut versprudelt, läßt sie etwas darin liegen, damit sie gut durchweichen, streicht die Nierenmasse dick darauf und bäckt sie in der Omelettepfanne im heißen Schmalz auf der unbestrichenen Seite. Nierenschnitten kann man auch als Beilage zu feinem Gemüse geben.

262. Gedünstete Gansleber.

Frische Butter läßt man mit fein geschnittener Zwiebel und etwas gelber Rübe warm werden, gibt die Gansleber hinein und bünstet sie langsam eine Viertelstunde, bis sie etwas Farbe hat. Dann stäubt man ganz wenig Mehl dazu, läßt es gelb werden, salzt dann erst die Leber und läßt sie mit etwas Wein oder Suppe aufkochen. Man kann Champignons mitbünsten und die Leber beim Anrichten mit glasirten Kastanien garniren.

263. Kroquetten von Gänseleber.

Die wie vorher gedünstete Leber und halb so viel geräucherte Zunge oder auch Wildpret, sowie mit Wein aufgekochte Trüffeln, schneidet man nach dem Auskühlen kleinwürflig. Nun läßt man ein Stück Butter heiß werden, dünstet gewiegte Zwiebeln, Petersilie und Zitronenschale damit, stäubt es mit einem kleinen Löffel Mehl, gießt es mit etwas Suppe und Wein zu einer dicken Sauce auf, gibt die Leber sammt Fleisch nebst 2 Eidottern dazu, zieht es vom Feuer und rührt es gut. Wenn es kalt ist, formt man Würstchen und rollt diese auf dem Brett leicht über Mehl hin. Sind sie alle fertig, so dreht man sie in Ei, dann in Semmelbröseln und bäckt sie im heißen Schmalz. Sollten sie zu weich sein, so dreht man sie vor dem Einbröseln in mit Eiklar befeuchtete Oblaten. Man richtet sie im Kranz auf eine Platte an, gibt gebackene Petersilie in die Mitte und servirt Salat dazu.

264. Schinken-Roulade.

70 Gramm Butter werden schaumig abgetrieben und mit 3 Eidottern und etwas Salz gut verrührt, dann wird der festgeschlagene Schnee der 3 Eier darunter gehoben und zuletzt drei Löffel feines Mehl leicht damit vermengt. Nun wird die ganze Masse auf ein flaches Blech gestrichen und im Rohr sehr hell gebacken. Zum Rolliren bestreicht man das Gebackene noch heiß mit saurem Rahm, damit es nicht bricht, rührt gewiegten Schinken mit 1 Eidotter sowie 1—2 Löffel saurem Rahm an, streicht dies auf das noch heiße Gebackene, rollt es und bäckt es im Rohr fertig. Man servirt es, in daumendicke Scheiben geschnitten, mit Petersilie bestreut.

265. Kartoffelspeise mit Schinkenfülle.

100 Gramm Butter werden schaumig gerührt, 3 Eidotter und etwas Salz damit abgetrieben und 500 Gramm gekochte und passirte Kartoffeln mit dem festgeschlagenen Schnee der 3 Eier darunter vermengt. Dann bestreicht man eine Kuchenform mit Butter, gibt die Hälfte der Masse hinein, bestreicht dieselbe fingerdick mit gewiegtem Schinken, welchen man mit 1 Ei und etwas saurem Rahm abrührt und bedeckt ihn mit der zweiten Hälfte der Kartoffelmasse. Diesen Kartoffelkuchen bestreut man mit Semmelbröseln, übergießt ihn mit saurem Rahm und bäckt ihn eine halbe Stunde im Rohr lichtbraun. Statt des Schinkens kann man auch Wildpretreste 2c. mit Ei und Rahm hineinfüllen.

266. **Gemischtes Gebackenes** (Fritto misto).

Kalbshirn, Kalbsleber, Kalbskopf, Haxe oder etwas Kalbfleisch wird in Stücke geschnitten, Blumenkohl (Karfiol) in Röschen getheilt, Reisknöbelchen (Nr. 66) gemacht, dann jedes Stück gesalzen, in gut verklopftem Ei, dann in Semmelbröseln umgedreht, im heißen Schmalz lichtbraun gebacken und mit grüner Petersilie garnirt zu Tisch gegeben und Salat dazu servirt.

267. **Reistimballo.**

250 Gramm Reis wird nach Nr. 580 weich gedünstet und mit geriebenem Parmesankäse untermischt. Auf eine mit Butter bestrichene Platte oder in eine Auflaufform gibt man eine dicke Lage Reis, darauf eine Lage in Butter gedünsteter Champignons nach Nr. 109, füllt darüber wieder eine dicke Lage Reis, die man mit geriebenem Parmesankäse überstreut, mit einer dickfließenden Paradiesäpfelsauce (Nr. 111) übergießt und eine kleine halbe Stunde im Rohr backen läßt.

268. **Nudeltimballo.**

Man nimmt dazu die dünnste Sorte Macaroninudeln, weil diese sich am besten aufeinander schichten, kocht sie in Salzwasser weich und bereitet den Timballo ebenso, wie vorhergehenden mit Reis.

Alle Fische, Pasteten, feine Ragouts, Sulzen, sowie Bröbchen werden nach der Suppe gegeben, ebenso Ochsenzunge und die feineren Sorten von Kotelettes, wie z. B. Kalbskotelettes mit Hirn gefüllt Nr. 336 oder gebackene Lammskotelettes mit Farce Nr. 379 ꝛc. ꝛc.

Rindfleisch.

Vor Allem sehe man darauf, Ochsenfleisch von einem gut gemästeten Thiere zu bekommen. Von diesem hat das Fleisch eine glänzend rothe Farbe, das Fett ist weiß, man sieht keine starken Muskeln und das Fleisch ist mit Fett gut durchwachsen. Ist dies nicht der Fall, sondern das Fleisch mit starken Muskelhäutchen durchzogen, so ist es zäh; blasses Fleisch ist von einem zu jungen Thiere; Fleisch mit gelbem Fett von einer Kuh.

Die schönsten Stücke zum Braten sind: Lendenbraten, Rose als magere; als fette, saftige aber das Rippenstück und von der Weiche. Zum Kochen eignet sich das Schwanzstück und die dicke Zwerggrippe sehr gut; man rechnet für die Person ¼ Kilo. Um es mürbe zu machen, klopft man es mit einem hölzernen Hammer ziemlich fest, ohne es jedoch zu zerschlagen. Dann wäscht man es ganz kurz und läßt es ja nicht im Wasser liegen.

Für kleinen Haushalt ist es rathsam, besonders im Winter, das Fleisch für zwei Tage zu nehmen, da man ein schöneres Stück bekommt und dasselbe durch Liegen nur besser wird.

269. Gesottenes Ochsenfleisch.

Ein Schwanz- oder Rippenstück, für die Person ¼ Kilo gerechnet, wird geklopft, mit kaltem Wasser gewaschen und ganz wie Nr. 1, siehe Fleischbrühe, zubereitet. Beim Anrichten legt man das schön zertheilte Fleisch auf die dazu bestimmte längliche Platte, salzt es, übergießt es mit etwas Fleischbrühe, garnirt es mit grüner Petersilie oder Sellerielaub und gibt kalte oder warme Sauce oder auch warmes Gemüse dazu.

270. Tellerfleisch.

Saftige, fette Stücke vom Rippenstück oder von der Weiche siedet man ungefähr 1 Stunde lang und gibt beim Anrichten 1 Schöpflöffel Suppe zum Fleisch auf den Teller.

271. Gedämpfter Rindsbraten.

Das Schwanzstück oder auch Rippenstück wird, wenn es einige Tage abgelegen ist, gut geklopft, dann gesalzen. In einem Tiegel oder noch besser Dampfhafen läßt man Speckschnitten oder Butter mit Zwiebel heiß werden, gibt etwas gelbe Rüben, ein halbes Lorbeerblatt, einige Pfefferkörner nebst dem Fleisch dazu und dünstet es, bis es Farbe hat; dann gießt man es mit heißem Wasser auf, daß das Fleisch ganz bedeckt ist und läßt es so fest zugedeckt 2—3 Stunden dämpfen, bis der Saft nur eine kurze Sauce bildet. — Will man die Sauce verlängern, so nimmt man das Fleisch heraus, schöpft das Fett etwas ab, gibt einen kleinen Kochlöffel Mehl zu dem Uebrigen und gießt es mit Fleischbrühe so viel auf, als man zu einer nicht zu dünnen Sauce nöthig hat. Beim Anrichten wird das Fleisch in dünne Scheiben geschnitten, etwas Sauce darauf gegossen, die übrige aber eigens beigegeben.

Man garnirt das Fleisch häufchenweise mit verschiedenem gedämpften Gemüse oder mit Macaroni, Reis oder Kartoffeln.

272. Rindsbraten mit Wurzeln.

Man dünstet den Rindsbraten, wie vorhergehenden, stäubt aber kein Mehl in die Sauce. Unterdessen schneidet man Sellerie, gelbe Rüben, Petersilienwurzel in Würfel oder Stängelchen, zertheilt Blumenkohl zu kleinen Röschen, dünstet alles in Butter und etwas Suppe weich, gibt, wenn es eingedünstet, noch etwas Bratensaft darauf und übergießt damit beim Anrichten den tranchirten Braten.

273. Pikanter Rindsbraten

wird wie pikanter Kalbsbraten Nr. 311 bereitet, nur zum Schluß mit saurem Rahm übergossen und gebraten.

274. Sauerbraten.

Man nimmt dazu den Rosenspitz oder das Schwanzstück; es wird gut geklopft, mit einem Lorbeerblatt, etwas Zitronenschale, 1—2 Nelken, einer fein geschnittenen Zwiebel in eine Schüssel gethan und mit halb Essig, halb Wasser übergossen. Man läßt es so zum Mindesten 3 Tage liegen, kehrt es aber täglich um. Zum Dämpfen gibt man in einen Tiegel etwas Beize, so daß die Brühe die Hälfte des Bratens bedeckt, mit fein geschnittener gelber Rübe und Petersilie, spickt das Schwanzstück mit Speck, reibt es mit Salz und Pfeffer ein, und läßt es so 2—3 Stunden zugedeckt dämpfen. Ist der Saft eingebraten, so gibt man etwas Suppe nach, bis das Fleisch weich genug ist. Man dreht es fleißig um und begießt es mit dem Saft, bis es eine gelbe Farbe hat, aber nicht braun ist, dünstet nach Belieben einige Scheibchen von Essiggurken kurz mit, gibt das Fleisch in schöne Scheiben geschnitten auf die Platte, die Gurkenscheibchen darauf und seiht den Saft darüber. Man servirt dazu gebackene oder geröstete Kartoffeln, junge Gemüse und die verschiedenen Arten Salat.

275. Rindsbraten auf Wildpretart.

Das geklopfte Fleisch, von welchem man Haut, Knochen und Fett entfernt, reibt man mit einigen gestoßenen Wachholderbeeren und Tannen- oder Fichtennadeln ein und spickt es; dann wird ein Theil Essig, ein Theil Wasser und ein Theil Rothwein mit einer Zwiebel, einer gelben Rübe, einer Petersilwurzel, einem Stück Sellerie, Alles fein geschnitten, einem Lorbeerblatt, etwas Thymian, einigen Pfefferkörnern, Neugewürz und Zitronenschale, zwei Gewürznelken und erbsengroß Ingwer eine halbe Stunde zusammen gekocht, dann abgekühlt und das Fleisch damit übergossen. Man läßt es 2—3 Tage in der Beize liegen und kehrt es Morgens und Abends um. Zum Braten läßt man die Butter sehr heiß werden, übergießt damit das vorher gesalzene Fleisch, wenn man es in die Bratpfanne legt und brät es im Rohr mit etwas Beize und die letzte Viertelstunde mit saurem Rahm. Ist das Fleisch weich, so staubt man die Sauce mit einem Eßlöffel Mehl, verdünnt sie mit etwas Fleischbrühe und gibt noch etwas sauern Rahm dazu. Beim Anrichten gibt man etwas Sauce über das geschnittene Fleisch, die übrige servirt man eigens. Man servirt kleine, gebackene Kartoffeln, Macaroninudeln, Reis oder kleine Pastetchen dazu.

276. Fleischroulade.

Man schneidet schöne Schnitze von Rindfleisch, befreit sie von Haut und Fett und klopft sie; dann hackt man die Abfälle davon zu feiner Farce, gibt kleinwürflich geschnittenen Speck mit etwas gewiegter Petersilie, Zwiebel und Zitronenschale unter dieselbe, salzt die Schnitze, pfeffert sie ein wenig, gibt die gut untereinander gemengte Farce fingerdick in die Schnitze, rollt sie zusammen und umwickelt sie mit Faden. Dann werden sie in Mehl gedreht und in sehr heißer Butter weich gedünstet. Man gibt sie in kurzer Sauce, die man mit etwas Suppe, Wein oder saurem Rahm aufkochen kann. Die Fleischroulade dient sowohl als Auflage zum Gemüse, als auch als eigenes Gericht mit Kartoffelpüree, Salat oder Essigfrüchten.

277. Rouladen mit Sardellen und Kapern.

Gut geklopfte Schnitzchen, am besten vom Lendenbraten, werden mit feingeschnittenem Speck, Sardellen, Kapern, Zitronenschalen und gewiegter Petersilie bestrichen, dann gerollt und mit Faden umwickelt. Man gibt ein wenig feingeschnittene Wurzel und 1 Sardelle gewiegt zu einer im Butter gelb gedünsteten, feingeschnittenen Zwiebel und dünstet damit die Rouladen, bis sie weich sind und schöne Farbe haben, indem man öfters etwas Suppe beigibt. Dann nimmt man das Fleisch heraus, staubt einen kleinen Löffel Mehl in den Saft, läßt die Sauce aufdünsten und kocht sie noch kurz mit Suppe, sauerem Rahm und Kapern und dann mit den Rouladen auf. Kleine Pastetchen, gedünsteter Reis, Macaroninudeln oder Kartoffelnudeln sind gut als Beilage.

278. Boeuf à la mode.

Man nimmt dazu ein Schwanzstück oder vom Rosenspitz, wäscht es, klopft es mürbe und spickt es dann mit fingerdick geschnittenem Speck, indem man entweder mit einem Messerchen oder einem spitzen Kochlöffelstiel in das Fleisch einsticht, den Löffel herauszieht und den Speck, den man in Salz und Pfeffer oder auch in feingewiegten Kräutern umdreht, hineindrückt. Das Fleisch wird nun in ein steinernes oder irdenes Geschirr gelegt und mit lauwarmem, mit Wasser verdünntem Weinessig, in welchem fein geschnittene Zwiebel, gelbe Rüben, Sellerie, Zitronenschale, 1 Lorbeerblatt, 2—3 Gewürznelken, einige Pfefferkörner abgekocht wurden, sammt den Wurzeln übergossen. Das Fleisch muß davon bis oben bedeckt sein. Man beschwert es mit einem Brettchen, damit es niedergedrückt wird und deckt es zu. So läßt man es 3—4 Tage stehen, dreht aber das Fleisch täglich um. Dann wird es herausgenommen, gesalzen und mit der Beize sammt Wurzeln in eine Kasserole gegeben, so viel Wasser beigefügt, daß der Saft über das Fleisch geht und so 2—3 Stunden gedämpft, bis das Fleisch weich ist. Nun nimmt man das Fett davon ab, gibt ein Stück Butter bei und röstet damit 2 Eßlöffel Mehl mit 1 Stück Zucker dunkelbraun, gießt es mit dem Fleischabsude auf und läßt es eine halbe

Stunde noch gut kochen. Dann seiht man die Sauce durch ein Sieb, gibt sie nochmals in die Kasserole auf's Feuer, daß sie gut heiß auf den Tisch kommt und fügt noch ein Gläschen Wein bei. Unterdessen schneidet man das Fleisch in dünne Stücke, seiht die Sauce darüber und reicht dazu Kartoffel- oder Semmelknödel, ganze oder geröstete Kartoffel, auch Spatzen, abgeschmälzte Nudeln oder Schmarn.

279. **Speckbraten.**

Ein gut abgelegenes Schwanzstück, noch besser Rose, wird reichlich mit Speck durchzogen. Dann belegt man eine Kasserole mit Speckscheiben, bedeckt sie ganz mit fein geschnittenen Zwiebeln, auf die man, wenn sie gelb sind, das gesalzene und etwas gepfefferte Fleisch legt und es gut zugedeckt dünstet. Ist es fast weich, so gibt man es in's Bratrohr und begießt es fleißig, bis es eine schöne Farbe hat. Dann schneidet man es, seiht den Saft darüber und gibt Kartoffelpüree, grüne Erbsen oder Bohnen, sowie Kartoffel- oder grünen Salat dazu.

280. **Jägerbraten.**

Nachdem Rindsbraten nach Nr. 271 weich gedünstet ist, wiegt man Petersilie, Zitronenschale, Zwiebel und ziemlich viel Düllenkraut fein, röstet es etwas in Butter, kocht es mit dem Bratensaft auf und übergießt damit den angerichteten Braten.

281. **Roastbeef.**

Zu einem saftigen Roastbeef ist vor Allem ein gut abgelegener (4—5 Tage) Lendenbraten nöthig. Am besten verwahrt der Metzger das Fleisch so lange als nöthig oder man gibt es in einen Eisschrank oder an einen kalten Ort, wo man es in Zugluft hängt. Das Stück muß, nachdem der größte Theil des Fettes entfernt wurde, gewaschen, mit einem Tuche abgetrocknet und von allen Seiten dann tüchtig geklopft werden. Nun nimmt man ein großes Stück Butter, läßt es in der Bratpfanne lichtbraun werden, legt das gesalzene Roastbeef hinein und gießt die Hälfte des Fettes oben darüber. Das Rohr muß stark geheizt werden, damit das Fleisch rasch röstet, auch muß man es sehr fleißig begießen, damit der Austritt des Fleischsaftes verhindert wird. Es darf nicht umgelegt oder gar hineingestochen werden. Die Sauce wird, wenn das Fleisch fertig ist, gut entfettet. Champignons, in Butter gedämpft und mit Mehl gestäubt, können in die Sauce gegeben werden. Ein Stück von 2 Pfund ist in 35—40 Minuten im heißen Rohre fertig; ein größeres Stück braucht natürlich entsprechend länger und je größer das Stück, um so besser der Braten. Junge Gemüse, kleine gebackene Kartoffeln, Blumenkohl= oder Spargelsalat und die verschiedenen Compote dienen als Beilagen.

282. Rostbraten.

Von der Schohrrippe oder dem Rippenstück nimmt man halb= pfündige Stücke, von welchen man Knochen, Haut, Haarwachs, auch das zu viele Fett wegschneidet, dann klopft man sie mit einem hölzernen Hammer oder schweren Messer. In eine Pfanne gibt man ein großes Stück Butter und läßt sie braun werden; unterdessen salzt man die Stücke, gibt sie in die braune, heiße Butter und brät sie auf raschem Feuer, damit sie saftig bleiben. Haben sie auf der einen Seite Farbe, so dreht man sie um und gibt dann erst ziemlich viel fein geschnittene Zwiebel in die heiße Butter. Nach 5 Minuten sind sie fertig, wenn das Fleisch von einem guten Ochsen ist. Man hebt dann die Rostbratenschnitze heraus auf eine gewärmte Platte, dünstet die Zwiebel noch gut gelb, gießt Fleischsuppe daran, läßt sie mit dem Saft einmal aufkochen, indem man all das Angeröstete von der Pfanne mit dem Schäufelchen ablöst, und schüttet dann die Sauce über das Fleisch. Man gibt Kartoffelpüree, geröstete oder Bratkartoffeln, sowie die verschiedenen Arten Salat und Compote dazu.

283. Faschirter Rostbraten

wird ganz dem vorhergehenden gleich bereitet, nur wird das Fleisch von aller Haut, Fasern und Fett befreit, zuerst geschabt, dann mit einem Hackmesser ganz fein geklopft und wie zu großen Kalbs= karbonaden geformt. Diese Bereitung ist hauptsächlich zu empfehlen, wenn man sieht, daß das Fleisch nicht zu weich ist. — Die Sauce zu beiden Arten kann man auch mit saurem Rahm statt Suppe aufkochen.

284. Faschirter Rostbraten auf andere Art.

Man wiegt Petersiliengrün, Zwiebel, Zitronenschalen, etwas Lorbeer und Thymian fein zusammen, gibt es in die heiße Butter, dreht die gesalzenen Rostbraten in Mehl um, gibt sie dazu und dünstet sie zugedeckt auf beiden Seiten. Nachdem man sie auf die Platte gehoben, fügt man der Sauce sauern Rahm und etwas Suppe mit Bratensauce oder Fleischextract bei und rührt sie gut mit dem Schäufelchen auf, bis sie kocht, dann gibt man sie über das Fleisch.

285. Rumpsteaks.

Vom Lendenbraten, der gut abgelegen ist, wird alles Fett entfernt und, nachdem er gut geklopft ist, daumendicke Scheiben geschnitten, die man gut salzt und pfeffert. Nun gibt man in eine Bratpfanne Speckscheiben, bestreut das Fleisch mit Ingwer und brät es 10—15 Minuten. Man garnirt die Rumpsteaks mit dem gebratenen Speck und Mixed-Pickles.

286. Gedämpfte Rumpsteaks.

Man schneidet dicke Schnitzchen vom Lendenbraten, klopft sie gut, salzt und pfeffert sie und gibt sie mit fein geschnittenen Schalotten in eine Kasserole, in der man vorher ein großes Stück Butter gut heiß werden ließ. Sind sie auf beiden Seiten gebraten, so gibt man Suppe darauf, daß sie fast bedeckt sind, sowie einen Kaffeelöffel englischen Senf und dünstet sie darin. Dann nimmt man die Schnitzchen heraus, läßt die Sauce kurz eindünsten, gibt etwas Mehl hinein, gießt sie mit Rothwein auf, gibt gedünstete Champignons und etwas Zitronensaft dazu und läßt die Schnitzchen kurz damit aufkochen.

287. Gulasch auf ungarische Art.

Man nimmt ein Stück vom Lungenbraten (Filet) und schneidet es in große Würfel. Dann läßt man Butter sehr heiß, fast braun werden und gibt die Fleischwürfel, nebst Salz und einer Messerspitze Paprika, hinein und dämpft sie auf raschem Feuer einige Minuten. Eine fein geschnittene große Zwiebel röstet man eigens in einem kleinen Pfännchen, gibt sie dazu und richtet nach 10 Minuten das Fleisch auf einer Platte an, gießt den Saft mit etwas Fleischbrühe auf, läßt ihn rasch aufkochen und gibt ihn über das Fleisch.

288. Gulasch auf andere Art.

Saftiges Fleisch vom ausgelösten Bratstück schneidet man in größere Würfel, ebenso Speck (auf 1/2 Kilo Fleisch 35 Gramm Speck gerechnet), diesen in sehr kleine Würfel, die man mit einem Löffel voll fein geschnittener oder gewiegter Zwiebel gelb anlaufen läßt; dann salzt man das Fleisch und gibt es in den heißen Speck nebst einer Messerspitze Paprika und läßt es darin Farbe bekommen, ohne es umzurühren. Sobald es bräunlich ist, gießt man es mit so viel Wasser und 1 Glas Wein auf, daß es damit bedeckt ist, bünstet es so 2—3 Stunden und schneidet entweder eine halbe Stunde vor dem Anrichten 2 in Würfel geschnittene Kartoffeln dazu, oder staubt, sobald das Fleisch weich ist, 1 Löffel Mehl daran und läßt es mit etwas Suppe aufkochen. Man kann auch einen Paradiesapfel mitdämpfen oder etwas Kümmel nebst einem Stückchen fein zerdrückten Knoblauch in die Sauce geben.

289. Filetbraten,

auch Lungenbraten genannt, muß vor Allem gut abgelegen sein. Dann wird er geklopft, abgehäutet und fein gespickt. Man gibt in eine Bratpfanne ein großes Stück Butter und läßt sie heiß werden, salzt unterdessen das Filet und gibt es hinein, indem man es auch mit der heißen Butter gleich übergießt, damit sich das Fleisch schließt und saftig bleibt. In gut geheiztem Rohr läßt man es dann unter fleißigem Begießen ³/₄ Stunden rasch braten. Wird der Braten nach der Suppe servirt, so garnirt man ihn mit verschiedenen Gemüsen, wie Blumenkohl, Bohnen, gelben Rüben, grünen Erbsen, kleinen Bratkartoffeln, oder gibt kleine Pastetchen, auch Salat und Kompot dazu.

Ebenso kann man den Braten zum Schluß öfters mit sauerem Rahm begießen. Man kann dann Macaroni mit Parmesankäse, gedünsteten Reis, Kartoffelnudeln oder kleine Pastetchen dazugeben.

290. Gedämpftes Filet.

In einer Kasserole wird die Butter sehr heiß gemacht, der Lungenbraten wie der vorhergehende gerichtet, dann in die heiße, gelb angelaufene Butter gelegt, nach ganz kurzer Zeit gewendet, damit der ganze Saft im Fleisch bleibt und auf raschem Feuer gut zugedeckt ¹/₂—³/₄ Stunden gedünstet. Man kann, wenn der Saft eingedünstet ist, Suppe oder sauern Rahm daran geben.

Diese Art ist besonders für kleine Braten zu verwenden.

291. Filet mit Madeirasauce

wird ganz wie vorhergehendes bereitet, nur gießt man statt Suppe 1 Glas Madeira hinzu.

Mit Ragout: Man dünstet Kalbsbries, Hahnenkämme, Champignons und Trüffeln in Butter, gibt es mit Krebsschweifchen und kleinen Knöbelchen in Madeirasauce Nr. 112 und garnirt damit das Filet.

292. Filet auf Wildpretart.

Ein Mittelstück vom Lungenbraten wird von Haut und Fett befreit. Dann nimmt man Zwiebel, gelbe Rübe, Petersilienwurzel, 1 Stück Sellerie, 1 Salbeiblatt, Kapern, Ingwer, Zitronenschalen, einige Wachholderbeeren, etwas Knoblauch, wiegt Alles zusammen fein, reibt das Fleisch gut damit ein und läßt es so einige Stunden stehen. Dann befeuchtet man ein Tuch mit Bertrameſſig, wickelt das Fleisch hinein, nachdem man einige Tannennadeln noch beigefügt hat, beschwert es und läßt es so vier Tage liegen. — In eine Bratpfanne gibt man ein Stück Butter, läßt es heiß werden, gibt den geſpickten und gesalzenen Braten dazu und übergießt ihn sogleich und fleißig immer fort wieder mit der heißen Butter. Man gießt dann Suppe nebſt einem Glas Rothwein nach, damit die Sauce nicht eingeht und die Wurzeln schwarz werden und übergießt später den Braten einige Male mit sauerem Rahm.

Man kann dazu verſchiedene gebratene Kartoffelspeisen, Pasteten oder Kastanien serviren.

293. Beefsteaks.

Von einem abgelegenen Lungenbraten oder Filet, das man zuerſt gut geklopft und abgehäutet hat, schneidet man gut fingerdicke Stücke, die man bis zum Gebrauch aufeinander legt. In einer Pfanne läßt man ein großes Stück Butter sehr heiß (gelb) werden, salzt und pfeffert unterdessen die Beefsteaks, gibt sie in die Pfanne und bäckt sie auf raschem Feuer einige Minuten erſt auf der einen, dann auf der anderen Seite. Man sieht darauf, daß sie immer Fett genug haben und sich nicht anlegen, sonst gibt man noch frische Butter dazu. Sie müssen in der Mitte noch etwas röthlich sein, damit am Tisch beim Durchſchneiden noch der volle Saft herausquillt. Man legt sie auf die gewärmte Platte, gießt zum Saft einige Löffel Suppe, kocht ihn damit auf und gibt ihn zu den fertigen Beefſteaks, auf welche man auch ein Stückchen Sardellenbutter Nr. 233 oder englische Butter Nr. 230 legen kann.

Will man die Beefſteaks nicht mehr blutig, so stäubt man nach dem Salz und Pfeffer etwas Mehl auf dieselben; dies bildet eine Kruste und verhindert das Ausfließen des Saftes; man kann sie dadurch länger braten laſſen.

Man servirt kleine gebackene Kartoffeln dazu und garnirt jedes Beefſteak mit 1 Spiegel-Ei.

294. **Beefsteaks** auf dem Rost gebraten.

Will man die Beefsteaks auf dem Roste braten, so überträufelt man sie mit Olivenöl, wenn sie nach Nr. 293 hergerichtet, gesalzen und gepfeffert sind. 6 Minuten vor dem Gebrauch werden sie auf dem Rost über Kohlenfeuer schnell gebraten. Feingewiegter Zwiebel, Petersilie und Zitronenschale werden in heißer Butter mit etwas Zitronensaft kurz gedünstet und beim Anrichten über die Beefsteaks gegossen.

295. **Beefsteaks mit Hindernissen**

werden wie Beefsteak Nr. 293 bereitet, nur legt man sie zum Serviren auf eine größere Platte und arrangirt einen bunten Kranz von Garnirungen aus Häufchen von Sardellen- oder Anchovisbutter, geschabtem Meerrettig, in Butter geschwenkten Bohnen, grünen Erbsen und kleinen Karotten, dazwischen gebackene, kleine Kartoffeln und Essiggurken, Blumenkohl, Monatrettige, gebackene Brodschnitten u. dgl.

296. **Rohe Beefsteaks.**

Dazu schabt man ein Stück Lendenbraten fein aus den Fasern, mischt es mit Salz, Pfeffer, Essig und Oel, formt kleine, runde Laibchen, hackt sie mit dem Messer kreuzweis ein, bestreut sie mit gehackten Eiern, Kapern und fein geschnittener oder gewiegter Zwiebel und gibt Senf dazu.

Solche Beefsteaks sind besonders für Blutarme sehr zu empfehlen.

297. **Schnitzchen vom Lendenbraten.**

Man schneidet halbfingerdicke Schnitzchen von einem gut abgelegenen Lendenbraten, macht in einer Pfanne ein großes Stück Butter sehr heiß, gibt die Schnitzchen hinein und bäckt sie bei raschem Feuer mit oder ohne feingeschnittene Zwiebel auf beiden Seiten ungefähr 5 Minuten. Dann legt man sie auf die gewärmte Platte, gibt zum Saft etwas Suppe oder sauren Rahm und schüttet denselben dann über die Schnitzchen.

298. **Pickelsteinerfleisch.**

Man nimmt Rindfleisch, Kalbfleisch und Schweinefleisch, von jedem $1/2$ Pfund, schneidet Alles zu großen Würfeln, dann Kartoffeln zu mittelgroßen, Sellerie, gelbe Rüben, Petersilie und Zwiebeln zu sehr kleinen Würfeln oder wiegt sie grob. Zu Pickelsteinerfleisch muß man eine eigene dazu bestimmte Doppelkasserole haben oder wenigstens ein sehr gut schließendes Gefäß. Man belegt den Boden mit Ochsenmark oder Butter, gibt darauf eine Lage Kartoffeln und Wurzeln, dann eine Lage der verschiedenen Fleischwürfel, beginnt dann wieder mit Mark und wechselt so wie oben mit den Lagen, bis alles Fleisch verbraucht ist, das man bei jeder Lage mit Salz und sehr wenig Paprika oder Pfeffer bestreut, wobei man oben mit einer Lage Ochsenmark endigt. Nun wird die Kasserole sehr gut verschlossen und das Fleisch bei mäßigem Feuer gedämpft. Hat man eine Pickelsteinermaschine, so kehrt man sie öfters um. In einer Stunde wird es fertig sein.

299. Gedämpfter Ochsenschweif.

Ein Mittelstück des Ochsenschweifes wird rein gewaschen und gliedweise durchschnitten. Man nimmt 1 Zwiebel, 1 gelbe Rübe, 1 Petersilienwurzel, 1 Lorbeerblatt, Thymian, einige Pfefferkörner, 2 Nelken, 1 Zitronenschale und kocht Alles mit Essig und Wasser vermischt eine halbe Stunde ab, schüttet es über den in eine Schüssel gliedweise gelegten, gesalzenen Ochsenschweif und stellt ihn über Nacht in's lauwarme Rohr. Den nächsten Tag dünstet man ihn in einem Tiegel, bis er weich ist. Das Fett wird nun oben abgeschöpft, in einen Tiegel gethan, mit 1 kleinen Löffel Zucker und 2 Eßlöffel Mehl zusammen gebräunt, dann mit der Beize zu einer braunen Sauce aufgegossen und möglichst lang gekocht. Dann seiht man die Sauce, gibt den Ochsenschweif dazu und kocht ihn nochmals auf. Nach Belieben kann man auch ein Glas Wein der Sauce beigeben. Der Ochsenschweif wird erhaben angerichtet, die Sauce darüber gegossen und mit gebratenen Kartoffeln, Nudeln oder Knödeln garnirt.

300. Ochsenzunge.

Eine frische Zunge wird 1 Stunde gewässert, rein gewaschen und mit leichtem Salzwasser und Suppenkräutern 3—4 Stunden gekocht, bis man die Haut abziehen kann. In schiefe Scheiben geschnitten, gibt man sie warm zu Gemüse oder überstreut sie mit geriebenem Meerrettig, auch kann man sie der Länge nach theilen, auf der inneren Seite fein spicken, salzen und in heißer Butter braten und zum Anrichten mit Zitronensaft beträufeln.

301. Ochsenzunge mit Kräutersauce.

Die frische Zunge wird rein gewaschen, der Schlund abgeschnitten, in einer langen Kasserole mit Wurzelwerk, Gewürz und Fett eingerichtet; dann zerhackt man einige Kalbsknochen klein, gibt Salz und Pfeffer dazu und läßt es dünsten, indem man immer etwas Suppe nachgibt, bis die Zunge weich ist. Unterdessen schneidet man etwas Petersilie, Champignons, ein wenig Zwiebel und Essiggurken fein, dünstet es in frischer Butter, seiht den Saft von der Zunge dazu, kocht ihn damit auf und gießt ihn beim Anrichten über die in Scheiben geschnittene heiße Zunge.

302. Ochsenzunge

wird nach Nr. 300 gekocht, in Scheiben geschnitten und mit Senf-, Sardellen-, Kapern- oder Paradiesäpfelsauce einmal aufgekocht.

303. Ochsenzunge mit Sardellen.

Man schneidet einen Theil der gesottenen, warmen Zunge in Scheiben, gibt 50 Gramm Butter mit 50 Gramm gewiegte Sardellen an's Feuer, übergießt die Zunge mit der heißen Butter, beträufelt sie mit Zitronensaft und bestreut sie mit gerösteten Bröseln.

304. Pöckelzunge oder Pöckelfleisch.

4½ Liter Brunnenwasser, ½ Kilo Salz, 60 Gramm Zucker, 15 Gramm Salpeter wird bei gelindem Feuer gekocht und kalt über die Zunge oder das Fleisch gegeben, so daß es ganz damit bedeckt ist und leicht beschwert an einen kühlen Ort gestellt. Eine Zunge oder 3—4 Kilo Fleisch läßt man 14 Tage so durchbeizen. Nach dieser Zeit kocht man sie in Wasser und etwas von dem Pöckelsaft, sowie den gewöhnlichen Suppenwurzeln. Sie ist fertig, wenn man die Haut abziehen kann.

Man gibt sie heiß zu jungen Bohnen, grünen wie getrockneten Erbsen, Linsen- und Kartoffelpüree kann sie aber auch kalt essen und läßt sie dann, solange man davon hat, in der entfetteten Brühe, in welcher sie gekocht wurde, liegen.

305. Geräucherte Zunge.

Die Zunge wird geklopft, dann läßt man sie über Nacht im Wasser liegen und kocht sie am nächsten Tage 3—4 Stunden,

b. h. bis man ihr leicht die Haut abziehen kann. Man gibt sie abgehäutet, und in Scheiben geschnitten heiß zu Tisch, zu jungen Erbsen oder Bohnengemüse, Püree 2c. 2c.

306. Ochsengaumen.

Der Ochsengaumen wird gewaschen und mit kaltem Wasser zum Feuer gestellt. Ist das Wasser fast heiß, wird er herausgenommen und die weiße Haut auf der gerippten Seite abgezogen und wieder in's kalte Wasser gelegt. Sodann kocht man ihn in gesalzenem Wasser, mit Wurzeln, einigen Pfefferkörnern, Gewürznelken und Lorbeerblatt weich, läßt ihn erkalten und schneidet ihn in fingerbreite Streifen. Unterdessen läßt man ein Stück Butter heiß werden, gibt 2 Eßlöffel Mehl dazu, röstet es blaß gelb, gibt 2 Schalotten, 2 Essiggurken, etwas Petersilie und Zitronenschalen, wenn möglich auch 2 Champignons, Alles fein gewiegt, dazu, gießt es mit der Brühe und einem Glas Wein langsam auf, salzt es und läßt dann das Ganze mit dem geschnittenen Ochsengaumen zusammen aufkochen. Vor dem Anrichten träufelt man noch Zitronensaft oder etwas Essig dazu. Ochsengaumen werden häufig zu feinem Eingemachten, wie Kalbsbrieschen, Krebsschweifchen, Fleischknödelchen oder auch in Pastetchen würflig geschnitten, gegeben.

Ochsenmaulsalat.

Siehe Nr. 150.

307. Ochsenhirn.

Das Hirn wird, nachdem es in lauem Wasser gelegen und abgehäutet wurde, nochmals im kalten Wasser gewaschen, dann Salzwasser mit Essig, einer mit 3 Nelken gespickten Zwiebel, einem Lorbeerblatt, einer kleinen gelben Rübe, einem Stück Sellerie, einigen Pfefferkörnern, etwas Zitronenschale siedend gemacht und das Hirn eine halbe Stunde zugedeckt darin gekocht. Nachdem man es in einem Seiher gut ablaufen ließ, schneidet man es in kleinfingerdicke Stücke und gibt braune Einmachsauce mit Wein, Sardellensauce Nr. 102, Frikassensauce Nr. 115, Kapernsauce Nr. 104 oder dergl. darüber.

308. Kuheuter

wird in Salzwasser mit Wurzelwerk weich gekocht, dann die Haut abgezogen, kalt in Stücke geschnitten und in heißer Butter mit Zwiebel gelb geröstet und mit Zitronensaft beträufelt; man kann jede beliebige Sauce dazu geben.

Kalbfleisch.

Das Fleisch von Kälbern, welche 4 Wochen alt sind, ist das beste. Es soll eine schöne, weiße Farbe haben, gute fette Nieren und auf der Brust und den Rippen ein feines Fett zeigen. Für den kleinen Bedarf gibt das Schlußstück, ein Nierenbraten oder Rücken, ein Schnitz vom Schlegel oder die ausgelöste Nuß einen sehr schmackhaften Braten. Für 3 Personen rechnet man 1¼ Kilo zum Mindesten.

309. Gebratener Kalbsschlegel.

Ein schöner weißer Kalbsschlegel wird geklopft, abgewaschen, abgetrocknet, dann mit Salz und Pfeffer eingerieben und 2 Stunden stehen gelassen. Dann läßt man in einer nicht zu großen Bratpfanne Butter heiß werden, legt den Schlegel hinein und übergießt ihn sofort mit der heißen Butter, stellt ihn in das Bratrohr und bratet ihn bei mäßiger Hitze unter sehr fleißigem Begießen. Ist der Saft eingebraten, so gibt man kalte Suppe daran, damit sich das Angebratene gut auflöst und läßt die Sauce nicht zu braun werden, gibt aber auch nicht mehr Suppe, als nöthig, daran. Man kann etwas Zwiebel fein geschnitten mitbraten oder auch ein Stück Semmel, die sich in der Sauce ganz auflösen wird. In 2 Stunden wird ein nicht zu großer Schlegel fertig sein. Vor dem Anrichten wird die angebratene Sauce mit etwas Suppe sorgfältig vom Rand der Bratpfanne gelöst, aufgekocht und dann theils über den geschnittenen und wieder zusammengeschobenen Braten, theils eigens in einer Saucière dazu gegeben. Ebenso werden kleinere Stücke vom Schlegel, das Schlußstück, der Nierenbraten, die ausgelöste Nuß ꝛc. für den kleinen Bedarf gebraten.

Als Beilage gibt man dazu die verschiedenen Arten Salate, geröste und gebackene Kartoffeln und nicht zu süßes Kompot.

310. Gebröselter Kalbsbraten.

Sehr saftig wird der Kalbsbraten, wenn man ihn, nachdem er geklopft, gewaschen und mit Salz und Pfeffer eingerieben ist, zuerst in Ei mit Wasser und Salz verklopft, dann in Semmelbröseln umgedreht und in die heiße Butter in die Bratpfanne gibt. Man brät ihn im heißen Rohr unter fleißigem Begießen mit heißer Butter und dreht ihn öfters um. Ist der Saft eingebraten, so gibt man etwas Suppe oder Wasser nach.

311. Pikanter Kalbsbraten.

Man klopft, salzt und pfeffert einen Kalbsschlegel oder ein fleischiges Stück desselben, spickt es mit geschnittenem Speck, Schinken, geräucherten Würstchen, Essiggurken und Sardellenstreifen durcheinander und gibt es dann auf heißer Butter in der Bratpfanne ins Rohr, mit verschiedenen Wurzeln, Zwiebelscheiben, Zitronenschalen und Lorbeerblatt, übergießt ihn mit der heißen Butter, gibt öfters etwas Suppe oder Wasser daran, damit die Wurzeln nicht schwarz werden und übergießt das Fleisch fleißig mit dem Saft, wobei man es öfters umwendet. Wenn das Fleisch weich und schön braun ist, schneidet man es in schöne Stücke und seiht die Sauce darüber.

312. Kalbs-Nierenbraten.

Die Rippen werden bis über die Hälfte ausgelöst, abgehauen, der Nierenbraten dann gewaschen, mit Salz und Pfeffer eingerieben, das Bauchfleisch bis zur Niere aufgerollt, mit einem Hölzchen durchstochen und an den Knochen befestigt oder mit einem Faden leicht umwunden. Er wird wie der Kalbsschlegel (Nr. 309) gebraten. Beim Einkauf läßt man sich vom Metzger den Rückgratknochen gleich durchhauen, da man dies selbst nicht so gut kann.

313. Roulirter Nierenbraten.

Man löst die Rippen aus, wiegt die Nieren sammt Fett und dem zarten Fleisch unter den Rippen (Filet), gibt feingewiegte Petersilie, Zwiebel und Zitronenschalen, sowie 2 Eier und 2 Eßlöffel Semmelbrösel dazu, salzt und pfeffert es, und rührt es mit dem Saft einer Zitrone und etwas geriebener Muskatnuß gut untereinander. Damit wird der Braten nun überstrichen, fest gerollt und mit Bindfaden umwunden. Nun gibt man ihn in die Bratpfanne in's Rohr, übergießt ihn sogleich mit heißer Butter und brät ihn unter fleißigem Begießen schön gelb auf beiden Seiten, bis er weich ist. Der fertige Braten wird vom Faden befreit, in schöne Scheiben geschnitten, die abgefettete Sauce, wenn nöthig, mit etwas Suppe aufgekocht und über den Braten gegeben.

314. Gefüllte Kalbsbruſt.

Eine Kalbsbruſt wird ausgebeint, indem man den harten Knochen unter den Knorpeln wegſchneidet und auslöſt, was auf Wunſch der Metzger gern beſorgt. Dann wird auf der unteren breiten Seite zwiſchen der Haut und dem Fleiſch ein Einſchnitt gemacht, mit der Hand nachgeholfen, daß dadurch ein Sack entſteht und die Bruſt geſalzen. Nun treibt man ein eigroßes Stück Butter ab, gibt 2 Eier und fein gewiegte Zitronenſchale, Zwiebel, Peterſilie oder Schnittlauch, ſowie die Bröſeln von 2 Semmeln, die man vorher mit kalter Milch befeuchtet hat, dazu, ſalzt es, verrührt Alles fein zuſammen, füllt es in die Bruſt und näht letztere mit einem ſtarken Faden zu. Man legt ſie in die heiße Butter, übergießt ſie mit derſelben und bratet ſie im Rohr 1½—2 Stunden, je nach der Größe, unter fleißigem Begießen. Iſt der Saft eingebraten, ſo gibt man etwas Fleiſchbrühe oder Waſſer daran. Wenn der Braten ſchön gelb und weich iſt, befreit man ihn von dem Faden, ſchneidet ihn und gibt die Sauce extra dazu.

Nach Belieben kann man unter die Fülle feingewiegte Leber oder auch feingewiegtes, übergebliebenes Fleiſch zu den Kräutern geben. Will man ſüße Fülle, ſo nimmt man ſtatt der Kräuter 35 Gramm große und kleine Weinbeeren, einen halben Kaffeelöffel Zitronenſchalen und einen Eßlöffel Zucker zu obiger Fülle von Semmelbröſeln, Butter und Ei; doch darf man den Braten dann nicht zu ſtark ſalzen.

315. Kalbsroulade.

Eine Kalbsbruſt wird ausgebeint, d. h. die Rippen auf der inneren Seite ausgelöſt und wie die Vorhergehende zum Füllen untergriffen. Dann dünſtet man in 100 Gramm Butter feingewiegte Peterſilie, Zwiebel und Zitronenſchalen, 300 Gramm feingeſchnittenes Kalbfleiſch (iſt gut, wenn es mit Schweinefleiſch untermiſcht wird), ſowie 1½ in Milch geweichte Semmeln und 1 Eßlöffel Kapern, ſtößt dann Alles in einem Mörſer ſehr fein, ſalzt und pfeffert es, gibt 2 Dotter, ein halbes Gläschen Wein und Zitronenſaft dazu, verrührt Alles gut zuſammen, füllt damit die Bruſt und beſtreicht auch die Rippenſeite damit, rollt die Bruſt dann feſt zuſammen, daß die Knorpeln gegen außen kommen, näht ſie an den Enden zu und umwindet ſie mit Bindfaden. Man bratet ſie ganz wie Nr. 309 in heißer Butter, befreit ſie zuletzt von allem Bindfaden und ſchneidet ſie in ſchöne Scheiben, die man mit dem Bratenſaft übergießt.

316. Gespickte Kalbsbrust.

Die Kalbsbrust wird gewaschen und eine Viertelstunde in stark gesalzenem, siedendem Wasser gekocht, dann in kaltes Wasser gelegt, herausgenommen, abgetrocknet, schön gespickt und ganz wie Nr. 309 zubereitet. — Man gibt dazu Pflückerbsen, Sauerampferpüree oder die verschiedenen Arten Salate, sowie auch Kapern-, Sardellen-, Champignon- oder Madeirasauce mit Kastanien oder Macaroninudeln.

317. Gedämpftes Kalbfleisch.

Das Kalbfleisch wird geklopft, gewaschen und gut eingesalzen. Dann wird in einer Kasserole Butter heiß gemacht, das Fleisch hineingelegt, rasch auf die andere Seite gewendet, gut zugedeckt und unter fleißigem Begießen und Umwenden weich gedünstet. Wenn der Saft eingedünstet ist, wird etwas Fleischbrühe nachgegeben.

318. Gedämpfter Schlegel in der Rahmsauce

wird ganz wie vorhergehendes Kalbfleisch gedünstet, nur daß er vorher gespickt wird. Ist er weich und hat er eine schöne Farbe, dann verrührt man 1 Eßlöffel Mehl in genügend saurem Rahm je nach der Größe des Bratens und gibt es in die Sauce, mit der man ihn gut aufkochen läßt. Nach Belieben kann man auch 1 Löffel Kapern daran geben.

Es ist auch gut, wenn der gespickte Schlegel auf beiden Seiten braun gedünstet ist, ihn mit der Speckseite nach oben in's Rohr zu geben, mit saurem Rahm zu übergießen und so eine Viertelstunde noch zu braten. Geröstete Kartoffeln, Pastetchen, gedünsteter Reis oder Macaroninudeln sind gut als Beilage.

319. Kalbs-Fricandeau.

Von einem schönen Kalbsschlegel wird unten an dem dicken Fleische die sogenannte Nuß herausgeschnitten, geklopft, die obere dicke Haut gut abgelöst und der Braten in zwei Stücke geschnitten. Diese spickt man nun schön fein, gibt in eine Kasserole ein Stück Butter oder legt das Fleisch auf Speck, gibt feingeschnittene Zwiebel, 1 gelbe Rübe, 1 Lorbeerblatt, 2 Nelken, 8 Pfefferkörner dazu und dünstet es gut zugedeckt unter fleißigem Begießen, bis es auf jeder Seite schön gelb gebraten ist, gibt aber Acht, daß die Wurzeln nicht verbrennen, weßhalb man öfters etwas Suppe und 1 Glas Wein nachgießt. Man gibt das Fricandeau zuletzt noch ins Rohr, damit es eine schöne Farbe bekommt, begießt es aber sehr fleißig mit der

Sauce, die ganz dick einkochen muß. Man servirt dazu Kastanien, Macaroni, Kartoffelpüree, Karfiol oder gedünstete Schwämme.

320. Fricandeau auf andere Art.

Das wie vorhergehend bereitete Fleisch gibt man auf eine Platte, wenn es in der Kasserole weich gedünstet ist, staubt die Sauce mit 1 Eßlöffel Mehl, gießt etwas Suppe und 1 Glas Wein dazu, läßt die Sauce aufkochen, seiht sie dann und kocht sie mit dem Fleische noch einmal auf. Dann schneidet man das Fleisch in längliche Stücke und gießt die Sauce darüber. Man kann in dieselbe auch weich gedünstete Champignons geben oder 3 gewaschene, kleinwürflig geschnittene Trüffeln, die man in der Sauce weich kocht, ehe das Fleisch hineingegeben wird, doch muß man zu Trüffeln dann 1 Glas Rothwein statt des Weißweines nehmen. 1 Glas Madeira erhöht noch den Geschmack.

321. Eingemachtes Kalbfleisch.

Fleisch von Brust, Schulter, Rippe, auch vom Schlegel wird zu Stücken geschnitten und gesalzen in eine Kasserole mit heißer Butter nebst Zwiebel, 1 gelben Rübe, 1 kleinen Petersilienwurzel, Zitronenschale, Alles fein geschnitten, gegeben und gut zugedeckt gedünstet. Wenn das Fleisch Farbe hat, nimmt man es heraus, gibt ein Stückchen Butter und 1—2 Löffel Mehl in den Saft, gießt ihn mit Suppe zu einer nicht zu dicken Sauce auf, seiht sie durch ein Sieb, gibt das Fleisch dann wieder hinein, träufelt etwas Zitronensaft dazu und läßt Alles zusammen gut kochen. Beim Anrichten legt man das Fleisch in die Schüssel, gibt dazwischen in Salzwasser abgekochte Spargelspitzen oder Blumenkohlröschen, sowie auch Knödelchen (Nr. 56) und gießt die Sauce darüber. Statt der Knödelchen kann man auch gedünsteten Reis, Macaroni, gebackene Kartoffellaibchen oder Schmarn dazu serviren.

322. In Essig abgesottenes Kalbfleisch.

Man kann dazu von jedem Theil des Kalbes verwenden; man schneidet das Fleisch in Stücke, salzt es, gibt 1 große feingeschnittene Zwiebel, 1 Lorbeerblatt, 1 Nelke und 8 Pfefferkörner, sowie Essig und Suppe oder Wasser, damit es nicht zu sauer wird, dazu und kocht es darin weich. Man seiht die Brühe beim Anrichten über das gekochte Fleisch, bestreut es mit Meerrettig und gibt Kartoffelpüree dazu. Kocht man einige Kalbsknochen mit, so wird das aufgeschnittene, mit Sauce übergossene Fleisch kaltgestellt in wenigen Stunden sulzen.

323. Kalbsgulasch.

Man nimmt dazu ein Stück vom Rücken oder der Brust, befreit es von Haut und Knochen, schneidet es in große Würfeln und läßt nach Belieben die Brustknorpeln mitdünsten. In einer Kasserole läßt man dann ziemlich viel feingeschnittene Zwiebeln mit Speck oder Butter gelb anlaufen, gibt das Fleisch leicht gesalzen mit einer Messerspitze Paprika hinein und dünstet es gut zugedeckt, bis es Farbe hat. Dann stäubt man 1 Kochlöffel Mehl und rührt 3 Löffel sauren Rahm daran, gibt, wenn nöthig, noch etwas Suppe bei und läßt das Gulasch noch kurz damit aufkochen.

324. Kalbspilaff.

½ Kilo Kalbfleisch schneidet man in Würfeln und dünstet es in Butter oder Beinmark mit einer feingeschnittenen Zwiebel. Unterdessen dünstet man 150 Gramm Reis nach Nr. 580 mit Fleischsuppe dicklich, gibt etwas geriebenen Parmesankäse dazu, mischt ihn unter das gedünstete Fleisch und übergießt ihn mit der kurzen Sauce des Kalbfleisches.

325. Kalbsvögel.

Von einem Kalbsschlegel schneidet man lange, breite Schnitze, klopft und salzt sie, wiegt Petersiliengrün, Schalotten oder Zwiebeln nebst Speck fein, streicht davon auf jeden Schnitz, rollt ihn zusammen und umbindet ihn mit einem Faden. In einer Kasserole läßt man ein Stück Butter heiß werden, dünstet die Kalbsvögel darin, bis sie weich und schön gelb sind, und gießt hie und da etwas Fleischbrühe nach. Haben sie eine schöne Farbe, so stäubt man den Saft mit etwas Mehl, verdünnt die Sauce mit Suppe und Zitronensaft und läßt sie damit fertig kochen. Beim Anrichten nimmt man sorgfältig den Faden von jedem Stück.

Ebenso kann man mit den Kräutern und Speck gewaschene und ausgegrätete Sardellen, sowie 1 Kaffeelöffel Kapern wiegen und die Schnitze damit bestreichen und sonst wie obige bereiten.

326. Gespickte Kalbsvögel.

Man schneidet schöne Schnitze aus einem Kalbsschlegel und spickt sie mit Speck, salzt sie, dann rollt man sie, bindet sie mit einem Faden zusammen und brät sie in der Pfanne in heißer

Butter. Sind sie schön gelb, so gibt man 1 Kaffeelöffel Mehl und etwas Suppe, sowie ein paar Löffel sauren Rahm in den Saft und läßt ihn damit nochmals aufkochen.

327. Kalbsschnitzchen (naturel).

Man schneidet vom Kalbsschlegel kleinfingerdicke Scheiben, wobei man den Fleischfaden durchschneidet, löst Haut und Fett schön ab, klopft und salzt sie, und brät sie in heißer Butter, nachdem man sie vor dem Einlegen in Mehl umgedreht hat. Sind sie auf beiden Seiten schön gelb gebraten, so gibt man sie auf die gewärmte Platte, kocht den Saft schnell mit etwas Fleischbrühe auf und gießt ihn über die Schnitzchen, die man dann noch mit etwas Zitronensaft beträufelt.

Mit Kräutern: Die wie oben zugerichteten Schnitzchen werden, nachdem man sie gesalzen, in zerlassener Butter umgedreht und eine Stunde liegen gelassen. Kurz vor dem Anrichten läßt man Butter sehr heiß werden, legt die Schnitzchen hinein, bestreut sie auf der oberen Seite mit feingewiegter Zitronenschale, Basilikum und Bertramblättern und brät sie rasch auf beiden Seiten auf sehr starkem Feuer. Die fertigen Schnitzchen werden mit Zitronensaft beträufelt und mit der, mit etwas Fleischbrühe aufgegossenen Sauce angerichtet.

328. Rahmschnitzchen.

Dieselben werden wie vorhergehende Schnitzchen bereitet, nur gibt man vor dem Anrichten ein paar Löffel sauren Rahm zur Sauce. — Wenn man die Schnitzchen 1 Stunde vor dem Braten in zerlassener Butter oder feinem Oel umdreht und aufeinanderlegt, werden sie mürber.

329. Schnitzchen mit Sardellen.

Nachdem die Schnitzchen nach Nr. 327 auf der Pfanne fertig gebraten sind, belegt man sie gitterartig mit in Streifen geschnittenen, vorher geputzten und entgräteten Sardellen und gibt in jedes Gitter eine Kaper.

Auf andere Art. Man bestreicht die Schnitzchen auf beiden Seiten mit Sardellenbutter Nr. 233, brät sie rasch braun und gibt in die Sauce 2—3 Löffel sauren Rahm, den man gut damit aufkochen läßt.

330. Paprikaschnitzchen.

In die heiße Butter gibt man fein geschnittene Zwiebel und etwas Paprika, dann die wie oben hergerichteten, gesalzenen, geklopften und in Mehl umgedrehten Schnitzchen, brät sie auf beiden Seiten goldgelb und gibt zum Schluß ein paar Löffel sauren Rahm dazu.

331. Panirte Schnitzchen (Wiener Schnitze).

Die wie Nr. 327 zugerichteten Schnitzchen werden, wenn sie in Mehl umgedreht sind, in Wasser getaucht, das mit einigen Tropfen Essig vermischt ist, da sie dadurch nicht so fett werden, und eingebröselt. Auch kann man die Schnitzchen, wenn sie im Mehl umgedreht sind, in einem abgeschlagenen Ei dann in Bröseln umwenden. Unterdessen läßt man so viel reines Schmalz in der Pfanne heiß werden, daß der Boden der Pfanne gut bedeckt ist, und bäckt sie dann erst auf der einen, dann auf der andern Seite schön gelb, wobei man die Pfanne öfters schüttelt, damit sie immer Fett haben. Man garnirt sie mit Zitronenscheibchen und gibt Salat oder Gemüse dazu.

332. Faschirte Schnitzchen.

Dazu kann man weniger schönes Fleisch verwenden, da man erst alle Haut, Sehnen und Fett auslöst, das Fleisch mit dem Hackmesser ganz fein verklopft, dann Salz und etwas feingehackten Speck darunter mischt. Man formt Schnitzchen daraus, klopft ein Ei mit etwas Wasser ab, dreht sie erst darin und dann in Bröseln um und brät sie in der heißen Butter auf beiden Seiten. Nach Belieben kann man den Speck weglassen und sie ohne Ei und Bröseln in recht heißer Butter auf beiden Seiten braten.

333. Panirte Kalbskotelettes.

Man nimmt ein Kalbsrippenstück und schneidet immer eine Rippe ab, löst dann das Häutchen von der Rippe los, schiebt es hinab und schneidet es weg, damit das Beinchen rein hervortritt. Die Kotelettes werden dann mit dem Klopfer, den man in's Wasser taucht, leicht etwas breit geschlagen, auf beiden Seiten gesalzen, nach Belieben auch gepfeffert, in Ei, das mit etwas Wasser abgeklopft wurde oder auch mit Wasser und Essig wie obige panirte Schnitzel getaucht, in Bröseln umgedreht und in heißem Schmalz in der Pfanne schön lichtbraun gebraten. Man beträufelt sie mit Zitronensaft oder gibt Eiersauce Nr. 119 dazu.

334. Naturel-Kotelettes

werden wie Kalbsschnitzchen Nr. 327 bereitet. Man servirt sie entweder nur mit Citronensaft beträufelt, überzieht sie mit gedünsteten

Champignons, oder legt ein Stück Sardellenbutter in die Mitte und garnirt ringsherum geschabten Meerrettig.

335. Faschirte Kotelettes.

Man nimmt dazu häufig die kleineren Rippchen und richtet das Beinchen wie bei den vorhergehenden Kotelettes; haben sie aber zu wenig Fleisch, so gibt man das Fleisch einer anderen Rippe dazu, entfernt davon das Beinchen, klopft mit dem Hackmesser das Fleisch von zwei Rippchen recht fein zu einem schönen Kotelette und hackt nach Belieben auch etwas Speck darunter. Wenn sie gesalzen und auf beiden Seiten geklopft sind, schiebt man sie leicht zusammen und formt sie schön oval. Man dreht sie in Ei und Semmelbröseln und bäckt sie in heißem Schmalz auf der Pfanne oder auch ohne Ei und Bröseln in heißer, fast brauner Butter und beträufelt sie mit Zitronensaft. Das Gleiche gilt auch bei den vorhergehenden Kalbskotelettes.

336. Gefüllte Kotelettes.

Man klopft die Kotelettes mit dem Klopfer dünn und salzt sie, dann nimmt man gewässertes und gehäutetes Hirn, dünstet es in Butter mit Salz, feingewiegter Petersilie, Zwiebel und Zitronenschale, verrührt Alles gut zusammen mit einem Ei, streicht davon in die Mitte eines jeden Kotelettes, schlägt das Fleisch darüber zusammen und gibt ihnen wieder die Koteletteform. Dann dreht man sie in Ei um, bröselt sie und bäckt sie in heißer Butter oder Schmalz. Zu einer kleinen Masse nimmt man zu einem halben Hirn ein halbes Ei und verwendet das andere halbe Ei mit etwas Wasser zum Paniren.

337. Kalbskotelettes mit Sardellen.

Nachdem man die Kotelettes gut geklopft und nur leicht gesalzen hat, spickt man sie mit Sardellen, Essiggurken und Schinken und dünstet sie mit Zitronensaft beträufelt und mit feingewiegter Petersilie und Schalotten überstreut in zerlassener frischer Butter in ihrem Safte weich. Man kann auch kalte Sardellensauce Nr. 119 extra dazu geben.

338. Kalbscarré.

Von dem Kotelettegrat wird das Fleisch der Länge nach mit einem scharfen Messer so nahe als möglich von den Rippen abgelöst und dann quer in fingerdicke Scheiben geschnitten. Dann taucht man jedes Stück in sehr starkes Salzwasser und schlägt es ein- bis zweimal mit dem flachen Fleischklopfer breit, gibt etwas Pfeffer, feingewiegte Petersilie, Zwiebel und Zitronenschalen zwischen jedes Stück und legt sie übereinander. Nach einer Stunde wird in einer Kasserole oder Pfanne ein großes Stück Butter heiß gemacht, die Carrés in Mehl umgedreht und auf raschem Feuer auf beiden Seiten schön gelb gebraten. Dann gibt man Fleischsuppe dazu nebst etwas Kapern und Muskatnuß und dämpft sie eine halbe Stunde gut zugedeckt. Ist die Sauce zu dick, gießt man etwas Fleischbrühe oder Wasser, nach Belieben auch ein Glas Wein, dazu. Abgetriebene Kartoffel- oder Griesknödel, sowie alle gebackenen Kartoffelspeisen schmecken gut dazu.

339. Gebackenes Kalbfleisch.

Mürbes Fleisch von der Kalbsschulter schneidet man zu halb- fingerdicken Stücken, klopft und salzt es, dreht es in Mehl, darauf in Ei mit Wasser abgesprudelt, dann in Bröseln um und bäckt es in heißem Schmalz schön gelb. Einige Petersilienblätter im Schmalz mitgebacken, streut man beim Anrichten darüber und servirt grünen Salat mit kernweichgekochten Eiern darauf.

340. Klops.

Man hackt Kalbfleisch, das man von aller Haut und Fett befreit, sowie ein Stück Schweinefleisch mit dem Fett ganz fein und wiegt Petersiliengrün, Zwiebeln und Zitronenschalen. Dann treibt man ein großes Stück Butter, Mark oder Suppenfett fein ab, gibt die gewiegten Kräuter, sowie 1 gestrige Semmel, die man 1 Stunde vorher in Milch oder Wasser eingeweicht hat und nun fest ausdrückt, dazu, verrührt sie erst ganz fein und gibt dann 1 Ei, Salz, Pfeffer und zuletzt das gehackte Fleisch dazu. Nun formt man mit einem in Wasser getauchten Löffel eiergroße Knödelchen, gibt sie auf ein Brett und drückt sie dort noch etwas breit. Man bäckt sie mit heißer Butter in der Pfanne auf beiden Seiten und gibt sie als Auflage zu verschiedenem Gemüse oder servirt Kopfsalat dazu.

341. Klops in Sardellensauce.

Werden ebenso wie die vorhergehenden bereitet, nur läßt man ihnen eine runde oder längliche Form und kocht sie im siedenden, gesalzenen Wasser. Man bereitet unterdessen Sardellensauce (Nr. 102), gibt die gekochten Klops in eine Schüssel und gießt die Sardellensauce darüber. Es kann auch eine andere Sauce dazu gegeben werden. Alle Arten gebackene Kartoffelspeisen, Schmarrn, Kuchenmichel, auch Wassernudeln oder gedünsteter Reis sind gut dazu.

342. Abgebräunter Kalbskopf.

Der Kalbskopf, der Länge nach gespalten, wird gewaschen, das Hirn herausgenommen und derselbe mit dem Ochsenfleisch oder in Salzwasser mit Suppenkräutern weich gekocht. Unterdessen wird das Hirn ausgewässert, das Häutchen mit den Adern abgezogen und ersteres eigens in Salzwasser abgekocht. Dann mischt man es mit Salz und Pfeffer, sowie feingewiegter Petersilie, Zitronenschale und etwas Zwiebeln. Ist der Kopf weich, so wird er aus dem Sud genommen, mit Salz und Pfeffer bestreut, das Hirn wieder eingefüllt, der Kopf in Semmelbröseln umgedreht und in der Pfanne auf beiden Seiten gebraten. Man beträufelt ihn beim Anrichten mit Zitronensaft oder garnirt ihn mit Zitronenscheibchen und gibt Senf dazu.

Ebenso kann man die Knochen leicht auslösen, wenn der Kopf weich gekocht aus dem Sude kommt, man bestreut dann die einzelnen Stücke mit Semmelbröseln, backt sie und kann sie zu kalter Eiersauce, Salat oder als Auflage zum Gemüse geben.

343. Kalbskopf mit Champignons.

Man dünstet in einem Stück Butter einige Champignons mit feingewiegter Petersilie, Zitronenschale und Zwiebel, stäubt sie mit einem Eßlöffel Mehl, gießt sie mit Suppe auf und schneidet großwürflig geschnittene Stücke eines in der Suppe weichgesottenen Kalbskopfes hinein. Nachdem er gut aufgekocht, gibt man ihn zu Tisch und garnirt ihn mit Blumenkohl, Krebsschweifchen und kleinen Pastetchen.

344. Kalbskopf mit Sauce.

Der Kalbskopf wird heiß aus dem Sud genommen, in längliche Stücke geschnitten, in einer Schüssel angerichtet und mit Frikassee-, Senf-, Kapern- oder Madeirasauce übergossen.

345. Eingemachtes Kalbshirn.

1—2 Kalbshirne werden eine halbe Stunde in laues Wasser gelegt, die Haut mit den Aederchen abgelöst und das Hirn noch-

mals ins kalte Wasser gelegt. Dann wird es in's siedende Salz=
wasser, in welchem man etwas Suppenwurzel, sowie 1 Lorbeer=
blatt, 1 bis 2 Nelken und eine kleine Zwiebel mitgekocht hat,
gelegt und eine Viertelstunde zugedeckt langsam gekocht. Sie werden
herausgenommen und nachdem sie gut abgelaufen sind, angerichtet
und Frikasseesauce Nr. 115, mit Weißwein oder statt dessen mit
etwas Zitronensaft gesäuert, darüber gegeben. — Ebenso kann man
es, wie den Kalbskopf Nr. 343, mit Champignons bereiten oder
eine Sardellen=, Senf= oder Paradiesäpfelsauce dazu geben.

346. Gebackenes Kalbshirn.

Nachdem man, wie oben, das Hirn ausgewässert und blanschirt
hat, wird es in Stücke geschnitten, gesalzen, mit Mehl bestäubt, in
einem abgesprudelten Ei, dann in Semmelbröseln umgedreht und in
der Pfanne aus dem Schmalz lichtgelb gebacken. Man garnirt es
mit Zitronenschnitzchen und gibt Kopfsalat dazu oder nimmt es als
Auflage zum Gemüse.

347. Hirnbavesen.

Zwei abgeriebene gestrige Semmeln werden in Scheiben ge=
schnitten, schnell in Milch getaucht und aufeinander gelegt. Ein
Hirn wird, wie in Nr. 345, ausgewässert, einige Minuten in Salz=
wasser gekocht, dann mit etwas Petersiliengrün, Zwiebeln und
Zitronenschalen fein gewiegt und etwas Salz und Pfeffer dazu
gegeben. Auf eine Semmelschnitte wird nun die Hirnmasse auf=
gestrichen und immer eine dazu passende Semmelschnitte darauf
gedrückt, dieselben in Milch getaucht und auf einer flachen Platte
gut geweicht. Nun dreht man jede Bavese zuerst in einem mit
1 Löffel Wasser verklopften Ei, dann in Semmelbröseln um und
bäckt sie auf der Pfanne in heißem Schmalz. Man gibt sie als
Auflage zum Gemüse. Uebrig gebliebene Bavesen kann man in
längliche Stücke zerschneiden und als Einlage in kräftiger Fleisch=
suppe verwenden.

348. Kotelette mit Hirn gefüllt.

Siehe Nr. 336.

349. Eingemachtes Kalbsbries oder Milchner.

Das Kalbsbries wird eine halbe Stunde in lauwarmem
Wasser weiß gewässert, dann 5 Minuten in Salzwasser gekocht,

Kalbfleisch.

zum Auslühlen in's frische Wasser gegeben und dann Schlund und Adern vorsichtig abgelöst. Dann wird es in dicke Scheiben geschnitten und mit einem Stück Butter und feingewiegter Petersilie, Zwiebel und Zitronenschalen 8—10 Minuten gedünstet, bis es gelb angelaufen ist; nun legt man es heraus, stäubt einen Eßlöffel Mehl in die Butter und gießt es mit kräftiger Suppe auf, gibt die Brieschen wieder in die Sauce, säuert sie mit Zitronensaft und läßt sie in derselben noch einige Minuten aufkochen.

Oder: Man bereitet sie wie Kalbskopf mit Champignons Nr. 343 oder mit Frikasseesauce Nr. 115.

350. Gebackenes Bries.

Das wie Nr. 349 hergerichtete Kalbsbries schneidet man in schöne Stücke, salzt es auf beiden Seiten, dreht es in einem verklopften Ei, dann in Semmelbröseln um, bäckt es auf der Pfanne in heißer Butter oder Schmalz lichtbraun, träufelt etwas Zitronensaft darüber und gibt es als Auflage zu Gemüsen.

351. Gemischtes Frikassee.

Ein junges Huhn wird nebst 2 Kalsohren in etwas fetter Suppe weiß gedünstet und zwei Brieschen weiß mit einigen Champignons in Butter in einer Kasserole abgedämpft. Nun nimmt man die Brieschen heraus, gibt in die Kasserole noch 70 Gramm Butter, verrührt damit 1 Eßlöffel Mehl, ehe sie heiß wird, und gießt sie mit der Suppe, in welcher das Huhn gekocht wurde, auf. Nachdem die Sauce unter beständigem Rühren gut aufgekocht hat, zieht man sie zurück, frikassirt sie mit 2 Eidottern, gibt das Huhn, die Brieschen und die Kalbsohren, Alles schön in Stücke geschnitten, dazu, säuert es mit Zitronensaft oder einem Gläschen Wein und richtet es, sobald Alles zusammen heiß ist, aber nicht kocht, schön geordnet auf einer Schüssel an, die man mit Butterteigschnitten oder Pastetchen und Krebsschweifchen garniren kann. Ebenso kann man Knöbelchen, Blumenkohl, Spargelspitzen oder Pflückerbsen, in Salzwasser gekocht und dann abgeseiht, zu dem eingemachten Kalbsbries geben.

352. Gebackene Kalbsleber.

Die Kalbsleber wird gewaschen, abgehäutet und in fingerdicke Stücke geschnitten, dann gesalzen, in Mehl umgedreht, in einem abgeklopften Ei, dann in Bröseln umgewendet und auf der Pfanne in heißer Butter oder Schmalz schön gelb gebacken. Sie dient als Beilage zu Wirsing, Bohnen ꝛc.

353. Geröstete Kalbsleber.

Die Kalbsleber wird in Milch gelegt, dann abgehäutet und feinblätterig geschnitten. Dann läßt man in einer Pfanne ein Stück Butter heiß werden, läßt eine feingeschnittene Zwiebel darin etwas anlaufen, gibt die Leber dazu, nebst 1 Messerspitze Pfeffer und röstet sie unter beständigem Umkehren mit dem Schäufelchen, bis sie nicht mehr blutig ist, was höchstens 5 Minuten dauert. Nun salzt man sie und dreht sie noch einigemal um; man kann sie beim Anrichten mit feingewiegter Zitronenschale bestreuen.

354. Leberschnitzchen.

1 Pfund Kalbsleber wird leicht gewaschen oder etwas in Milch gelegt, abgehäutet und in beiläufig 6 Stücke geschnitten. Dann kommt frische Butter zugleich mit der Leber in die Pfanne, feingewiegte Petersilie, Zwiebel und Zitronenschalen werden auf die Leber gestreut und dieselbe so lange geröstet, bis oben etwas Blut herausquillt und sie unten Farbe bekommt; dann dreht man sie um, salzt sie nun erst, läßt 1 Eßlöffel Mehl mit der Butter rösten und wenn die Leber nun auch auf der unteren Seite Farbe hat, gibt man sie auf die gewärmte Platte. Nun schüttet man etwas Suppe, Essig oder Wein zur Sauce auf die Pfanne, läßt sie schnell aufkochen, kann nach Belieben auch etwas saueren Rahm dazu geben und richtet diese Sauce über die Leber an. Die Leber muß weich und mild bleiben, darf daher bei jäher Hitze nicht zu lange geröstet werden.

355. Sauere Kalbsleber.

Wenn die Kalbsleber abgehäutet und feinblättrig wie in Nr. 353 geschnitten ist, wird sie, wie diese mit einem Stück Butter und feingewiegter Zwiebel etwas geröstet, dann mit 1 Kaffeelöffel Mehl gestäubt, mit etwas Suppe und Essig aufgegossen, ein wenig Majoran daran gegeben und unter beständigem Umrühren schnell aufgekocht. Nun wird sie erst gesalzen, nochmals umgedreht und mit feingeschnittener oder gewiegter Zitronenschale bestreut, angerichtet. Die Sauce kann auch mit sauerem Rahm bereitet werden.

356. Geröstete Kalbsnieren

wird wie Kalbsleber (Nr. 353) bereitet.

357. Sauere Kalbsnieren

wird wie Kalbsleber Nr. 255 bereitet.

Kalbfleisch.

Milzschnitten, Nierenschnitten
siehe Nr. 260 und Nr. 261.

358. Gespicktes Kalbsherz.

Das Herz wird von der Seite eingeschnitten und das geronnene Blut herausgewaschen. Dann wird es schön gespickt und in eine Kasserole auf Speckscheiben gelegt, mit feingeschnittener Suppenwurzel, 1 Lorbeerblatt, Zitronenschale, Salz und Pfeffer, sowie 1 Glas Wein und nach und nach Suppe unter fleißigem Uebergießen 1½ Stunden gedünstet.

Man kann auch die Sauce mit Suppe, sauerem Rahm und 1 Messerspitze Paprika aufkochen und sie so über das halbirte Herz anrichten.

359. Eingemachte Kalbslunge.

Die Kalbslunge sammt dem Herz wird sauber gewaschen, mit so viel kaltem Wasser als nöthig an's Feuer gestellt, abgeschäumt, dann gesalzen, und mit Suppenwurzeln, sowie 1 Zwiebel, 2 Lorbeerblättern, 2 Gewürznelken, 1 Zitronenschale eine Stunde gekocht, bis die Lunge weich ist. Dann legt man sie in eine Schüssel und beschwert sie fest, bis sie kalt ist, da man sie dann besser schneiden kann. Wenn man sie nudelartig geschnitten hat, läßt man ein großes Stück Butter oder gutes Suppenfett heiß werden, röstet 2 Löffel Mehl und 1 Löffel feingeschnittene Zwiebeln langsam, bis diese gelb geworden und rührt dann nach und nach so viel gute Fleischbrühe daran, bis es die gehörige Saucendicke hat, läßt die geschnittene Lunge, 1 Löffel Essig, feingeschnittene Zitronenschale, Salz und Pfeffer eine halbe Stunde damit aufkochen und gibt beim Anrichten nach Belieben noch etwas Zitronensaft dazu. Man gibt meist Semmelknödeln, gebratene oder gesottene Kartoffeln dazu.

360. Eingemachtes Kalbsgekröse.

Das Kalbsgekröse wäscht man öfters mit lauwarmem Wasser, damit es schön weiß wird, dann wird es wie die Kalbslunge gekocht und in halbfingerlange Stücke geschnitten. Nun wird eine Buttersauce (Nr. 113) bereitet, das Gekröse darin aufgekocht, gesalzen und mit Zitronensaft gewürzt.

361. Kalbshaxe.

Man nimmt halb Wasser, halb Essig, 1 gelbe Rübe, 1 Wurzel Petersilie, 1 Zwiebel, 1 Lorbeerblatt, 2 Nelken, Zitronenschale, und läßt die Haxe, das ist das untere Bein des Bugs, mit dem dazu gehörigen Salz kochen, bis sie weich ist. Sie wird in einer tiefen Schüssel angerichtet und der geseihte Absud darüber gegeben. Man kann geriebenen Meerrettig darüber streuen oder eigens dazu serviren.

362. Abgebräunte Kalbshaxe

wird wie Kalbskopf Nr. 342 bereitet.

363. Eingemachte Kalbsfüße.

Die Kalbsfüße werden gespalten, vom Rohrbein abgezogen und in Salzwasser mit Suppengrün, 1 Lorbeerblatt, einer mit 2 Nelken besteckten Zwiebel so weich gekocht, daß man die Knochen auslösen und die Füße in schöne Stücke theilen kann. Nun kocht man Buttersauce Nr. 113, gibt die Kalbsfüße hinein und säuert sie mit etwas Zitronensaft, Essig oder Wein.

Oder: Man bereitet sie wie Ochsengaumen Nr. 306.

364. Gebackene Kalbsfüße.

Wenn sie wie vorhergehend in Nr. 363 gekocht und ausgebeint sind, werden sie in Stücke geschnitten, gesalzen und gepfeffert, mit Zitronensaft beträufelt und eine Stunde stehen gelassen. Nun dreht man sie in Mehl, dann in Ei um, bestreut sie mit Semmelbröseln und bäckt sie im heißen Schmalz.

365. Kalbszunge.

Man kocht und bereitet die Kalbszunge wie Ochsenzunge Nr. 300—303, nur schneidet man dieselbe meist der Länge nach durch, wenn sie gesotten und abgehäutet ist. Am schmackhaftesten ist sie gespickt und in Butter mit feingewiegten Sardellen gebraten und mit saurem Rahm übergossen.

Hammelfleisch.

Hammelfleisch (Schöps).

Das Hammelfleisch ist nach dem Ochsenfleisch das kräftigste und nahrhafteste und gehört zu den gesündesten Braten. Es ist im Spätsommer am besten, nur darf es nicht von zu altem und fettem Thiere sein, da es sonst zäh und unverdaulich ist.

Für den Haushalt ist mittelmäßig fettes Hammelfleisch am vortheilhaftesten. Von einem jungen Thiere hat das Fleisch eine frische, helle Farbe und weißes, festes Fett. Jeder Hammelsbraten soll gut abliegen, im Winter 5—6, sonst 3—4 Tage.

366. Hammelsbraten.

Ein gut abgelegener Hammelschlegel oder -Rücken wird sehr gut geklopft, was am besten schon der Metzger besorgt; dann löst man die Haut ab und reibt ihn mit Salz und Pfeffer ein. Hierauf gibt man ihn in's Rohr, übergießt ihn mit heißer Butter, gibt 1 fein geschnittene Zwiebel, einige getrocknete Pilze und Zitronenschalen, sowie eine Schwarzbrodrinde dazu und brät ihn 2—3 Stunden unter fleißigem Begießen und Umdrehen. Man gießt öfters etwas Suppe, nach Belieben auch ein Gläschen Wein daran und nimmt das Fett von der Sauce. Ist der Braten weich, so schneidet man schöne Scheiben, seiht die entfettete Sauce darüber und gibt gebratene Kartoffeln oder Salat dazu. Viel besser ist er als:

367. Hammelschlegel auf Wildpretart.

Der gut abgelegene Hammelschlegel wird sehr stark geklopft, dann die Haut und das Fett abgelöst, schön gespickt, mit ziemlich viel Salz und Pfeffer und einer kleinen Zehe Knoblauch gut eingerieben, 1 gelbe Rübe, 1 Petersilie, 1 große Zwiebel, 2 Lorbeerblätter.

Zitronenschalen, 2 Nelken, einige Wachholderbeeren werden zusammen fein gewiegt, das Fleisch damit tüchtig eingerieben, dann mit Essig und Wasser übergossen und so einige Tage in einem irdenen Gefäß an einen kühlen Ort gestellt und Morgens und Abends umgedreht. Mit dieser Beize stellt man ihn dann zugedeckt an's Feuer, läßt den Schlegel zwei Stunden in der Kasserole dünsten, legt ihn nun in die Bratpfanne in's heiße Rohr, gibt von der Beize dazu, übergießt ihn mit saurem Rahm und läßt ihn unter öfterem Begießen mit saurem Rahm noch eine Stunde braten, bis er weich ist. Man schneidet den Braten in schöne Stücke und begießt sie mit der entfetteten und geseihten Sauce, die man mit 1 kleinen Löffel Mehl stäubt und mit Fleischbrühe aufgießt. Man kann Kartoffelpüree, Macaroni, Reis, Pastetchen oder die verschiedenen Arten gebackener Kartoffelspeisen ꝛc. dazugeben.

368. Gedünstete Hammelsschulter.

Die Hammelsschulter wird ausgebeint, innen und außen gesalzen und gepfeffert, dann gerollt und zusammengebunden. Nun beizt man sie, wie vorhergehenden Schlegel, und dünstet sie mit etwas Beize, bis sie weich ist und Farbe hat. Dann nimmt man sie heraus, gibt 1 Löffel Mehl in die zurückgebliebene Sauce, gießt sie mit Suppe auf, löst inzwischen den Faden vom Fleisch und läßt die Sauce mit dem Fleisch und nach Belieben auch mit etwas saurem Rahm aufkochen.

369. Gefüllte Hammelsschulter.

Nachdem die Hammelsschulter ausgebeint ist, spickt man das Fleisch, bestreut es mit Salz und Pfeffer, bestreicht es mit Farce Nr. 225, wozu man statt Kalbfleisch auch Schweinefleisch nehmen kann, rollt und näht es fest zusammen und umwickelt es mit Bindfaden. Nun dämpft man es langsam in fetter Fleischbrühe mit Wurzeln, Zwiebeln, Zitronenschale, 1 Nelke, 1 Lorbeerblatt, bis es eine schöne Farbe hat, nimmt dann den Bindfaden ab, schneidet das Fleisch zu schönen Stücken und übergießt es mit der kurz eingedünsteten und geseihten Sauce. Will man mehr Sauce, so kann man dieselbe mit etwas Mehl stäuben und mit ein paar in feine Scheiben geschnittenen Essiggurken aufkochen lassen. In diesem Falle gibt man Pastetchen, Reis, gebackene Kartoffeln ꝛc. dazu. Servirt man den Braten mit kurzer Sauce, dann garnirt man ihn mit verschiedenen Gemüsen, wie frischen Bohnen, jungen weißen Rüben ꝛc. oder gibt gemischten Salat und Essigfrüchte dazu.

370. Hammelskotelettes.

Man bereitet immer aus 2 Rippchen ein Kotelett, indem man das eine Beinchen entfernt. Dann klopft man sie, bestreut sie mit Salz und Pfeffer und bäckt sie auf der Pfanne in heißer, braungewordener Butter rasch in 3 Minuten. Man gibt sie als Auflage zu Gemüse, wie jungen Bohnen, weißen Rüben, grünen Erbsen, Wirsing ꝛc. oder man servirt Senf dazu.

371. Gedünstete Hammelskotelettes.

Sind die Kotelettes auf beiden Seiten wie oben gebraten, so gibt man sie in eine Kasserole, Schalotten darauf und dünstet sie mit Rothwein weich. Den Saft kann man mit etwas französischem Senf, Trüffeln oder gedünsteten Champignons aufkochen und über die Kotelettes anrichten.

372. Gespickte Hammelskotelettes.

Schöne Kotelettes werden gespickt, gesalzen und gepfeffert. Dann läßt man Butter in einer Kasserole mit einer handvoll feingewiegter Petersilie, Zwiebel und Zitronenschale heiß werden, gibt die Kotelettes dazu und dünstet sie, indem man etwas Suppe nachgibt, bis sie weich sind und etwas Farbe haben. Man nimmt sie dann heraus, staubt etwas Mehl in den Saft, läßt ihn mit Suppe aufkochen und gibt ihn über die Kotelettes. Nach Belieben kann man auch zwei Essiggurken, feinblättrig geschnitten, mitdünsten.

373. Hammel-Carré.

Man löst ein Carré gut vom Rückgrat aus, spickt das Fleisch mit Streifen von Speck, Sardellen und Essiggurken, salzt es und dämpft es auf Speckscheiben mit feingeschnittener Zwiebel. Ist es weich, so schneidet man es in schöne Scheiben, welche man wieder zusammenschiebt, mit Sauce übergießt und mit Kastanien garnirt.

374. Hammelsragout.

Man nimmt dazu von Schulter, Brust oder Hals, schneidet es zu Stücke und beizt und dünstet es ebenso wie Nr. 367. Sind die Stücke weich, so macht man von 2 Löffel Mehl, 1 kleinen Löffel Zucker und dem nöthigen Fett eine braune Einbrenn, gießt sie mit dem entfetteten und geseihten Safte auf, läßt sie gut kochen und gibt zum Schluß die Fleischstücke dazu. Beilagen dazu siehe 577—589.

Lammfleisch.

Gutes Lammfleisch ist sehr zart und weiß, die Nierchen sind mit Fett bedeckt. Am besten ist es von Anfang Dezember bis Ende April.

375. Gebratener Lammhase.

Von einem schönen jungen Lamme haut man den Kopf, die Brüste und die Schultern ab, so daß dasselbe die Gestalt des Hasen hat, dann wird es gewaschen, gut eingesalzen, nach Belieben mit ein wenig Knoblauch eingerieben und bei fleißigem Begießen mit heißer Butter im heißen Rohr eine kleine Stunde gebraten, wobei man öfters einige Löffel kräftiger Fleischbrühe nachgießt, damit der Bratensaft nicht zu braun wird.

Ebenso behandelt man das hintere Viertel des Lammes, das für 3 Personen hinreicht. Man garnirt Beides mit Zitronenscheibchen und servirt Salat, Kartoffeln oder Essigfrüchte dazu.

376. Gespickter Lammsbraten.

Der Lammhase oder das hintere Viertel wird gehäutet, gespickt und gesalzen, dann im heißen Rohr zuerst mit Butter und Suppe, dann unter fleißigem Uebergießen mit saurem Rahm gebraten. Man garnirt es mit kleinen, gebratenen Kartoffeln und gibt Brunnkresse oder Kopfsalat dazu.

377. Lammsbraten auf Wildpretart.

3—4 Wachholderbeeren, 2 Nelken, 5—6 Pfefferkörner werden gestoßen, mit etwas fein gewiegten Estragon- und Rosmarinblättern, Majoran und 2 Schalotten untermischt und der Lammsbraten gut damit eingerieben. Nun legt man ihn in eine Schüssel, übergießt ihn mit einem Gläschen Rothwein und ebensoviel Essig, läßt ihn

3 Tage darin liegen, dreht ihn aber täglich um. Hierauf trocknet man ihn ab, salzt ihn und brät ihn 1 Stunde unter fleißigem Begießen mit Butter und zum Schluß mit saurem Rahm.

378. Gefülltes Lammviertel.

Das vordere Lammviertel wird rein gewaschen, abgetrocknet das Brüstchen sorgfältig untergriffen, damit es kein Loch gibt, und mit der Fülle wie die Kalbsbrust Nr. 314 gefüllt und zugenäht. Dann wird es gut gesalzen und etwas gepfeffert, Butter in der Bratpfanne heiß gemacht, die Brust hineingelegt und mit der heißen Butter gut übergossen, etwas Suppe dazugethan und so eine Stunde unter fleißigem Begießen schön gebraten. Beim Anrichten zieht man den Faden heraus und garnirt den Braten mit Blumenkohl oder grünen Erbsen oder servirt Salat dazu.

379. Lammkotelettes mit Fleischfarce.

Von einem Lammsgrat schneidet man schöne Kotelettchen (man kann immer 2 Rippchen zu einem Kotelette zusammennehmen, indem man das eine Beinchen herausnimmt), brät sie auf der Pfanne in heißer Butter 2 Minuten und stellt sie kalt. Nun bereitet man nachstehende Farce, bestreicht die Kotelettes auf beiden Seiten damit, dreht sie dann in Semmelbröseln, taucht sie in abgesprudeltem Ei, bestreut sie auf's Neue mit Semmelbröseln und läßt sie zugedeckt eine Weile stehen. Dann bäckt man sie aus dem heißen Schmalz in der Pfanne lichtgelb und gibt sie zu grünen Erbsen, jungen Bohnen, Sauerampfer-Sauce oder Salat.

Farce: Man nimmt 250 Gramm Kalbfleisch und stößt es fein oder nimmt 200 Gramm Kalbsbrat, eine in Milch eingeweichte und wieder fest ausgedrückte Semmel, sowie 120 Gramm Butter, 1 Kaffeelöffel Salz und geriebene Muskatnuß, stößt Alles fein zusammen und verwendet es so oder durch ein Sieb passirt.

380. Eingemachtes Lammfleisch.

Man nimmt dazu das vordere Viertel oder die Abfälle vom Lammhasen, schneidet es in Stücke und dünstet es in Butter mit feingewiegter Petersilie, Zwiebeln und Zitronenschalen hellgelb. Dann nimmt man das Fleisch heraus, gibt noch etwas Butter und 1—2 Eßlöffel Mehl dazu, gießt es langsam mit Suppe auf und läßt es mit dem Fleisch noch gut aufkochen. Man kann die Sauce mit Wein oder Zitronensaft würzen und Spargelspitzen, Blumenkohl oder Hopfensprossen, die man zuerst in Salzwasser weichkocht, dazu geben.

381. Lammfleisch in Rahmsauce.

Man dünstet das Lammfleisch wie Nr. 380, staubt es nicht ober nur mit 1 kleinen Löffel Mehl, gibt eine Viertelstunde vor dem Anrichten saueren Rahm zu dem gedünsteten Fleisch und läßt es damit kurz aufkochen.

382. Paprikas von Lammfleisch.

Das Fleisch wird von den Knochen gelöst und in ziemlich große Würfel geschnitten; hierauf röstet man eine feingeschnittene Zwiebel in Butter oder Speck, gibt eine Messerspitze voll Paprika und dann das geschnittene und gesalzene Fleisch hinein, deckt es zu und dünstet es unter öfterem Umschütteln weich, wobei man ein wenig Suppe daran gießt, wenn das Fleisch zu braun würde.

383. Lammspilaff.

Wird wie Nr. 382 bereitet, nur wird kein Paprika dazu genommen. Ist das Fleisch schon mit Suppe aufgegossen, so gibt man eine Tasse ungewaschenen Reis dazu und dünstet ihn mit, bis er weich, aber noch kernig ist.

384. Lammfleisch mit Wurzeln.

Man zerhackt das Lammfleisch zu Stücke, salzt und pfeffert es, gibt Suppenwurzel, ziemlich viel Zwiebel, Alles fein geschnitten, sowie halb Essig, halb Wasser dazu und dünstet es nicht zu weich. Beim Anrichten gibt man geriebenen Meerrettig dazu.

385. Gebackenes Lammfleisch.

Das Fleisch von Hals und Schulter wird in dünne Stücke geschnitten, geklopft, mit Salz und Pfeffer bestreut und aufeinander gelegt; die Brust aber blanschirt man erst im kochenden Salzwasser und schneidet sie ausgekühlt in Stücke. Nun dreht man jedes Stück zuerst in Mehl, dann in Ei mit etwas Wasser abgesprudelt, kehrt sie in Semmelbröseln um und bäckt sie aus dem heißen Schmalz. Man servirt dazu Kopfsalat mit harten Eiern.

386. Junge Ziegen und Lapins

werden wie das Lamm (Nr. 375—385) bereitet.

Schweinefleisch.

Beim Einkaufen des Schweinefleisches sehe man darauf, daß es nicht von einem zu starken Thiere ist. Am besten ist das Fleisch eines jährigen Schweines, das gut genährt ist, es hat eine blaßrothe Farbe und soll nicht länger als zwei Tage liegen.

387. Schweinsbraten.

Man reibt einen Schlegel, eine Lende oder ein Rippenstück gut mit Salz, Pfeffer und Kümmel oder nach Belieben auch mit etwas Knoblauch ein und läßt ihn ein paar Stunden liegen. Dann gibt man ihn mit etwas Wasser in der Bratpfanne in das Rohr und begießt ihn fleißig. Ein Schlegel braucht ungefähr 2 Stunden, eine Lende 1½ Stunden. Wird er mit der Schwarte gebraten, so wird die Hautseite gegen unten in die Bratpfanne gelegt und mit heißem Wasser zugesetzt, und wenn die Haut weich gekocht ist, umgekehrt und mit einem scharfen Messer in kleiner Entfernung grobwürflich eingeschnitten und bei fleißigem Begießen lichtbraun und rösch gebraten.

Man kann Salat, gedünstetes Sauerkraut, weiße Rüben und Erbsen- oder Kartoffelpüree dazu geben.

388. Schweinsfilet gebraten.

Ein ausgelöstes Filet wird schön gespickt, gesalzen und gepfeffert. Dann läßt man ein Stück Butter in der Bratpfanne braun werden, wendet das Filet darin um und läßt es mit etwas Zwiebel und Zitronenschalen unter fleißigem Begießen eine halbe Stunde braten. 10 Minuten vor dem Anrichten gibt man ein Glas Madeira oder sauren Rahm dazu. Als Kompot kann man in Essig eingelegte Zwetschgen und Weichseln oder Senffrüchte dazu geben.

389. Schweinskotelettes.

Aus einem Schweinsrippenstück werden schöne Kotelettes gemacht, nur wenig geklopft, gesalzen und aufeinander gelegt. Nach 1—2 Stunden werden sie in heißer Butter auf der Pfanne schnell gebraten. Auch kann man sie, nachdem sie eine Stunde gelegen sind, in Semmelbröseln umdrehen und in Butter auf der Pfanne braten.

390. Gedünstete Schweinskotelettes.

Nachdem die Kotelettes wie oben gerichtet und gesalzen sind, werden sie in eine Kasserole gelegt, mit Kümmel überstreut und mit Zwiebel, Essig und etwas Suppe beiläufig 1 Stunde weich gedünstet. Wenn sie eine schöne lichtbraune Farbe haben, richtet man sie auf eine Platte an und gießt die entfettete Sauce darüber. Kartoffelpüree ist gut dazu.

391. Faschirte Schweinskotelettes.

Die Rippchen werden von Fleisch und Haut befreit, das Fleisch und Fett mit dem Hackmesser fein verklopft und die Rippchen gut wieder eingepaßt, die Kotelettes mit Salz und Pfeffer bestreut, zuerst in Ei, dann in Semmelbröseln umgedreht und in heißer Butter auf der Pfanne gebraten.

392. Gedünstete Schnitzchen mit Zwiebeln.

Man nimmt das Schweinsfilet oder das Rippenstück ohne Rippchen, was beim Kalbfleisch Nierenbraten ist, löst die Knochen ab, schneidet von dem Fleisch Schnitzchen, bestreut sie mit Salz und Pfeffer, dreht sie in zerlassener Butter um und läßt sie so 2—3 Stunden liegen. Dann brät man sie in der Pfanne, in welcher man nur wenig Butter oder Fett heiß werden läßt, auf beiden Seiten, nimmt sie dann heraus und stellt sie warm auf einer Platte. Zu gleicher Zeit dünstet man drei große, in Scheiben geschnittene weiße Zwiebeln in 30 Gramm Butter lichtbraun, gibt 2 Eßlöffel Essig und 3 Eßlöffel Suppe dazu, kocht es 8 Minuten, gibt es in den Saft der unterdessen fertig gewordenen Schnitzchen, rührt 1 Kochlöffel Mehl und die nöthige Fleischbrühe daran und läßt es gut durchkochen. 5 Minuten vor dem Anrichten gibt man noch 1 Eßlöffel französischen Senf dazu und gießt die entfettete Sauce über die Schnitzchen.

393. Gedünsteter Schweinsbraten.

Schlegel, Lende oder Filet werden wie Nr. 390 gedünstet und zum Schluß mit etwas saurem Rahm aufgegossen.

394. Schweinefleisch mit Meerrettig.

Man schneidet das Schweinefleisch zu Stücken, salzt es, gibt es in eine Kasserole, mit Zwiebelscheiben, 1 Lorbeerblatt, 1 Nelke und Pfefferkörnern, gießt so viel Essig und Wasser darüber, daß das Fleisch fast bedeckt ist und dünstet es damit, bis es weich ist, ohne daß es Farbe bekommt. Beim Anrichten legt man die Fleischstücke in die Mitte, seiht den Saft darüber und bestreut es mit geriebenem Meerrettig.

395. Schweinsgulasch.

Das Schweinefleisch wird in baumenhohe Würfel geschnitten, gesalzen und in heißer, fast brauner Butter mit feingeschnittener Zwiebel, einer Messerspitze Paprika und nach Geschmack etwas Kümmel gedünstet. Wenn es halb gar ist, werden nicht ganz weich gesottene Kartoffeln geschält, zu kleinen Würfeln geschnitten und mit dem Schweinefleisch geröstet; ist es weich genug, so wird etwas Fleischsuppe aufgegossen, das Gulasch kurz aufgekocht und auf einer gewärmten Platte angerichtet.

396. Backbraten.

250 Gramm Rindfleisch und 250 Gramm Schweinefleisch werden ganz fein gehackt und gewiegt. Dann befeuchtet man die Bröseln einer Semmel mit Milch, gibt feingewiegte Petersilie, Zitronenschale und Zwiebel, sowie Salz, Pfeffer, Muskatnuß und 1 Ei dazu und mischt Alles gut durcheinander. Nun formt man in der Schüssel die Masse mit der nassen Hand, läßt in der Bratpfanne ein großes Stück Butter heiß werden, stürzt die Masse hinein und läßt sie 1 Stunde unter öfterem Ueberstreichen mit Butter backen. Etwas kleingeschnittene Zwiebeln und gelbe Rüben gibt man in die Bratpfanne; auch kann der Braten nach Belieben mit saurem Rahm und zuletzt mit geriebenem Käse überstrichen werden.

397. Schweinskopf.

Wenn der Kopf rein geputzt ist, wird er in der Mitte gespalten und mit frischem Wasser an's Feuer gesetzt und weich gekocht, bis er rein abgeschäumt werden kann. Dann wird er herausgenommen und in's kalte Wasser gelegt. Nachdem man ihn gewaschen, wird er in kleinere Stücke getheilt, die größeren Knochen dabei entfernt und in einer Kasserole mit in Scheiben geschnittenen Zwiebeln, 2 Nelken, 2 Lorbeerblättern, 1 Eßlöffel Kümmel, Pfeffer und Salz, sowie ¼ Liter Weinessig mit dem nöthigen Wasser vermischt auf starkem Feuer gekocht, bis er weich ist. Beim Anrichten gibt man von dem Sud etwas über den Kopf und bestreut ihn mit geriebenem Meerrettig; auch kann man Kapern oder Senfsauce dazu serviren.

398. Schweinsfüße und Schweinsohren,

welch letztere besonders innen sehr rein geputzt sein müssen, bereitet man ebenso, wie den Kopf; sie können auch, nachdem sie aus dem abgeschäumten Wasser kommen, im Sauerkraut mitgekocht werden.

399. Schweinshaxe.

Das ist das untere Bein des Bugs; es wird, nachdem es gewaschen ist, gut gesalzen, mit Kümmel überstreut, mit klein geschnittenen gelben Rüben, Petersilie, Zwiebeln eingerichtet, mit Essig und Wasser übergossen und weich gedünstet. — Sie kann auch im Sauerkraut mitgekocht oder nach Nr. 397 bereitet werden.

400. Geröstete Schweinsnieren.

Man läßt ziemlich viel in Scheiben geschnittene Zwiebeln gelb in Butter anlaufen, schneidet die Nieren dünnblättrig, gibt sie nebst Salz und Pfeffer und etwas feingewiegtem Majoran dazu, röstet sie nur wenige Minuten, damit sie nicht hart werden, und richtet sie auf gut gewärmter Platte an. Nach Belieben kann man sie auch mit Zitronensaft würzen.

401. Sauere Schweinsnieren.

Wenn man die Nieren, wie oben, geröstet, staubt man einen kleinen Kochlöffel Mehl dazu, gießt sie dann mit Suppe und etwas Essig auf und läßt sie unter beständigem Umkehren schnell durchkochen.

402. Schweinshirn

wird wie Kalbshirn (Nr. 345—348) bereitet.

403. Schweinszungen.

Man kocht die Schweinszungen in Salzwasser mit Suppenwurzeln, bis sie so weich sind, daß man die Haut abziehen kann, schneibet sie bann in schöne schiefe Scheiben und übergießt sie mit Kapernsauce Nr. 105 ober Sardellensauce Nr. 102.

Man kann sie auch ber Länge nach burchschneiben und in Ei und Semmelbröseln umgebreht und mit Zitronensaft beträufelt in heißer Butter gelb braten.

404. Schinken zu kochen.

Einen Schinken zu beiläufig 6 Pfund setzt man mit Salzwasser an's Feuer und läßt ihn gut zugebeckt 3 Stunden kochen, zieht ihn bann zurück und läßt ihn sammt bem Sube erkalten. Den nächsten Tag gibt man ihn mit bemselben Sube an's Feuer und läßt ihn noch einmal 2½ Stunden kochen; genießt man ihn nicht sogleich warm, so nimmt man ihn erst aus bem Sub, wenn er erkaltet ist.

405. Gebratenes Spanferkel.

Ein 2—3 Wochen altes Spanferkel wird, nachbem es ben Tag vorher abgestochen, gereinigt und ausgetrocknet ist, innen mit Salz eingerieben, außen mit Salzwasser überstrichen und in eine große eiserne Bratpfanne, beren Boden mit Querhölzern bebeckt ist, so gelegt, daß die Vorderfüße unter die Brust, die Hinterfüße unter sich selbst gebogen und mit dünnen Holzspießchen befestigt sind, so daß das Thierchen zu kauern scheint. In die Bratpfanne gießt man nun ein paar Löffel Wasser ober zerlassene Butter und gibt das Spanferkel in das stark gehitzte Rohr. Anfangs wischt man die Tropfen des herausquellenden Saftes von der Haut des Spanferkels sorgsam ab, da dieselben sich bräunen und die Haut fleckig machen würden. Nachbem das Ferkel eine Zeit lang trocken im heißen Ofen gestanden, überstreicht man es öfters mit zerlassener Butter oder Olivenöl, sticht es auch hin und wieder mit einer Spicknabel, damit die Haut keine Blasen zieht, und brät es je nach seiner Größe 1½—2 Stunden. Die Kruste muß schön braun und knusperig sein. Man macht gleich hinter bem Kopf in ben Hals einen Einschnitt, wenn man es auf die Platte gibt, damit ber Dampf von innen entweichen kann, und servirt es mit Zitronenscheiben garnirt, mit gutem Senf; Parabiesäpfel=, Kapern=, Senf= oder Pfeffersauce, auch Salat oder Essig=Kompot ist gut bazu.

Zahmes Geflügel.

406. Abstechen und Ausnehmen des Geflügels.

Will man ein Huhn ꝛc. abstechen, so nimmt man es bei den Flügeln, biegt den Hals zurück und schneidet diesen nahe beim Kopf tief ein, daß er blutet. Hat es ausgeblutet und will man es am selben Tage braten, so legt man es in eine Schüssel mit kaltem Wasser und läßt es erkalten. Dann taucht man es in kochend heißes Wasser, wendet es von allen Seiten darin um und legt es auf ein Brett, wo man mit der Hand die Federn leicht abstreifen kann. Damit sich aber nicht auch die Haut mit den Federn ablöst, sehe man sehr darauf, das Huhn augenblicklich nach dem Eintauchen in's kochende Wasser wieder herauszunehmen. Nur die Füße halte man etwas länger hinein, um die dicke Haut abstreifen zu können. Alles Geflügel ist besser abgelegen; dann muß man es aber trocken rupfen, so lange es noch warm ist, und an einen kühlen Ort hängen oder legen. Nachdem das Geflügel abgelegen ist, flammirt man es (d. h. die kleinen Haare über Spiritus- oder Papierflamme absengen, ohne die Haut dem Feuer zu nahe zu bringen und sie dadurch zu verletzen) und nimmt die Eingeweide aus. Dazu legt man das Huhn auf die Brust, spannt die Haut am Hals an und schneidet dieselbe der Länge nach über dem Hals auf, löst Kropf und Gurgel heraus, schneidet letztere an dem Kropfe ab und sticht die Augen aus. Nun wird am Halse mit dem Zeigefinger in den Körper gefahren und Herz und Leber abgedreht, dann unten am Bürzel ein kleiner Querschnitt gemacht, das Eingeweide herausgezogen, wobei man sorgfältig darauf achten muß, daß man die Galle, die an der Leber hängt, nicht zerdrückt; man muß sie vorsichtig von letzterer ablösen und alles Grünliche davon wegschneiden. Der Magen wird durchschnitten und die innere gelbe Haut abgezogen. Nun wird das Geflügel nebst Leber, Magen und Herz gut gewaschen und dann dressirt. Soll das Geflügel länger abliegen, so kocht und schneidet man Leber, Magen und Herz in die eingekochte Suppe. Tauben rupft man immer — Wildgeflügel darf man nie brühen.

407. Dressiren des Geflügels.

Das Huhn wird auf den Rücken gelegt, mit den beiden Zeigefingern zu der oberen und unteren Oeffnung hineingefahren und mit dem Daumen das Brustbein eingedrückt, die Schenkel mit der rechten Hand nach dem Oberkörper zurückgeschoben, damit die Brust hervortritt, und ein hölzernes Spießchen durch den hinteren Theil der Schlegel und durch den Leib gesteckt, sowie die Füße gegen den Leib mit Bindfaden gebunden. Die Flügel biegt man rückwärts nach dem Rücken zu ein und zieht den Kopf rückwärts unter dieselben und befestigt ihn gleichfalls mit einem Spießchen an der Brust.

Das Gleiche gilt vom Indian, Kapaun, Poulard, Fasan, Feldhuhn und Haselhuhn; nach Belieben kann man den Kopf sammt dem Hals abhauen und die Kopfhaut nach hinten zurückschlagen.

Bei Gans, Ente und Wildente werden die Flügel am Gelenk abgehauen.

408. Gebratener Indian (Truthahn).

Die geeignete Saison für den Indian ist vom September bis März, doch seine beste Zeit ist Dezember und Januar. Beim Einkauf sehe man darauf, daß die schuppenartige Haut an den Beinen grauweißlich oder graublau, weich und feucht ist, dann ist er jung; bei alten Thieren ist sie trocken, hornartig und röthlich. Jeder Indian hat dreierlei Fleisch, das der Brust ist sehr zart und weiß, der Keulen braun und das am Halse sehr fett.

Nachdem der Indian einige Tage abgelegen ist, wird er gut gereinigt, flammirt, rein ausgenommen, ausgewaschen, abgetrocknet, von innen und außen mit Salz und etwas Pfeffer eingerieben, ein Stück Butter in seinen Leib gesteckt, schön dressirt und die Brust mit dünnen Speckscheiben überbunden. Dann bestreicht man weißes Schreibpapier mit Butter und überbindet damit den ganzen Indian fest. So gibt man ihn in eine Bratpfanne mit einem Stück Butter und brät ihn langsam unter öfterem Begießen. Eine halbe Stunde vor dem Anrichten nimmt man die Papierhülle ab, übergießt den Indian gut und brät ihn dann bei raschem Feuer, damit er auf allen Seiten eine schöne Farbe bekommt. Die abgefettete und geseihte Sauce wird eigens beigegeben.

Ein junger Indian wird 1¹/₄ Stunde, ein großer, gemästeter bis zu 3 Stunden zum Braten brauchen. Man gibt gedünstete Aepfel, auch anderes Kompot, gemischten Salat und gedünstete oder glacirte Kastanien dazu.

409. Gebratener Kapaun.

Der Kapaun soll zum Braten nicht über ein Jahr alt sein, muß kleine stumpfe Sporen und zarte Krallen haben und ist sehr fett am besten; er gehört zu den feinsten Braten.

Ein gut abgelegener, junger Kapaun wird rein flammirt, ausgenommen, ausgewaschen, abgetrocknet, eingesalzen, dressirt und in der Bratpfanne 1—1¹/₂ Stunden unter sehr fleißigem Begießen mit Butter schön lichtbraun gebraten. Noch saftiger wird er, wenn die ganze Brust mit Speckscheiben überbunden ist oder Brust und Schenkel gespickt werden. Am besten jedoch ist alles Geflügel am Spieße gebraten, weil es so keinen Saft verliert und die Haut viel röscher brät. Schön tranchirt, wird er auf einer warmen Platte mit Petersilie garnirt oder mit Brunnenkresse, welcher mit Essig und Salz angemacht ist, bekränzt aufgetragen und die Sauce extra dazu gegeben.

410. Gedünsteter Kapaun.

Der gut abgelegene Kapaun wird flammirt, ausgenommen, gewaschen, abgetrocknet, gut eingesalzen, mit Zitronensaft überträufelt und mit Speckscheiben überbunden, in einer Kasserole gut zugedeckt, langsam weich gedünstet und immer etwas Fleischbrühe nachgegossen, damit er weiß bleibt oder nur eine helle Farbe bekommt. Kurz vor dem Anrichten entfettet man die Sauce und gibt einige Champignons in den Bratensaft zum Mitdünsten oder dünstet sie besser eigens in etwas Butter mit feingewiegter Petersilie und Zwiebel. Ebenso dünstet man Reis nach Nr. 580, nach Geschmack auch grüne Erbsen in Butter. Auf einer Platte richtet man den tranchirten Kapaun in der Mitte erhöht an, umgibt ihn mit einem Kranz von gedünstetem Reis, den man mit den grünen Erbsen mischen kann, und servirt Frikasseesauce (Nr. 115) dazu, die man mit dem entfetteten Saft des Kapaunes vermengt.

411. Poularde.

Die Poularden haben meistens ein noch zarteres Fleisch wie die Kapaunen und sind noch fetter. In der feinen Küche spielen sie eine ziemlich große Rolle und werden gebraten und gedünstet wie der Kapaun.

412. Gebratenes Huhn.

Am besten ist das Huhn 3—4 Monate alt; es soll zum wenigsten einen Tag vorher schon geschlachtet sein, da es dann mürber ist. Nachdem es, wie in Nr. 406 angegeben, gereinigt, flammirt, ausgenommen und gewaschen ist, wird es von innen und außen gesalzen, ein Stückchen Butter mit etwas Petersilie in seinen Leib gesteckt und nach Nr. 407 dressirt. Nun kommt es mit einem Stück Butter in die Bratpfanne und wird unter sehr fleißigem Begießen mit Butter bei gehöriger Hitze $3/4$—1 Stunde im Bratrohr gebraten. Zum Nachgießen nimmt man etwas Fleischbrühe oder Wasser. Saftiger wird es, wenn man eine passende kupferne Kasserole hat, in welcher es zugedeckt mit Butter am Herde lichtbraun gebraten wird. Doch am besten brät man es am Spieß, wer über einen solchen verfügt. Man steckt den Spieß hiezu unten am Rückgrat in das Huhn und fährt oben unter dem Brustbeinchen wieder heraus; der Kopf wird mit dem Hals überschlungen an denselben gesteckt und das Huhn am Kohlenfeuer bei sehr häufigem Bestreichen mit Butter in einer halben Stunde lichtbraun gebraten.

Mit Fülle. Man nimmt 50 Gramm Bröseln, das ist eine geriebene Mundsemmel, und feuchtet sie mit kalter Milch an. Unterdessen treibt man gut nußgroß Butter ab, gibt ein ganzes Ei, sowie Herz, Magen und Leber des Huhnes mit Petersilie, Zwiebel und Zitronenschale, Alles feingewiegt, nebst den Semmelbröseln dazu, untergreift das Huhn vom Halse aus, füllt es und bindet es zu oder füllt es in den Leib des Huhnes, den man zunäht und wie oben brät.

413. Weiß gedünstetes Huhn.

Das wie oben hergerichtete Huhn wird, nachdem es dressirt ist, mit Speck überbunden und wie der Kapaun Nr. 410 mit etwas Fleischbrühe langsam weich gedünstet. Man garnirt es mit denselben Zuspeisen wie den Kapaun.

414. Eingemachtes Huhn.

Das Huhn wird, nachdem es nach Nr. 406 hergerichtet und gewaschen ist, in vier Theile geschnitten, mit Salz bestreut und in einer flachen Kasserole mit Butter hellgelb und weich gedünstet. Dann nimmt man die Stücke heraus, gibt noch ein Stück frische Butter, sowie einen Eßlöffel Mehl dazu, gießt es mit Fleischbrühe an und läßt es unter ständigem Rühren aufkochen. Man würzt die Sauce mit etwas Wein oder Zitronensaft und läßt die Hühnerstücke darin nochmals heiß werden; dann garnirt man die Schüssel mit in Salzwasser weich gekochtem Blumenkohl oder Spargel, auch mit Champignons oder rein gewaschenen Morcheln, die mit dem Huhn zugleich gedünstet werden, und kleinen Knödelchen Nr. 56 oder Pastetchen Nr. 542 ohne Fülle. Zu nach Nr. 190 gedünsteten grünen Erbsen staubt man das Huhn nicht, sondern garnirt die Erbsen um das Huhn und seiht die kurze Hühnersauce darüber.

415. Paprikahuhn.

Das nach Nr. 406 hergerichtete und gewaschene Huhn wird in 6 Theile geschnitten, 2 Schlegel, 2 Flügel, jedes mit einem Theil der Brust, das Bruststück und der Rücken, gesalzen und in Butter, mit feingeschnittener Zwiebel, etwas gelber Rübe, Porri und Sellerie lichtgelb gedünstet. Man nimmt dann das Huhn heraus, staubt die Sauce mit etwas Mehl und gießt die nöthige Fleischbrühe an. Wenn sie aufgekocht hat, seiht man sie durch ein Haarsieb, gibt einige Eßlöffel sauren Rahm, sowie eine Messerspitze Paprika daran, legt das Huhn wieder dazu und läßt es damit vollends weich kochen.

416. Alte Henne in Frikasseesauce.

Die alte Henne gehört vorzugsweise dazu, um eine sehr kräftige Suppe zu erzielen und darf deßhalb 2, oft 3 Stunden mit dem Ochsenfleisch oder vielen Suppenwurzeln kochen. Sie wird dann in Stücke zertheilt, oftmals gleich zur Reis- oder Nudelsuppe gegeben, oder eine Frikasseesauce Nr. 115 bereitet und die weich gekochte Henne hineingegeben. Ein Kranz von selbstgemachten Nudeln Nr. 578 oder von Reis Nr. 580 mit oder ohne gedünsteten grünen Erbsen dient zur Garnirung.

417. Gebeizte Henne als Auerhahn.

Eine alte Henne nach Nr. 406 gerichtet und gewaschen, reibt man innen und außen mit Wachholderbeeren, Tannennadeln und Salz ein und läßt sie zugedeckt 2 Tage liegen; dann kocht man einen Theil Essig, einen Theil Rothwein und einen Theil Wasser mit einer Zwiebel, einer kleinen gelben Rübe, 1 Petersilienwurzel, einem Stückchen Sellerie, Alles fein geschnitten, 1 Lorbeerblatt, Thymian, einigen Pfefferkörnern und etwas Zitronenschale, übergießt damit die Henne und läßt sie nochmals 2 Tage stehen. Dann spickt man die Brust und die Schenkel und läßt sie mit der Beize dünsten, bis sie halb weich ist, gibt sie dann in's Rohr und begießt sie so lange mit saurem Rahm, bis sie eine schöne Farbe hat und weich ist.

418. Perlhuhn als Fasan.

Nachdem ein schönes Perlhuhn nach Nr. 406 trocken geputzt, flammirt, ausgenommen, gewaschen und getrocknet ist, wird es mit Salz und Pfeffer innen und außen eingerieben, dressirt und mit Speckscheiben gut umbunden. Man dünstet oder brät es 1½ Stunden unter sehr fleißigem Begießen, gibt etwas Rothwein dazu und servirt es mit gedünstetem Sauerkraut (Nr. 208).

419. Gebackene Hühner und Tauben.

Junge Hühner werden, nachdem sie nach Nr. 406 geputzt und gewaschen sind, in 4—6 Theile geschnitten, gesalzen und nach einer halben Stunde in Mehl, dann in Ei mit Wasser abgesprudelt und zuletzt in Semmelbröseln umgedreht und im heißen Schmalz gebacken. Man servirt dazu grünen Salat mit harten Eiern, gemischtes Compot, gedünstete, grüne Erbsen 2c. Ebenso bereitet man die Tauben und garnirt sie mit Zitronenscheiben.

420. Gebratene Tauben.

Junge Tauben, welche man an dem Flaum, den sie noch unter den Flügeln haben, erkennt, werden Tags vorher trocken gerupft, nach Nr. 406 ausgenommen, gewaschen, gesalzen, mit Speckscheiben überbunden oder im Rohr mit Butter wie das Huhn gebraten oder in einer Kasserole bei fleißigem Uebergießen lichtbraun gedünstet.

Mit Fülle: Nachdem die Tauben sorgfältig gereinigt, wird die Haut beim Halsstich hinein untergriffen. Dann treibt man nußgroß Butter ab, wiegt Herz, Magen und Leber mit etwas Petersilie, Zwiebel und Zitronenschale, gibt dies nebst 1 Ei, Salz und den nöthigen Bröseln dazu und füllt es in die Brust, die man dann oben zubindet; im Uebrigen werden die Tauben wie oben gebraten.

421. Eingemachte Tauben.

Schön geputzte, ausgenommene und gewaschene Tauben werden in 4 Theile geschnitten, gesalzen und gepfeffert und auf Speckscheiben in einer Kasserole nebst feingeschnittener Zwiebel zugedeckt, langsam gedünstet und später auch Herz, Magen und Leber, mit Petersilie, sehr wenig Thymian und Zitronengelb, Alles fein gewiegt, mitgedämpft. Sind die Tauben gelb, so nimmt man sie heraus, staubt 1 Kochlöffel Mehl daran und gießt es mit 1 Glas Wein und etwas Suppe auf, läßt darin die Tauben noch vollständig weich werden und würzt sie etwas mit Zitronensaft. Beim Anrichten wird die Sauce über die Täubchen geseiht. Man kann sie mit gebackenen Brodherzchen und Zitronenscheibchen garniren oder die Täubchen in einer Pastete anrichten und die Sauce extra dazu serviren.

422. Tauben in ihrem Blut.

Dazu wird beim Abstechen das Blut in einem irdenen oder Porzellangefäß aufgefangen und mit etwas Essig abgerührt. Nachdem sie wie Nr. 421 bereitet sind, wird das Taubenblut vor dem Anrichten langsam unter beständigem Rühren in die Sauce gegossen.

423. Tauben auf Rebhühnerart.

Dazu werden nur alte Tauben verwendet. Nachdem sie geputzt, ausgenommen und gewaschen sind, kocht man 1 Theil Essig, 1 Theil Rothwein, 1 Theil Wasser mit feingeschnittener Zwiebel, gelber Rübe, Petersilie, 1 Lorbeerblatt, 1—2 Nelken, Thymian und Zitronenschale, ein paar verdrückten Wachholderbeeren und einigen Pfefferkörnern, übergießt damit die Tauben und läßt sie 2—3 Tage darin liegen. Dann salzt man sie, bindet sie in feine Speckscheiben und dünstet oder brät sie mit etwas von der Beize, bis sie schön lichtbraun und weich sind. Man kann etwas sauren Rahm zur Sauce geben und Butterteig-Pastetchen oder gedünstetes Sauerkraut dazu serviren.

424. Gebratene Gans.

Kauft man gerupfte Gänse, so sehe man darauf, daß sie kurze Füße und eine zarte, weiße Haut haben, in welche ein Stecknadelknopf leicht eindringt, ebenso muß sich das Schloßbeinchen gut brechen lassen.

Nachdem dieselbe schön gerupft, flammirt und ausgenommen ist (bei einer schon zugerichtet gekauften Gans ist meist noch Gurgel und Kropf darin, was Beides entfernt werden muß), wird sie mit frischem Wasser einige Male gut gewaschen, dann getrocknet, mit Salz, Pfeffer und etwas Majoran innen und außen gut eingerieben und in die Bratpfanne mit etwas Wasser gegeben und unter sehr fleißigem Begießen langsam von allen Seiten lichtbraun gebraten. Das reichlich ablaufende Fett schöpft man ab, ohne es braun werden zu lassen und gießt dafür etwas Fleischbrühe oder Wasser nach. Zum Schluß ist es gut, die Gans mit Butter öfters zu überstreichen. Eine junge Gans wird 1—1$^{1}/_{2}$ Stunden, eine ältere 2—2$^{1}/_{2}$ Stunden zum Weichwerden brauchen. Man gibt gebratene Kartoffeln und Wirsinggemüse oder Salat und Kompot dazu.

425. Gefüllte, gebratene Gans.

Mit Kartoffeln: Die Kartoffeln werden roh geschält und würflig geschnitten oder rund gedreht. Nun läßt man Butter mit feingewiegter Petersilie und Zwiebel heiß werden, gibt die Kartoffeln nebst Salz und Pfeffer dazu und läßt sie unter öfterem Schwingen fast weich werden, auch kann man nach Belieben 3 Paar Bratwürste gebraten, geschält und in Stücke geschnitten dazufügen und die Farce etwas ausgekühlt in die rohe, schon wie oben hergerichtete Gans füllen; dann näht man dieselbe zu und brät sie wie oben.

Mit Kastanien: 1 Pfund Kastanien wird in kochendem Wasser eine Viertelstunde gesotten, die äußere wie innere Haut abgeschält und die Kastanien in fetter Fleischsuppe mit etwas Zucker so lange gedünstet, bis sie weich sind, aber nicht zerfallen. Halb ausgekühlt werden sie nun in die Gans gefüllt, dieselbe zugenäht und wie oben gebraten.

Gesulzte Gans.
Siehe Nr. 521.

426. Gebratene Ente.

Die Ente wird ebenso wie vorhergehende Gans bereitet. Will man sie füllen, so wird 1½ Semmel in Milch geweicht, dann ausgedrückt, Leber, Herz und Magen mit Petersilie, Zitronenschalen und Zwiebeln fein gewiegt, 35 Gramm Butter gut abgetrieben, 2 Eier und dann das Obige nebst Salz und etwas Muskatnuß dazu gemengt, nach Geschmack auch 4—5 weichgesottene Kastanien beigefügt, in die Ente gefüllt und dieselbe 1¼—1½ Stunden gebraten.

427. Gedünstete Ente.

Eine ältere Ente wird gut gereinigt, gewaschen, gesalzen, in eine Kasserole mit Speck, geschnittener Zwiebel, gelber Rübe, Zitronenschale, einigen Pfefferkörnern, 2 Nelken, etwas Majoran eingerichtet, mit 1 Glas Wein übergossen und so langsam weich gedünstet. Ist sie schön lichtbraun, so wird sie angerichtet, der Saft darüber geseiht und mit gedünsteten Teltower oder anderen Rüben und rundgeschnittenen, gebratenen Kartoffeln garnirt.

428. Reste von gebratener Ente oder Gans.

Man zerschlägt die Beine und kocht sie nebst den Abfällen mit Suppe aus. Dann läßt man Gansfett heiß werden, röstet

1 Löffel feingeschnittener Zwiebel mit 1 Kochlöffel Mehl gelb, gießt es mit obiger Brühe an und kocht es gut aus. Das Fleisch schneibet man nudelartig, stellt es, mit etwas Wein und Zitronensaft zugedeckt, auf heißes Wasser, damit es erwärmt wird und gibt es in die heiße, geseihte Sauce, die dann sogleich angerichtet wird.

429. Gans- oder Entenjung (Gänse- oder Entenklein).

Kopf, Hals, Flügel, Füße, Leber und Magen werden als Gansjung oder -Pfeffer oder als Gänseklein bezeichnet. Dieselben werden in kleine Stücke zerhauen, ebenso Leber und Magen zerschnitten, Alles gewaschen, das Blut vorher sorgfältig aufgefangen und mit etwas Essig abgerührt, das Uebrige gesalzen, gepfeffert mit 1 zerschnittenen Zwiebel, 1 gelben Rübe, etwas Zitronenschale und Majoran, 1 Nelke, 1—2 Lorbeerblättern, mit halb Essig, halb Wasser 1—2 Tage in Beize gelegt. Ein Kalbs- oder Schweinsherz, in 6—8 Theile geschnitten, ist vortheilhaft besonders dem Entenjung beizufügen. Will man das Jung bereiten, so wird Alles, die Leber ausgenommen, in der Beize langsam weich gekocht. Unterdessen werden in Gansfett oder anderem guten Fett 2 Eßlöffel Mehl mit etwas Zucker dunkelbraun geröstet, dann mit dem Absud von dem Gansjung gut abgerührt und so lang wie möglich gekocht. Nun wird die Sauce geseiht, das Gänsejung und jetzt erst die Leber damit aufgekocht, vor dem Anrichten das Blut unter die Sauce gerührt und gleich in einer Schüssel nebst Knödel (Nr. 586—589) oder gerösteten Kartoffeln als Beilage aufgetragen.

430. Gansleber.

Man schneidet die Gansleber zu fingerdicken Schnitzchen, spickt sie und brät sie in einer Kasserole mit Butter und feingeschnittenen Zwiebeln. Erst beim Umdrehen salzt man sie, gibt beim Anrichten die Leber auf eine Platte, kocht den Saft mit etwas Suppe auf und gibt ihn über die Leber. Man garnirt sie mit gedünstetem Reis Nr. 580 oder Macaroni Nr. 577.

Gedünstete Gansleber.
Siehe Nr. 262.

Gansleber-Kroquettes.
Siehe Nr. 263.

Gesulzte Gansleber.
Siehe Nr. 522.

Wildgeflügel.

431. Wachteln.

Die Wachteln sind um die Erntezeit am fettesten und besten. Sie werden rein geputzt, flammirt, ausgenommen, mit einem Tuch getrocknet, mit Salz bestreut, ein Weinlaub auf das Brüstchen gelegt und eine dünne Speckscheibe darüber gebunden. In eine Bratpfanne gibt man etwas Butter, legt die Wachteln hinein, die man, wenn man ein Spießchen hat, quer ans Spießchen steckt und bei schneller Hitze brät. Wenn sie jung sind, werden sie in einer halben Stunde fertig. Alte Wachteln brauchen 1½—2 Stunden. Sind sie sehr fett, so braucht man sie nicht in Speck zu wickeln. Zum Anrichten legt man jede auf eine in Butter geröstete Semmelschnitte und nimmt nur den Faden ab, läßt aber die Speckhülle darüber und seiht die Sauce, nachdem sie etwas abgefettet und verdünnt ist, darüber. Man gibt dazu Reis oder Sauerkraut in dem abgenommenen Fett gedünstet, feine Macaroni mit Butter und Parmesan oder auch Polenta.

432. Krammetsvögel und Lerchen.

Auch die Krammetsvögel und Lerchen sind im Herbste nach der Waizenernte am besten und fettesten. Beim Einkauf sehe man darauf, daß sie frisch sind, was der Fall ist, wenn die Haut, wo die Gedärme liegen, trocken und weiß, ja nicht dunkel und feucht ist. Nachdem sie gerupft, flammirt und ausgenommen sind, werden sie mit Salz, Pfeffer und einigen zerdrückten Wachholderbeeren eingerieben, in feine Speckscheiben gebunden und im Bratrohr mit etwas Butter bei starker Hitze ¼—½ Stunde gebraten; sie müssen rösch sein, damit man die Knochen zerbeißen kann. Noch besser sind sie am Spieß gebraten. Man gibt sie auf Reis, gedünstetem Sauerkraut, grünen Erbsen oder jungem Wirsing und servirt die abgefettete Sauce eigens dazu oder garnirt sie mit Zitronenscheibchen und Brunnenkresse.

433. Schnepfen.

Die Schnepfen sind Ende März und Anfang April am besten; sie werden einige Tage an einen trockenen, kalten Ort aufgehängt; dann werden sie sammt dem Kopf gerupft, flammirt, ausgenommen und mit einem Tuch von innen und außen abgewischt. Nun salzt man sie, sticht die Augen aus, gibt dafür etwas von einem passirten Kartoffel hinein, steckt in die Mitte ein Pfefferkorn, stutzt die Klauen etwas, biegt sie einwärts, so daß sie unter die Flügel kommen, steckt den langen Schnabel durch den rechten Flügel und überbindet die Brust mit Speck. Dann gibt man sie mit einem Stück Butter und 1 Glas Rothwein in's Bratrohr, übergießt sie fleißig, am Schluß nach Belieben auch mit saurem Rahm und läßt sie ½—¾ Stunde saftig braten. Dann wird der Faden entfernt, die Schnepfe auf die Platte gelegt, ringsum mit Schnepfenbrod (Nr. 434) und Zitronenscheibchen garnirt und der Bratensaft abgefettet eigens dazu servirt.

434. Schnepfenbrod (Schnepfendreck).

Das Eingeweide der Schnepfen, mit Ausnahme des Magens, wird mit 1 Schalotte, Petersiliengrün, Zitronenschale fein gewiegt, dann feingehackter Speck heiß gemacht, das Eingeweide damit gedünstet, 2 Löffel Semmelbröseln, etwas Rothwein, Salz und Pfeffer, sowie geriebene Muskatnuß dazu gegeben und damit kurz aufgekocht. Dann zieht man es vom Feuer und gibt, wenn es lauwarm ist, einen Eidotter dazu, rührt Alles gut zusammen und streicht es auf in Butter gelb geröstete Semmelschnitten erhaben auf und stellt sie einige Minuten in's Rohr, damit sie heiß bleiben, bis man sie um die gebratenen Schnepfen garnirt. Die Semmelschnitten kann man in Herzform oder dreieckig schneiden, ehe man sie in klarer Butter röstet.

435. Rebhühner.

Von Anfang September bis Mitte Oktober ist die beste Zeit für Rebhühner. Beim Einkauf gebe man Acht, daß die äußere Haut der Beine eine gelb-bräunliche Farbe hat, dann sind sie jung, ist sie braun oder silbergrau, sind sie gewiß über 1 Jahr alt. Ein junges Rebhuhn wird gerupft, flammirt, ausgenommen, innen mit einem Tuch sauber ausgewischt und gesalzen. Dann bindet man eine feine Speckscheibe darüber und brät das Rebhuhn eine halbe bis dreiviertel Stunden bei rascher Hitze in Butter und übergießt es fleißig Beim Anrichten löst man nur den Faden herunter, läßt aber den gebratenen

Speck über dem Rebhuhn. Der Bratensaft wird mit etwas Suppe oder auch mit wenig Rahm losgekocht und diese Sauce nebst Salat und Kompot dazu gegeben. Ein altes Rebhuhn legt man vorher ein paar Tage in die Beize, wozu man Wein, feingeschnittene Wurzeln, Lorbeeren, Nelken und einige Pfefferkörner nimmt.

436. Gedämpftes Rebhuhn.

Wie Obiges gerichtet, dämpft man es zugedeckt, mit Speck überbunden, in etwas Fleischbrühe oder Rothwein, mit feingeschnittenen Wurzeln, 1 Lorbeerblatt, 1 Nelke, einigen Pfefferkörnern, und nimmt gegen Schluß den Speck ab, damit es Farbe bekommt. Beim Anrichten seiht man den Saft darüber und garnirt es mit Kastanien oder Linsenpüree oder mit gedünstetem Sauerkraut Nr. 208.

437. Rebhühnerbrust mit Madeirasauce.

Von 2 Rebhühnern, welche gut gereinigt und gewaschen sind, löst man die Brüste aus und spickt sie mit ganz feingeschnittenen Trüffeln. In einer flachen Kafferole läßt man 30 Gramm Butter heiß werden, salzt und pfeffert die gespickten Brüste und brät sie auf jeder Seite 10 Minuten. Nun bereitet man Madeirasauce nach Nr. 112, gibt in einen Schöpflöffel voll die gebratenen Brüste und kocht sie damit noch eine Viertelstunde. Man garnirt die Platte mit ausgestochenem Butterteig oder dreieckig geschnittenen, in Schmalz gebackenen Semmelschnitten. Die Abfälle der Rebhühner stößt man, dünstet sie mit 20 Gramm Butter und feingeschnittenen Zwiebeln braun, gießt sie mit Fleischsuppe auf und nimmt dies zum Aufgießen der Madeirasauce.

438. Schneehühner,

die ein zartes wohlschmeckendes Fleisch mit einem etwas bitteren Beigeschmack haben, werden ganz wie die Rebhühner bereitet; am besten sind sie gebraten.

439. Fasanen.

Ein sicheres Zeichen, daß der Fasan jung ist, geben uns die Sporen, sie sind dann kurz und abgerundet; sind sie aber spitzig und scharf, so ist er sicher vorjährig. Ein Fasan muß mehrere Tage sammt seinen Federn zum Abliegen aufgehängt werden. Dann wird er gerupft, rein ausgenommen, flammirt, ausgewaschen, mit Salz und Pfeffer eingerieben, dressirt und mit feinem Speck auf der Brust gespickt oder mit dünnen Speckscheiben überbunden. Dann gibt man ihn in den Bratofen und läßt ihn ³/₄—1 Stunde unter fleißigem Begießen mit Butter braten. Ehe man den Fasan rupft, schneidet man den Kopf und die Flügel am ersten Gelenk ab. Beim Anrichten wird nun der Kopf an ein Hölzchen gebunden, ein weißes, ausgefranstes Papier mit der Scheere gelockt, als Manschette daran befestigt und an den Hals des Fasans gesteckt, ebenso die Flügel mit den Federn, wie die schönsten Schwanzfedern an die betreffenden Stellen eingefügt, der Fasan dann mit Brunnkresse auf beiden Seiten belegt oder auch mit verschnittenen Zitronenscheibchen garnirt. Salat von Brunnkresse, Sellerie ꝛc., auch Pfirsichkompot ist gut dazu. Als Wein wird vorzugsweise Burgunder dazu getrunken.

440. Fasan mit Sauerkraut.

Der Fasan wird wie oben gerichtet, mit Speck überbunden und, gut zugedeckt, gedünstet. Wenn man will, kann man ihn auch eine Viertelstunde vor dem Fertigwerden in braun gedünstetem Sauerkraut (Nr. 208) vollends weich werden lassen. Man richtet dann das Sauerkraut rings auf die Platte, wie ein Nest, und gibt den Fasan, wie Nr. 439 beschrieben, in die Mitte oder garnirt das Sauerkraut mit dem zerschnittenen Fasane.

441. Fasanenbrust mit Trüffeln.

Von dem Fasan wird die Brust ausgelöst, die Haut abgezogen, dann fein gespickt und in Butter gebraten. Nun schneidet man Trüffeln in feine Blättchen, gibt sie dazu und gießt später etwas Madeira daran. Man servirt die Brust mit dem Saft übergossen oder mit Salmi, zu dem man den übrigen Fasan in Wurzelwerk und Rothwein vorher dünstet und dann nach Nr. 442 bereitet. Man kann auch von den Schenkeln Farce bereiten, davon kleine Knödelchen machen, ein gespicktes Kalbsbries, Champignons und Hahnenkämme dünsten, nebst etwas Madeira zum Salmi geben, die Ragoutschüssel damit garniren und die Brust darüber legen.

442. Salmi von Fasan.

Wenn man Reste von einem gebratenen Fasane hat, so werden diese schön zerschnitten in eine Kasserole gethan. Das Fleisch vom Gerippe stößt man fein, nebst ein paar in Butter gerösteten Semmelschnitten und dem gebratenen Brustspeck, dünstet es in dem Bratenfett, stäubt es, kocht vorher die gestoßenen Beine mit etwas Suppe und 1 Glas Rothwein aus, seiht die Brühe durch, gießt damit das Gestaubte auf, gibt noch Zitronenschalen, einige Pfefferkörner und etwas Madeira dazu, läßt es zu einer dicklichen Sauce einkochen, passirt es über die eingelegten Fasanenstücke und läßt sie zusammen langsam heiß werden, aber nicht mehr kochen. Die Fasanenstücke werden nun erhaben in einer Ragoutschale angerichtet, die Sauce darüber gegossen und mit gebackenen Semmelschnitten außen garnirt.

443. Haselhühner.

Sie liefern für die Küche einen vorzüglichen Braten und haben sehr viel Fleisch im Verhältniß zu ihrer Größe; dasselbe ist so weiß und dicht, wie man es sonst nur bei kleinem Wildgeflügel findet. Sind die Federn an den Beinen noch kurz und struppig, so ist das Haselhuhn sicher noch jung, sind die Beine aber stark mit Federn belegt, die Zehen scharf und unbiegsam, so ist es gewiß älter als ein Jahr. Bereitet werden sie ebenso wie die Rebhühner (Nr. 435).

444. Wildente.

Am besten sind dieselben im Herbste nach der Ernte und unter den vielen Arten die Kriechente allen anderen vorzuziehen. Alle Wildenten dürfen aber, wie jeder Wasservogel, nicht lange liegen, weil ihr Fleisch viel rascher in Fäulniß übergeht. Sie werden nach sorgfältigem Rupfen flammirt, rein ausgenommen, rasch ausgewaschen, mit Salz und Pfeffer eingerieben, ein Stückchen Zitronenscheibe in den Leib gesteckt und, mit heißem Butter übergossen, schön braun gebraten. Statt der Suppe kann man auch ein Gläschen Wein nachgießen oder die Sauce mit Zitronensaft oder auch ein paar Löffeln sauren Rahm aufkochen. Zarte Kriechenten umbindet man mit Speck; sie sind in einer halben Stunde gebraten.

445. Gedünstete Wildente.

Große Enten reibt man mit Salz und Pfeffer ein, spickt sie und gibt sie eine Kasserole mit einem Stück Butter, einer feingeschnittenen Zwiebel und gelben Rübe, einem Stückchen Lorbeer, einer Gewürznelke, einigen Pfefferkörnern und nach Belieben auch ein paar zerdrückten Wachholderbeeren, übergießt sie später mit einem Glas Rothwein und etwas Suppe und dünstet sie, gut zugedeckt, weich und kurz ein, bis sie auf beiden Seiten gelb sind. Dann nimmt man sie heraus, gibt in das zurückgebliebene Fett 2 Kochlöffel Mehl und 1—2 Eßlöffel Bröseln von altgebackenem schwarzen Brod, läßt dies gelb rösten, gießt 2 Schöpflöffel Suppe und

1 Schöpflöffel Beize oder 1 Glas Wein dazu, rührt es fein ab und läßt es aufkochen. Nun gibt man die Ente wieder hinein und dünstet sie vollends weich, was im Ganzen je nach dem Alter der Ente 1—2 Stunden erfordert. Nachdem dieselbe beim Anrichten schön zerschnitten ist, wird die Sauce abgefettet und durch ein feines Sieb über die Ente gegossen. Auch kann man beim Anrichten 1 Eßlöffel Kapern und einen halben Kaffeelöffel fein gewiegte Zitronenschale unter die Sauce mengen. Wenn die Ente älter zu sein scheint, kann man sie 2—3 Tage in die Beize legen.

446. Wildgänse.

Nur so lange sie ganz jung und noch nicht ausgewachsen sind, können sie als Braten verwendet werden. Man übergießt sie hiezu mit heißer Butter oder überbindet sie mit Speckscheiben und gibt in die Bratpfanne nebst der Suppe Thymian und Lorbeerblatt. Sie wird dann ebenso wie die Wildente gebraten und nachdem man die Speckscheibe abgenommen hat, mit saurem Rahm übergossen. Außerdem ist sie nur genießbar, wenn man sie wie den Auerhahn mehrere Tage in die Beize legt und dann 3 Stunden dünstet wie vorhergehende Wildente.

447. Wildtauben

bereitet man wie die Rebhühner, wenn sie jung sind. Aeltere beizt man ein paar Tage und dünstet sie dann wie die Wildente.

448. Auerhahn.

Nur wenn das Thier ganz jung oder höchstens 3 Monate alt ist, gibt es einen guten Braten. Es läßt sich das Alter an der Kürze und flaumartigen Beschaffenheit seiner Federn erkennen, doch schmeckt das Fleisch immer streng. Der Auerhahn muß vor Allem durch Abliegen mürbe gemacht werden, besonders wenn er älter ist, daher hängt man ihn 8—14 Tage an einem kühlen Ort auf. Dann schneidet man den Kopf sammt den schönen Federn ab und legt ihn bei Seite bis zum Anrichten, rupft den Auerhahn, flammirt ihn oder zieht ihm die Haut mit den Federn ab, nimmt ihn aus, wäscht ihn ab und gibt die Beize darüber. Man nimmt dazu feingeschnittene Zwiebeln, gelbe Rüben, Petersilien, Thymian, Lorbeerblätter, Zitronenschalen, etwas Koriander und einige Gewürznelken, einige zerdrückte Wachholderbeeren, etwas Salbei und Rosmarin, kocht dies eine halbe Stunde mit einer Flasche ordinären Rothweins oder Essig mit Wasser gemischt ab und gibt es kochend darüber. Man läßt ihn so einige Tage zugedeckt mariniren und dreht ihn öfters um. Dann spickt man Brust und Schenkel mit federkieldicken Streifen Speck, überbindet sie noch mit Speckscheiben, gibt den Auerhahn sammt seiner Marinade in ein gutschließendes Geschirr und läßt ihn 3 Stunden lang unter fleißigem Begießen im Bratrohr weich dünsten, hebt aber zuletzt den Deckel weg und übergießt ihn zum Braten mit saurem Rahm. Ehe der Auerhahn fertig ist, gibt man die Wurzeln von der Beize mit etwas Speck in eine Kasserole, bis sie gelb werden und alle Feuchtigkeit verdampft ist, staubt soviel Mehl daran, als das Fett befeuchtet, läßt es bei fleißigem Aufrühren braun werden, worauf man es mit der siedenden Beize und etwas Suppe aufkocht. Dann gibt man etwas Zitronensaft und die noch übrige Sauce des Auerhahns dazu und übergießt damit den hübsch angerichteten Braten. Den ungerupften Kopf steckt man mit einer Papiermanschette versehen mittels eines hölzernen Spießchens an seine frühere Stelle. Ein ganz junger Auerhahn oder eine Auerhenne braucht man vorher nicht zu beizen, sondern läßt sie 4—5 Tage hängen und bratet sie in Speck gewickelt mit Wurzeln und Butter 1½ Stunde.

449. Birkhahn.

Ist er von der Größe eines gewöhnlichen Huhnes, so gehört er zu dem feinsten und zartesten Federwild. Das Fleisch ist saftig und wohlschmeckend, doch da dasselbe gerade während der heißesten Monate am besten ist, so muß man sehr vorsichtig beim Einkaufen sein, damit man keinen verdorbenen bekommt und vor Allem darauf sehen, daß die Haut, wo die Gedärme liegen, trocken und nicht übelriechend ist. Ist die Haut weich, naß oder sogar grünlich, so ißt ihn nur mehr ein besonderer Liebhaber gern. Ob er jung ist, erkennt man leicht an den Federn. Unter einem Jahr hat er braungesprenkelte, wenn er älter ist, glänzend schwarze Federn am Halse und die übrigen mit weißen Federn vermengt, ebenso sind dann die Beine bis auf die Zehen stark befiedert, auch hat er einen dicken, hochrothen Kamm und ebensolche Backen. Gebraten und zugerichtet wird der junge Birkhahn wie der Fasan (Nr. 439), die alten Birkhühner ganz auf die Weise wie der Auerhahn (Nr. 448).

Wildpret.

Vom Hasen.

Ein noch nicht ausgewachsener Hase gehört zu den Delikatessen, nützlicher für die Haushaltung aber ist er im Spätherbst und Winter, wenn er völlig ausgewachsen ist. Ob er jung ist, erkennt man, wenn sich die Löffel (Ohren) leicht einreißen lassen und die vorstehenden Nagezähne nur schwach gelblich, kurz und scharf schneidig sind. Je älter der Hase, um so gelber und länger werden die Zähne. Auch sehe man darauf, daß man einen gut fleischigen, nicht zu sehr verschossenen Hasen bekomme. Alles Fleisch, von welcher Gattung es sein möge, soll nicht frisch zubereitet werden, sondern stets einige Tage an einem kühlen, luftigen Ort aufgehängt werden.

450. Abziehen des Hasen.

Ist der Hase noch im Balg, so läßt man ihn einige Tage hängen; zum Abziehen befestigt man die beiden Hinterfüße an 2 Nägeln, schneidet den Balg an den beiden Schenkeln innen bis zu den Kniegelenken auf, löst ihn von den Schenkeln und dem Schweife und stülpt ihn dann über den ganzen Hasen, wobei auch die Vorderläufe herausgestülpt werden und am Handgelenke mit ein bischen Balg abgeschnitten werden. Hierauf zieht man den Balg über den Kopf, schneidet ihn mit den Lippen des Hasen ab, und zieht ihn mit der Fellseite nach innen zum Trocknen über ein Brett. Man wischt nun mit einem feuchten Tuche die Haare rein weg, legt den Hasen auf ein Hackbrett, schneidet den Bauch auf und nimmt die Eingeweide aus. Dann hackt man den Schlußknochen zwischen den Keulen durch, um das Ende des Darmes zu entfernen und wäscht den Knochen rein. Nun schneidet man Schultern, Hals und Brüstchen vom Rücken weg und hackt die Rippen längs des Rippenfleisches ab. Leber, Herz und Lunge kann man mit den vorderen Stücken zum sogenannten Hasenjung einrichten, der Rücken mit den Hinterfüßen aber wird zum Braten verwendet. Die Leber kann auch zu Leberknödelchen in der Suppe oder wie Gansleber eigens bereitet werden.

451. Gebratener Hase.

Der Hasenrücken mit den Hinterfüßen wird mit einem Tuch abgerieben oder leicht gewaschen, die Haut mit einem scharfen Messer gut abgelöst, dann gesalzen und mit Speck in dichten Reihen schön gespickt. Dann läßt man Butter in der Bratpfanne heiß werden, schöpft davon über das Fleisch, gibt später in die Pfanne etwas heiße Suppe oder Wasser und brät ihn im Rohr unter fleißigem Begießen ³/₄ Stunden. Man kann auch etwas Zitronensaft auf den Braten geben oder wenn er Farbe bekommt, ihn statt mit Butter mit sauerem Rahm übergießen. Beim Anrichten löst man das Rückenfleisch gut von dem Gerippe, schneidet es in schiefe Scheiben, gibt es wieder zusammengeschoben auf das Gerippe, schneidet die Hinterfüße zu Scheiben, überträufelt das Ganze mit etwas Sauce und servirt die übrige eigens dazu.

Man kann auch den Rücken und die Hinterfüße gesondert braten, dann schlägt man, um es länger aufbewahren zu können, das übrige Stück in ein mit Essig befeuchtetes Tuch und stellt es an einen kühlen Ort.

452. Gebeizter Hase.

Aeltere Hasen werden mehrere Tage in ein mit Essig befeuchtetes Tuch geschlagen, welches man öfters erneuert, dann wie der Vorhergehende gerichtet, gespickt und mit folgender Beize übergossen: 1 Zwiebel, 1 gelbe Rübe, 1 Petersilie, Alles fein geschnitten, 1 Lorbeerblatt, einige Pfefferkörner, 1 Zitronenschale, etwas Thymian werden mit 1 Theil Essig, 1 Theil Wasser und nach Geschmack 1 Theil Wein vermischt eine halbe Stunde gekocht und lauwarm in ein irdenes Geschirr über den Hasen gegossen. In dieser Beize stellt man ihn an einen kühlen Ort und dreht ihn öfters um. Will man ihn braten, so nimmt man ihn aus der Marinade, salzt ihn, läßt in der Bratpfanne Butter heiß werden, übergießt ihn damit, gießt etwas Fleischbrühe und Beize hinzu und brät den Hasen weich unter fleißigem Begießen mit Butter und zuletzt mit sauerem Rahm.

453. Hasenjung (Hasenpfeffer).

Das wie in Nr. 450 angegebene Hasenjung wird in kleinere Stücke mit dem Beile zertheilt, aus dem Kopfe die Augen ausgenommen, derselbe gespalten und das Jung sogleich mit der Beize wie in vorhergehender Nummer übergossen und einen oder mehrere Tage in derselben liegen gelassen. Dann gibt man Salz und Pfeffer dazu und dünstet dasselbe, bis es fast weich ist. Ein halbes Pfund Bauchlappen von Schweinefleisch ist gut zum Mit-

bünsten. Nun wird ein dunkles Einbrenn von Schmalz, einem
großen Stück Butter oder anderem guten Fett mit 2 Eßlöffeln Mehl
und 1 Stück Zucker gemacht, dieses mit dem Hasenabsud abgerührt
und der Hase dann damit aufgekocht. Kurz vor dem Anrichten
gießt man eine halbe Tasse Hasen-, Tauben- oder Schweinsblut
daran und läßt es nicht mehr kochen, sondern richtet es gleich an;
Herz und besonders Leber müssen früher aus der Sauce heraus-
gelegt werden, da sie sonst zu hart werden. Man gibt Knödel,
geröstete Kartoffeln oder Kartoffelnudeln dazu.

454. Hasenpastete.
Siehe Wildpretpastete Nr. 538.

Vom Reh.

Das Reh liefert uns den feinsten und besten Braten vom
Wildpret. Die Schußzeit dauert vom 1. Juni bis 2. Februar,
am besten ist es aber vom September bis Februar; beim Einkauf
sehe man darauf, daß das Fleisch hellroth und zart sei und eine
gewisse Festigkeit habe. Für 3 Personen theilt man den Rücken
oder Schlegel in 2—3 Stücke; Ueberreste des Bratens liefern eine
vorzügliche kalte Platte.

455. Gebratener Rehrücken (Ziemer).

Der Rehziemer wird mit einem Tuche abgerieben und in ein
mit Essig befeuchtetes Tuch geschlagen, welches man öfters erneuert;
er kann so mehr als eine Woche aufbewahrt werden. Jedenfalls
ist es gut, wenn das Fleisch wenigstens 2—3 Tage abliegt, doch
braucht man es für so kurze Zeit nicht in ein Essigtuch zu schlagen.
Ist die Haut fein abgelöst, so wird der Rücken mit Salz, Pfeffer,
drei zerdrückten Wachholderbeeren und einer Nelke eingerieben und
gleichmäßig gespickt. Sodann gibt man in die Bratpfanne ein großes
Stück Butter, läßt es heiß werden, übergießt den Ziemer sogleich
damit und läßt ihn unter fleißigem Begießen im Rohre weich
braten. In die Sauce gibt man öfters Suppe oder heißes Wasser
nach; das Fleisch selbst jedoch beträufelt man mit Zitronensaft
und übergießt es, wenn es halb fertig ist, öfters mit saurem Rahm.
In 1—1½ Stunde wird der Braten fertig sein. Beim Anrichten
löst man das Fleisch knapp von dem Gerippe, schneidet es in
schiefe Scheiben, die man wieder zusammenschiebt, auf das Gerippe
gibt und mit etwas Sauce übergießt, deren Rest man eigens dazu

servirt. Man kann das Fleisch mit feingeschnittener Zitronenschale überstreuen und gibt dazu gedünstete Kastanien, Macaroninudeln, kleine Pastetchen, gebackene Kartoffeln, auch Kompote, Essigfrüchte oder Salat.

456. Gebratener Rehschlegel.

Derselbe wird ganz wie der Rehrücken Nr. 455 bereitet, nur muß er 2—3 Stunden braten.

457. Gebeizter Rehbraten.

Rehrücken und Schlegel, auch die Schulter wird, nachdem sie einige Tage abgelegen sind, wie der gebeizte Hase Nr. 452 gespickt, marinirt und gebraten.

458. Gedämpfte Rehschulter.

Die Rehschulter wird rein gewaschen, das Bein vom zweiten Gelenke an ausgelöst, dann geklopft, mit Salz, Pfeffer und feingewiegter Zwiebel, Petersiliengrün und Zitronenschale, sowie etwas Speck auf der inneren Seite bestreut, zusammengerollt und mit Bindfaden umwickelt. Dann wird sie außen gespickt, gesalzen und im Butter nebst etwas feingeschnittenen Wurzeln, Lorbeer, Pfefferkörnern und Nelken gedämpft und mit etwas Essig und Fleischbrühe angegossen, bis sie weich und braun gedünstet ist. Zum Schlusse staubt man die Sauce etwas oder gibt 1 Löffel Brodbröseln dazu und gießt sie mit Suppe oder einem Glas Rothwein auf; auch kann man 2 Eßlöffel sauren Rahm der Sauce beifügen. Beim Anrichten wird der Bindfaden herausgezogen, das Fleisch in runde Scheiben geschnitten und der Saft rein entfettet darüber geseiht.

459. Rehragout.

Brust, Hals, Bug oder Schulter werden in kleinere Stücke getheilt und in einem irdenen Topf mit der Beize, wie der Hase Nr. 452 übergossen und ebenso wie das Hasenjung Nr. 453 bereitet. Der Sauce gibt man gerne ein Glas Wein bei.

460. Rehleber.

Die Leber wird rein gewaschen, die Haut abgezogen und die Leber in dünne Scheiben geschnitten. Dann läßt man in einer Pfanne frische Butter heiß werden, röstet die Leber nebst fein geschnittener Zwiebel darin, streut erst vor dem Umbrehen Salz und Pfeffer und dann etwas Mehl darüber und kocht sie, wenn sie Farbe hat, mit etwas Essig oder Wein schnell auf.

Vom Hirsch.

Hirschfleisch ist in der Regel ein etwas strengerer Braten, der erst durch längeres Beizen mürber gemacht wird (wird auch Rothwild oder Edelwild genannt). Nur das Fleisch der jungen Thiere, die in den ersten 6 Monaten Wildkälber und bis zum 2. oder 3. Jahr Schmalthiere heißen, ist ganz vorzüglich, zart, saftig und leicht verdaulich. Am besten ist es vom Juni bis September. — Rücken oder Schlegel theilt man für den kleineren Bedarf zum Braten oder Dünsten in Stücke.

461. Hirschkalbrücken gebraten.

Man läßt den Rücken eines Hirschkalbes oder Spießers einige Tage gut abliegen, löst dann die Haut fein ab, salzt und spickt ihn schön oder belegt ihn und überbindet ihn mit Speckscheiben und brät ihn 2 Stunden bei mäßiger Hitze. Man beträufelt ihn öfters mit Zitronensaft und Butter und gibt eine halbe Stunde vor dem Fertigwerden einige Löffel sauren Rahm darüber.

462. Hirsch- oder Gemsrücken marinirt.

Ein gut abgelegener Rücken wird gewaschen in ein irdenes Geschirr gelegt, dann 1 Zwiebel, 1 gelbe Rübe, 1 Petersilienwurzel fein geschnitten, 2 Lorbeerblätter, einige Gewürznelken, Zitronenschalen, einige zerdrückte Wachholderbeeren und Pfefferkörner in Essig mit Wasser nach Geschmack verdünnt oder auch mit einem Theil rothen Weines vermischt eine halbe Stunde abgekocht und diese Beize lauwarm über das Fleisch gegossen und so über Nacht oder nach Belieben auch mehrere Tage marinirt. Alsdann wird der Rücken gehäutet, schön gespickt und gesalzen, nebst der Marinade im Bratofen langsam weich gebraten und mit Butter öfters überstrichen. Man kann eine Viertelstunde vor dem Anrichten 1 Eßlöffel Mehl in die Sauce rühren oder den Braten mit saurem Rahm übergießen.

463. Gedämpfter Hirsch- oder Gemsschlegel

wird geklopft, dann wie vorhergehender Rücken (Nr. 462) eingerichtet, mehrere Tage marinirt, und nachdem er gehäutet, mit fingerlangen Streifen Speck, welche mittels eines Messers immer in zweifingerbreiten Zwischenräumen in das Fleisch eingesteckt werden und vorher in Salz und Pfeffer umgedreht wurden, gespickt, dann gut gesalzen in ein passendes Geschirr gelegt, ein Theil der Marinade und etwas Suppe dazu gegossen, gut zugedeckt und weich gedünstet, bis er eine schöne Farbe hat. Dann nimmt man das Fleisch heraus, röstet in dem zurückgebliebenen Saft 3 Kochlöffel Mehl, rührt es mit Fleischbrühe und je nach Bedarf mit noch etwas Marinade oder 1 Glas Rothwein, sowie etwas gestoßenem Zucker ab, läßt es gut aufkochen und gibt den Schlegel wieder hinein. Beim Anrichten schneidet man das Fleisch in schöne Scheiben, die man auf der Schüssel wieder zusammenschiebt, gibt die Sauce durch ein Sieb darüber und garnirt den Braten mit runden, gebratenen Kartoffeln.

464. Hirschziemer mit Kruste.

Man dünstet den Hirschziemer wie den Schlegel Nr. 463 weich, dann legt man ihn zerschnitten und wieder zusammengeschoben auf eine Schüssel und gibt etwas von der Brühe dazu. Die Kruste wird ganz wie bei Wildschwein Nr. 467 bereitet.

465. Braun eingemachtes Hirschwild.

Theile der Brust, Schulter ꝛc. werden gewaschen, in schöne Stücke zerhauen und wie Nr. 452 in einem irdenen Geschirre mehrere Tage marinirt, dann gesalzen und in einem Theil der Marinade weich gedünstet. Währenddem röstet man 2 Eßlöffel Mehl in heißer Butter oder Suppenfett mit einem Eßlöffel gestoßenem Zucker dunkelbraun, gießt es mit dem Saft des Hirschwildes und etwas Suppe auf und läßt es eine halbe Stunde kochen. Dann gibt man die Fleischstücke schön zugeschnitten in ein anderes Geschirr, seiht die Sauce darüber, läßt sie damit noch eine Viertelstunde kochen, entfettet sie, und gibt noch etwas Zitronensaft dazu. Schinken-, Leber- oder Semmelknödel können dazu servirt werden.

Wildschwein.

Beim Einkauf sehe man, daß man nur Fleisch von einem Frischling bekommt, dessen Schwarte zart und die Knochen fein sind. Am besten ist Wildschweinfleisch im November und Dezember. In Sulze läßt es sich mehrere Monate aufbewahren.

466. Gebratenes Schwarzwildpret.

Ein Stück von einer Wildschweinskeule oder vom Rücken wird eine Stunde eingewässert, dann von der gebrannten Haut alles Unreine mit dem Messer abgeschabt, die gröbsten Knochen ausgelöst oder abgehackt und das Fleisch in eine irdene Bratpfanne gelegt. Nun wird es gesalzen, mit fein geschnittenen Zwiebeln, gelben Rüben, Sellerie, einigen Pfefferkörnern, Nelken und zerdrückten Wachholderbeeren überstreut und mit Weinessig, besser noch mit Roth- oder Weißwein, begossen und zugedeckt, 2—3 Tage unter öfterem Umbrehen marinirt. Dann nimmt man es heraus, schneidet die Schwarte kreuzweise ein, damit sie besser zum Tranchiren ist, legt das Fleisch in eine Bratpfanne, übergießt es mit heißer Butter, gibt die Marinade zum Fleisch und brät es 2—3 Stunden unter fleißigem Begießen und Nachgießen von etwas Suppe weich. Die gebrannte Haut kann man auch ablösen; wenn das Schwarzwild halb ausgebraten ist, wendet man es nicht mehr um und läßt es schön gelb braten. Beim Anrichten entfettet man die Sauce und seiht sie über das Fleisch; man kann dazu eine Hagebutten- oder Kapernsauce nebst gebratenen Kartoffeln geben.

467. Wildschwein mit Kruste.

Ein Stück der Keule oder des Rückens wird, wie in Nr. 466, gereinigt, marinirt, weich gebraten oder kurz eingedünstet, dann schneidet man es in schöne Schnitten, legt diese auf eine Schüssel, schiebt die Schnitten wieder ganz zusammen und gibt genügend von der Brühe dazu. Dann bestreicht man oben das Fleisch mit Ei, mischt unter Bröseln von Roggenbrod etwas Zucker, gestoßene Nelken und Pfeffer, streut dies auf das Ei, beträufelt es mit Butter, stellt die Schüssel in's Rohr, bis die Bröseln steif sind, und wiederholt dies, bis es eine kleine fingerdicke Kruste bildet, die leicht gefärbt und etwas hart geworden ist. Man gibt Hagebutten-, Orangen- oder eine andere beliebige süße Sauce dazu.

468. Wildschwein in brauner Sauce.

Rippen, Brust oder Bug werden rein gewaschen und ebenso behandelt und marinirt wie der Braten Nr. 466 und in der Beize weich gedünstet. Unterdessen röstet man in Butter oder Bratenfett 2 Eßlöffel Mehl nebst einem halben Löffel gestoßenen Zucker dunkelbraun, füllt es mit der obigen Beize auf und läßt es gut zusammen kochen. Das weichgedünstete Fleisch schneidet man dann in Stücke, seiht die Sauce darüber, gibt noch Zitronensaft und ein Glas Wein dazu und läßt es zusammen aufkochen. Man kann es mit Pastetchen oder gebackenen Semmelschnitten garniren.

Gesulztes Schwarzwild

siehe Nr. 532.

469. Tranchiren.

Allgemeine Regel beim Tranchiren von Braten und Rindfleisch ist, die Fleischfasern immer quer zu durchschneiden. Die abgeschnittenen Stücke dürfen weder zerrissen noch zersetzt sein, sondern müssen ein gutes Aussehen haben, rein tranchirt und weder zu groß noch zu klein sein. Man braucht dazu einen starken hölzernen Tranchirteller, ein scharfes dünnes Messer für Braten, ein scharfes starkes Messer für Geflügel und eine starke zweizinkige Gabel.

Huhn. Als Erstes schneidet man den Kopf mit dem Halse ab, trennt dann beide Schenkel an den Gelenken ab und theilt sie, wenn man will, noch einmal in zwei Theile, wenn das Huhn besonders groß ist; dann schneidet man die Flügel herunter, läßt aber ein kleines Stück von dem Brustfleisch daran, löst die übrige Brust in zwei Theilen knapp von dem Brustbein ab und theilt das übrige Gerippe zuerst querüber und dann der Länge nach in zwei Theile.

Kapaun. Hals, Schenkel und Flügel werden wie beim Huhn tranchirt, nur schneidet man das Brustbeinchen beim Halse schräg ab, theilt die Brust in schöne Schnitten, löst die Sporen rechts und links vorne vom Brustknochen, schneidet diesen von den Rippen weg und theilt das übrige Gerippe der Länge nach ebenfalls in 2—3 Stücke.

Der Indian wird ganz wie der Kapaun tranchirt, nur schneidet man das Brustfleisch in schrägen feinen Schnitten ab, die man beim Anrichten schön auf die Platte obenauf schichtet. Ist es ein starker Indian, so zerlegt man das Gerippe auf dem Hackstock der Länge nach in kleinere Stücke.

Die Gans wird gleich dem Indian tranchirt.

Tauben, Rebhühner und ganz junge Hühner werden der Länge nach über die Brust hin zertheilt, dann jeder Theil nochmals in der Mitte quer durchschnitten, so daß man vier Theile erhält.

Krammetsvögel, Drosseln und Lerchen werden ganz zu Tisch gegeben, anderes Wildgeflügel fast ausschließlich wie ein junges Huhn tranchirt.

Hase. Für den einfachen Tisch theilt man den Hasenrücken meist querüber in zweifingerbreite Stücke, am besten mit dem Wiegmesser, zum Serviren aber löst man das Fleisch vorsichtig vom Rückgrat und schneidet es in längliche Stücke schräg durch, schiebt diese wieder zusammen und gibt sie auf das Gerippe. Die Schenkel löst man ab, zertheilt sie in kleinere Stücke und schiebt sie wieder in ihre frühere Lage, wenn der Hase ganz auf die Tafel gebracht werden soll.

Rehrücken. Man löst das Fleisch sorgfältig vom Rückgrat ab und schneidet es schräg in längliche Stücke, die man sogleich wieder zusammenschiebt und auf das Gerippe legt, um ihn wie ganz zu serviren.

Rehschlegel. Das Fleisch wird in drei Stücken vom Beine gelöst, dann jedes gegen die Fasern in gleiche schöne Stücke geschnitten. Will man das Fleisch nicht vom Beine lösen, so schneidet man es schief in schöne, dünne, handgroße Stücke.

Spanferkel. Man steckt die Gabel unmittelbar hinter dem Kopf in den Hals, haut zuerst den Kopf ab, den man spaltet, und dann das sogenannte Kränzchen, ein zweifingerbreites Stück vom Halse. Nun schneidet man den rechten Schenkel, den man wieder in 2 Stücke theilt, dann den Vorderfuß ab, ebenso den linken Schenkel und Vorderfuß, haut den Rücken in 4—5 Theile, legt das Fleisch auf eine gut gewärmte Platte, den Kopf obenauf und garnirt es mit Zitronenscheibchen und Brunnenkresse.

Kalbs- und Hammelschlegel wird wie der Rehschlegel tranchirt.

Nierenbraten. Das Rückgrat muß schon roh beim Einkauf vom Metzger durchgehackt werden. Man schneidet dann zuerst die Niere heraus und theilt sie in schöne Scheiben, dann löst man das lappige Fleisch ab und schneidet es in kleinere Stücke, die Rippen tranchirt man nach ihrer Eintheilung. Von den größten Rippen kann man das Fleisch zu zwei Kotelettes theilen. Zum Serviren legt man zu jeder Schnitte Braten ein Stück Niere.

Gefüllte Kalbsbrust. Die Brust wird auf dem Tranchirbrett umgekehrt und, wo die Rippen an die Knorpeln anstoßen, was leicht zu sehen ist, der Länge nach in zwei Theile getheilt. Nun müssen die Knorpeln zuerst stückweise geschnitten werden, dann schneidet man die Rippen Stück für Stück nach ihrer natürlichen

Eintheilung mit der gehörigen Fülle ab. Man muß das Messer nur leicht ansetzen, damit die Fülle nicht herauskommt.

Lendenbraten, Rindsbraten schneidet man quer durch die Fasern in halbfingerdicke Scheiben, ordnet ihn dann in seiner früheren Form oder im Kranz auf eine Platte und begießt ihn mit seinem eigenen Saft.

Rindfleisch. Man schneidet dasselbe in halbfingerdicke Scheiben quer durch die Fasern, schiebt es wieder zusammen, ordnet es, daß das Fett gegen oben zu stehen kommt, bestreut das Fleisch mit Salz und gießt einen Löffel heiße Fleischbrühe darüber.

Alles Fleisch oder Geflügel begießt man mit 2—3 Löffeln seines eigenen Saftes.

Garnirung.

Jede Platte mit Fleisch, Geflügel oder Fisch soll zum Mindesten mit Petersiliengrün verziert werden. Man kann denselben weißen geriebenen Meerrettig, Monatrettige, Bratkartoffelchen, Zitronenscheibchen oder auch Blümchen von geschabten rothen, gelben oder weißen Rüben, die man mit der Messerspitze unter das Petersiliengrün gibt, beifügen. Die Beinchen der Kotelettes umgibt man mit einer kleinen Manschette aus ausgefranstem Papier. In den Schnabel des Geflügels oder den Rachen des Fisches kann man ein kleines Zweigchen Epheu oder dgl. geben und bei Fischen dem Kranz von Petersiliengrün kleine gekochte Krebse oder einige lebende Blumen, wie z. B. Tag- und Nachtschatten, beifügen.

Gedämpftes Fleisch wird meist mit einem Kranz gemischter junger Gemüse, Blumenkohlröschen, Spargelspitzen, grünen Erbsen, jungen Carotten, kleinen Kartoffeln oder mixed picles verziert.

Ragoutschüsseln garnirt man mit verschiedenen feinen Knödelchen, Pastetchen, sowie dreieckige, herz- oder sternförmig ausgestochene und in Butter goldbraun gebackene Weißbrotschnittchen.

Gebackenes Fleisch, Fisch ꝛc. verziert man mit Petersilie, die man frisch und völlig trocken in dem kochenden Schmalz bäckt, wozu man es am besten in ein selbstgemachtes Drahtkörbchen legt, das man hinein halten kann.

Bei Sulzen und kalten Platten ist stets die Verzierung gleich bei den Rezepten angegeben.

Fische.

Bei Flußfischen ist vor Allem darauf zu sehen, daß sie frisch sind, man kauft die meisten daher lebend, besonders Forellen, Karpfen, Hechte ꝛc., d. h. solche Fische, die in unseren Gewässern vorkommen. Im Winter wird jetzt großer Handel mit auswärtigen Fischen betrieben, die Preise werden dadurch auch billiger, doch sehe man bei todten Fischen stets darauf, daß Augen und Schuppen klar und glänzend, die Kiemen lebhaft roth sind; der ganze Fisch muß steif sein und einen frischen Fischgeruch haben. Sind die Kiemen bleich, so ist der Fisch nicht zu gebrauchen.

470. Tödtung und Zubereitung der Fische.

Man töbtet die Fische, wenn man mit dem Messerrücken stark auf das Genick schlägt und mit einem scharfen Messer der Länge nach einen Finger breit in die Spitze des Schwanzes schneidet.

Fische, die man schön blau sieden will, müssen bis zur Bereitung lebend im Wasser bleiben. Es eignen sich dazu Lachse, Saiblinge, Forellen, Hechte, Huchen, Rutten, Aale, Blaufelchen, Grundeln ꝛc., überhaupt Fische, die nicht geschuppt werden müssen. Man töbtet sie daher erst durch einen Schlag auf den Kopf mit dem Messerrücken, wenn der Essig schon kocht, hält sie nur bei den Halsflossen und legt sie auf ein stark naß gemachtes Brettchen zum Ausnehmen, damit der Schleim nicht abgewischt werde, schneidet sie längs des Bauches auf, nimmt an den Gräten aufwärts fahrend Gedärme, Herz und Blut aus, wäscht sie, steckt den Schwanz in den Rachen, befestigt ihn mit einem spitzen Hölzchen und übergießt sie mit $1/4$ Liter kochenden Essig, was sie sogleich blau färbt, gibt dann vorsichtig am Rand den abgekochten Fischsud dazu, zu welchem man um soviel weniger Essig nimmt, als man zum Uebergießen der Fische schon genommen. Will man nicht die schöne blaue Farbe erzielen, so legt man sie einfach in den kochenden Fischsud.

Die meisten Fische werden geschuppt. Von allen wird der Leib aufgeschnitten, die Eingeweide ausgenommen, von der Leber die Galle vorsichtig entfernt und der Fisch gut gewaschen. Eine Hauptsache ist, daß jeder Fisch gut gesalzen wird. Ob der Fisch fertig gekocht ist, sieht man, wenn die Augen scharf und spitzig hervortreten und wenn sich die Flossen leicht herausziehen lassen, bei zerschnittenen, wenn sich das Fleisch von der Gräte löst. Wenn man die Fische im Sude liegen läßt, kann man sie ein paar Tage aufbewahren. Beim Backen sehe man darauf, daß das Schmalz heiß ist, da der Fisch sonst nicht rösch wird, daß aber die Pfanne mit Schmalz nicht auf zu starkem Feuer steht, damit der Fisch nicht innen roh und außen verbrannt ist. Es ist gut, jeden fertig gebackenen Fisch mit der Gabel etwas über die Kohlengluth zu halten, damit er rösch bleibt, und stelle ihn nie in das Rohr, um ihn warm zu erhalten, da er sonst weich wird, sondern richte ihn, nach dem Entfetten auf Löschpapier, rasch an.

471. Fischsud.

Nr. I. Man nimmt 1 Theil Essig und 2 Theile Wasser, soviel, daß es über den Fisch geht, 1 gelbe Rübe, Petersilie, 1—2 Zwiebeln, Zitronenschale, etwas Sellerie, 2—3 Lorbeerblätter, 2 Nelken, 1 Kaffeelöffel Pfefferkörner und ziemlich viel Salz und kocht Alles zusammen eine Viertelstunde.

Nr. II. Hiezu nimmt man 2 Theile guten Wein, 1 Theil Wasser und 1 Theil Essig, 1—2 Zwiebeln, 1 gelbe Rübe, Petersilie und Zitronenschale, 2—3 Lorbeerblätter, 2 Nelken, 1 Kaffeelöffel Pfefferkörner und ziemlich viel Salz und kocht es eine Viertelstunde.

472. Rheinsalm oder -Lachs.

Man bekommt denselben in Stücken nach dem Gewicht zu kaufen. Nur gleich im Anfang des Winters ist er weniger schmackhaft, sonst bleibt er das ganze Jahr hindurch gleich gut. Man läßt sich denselben gleich in fingerbreite Scheiben schneiden und rechnet ½ Kilo für 3—4 Personen.

473. Blau abgesottener Salm, Lachs.

Man kocht Fischsud (Nr. 471, Nr. II), gibt den Salm rein geputzt und gewaschen in den kochenden Sud, zieht denselben, sobald er einmal aufgekocht hat, an die Seite des Feuers und läßt ihn gut zugedeckt ziehen. Nach einer Viertelstunde wird er fertig sein. Man servirt dazu Sauce hollandaise (Nr. 114), zerlassene Butter ober Essig und Oel und garnirt die Platte mit Petersiliengrün und rund geschälten, in Salzwasser gekochten Kartoffeln.

Kalt: Wie oben gekocht, gibt man ihn kalt in Mayonnaise (Nr. 125). Im Sud liegend kann man ihn ein paar Tage aufbewahren.

474. Blau abgesottene Forellen.

Nachdem die lebenden Forellen nach Nr. 470 getödtet, ausgenommen, gewaschen und mit Essig überbrüht wurden, kocht man Fischsud (Nr. 471, Nr. II) ohne Essig, übergießt damit vorsichtig die Forellen und läßt sie kochend heiß eine Viertelstunde langsam ausziehen, aber ja nicht kochen, da sie sonst aufspringen. Man garnirt sie mit Petersilie und Blumen und gibt zerlassene Butter, holländische Sauce (Nr. 114) oder Essig und Oel dazu.

475. Forellen in Mayonnaise.

Wenn die Forellen wie oben blau abgesotten sind, stellt man sie in ihrem Sude kalt bis zum Gebrauch und servirt sie in Mayonnaise (Nr. 252) oder über kalter Eiersauce mit Senf (Nr. 119) mit gehackter Aspik außen herum garnirt.

476. Gebackene Forellen.

Kleine Forellen werden rein geschuppt, ausgenommen, gewaschen, auf beiden Seiten eingeschnitten, größere in zweifingerbreite Stücke geschnitten, eingesalzen und so eine halbe Stunde zugedeckt stehen gelassen. Dann werden sie in Mehl umgekehrt, in mit etwas Wasser abgeschlagene Eier getaucht, mit Bröseln bestreut und aus heißem Schmalz lichtbraun gebacken, auf Löschpapier gelegt und warm angerichtet mit Zitronenstückchen und gebackener Petersilie garnirt und grüner Salat dazu servirt. Beim Backen beachte man genau die Bemerkung darüber bei Nr. 470.

477. Lachsforellen und Saiblinge.

Werden stets blau abgesotten und ganz wie die Forellen Nr. 474 und 475 behandelt und garnirt. Rund geschälte, in Salzwasser gekochte und in Butter und gewiegter Petersilie geschwungene Kartoffeln können in einem Kranze dazu gegeben werden.

478. Huchen.

Der Huchen hat Aehnlichkeit mit dem Lachse und nimmt nach diesem und den verschiedenen Forellenarten den ersten Platz unter den Fischen ein. Sein Fleisch ist sehr weiß, schmackhaft und gut. Er wird meist wie Lachs oder Forelle Nr. 474 blau abgesotten und mit zerlassener Butter oder holländischer Sauce Nr. 114 servirt; doch kann man auch Champignonsauce oder Trüffelsauce Nr. 109 u. 110 dazu geben.

479. Gebratener Huchen.

Der Huchen wird rein geschuppt, der Bauch aufgeschnitten, rein ausgenommen, gewaschen und gut eingesalzen. So läßt man ihn 1—2 Stunden liegen. Man gibt ihn dann in eine gut mit Butter bestrichene Bratpfanne, beträufelt ihn mit Zitronensaft, übergießt ihn fleißig mit heißer Butter und gibt beim Anrichten englische Butter Nr. 230 darauf. Nach Belieben kann man ihn statt mit Butter mit saurem Rahm übergießen. Auch kann man ihn spicken und braten wie Hecht Nr. 490.

480. Huchen in Sauce.

Der Huchen wird rein geschuppt, ausgenommen, gewaschen und gut eingesalzen 1—2 Stunden liegen gelassen. Unterdessen läßt man ein großes Stück Butter oder Suppenfett heiß werden, röstet feingeschnittene Suppenwurzeln, sowie eine Zwiebel darin lichtgelb, staubt 2 Eßlöffel Mehl dazu und röstet es noch etwas mit den Wurzeln. Dann gießt man es mit der nöthigen Fleisch- oder Wurzelbrühe auf, gibt 3 Löffel Essig und einen guten Löffel Wein, sowie ein Lorbeerblatt und einige Pfefferkörner dazu und läßt Alles zusammen eine halbe Stunde aufkochen. Hat die Sauce gehörig durchgekocht, so seiht man sie über den Huchen und brät denselben langsam im Bratrohre lichtbraun. Ist er fertig, so richtet man ihn auf eine längliche Platte an und gießt die Sauce darüber, nachdem man ein Stück Sardellenbutter gut damit verrührte.

481. Karpfen.

Es gibt verschiedene Arten Karpfen: Spiegelkarpfen, Teich- oder Mooskarpfen, Lederkarpfen ꝛc. Die Teichkarpfen von 2—3 Kilo sind sehr gut und die Spiegelkarpfen, die nur wenige Schuppen haben und sonst mit einer Schleimhaut bedeckt sind, gelten für die besten und fettesten. Man sehe besonders darauf, daß ein Teich- karpfe nicht nach Moos schmeckt, wobei man sich freilich auf den Fischer verlassen muß, der genau weiß, aus welchem Teich der Fisch kommt. Man kaufe ihn nur lebend, doch da man ihn in jeder größeren Stadt auch in Stücke getheilt bekommt, so nehme man für den kleineren Bedarf statt eines kleinen Karpfen lieber ein schönes Stück von einem großen, da die kleineren Fische viel mehr Gräten und weniger kerniges Fleisch haben.

482. Abgesottener Karpfen.

Der Karpfen wird geschuppt, aufgeschnitten, ausgenommen und gut ausgewaschen, dann in Stücke zerschnitten oder auch ganz in den kochenden Fischsud 471 Nr. I gegeben, nach dem Aufkochen an die Seite des Feuers geschoben und zugedeckt eine halbe Stunde ziehen gelassen. Man gibt Essig und Oel oder holländische Sauce dazu und garnirt ihn mit Zitronenstückchen, oder man bestreut ihn dicht mit geriebenem Meerrettig, Kopf und Schwanz ausgenommen, garnirt ihn mit grüner Petersilie und gibt etwas Fischabsud extra dazu.

483. Gebackener Karpfen.

Der Karpfen wird, nachdem er geschuppt, ausgenommen und gut ausgewaschen ist, in zweifingerdicke Stücke geschnitten, diese mit Salz und etwas Pfeffer bestreut und übereinander gelegt eine Stunde stehen gelassen. Nun werden die Stücke ganz wie die Forellen Nr. 476 gebacken. Will man die Eier zum Backen weglassen, so muß man eine Mischung von Mehl und Semmelbröseln zum Umkehren wie bei Grundeln Nr. 502 machen, doch ist die erstgenannte Art besser.

484. Karpfen in schwarzer Sauce.

Man nimmt ein Stück Schmalz oder Butter, läßt es heiß werden und röstet 2 Eßlöffel Mehl mit einem halben Eßlöffel gestoßenen Zucker dunkelbraun, rührt es mit Fastenbrühe oder Wasser zu einer dicklichen Sauce, in welche man Zitronenschale, Zwiebeln, gelbe Rüben, Sellerie, Alles fein geschnitten, 1 Lorbeerblatt, 2 Nelken, einige Pfefferkörner, nebst 1 Stück geriebenen, braunen Lebkuchen gibt und mit 1 Gläschen Essig und nach Belieben ebensoviel Wein 1 Stunde gut kochen läßt. Unterdessen wird der Karpfen geschuppt, ausgenommen, gut gewaschen, in schöne Stücke geschnitten und mit Salz bestreut liegen gelassen. Eine halbe Stunde vor dem Anrichten gibt man ihn in die geseihte Sauce und läßt ihn damit langsam kochen. Besser noch wird die Sauce, wenn man nach dem Abschlagen den Karpfen am Bauch gegen den Schwanz hin aufsticht, das Blut in einer Tasse, worin etwas Essig ist, auffängt und es dann vor dem Anrichten in die Sauce rührt.

Oder: Man kocht die geschnittenen Stücke Karpfen eine halbe Stunde wie in Nr. 482, hebt sie heraus, gießt mit dem Sud ein dunkles Einbrenn von Schmalz, Mehl und Zucker (wie oben beschrieben) auf, gibt geriebenen Lebkuchen, Zitronenschale und

1 Gläschen Wein bazu, läßt es gut kochen und seiht die Sauce über den angerichteten Karpfen. Man gibt gewöhnlich Semmelknödeln (Nr. 586), Kartoffeln in der Schale oder Wassernudeln (Nr. 578) dazu.

485. Gebratener Karpfen.

Der Karpfen wird wie der vorhergehende in Stücke zerschnitten und mit Salz und Pfeffer bestreut. Dann bestreicht man eine Bratpfanne mit Butter, legt auf 2 Lorbeerblätter die Karpfenstücke, beträufelt sie mit Zitronensaft und mit sauerem Rahm, bestreut sie mit Semmelbröseln und brät sie schön lichtbraun.

486. Barben.

Sie gehören zum Geschlecht der Karpfen und werden daher auch in allen Arten wie jene zubereitet.

487. Schleien.

Das Fleisch der Schleie ist mehr trocken als hart und hat meistens einen moderigen Geruch.

Sie werden wie die Karpfen gebacken.

488. Gedünstete Schleien.

Die Schleie wird rein geschuppt, ausgenommen, gut ausgewaschen, in Stücke getheilt und mit Salz und Pfeffer bestreut. Dann läßt man in einer Kasserole Butter zerschleichen, aber nicht heiß werden, gibt 2 Eßlöffel gewiegte Petersilie, Zwiebeln und Zitronenschale, sowie den Fisch dazu und läßt ihn auf beiden Seiten lichtgelb werden. Nun stäubt man etwas Mehl darüber, gießt es mit 1 Glas Wein, Suppe oder Wasser an, würzt es mit etwas Zitronensaft und läßt den Fisch langsam dünsten.

489. Blau abgesottener Hecht.

Der Hecht hat ein kerniges, weniger weichliches Fleisch, daher muß er auch etwas länger kochen, als die anderen Fische. Ein solcher von $3/4$—1 Kilo Schwere wird geschuppt, ausgenommen, gewaschen und der Schwanz in den Rachen gesteckt. Sodann kocht man Fischsud (Nr. 471, Nr. I), legt den Fisch hinein, läßt ihn auflochen, zieht ihn an die Seite des Feuers und läßt ihn eine gute halbe Stunde ausziehen. Man hebt ihn dann behutsam auf eine runde Schüssel, garnirt diese ringsum mit runden, kleinen, in

Salzwasser gekochten Kartoffeln und übergießt Fisch wie Kartoffeln mit in heißer Butter aufgekochter, feingewiegter Petersilie oder servirt extra holländische Sauce (Nr. 114) oder Essig und Oel dazu.

490. Gebratener Hecht.

Nachdem der Hecht geschuppt, ausgenommen, gewaschen und gut gesalzen ist, läßt man ihn eine Stunde liegen. Dann macht man an ihm 3—4 Einschnitte, stellt ihn auf den Bauch der Länge nach oder mit dem Schwanz in dem Rachen in eine butterbestrichene Bratpfanne, reibt ihn etwas mit feingewiegter Zwiebel und Zitronenschale ein, bestreut ihn mit Semmelbröseln, beträufelt ihn mit zerlassener Butter, gießt eine Tasse saueren Rahm darunter und übergießt ihn von Zeit zu Zeit mit saurem Rahm, aber ohne die Kruste zu verletzen und läßt ihn in nicht zu heißem Rohr schön gelb backen. Ist der Fisch fertig, so legt man ihn auf die gewärmte Platte, stäubt die Sauce etwas mit Mehl, läßt sie mit Fleisch= oder Wurzelbrühe schnell aufkochen und gibt sie geseiht über den Fisch.

Mit Sardellen: Der Hecht wird ganz wie der vorhergehende, nur ohne Semmelbröseln bereitet, dafür Sardellen nebst Zwiebeln, Petersilie und Zitronenschalen gewiegt, die Einschnitte damit gefüllt und ebenso gewiegte Sardellen nebst Zitronensaft oder einigen Tropfen Essig in die Sauce gegeben.

Gespickt: Zum Spicken des Hechtes häutet man den Rücken ab, indem man ein naßgemachtes, scharfes, dünnes Messer beim Schwanz ansetzt und damit unter leichtem Druck mehrfach gegen den Kopf fährt, wodurch die schuppige Haut in Bändern abgeschnitten wird. Man spickt ihn alsdann schön mit Speck zur ersten Art des Bratens, zur zweiten mit Speck und Sardellen zu gleichen Theilen fein länglich geschnitten.

491. Gedünsteter Hecht.

Nachdem der Hecht geschuppt, ausgenommen, gut gewaschen und gesalzen ist, gibt man in eine Kasserole ein großes Stück Butter, 2—3 Eßlöffel feingewiegte Petersilie, Zwiebeln und Zitronenschalen und den Hecht mit dem Schwanz in dem Rachen oder in einem Fischwännchen auch der Länge nach und dünstet ihn zugedeckt langsam, unter fleißigem Begießen. Die Butter darf nie zu heiß werden, damit die Kräuter nicht braun werden, man gibt daher öfters ein Stück frischer Butter nach und ist der Fisch weich,

Fische.

was ungefähr ³/₄ Stunden dauern kann, so richtet man ihn auf einer gut gewärmten Platte an und gießt die Butter sammt den Kräutern darüber.

492. Gebackener Hecht.

Wird ganz wie der gebackene Karpfen (Nr. 483) bereitet.

493. Gebackener Barsch.

Das Fleisch vom Barsch (Bärschling) ist saftig und kernig. Nachdem man mit einem guten Messer die Flossen abgeschnitten hat, schuppt man ihn entweder mit dem Reibeisen, da die Schuppen fest anliegen, oder legt ihn in laues Salzwasser, wodurch die Schuppen leichter abgehen, nimmt ihn aus, wäscht ihn gut, salzt ihn und bereitet ihn ganz wie die gebackenen Forellen (Nr. 476); doch können sie auch zu Stücke geschnitten und ganz wie der Karpfen gebacken werden.

494. Abgeschmälzter Barsch.

Wenn der Barsch wie vorhergehend hergerichtet ist, wird er ganz oder in Stücke zerschnitten in Fischsud 471 Nr. I langsam weichgekocht. Nun werden 2 Löffel feingewiegte Petersilie, Zwiebel und Zitronenschalen in Butter weichgedämpft und mit etwas Salz und Pfeffer über den angerichteten Fisch und den in Salzwasser gekochten, rings um die Schüssel garnirten Kartoffeln gegossen.

495. Sander, Hechtbärschling,

auch Schill genannt, liefert ein saftiges, mildes Fleisch, das weiß, feinfäbig und schmackhafter als das der Hechte ist. Er wird ebenso wie der Hecht Nr. 489 blaugesotten oder mit Salz, Wasser und etwas Milch kalt zum Feuer gestellt und, wenn er zu kochen anfängt, vom Feuer gezogen und zugedeckt ziehen gelassen. Auf einer Platte angerichtet, gibt man holländische Sauce, heiße Butter mit gewiegter Petersilie oder geriebenem Meerrettig eigens dazu. Kalt ist er gut mit Mayonnaise übergossen.

496. Gebratener Aal.

Das Fleisch der Aale ist von feinem, gutem Geschmack, dabei aber sehr fett und schwer zu verdauen. Man tödtet den Aal, indem man ihn mit einem Tuch beim Kopf nimmt und mehrmals gegen die Tischkante schlägt. Dann wird die Haut rings um den Kopf etwas abgelöst, ein Bindfaden so fest als möglich unter dem

Kopf befestigt, der Aal an einem Nagel aufgehängt, die Haut übergebogen, mit einem Tuch gefaßt und über den ganzen Fisch herabgestreift. Er wird dann aufgeschnitten, ausgenommen, ausgewaschen und in fingerlange Stücke geschnitten (die stachlichen Flossen kann man mit der Scheere abschneiden). Die Stücke werden mit Salz und Pfeffer bestreut, zugedeckt eine Stunde stehen gelassen, dann mit Salbeiblättern umwickelt und in gut warmer Butter langsam im Tiegel gebraten und, mit Zitronenstückchen garnirt, recht heiß zu Tisch gegeben.

497. Blau abgesottener Aal.

Der Aal wird wie vorhergehend gerichtet und in Stücke geschnitten, oder auch ganz mit der Haut im Fischsud 471 Nr. II eine gute Viertelstunde langsam gekocht, dann mit einer holländischen Sauce Nr. 114 heiß zu Tisch gegeben. Gesulzter Aal siehe Nr. 533.

498. Rutten, Kalraupen.

Diese Fische werden ebenso wie der Aal zubereitet.

499. Gebratene Renken.

Das Fleisch der Renken ist sehr zart und wohlschmeckend. Nachdem sie gereinigt, ausgenommen und gewaschen sind, werden sie gesalzen und so eine Stunde stehen gelassen. Dann läßt man Butter in der Pfanne heiß werden, gibt die Renken hinein, bäckt sie auf beiden Seiten schön gelb und richtet sie, mit Zitronensaft beträufelt, zu grünem Salat an, oder übergießt sie mit Sauerampfer, den man zuerst in Butter abdämpfte.

500. Gebackene Renken

werden gebacken, wie die Forellen Nr. 476.

501. Gangfische und Aeschen.

Sie haben Aehnlichkeit mit den Renken und werden ebenso gebraten und gebacken.

502. Gebackene Grundeln.

Die Grundeln werden, nachdem sie gewaschen und abgetrocknet sind, in ein Tuch gelegt, in das man eine Hand voll Mehl, ebenso viel Semmelbröseln und 1 Eßlöffel voll Salz gut durcheinander gemengt hat, und darin so lange gerüttelt, bis sie ganz in Brod und Mehl eingehüllt sind. Sie werden dann aus dem heißen Schmalz rösch gebacken, auf Löschpapier gelegt, nochmals mit fein gestoßenem Salz bestäubt und heiß angerichtet.

503. Blauabgesottene Blaufelchen.

Die Blaufelchen werden, wie in Nr. 470 beschrieben, getödtet und im Fischsud 471 Nr. I blau abgesotten, dürfen aber nicht zum Kochen kommen. Man servirt heiße Butter mit gewiegter Petersilie, Salz und Pfeffer und mit etwas Zitronensaft gewürzt dazu.

504. Gebratene Blaufelchen.

Sie werden wie die Renken Nr. 499 gebraten; nach Belieben kann man ihnen auch ein Salbeiblatt in den Bauch legen und sie mit Zitronenscheibchen garniren.

505. Brachsen

werden ebenso mit einem Salbeiblatt im Bauch in Butter auf der Pfanne gebraten oder wie der Karpfen bereitet.

506. Frische Häringe,

die man nur in den Wintermonaten frisch, d. h. ungesalzen bekommt, werden ebenso wie die Renken Nr. 499 gebraten.

507. Schellfisch, Dorsch und Kabeljau.

Sie sind einander ähnlich, nur hat der erstere einen kleineren Kopf und ein weißeres Aussehen. Sie werden gut gewaschen und entweder ganz oder nach der Größe des Fisches in Stücke geschnitten und zwei Stunden in kaltes, gesalzenes Wasser gelegt. Hierauf bringt man frisches Wasser mit etwas Salz, Pfeffer, Zwiebel, Zitrone, Piment, Nelken und Lorbeerblättern zum Kochen, legt die Fischstücke hinein, gießt etwas Essig dazu, welches das Auseinanderfallen des Fisches verhindert, und läßt das Ganze unter öfterem Abschäumen 10 Minuten kochen. Dann setzt man den Topf vom Feuer, läßt aber die Fischstücke bis zum Anrichten im Wasser liegen. Man servirt dazu: zerlassene Butter mit geriebenem rohen Meerrettig, zerlassene Butter mit Senf und fein geschnittenen gerösteten Zwiebeln oder Buttersauce ohne Fischsud aufgekocht.

508. Stockfisch

heißt im frischen Zustande Kabeljau, gesalzen Laberdan, getrocknet Stock- oder Klippfisch. An manchen Orten bekommt man ihn nicht erweicht, in diesem Falle legt man ihn spätestens Montag Morgens ein, wenn man Freitags Stockfisch kochen will. Der Langfisch ist dem Rundfisch vorzuziehen und soll von weißlicher Farbe, jedoch, vor's Tageslicht gehalten, röthlich sein. Vor dem Einlegen bedeckt man ihn eine halbe Stunde mit kaltem Wasser, dann klopft man ihn mit einem hölzernen Hammer immer stärker, so lange, bis man ihn leicht biegen kann, doch darf man ihn nicht zerfetzen; dann legt man ihn in leichte, nicht zu kalte Lauge. Am nächsten Tag nimmt man ihn heraus, schneidet ihn auf einem Brett der Länge nach durch, zieht von jeder Hälfte die Haut ab, nimmt den gröbsten Grat und die Blase hinweg und legt ihn 24 Stunden wieder in eine nicht zu kalte, schärfere Lauge und aus dieser ebenso lange in eine frische, lauwarme Lauge. Ist er auf diese Art geweicht, grätet man ihn mit einem guten Messer noch besser aus und legt ihn 24 Stunden in weiches, frisches Wasser, das man öfters erneuert.

509. **Abgeschmälzter Stockfisch.**

Den geweichten Stockfisch schneidet man in Stücke, setzt ihn mit kaltem Wasser an's Feuer, läßt es so heiß werden, daß es am Rande Perlen aufwirft und läßt den Fisch so lange damit stehen, bis man die Gräten ausziehen kann. Dann gibt man ihn mit einem Schaumlöffel auf die Platte. Nachdem man in Butter kleingeschnittene Zwiebeln lichtgelb geröstet hat, wird von dem angerichteten Stockfisch das Wasser, welches sich auf der Platte angesammelt hat, abgegossen, etwas Pfeffer und Salz darauf gestreut und die Butter mit Zwiebeln darüber gegossen.

Man kann auch Sauerkraut oder Senf dazu geben.

Oder: Man theilt 1 Kilo Stockfisch, wenn er wie oben fertig gekocht ist, in kleinere Stücke, schält warm gesottene Kartoffeln, schneidet einen halben Häring oder 70 Gramm Sardellen, gewaschen und ausgegrätet, in feine Würfel und wiegt 2 hartgesottene Eier grob oder zerschneidet sie in feine Scheiben. Nun bestreicht man eine Auflaufform aus Porzellan dick mit Butter, gibt eine Lage Stockfisch, eine Lage in Scheiben geschnittene Kartoffeln, dann Häring, Eier, Salz, Pfeffer, feingewiegte Petersilie, 1 Eßlöffel Semmelbröseln, dann wieder Stockfisch ꝛc. hinein, bis Alles aufgebraucht ist, schüttet eine Tasse sauren Rahm darüber, belegt das Ganze schön mit Kartoffelscheiben, begießt es mit zerlassener Butter, bäckt es eine halbe Stunde im Rohr und gibt es heiß zu Tisch.

510. **Laberdan.**

Der Laberdan wird, nachdem er gut ausgewässert ist, in schöne Stücke geschnitten, ohne Salz in eine Kasserole gebracht, mit kaltem Wasser übergossen und am Feuer zugedeckt 1½ Stunden langsam erhitzt, aber nicht gesotten. Ist er fertig, wird er mit dem Schaumlöffel herausgehoben, angerichtet und mit in Butter gelb gerösteten Zwiebeln übergossen. Man servirt Kartoffeln in Salzwasser gesotten und Buttersauce oder Senf dazu.

511. Gekochte Schollen (unächte Seezungen).

Man schuppt die Schollen, nimmt sie auf der weißen Seite aus, schneidet Kopf und Flossen ab, wäscht sie dann sehr sauber, schneidet sie in vierfingerbreite Stücke und legt sie ca. 2 Stunden in kaltes, gesalzenes Wasser. Hierauf kocht man frisches Wasser mit etwas Salz, Pfeffer, Piement, Nelken, Zwiebel, Lorbeerblättern, gelben Rüben, Sellerie, Petersilie, würzt es mit etwas Essig, gibt die Stücke hinein und läßt sie ca. 10 Minuten kochen. Nun zieht man den Topf vom Feuer ab, läßt aber die Fischstücke bis zum Serviren in dem Wasser liegen. Man servirt dazu geschmolzene Butter oder legt Petersilienbutter Nr. 232 auf den Fisch.

512. Seezungen.

Diese werden auf der weißen Seite geschuppt, auf der grauen wird die Haut abgezogen, rein gewaschen, dann Kopf, Schwanz und Flossen abgeschnitten, das Uebrige in dreifingerbreite Schnitten zertheilt und in Salz und Zitronensaft eine Stunde marinirt. Während dieser Zeit treibt man 50 Gramm Sardellen- oder Krebsbutter fein ab, schlägt ein Ei dazu, gibt Salz daran und soviel Bröseln, daß es eine sehr weiche Farce gibt. In einer Bratpfanne zerläßt man ein großes Stück Butter, gibt die Seezungenschnitten, die man auf beiden Seiten mit der Farce bestreicht, hinein, streut feingeschnittene Trüffeln darüber, übergießt das Ganze mit saurem Rahm und brät es 20 Minuten bei ziemlich raschem Feuer.

Die Seezungen können auch wie Nr. 511 bereitet werden, nur wird ihnen vorher die Haut abgezogen.

513. Steinbutt.

Nachdem der Steinbutt ausgenommen und gesäubert ist, reibt man ihn von innen und außen mit Salz ab und wässert ihn 2 Stunden in Salzwasser, um den Schleim zu beseitigen. Dann wäscht man ihn öfters in frischem Wasser, trocknet ihn in- und auswendig mit einem Tuch und macht einen Querschnitt über den dicksten Theil des Rückens, damit die Haut der weißen Seite beim Kochen nicht platze. Dann kocht man Fischsud Nr. 471, II, gießt ihn über den Steinbutt und zieht den Fischkessel nach dem ersten

Aufkochen an eine weniger heiße Stelle zurück, damit der Fisch nach 15—20 Minuten durch Ziehen weich wird, aber nicht mehr kocht. Man servirt ihn mit Petersilie und Zitronenscheiben garnirt, nebst holländischer Sauce. Steinbutt kann auch wie Seezunge Nr. 512 bereitet werden, nur theilt man ihn nicht, wie jene, in Stücke, sondern brät ihn meist ganz mit einigen Einschnitten im Rücken, unter fleißigem Uebergießen mit der Sauce.

Gekochte Krebse
siehe Nr. 246.

514. Gebackene Froschschenkel.

Die Froschschenkel werden gewaschen, die Zehen abgestutzt, die Füßchen nach innen gebogen, gesalzen, gepfeffert, mit etwas gewiegter Petersilie bestreut und so zugedeckt eine Weile stehen gelassen. Nun dreht man sie in Mehl, dann in Ei und Semmelbröseln, die mit etwas geriebener Muskatnuß gewürzt sind, um und bäckt sie aus dem heißen Schmalz. Man gibt grünen oder Krautsalat dazu.

515. Eingemachte Froschschenkel.

Wenn die Froschschenkel wie die vorhergehenden hergerichtet sind, werden sie in frischer Butter mit Petersilie, Chalotten, Zitronenschalen und etwas geriebener Muskatnuß gedünstet, dann mit Mehl gestaubt und mit etwas Suppe aufgekocht, oder in Buttersauce Nr. 113 gegeben und mit Ei frikassirt. Man kann auch Champignons, Blumenkohl und Krebsschweifchen dazu geben.

Schnecken
siehe Nr. 251.

516. Fischsalat.

Man löst das Fleisch von übrig gebliebenen guten Fischen von den Gräten und der Haut, zertheilt es in hübsche Stückchen, mischt Salz, Pfeffer, Oel und Essig dazu und läßt es zugedeckt an einem kühlen Orte stehen. Nun wäscht man Kopfsalat, schneidet ihn breit nudelartig oder theilt ihn in nicht zu große Stücke und läßt ihn an einem luftigen Ort trocknen. Unterdessen rührt man Eiersauce Nr. 119 mit Senf, ordnet dann eine Schichte Kopfsalat auf eine Schüssel, belegt denselben mit Fischstücken, feuchtet diese mit einem Theil der Sauce an, wiederholt eine kleinere Lage Kopfsalat, dann Fischstücke, gibt die Sauce darüber und garnirt es mit hartgekochten Eiern, Sardellenstreifchen, kleinen rothen Rüben oder Paradiesäpfelscheibchen.

Sauere Sulzen.

517. Fleischsulze (Aspik).

Sechs zerhauene Kälberfüße werden mit Abfällen von rohem Kalb- und Rindfleisch, einigen Kalbsknochen, zwei großen in Scheiben geschnittenen Zwiebeln sammt Schale, kleingeschnittener gelber Rübe, Petersilie, einem Stück Sellerie, 2 Lorbeerblättern, 4 Nelken, Zitronenschale, 10 Pfefferkörnern, 1 Sträußchen Estragon, einer Hand voll Salz, 4 Liter Wasser, ¼ Liter Essig, ¼ Liter Weißwein, ¾ Kilo Rindfleisch oder statt dessen einem Stück Liebig's Fleischextrakt (welches zugleich auch eine schöne gelbe Farbe gibt) in einem gut glasirten Topf 4—5 Stunden ohne Zudecken unter Abschöpfen des Fettes langsam gekocht. Ist die Brühe nicht pikant genug, so gibt man Essig, Wein oder Salz nach und läßt es noch eine halbe Stunde kochen. Dann zieht man den Topf zurück, läßt ihn eine Weile ruhig stehen, seiht die Brühe durch ein Sieb in eine tiefe Schüssel und läßt sie über Nacht an einem kühlen Ort stehen. Am andern Tag nimmt man das Fett mit einem Löffel ganz rein herunter, gibt die Sulz in eine Kasserole und läßt sie zerschleichen. Dann schlägt man ein ganzes Ei und zwei Eiweiß, die man mit dem Saft einer Zitrone und etwas Wasser verklopft, hinein und rührt sie fortwährend oder peitscht sie mit der Schneeruthe, bis sie kocht. Hat sie einmal aufgekocht und sind die Eier geronnen, dann setzt man die Sulze gut zugedeckt vom Feuer und läßt sie eine gute Viertelstunde an einem warmen Ort, z. B. vor dem offenen Bratrohr, stehen, bis sie klar erscheint. Unterdessen bindet man eine in heißes Wasser getauchte und wieder gut ausgedrückte Serviette über einen tiefen Hafen oder an die vier Füße eines umgewendeten hölzernen Stuhles fest, stellt einen Topf darunter, rückt ihn in die Nähe des offenen Rohres, gießt einen großen Schöpflöffel Sulze darauf und fährt damit fort, bis die Sulze ganz durchgelaufen ist. Ist sie noch nicht klar, so läßt man sie nochmals durch dasselbe Tuch laufen. Hierauf wird sie in eine Schüssel gegossen und an einem kühlen Ort zur Verwendung aufbewahrt. Erkaltet soll die Aspik so fest sein, daß man sie schneiden kann, jedoch etwas zittern und im Munde leicht zergehen; sie soll weinartig gelb, klar und angenehm säuerlich sein. Will man die

Sulz gelber färben, so rührt man Zuckerjus, will man sie roth, Essig von rothen Rüben, soll sie grün sein, etwas Spinattopfen zur lauen Sulze. Die Kälberfüße, welche mitgekocht wurden, kann man in Frikasseesauce oder als Salat geben. Das Mitkochen einer alten Henne verbessert den Geschmack und verwendet man sie gleichfalls am besten in Frikasseesauce.

518. Weinsulze.

Wird zu Fleisch oder Fisch wie Nr. 517 bereitet, nur nimmt man weniger Wasser und statt des Essigs soviel Weißwein, daß es davon einen angenehmen Weingeschmack bekommt.

519. Fastensulze.

Man nimmt dazu einige ganz gewöhnliche Fische oder auch Fischköpfe und setzt sie kalt mit Fischsud Nr. 471 Nr. II zu, gibt auf 1 Liter Sud 20 Gramm über Nacht in Wasser eingeweichte Hausenblase oder 40 Gramm geweichte Gelatine dazu, läßt dies zusammen langsam 1 Stunde kochen, worauf man es dann 1 Stunde zugedeckt bei Seite stellt. Alsdann nimmt man die Fische heraus (man kann sie in brauner Sauce verwenden) und gießt die noch laufende Sulz durch ein Sieb in eine irdene Schüssel und stellt sie kalt, bis sie bestanden ist. Nun nimmt man das Fett ab, klärt und bereitet sie ganz wie Nr. 517.

520. Gesulzte Schweinsknöchel und -Ohren.

Man nimmt 2 Schweinsfüße und 3 Schweinsohren, haut sie in Stücke und kocht sie in Essig und Wasser mit Salz, 1 Lorbeerblatt, 2 Nelken, 6 Pfefferkörnern, 2 in Scheiben geschnittenen Zwiebeln, 1 Zitronenschale und Suppenwurzel, gut zugedeckt, ganz weich. Dann legt man dieselben auf eine ovale Platte, läßt den Sud noch etwas einkochen, gießt ihn durch ein Sieb in eine Schüssel, läßt ihn eine Viertelstunde stehen, nimmt das Fett rein herunter, gießt die Sulze über das Fleisch und stellt es an einen kühlen Ort.

521. Gesulzte Gans.

Man kocht 3 zerhackte Kalbsfüße mit 3 Liter Wasser gut weich und seiht die Brühe dann zu einer auf Zwiebel- und Wurzelscheiben gelegten Gans. Man gibt noch Bertramblätter, 1 Lorbeerblatt, Pfefferkörner, Zitronenschale, 2 Nelken und Salz dazu und soviel Essig, daß die Brühe gut säuerlich schmeckt; auch kann man nach Belieben ein Glas Weißwein oder Zitronensaft beifügen. Nun kocht man die Gans, die vom Safte vollkommen bedeckt sein muß, darin ganz weich, was beiläufig 2 Stunden dauert, nimmt das Fett von Zeit zu Zeit ab und sieht darauf, daß die Brühe nicht zu sehr einkocht. Während man die Gans herausnimmt und tranchirt, läßt man den Sud noch etwas kochen, gießt ihn durch ein Sieb und läßt ihn erkalten, bis man das Fett oben rein abnehmen kann. Die Sulze läßt man zerschleichen, gießt sie, den Bodensatz zurücklassend, über die tranchirte Gans, die man in einen steinernen Hafen oder eine tiefe Schüssel legt, und so an einen kühlen Ort stellt. Gießt man Gänsefett darauf, so kann man die so gesulzte Gans Monate lang aufbewahren. Ebenso kann man eine halbe Gans sulzen, man nimmt dann nur 1½ Kalbsfüße dazu. Die andere Hälfte der Gans kann gebraten werden.

522. Gesulzte Gansleber.

Man spickt eine Gansleber mit Trüffeln, legt sie zwischen Speckschnitten in eine Kasserole und brät sie zugedeckt im Rohr. Man nimmt sie dann warm aus dem Speck und dreht sie in Löschpapier, um das Fett zu entfernen; zum Schneiden taucht man das Messer in heißes Wasser und legt die zu Stücken geschnittene Leber in Aspick nach Nr. 517 oder 518.

523. Gesulztes Kalbfleisch, Wildpret etc.

Frisches und übriggebliebenes, gebratenes Kalbfleisch, Geflügel oder Wildpret wird in Stücke geschnitten, 3 Eier hart gesotten und erkaltet in feine Blättchen zertheilt. Dann wird eine runde Form 1 Centimeter hoch mit Fleischsulz (Nr. 517) eingegossen und wenn dieselbe ganz fest ist, mit den Eierblättchen und feingeschnittenen Essiggurken ein Kranz darauf gelegt, in die Mitte ein Stern von geräucherter Zunge und Bratenschnitzchen arrangirt und Alles mit der kaum noch laufenden Sulze bespritzt und, sobald es fest hält, mit einigen Löffeln Sulze übergossen. Ist diese fest, so gibt man eine Lage Kalbfleisch oder Wildpret darauf, übergießt dieselbe mit kaum noch laufender Sulze, daß es dünn bedeckt ist und läßt es fest werden, schichtet so noch einige Lagen Fleisch und Sulze, die jedesmal bestehen muß, aufeinander und stellt die Sulze dann an einen kühlen Ort zum Erkalten. Ist sie ganz fest bestanden, so wird die Form in heißes Wasser getaucht, schnell getrocknet, mit der dazu bestimmten Platte überdeckt, umgestürzt und zu Tisch gegeben.

524. Grüne Pöckel- und Rauchzungen

werden wie Vorstehendes gesulzt.

525. Hirn in Aspik.

Nachdem das Hirn gewässert und abgehäutet ist, kocht man es in halb Essig, halb Wasser, mit 1 Lorbeerblatt, 1 Nelke, etwas Zwiebel, Zitronenschale und Salz. Ist es ausgekühlt, so schneidet man es in Stücke und legt es, wie in Nr. 523 beschrieben, mit Aspik in kleine oder auch größere Formen. — Hirn in Oel- sowie Butter-Mayonnaise siehe Nr. 255, in kalter Kräutersauce Nr. 256.

526. Gesulztes Huhn.

Ein Theil Essig, ein Theil Wein und ein Theil Wasser oder besser Fleischsuppe läßt man mit Suppenwurzeln, sowie 2 Nelken, 1 Lorbeerblatt, Zitronenschalen, 6 Pfefferkörnern, sowie zwei großen, zerschnittenen Zwiebeln sammt den Schalen gut kochen. Dann gibt man ein Huhn, welches man nach Nr. 406 gerichtet, gewaschen und eine Stunde vorher eingesalzen hat, in den Sud und kocht es sammt einem zerhauenen Kälberfuß weich. Ist das Huhn fertig, so nimmt man es heraus, tranchirt es in schöne Stücke und läßt den Kälberfuß noch weich kochen. Nachdem man vom Sud das Fett abgenommen, kann man denselben über das Huhn in eine Schüssel schütten oder man klärt die Sulze nach Nr. 517 mit Eiklar und richtet sie, wie oben beschrieben, in eine Form oder übersulzt das schön auf eine Platte gerichtete Huhn, welches man mit geräucherter Zunge, Zitronenscheibchen, abgezupftem Petersiliengrün und Eierblättchen 2c. garnirt. Auf jede Art wird es nach dem Einrichten an einen kühlen Ort gestellt.

Hühner in Mayonnaise

siehe Nr. 254.

527. Kaltes Kalbfleisch.

Man schneidet pikanten Kalbsbraten (Nr. 311) in schöne Scheiben, garnirt ihn mit gehacktem gelben und rothen Aspik und gibt ihn als kalte Platte.

Oder: Man gibt über Schnitten vom obigen oder einfach gebratenem Kalbsschlegel Eiersauce (Nr. 119) mit Schnittlauch, Senf oder Sardellen und garnirt es mit Püreesalat (Nr. 146), den man mit Essig von rothen Rüben anmacht und durch die Straubenspritze um die Platte hübsch aufhäuft.

528. Kalbfleisch als falscher Salm.

Ein schönes, fleischiges Stück vom Kalbsschlegel, von ungefähr 1½—2 Kilo ohne Haut und Knochen wird mit einer Hand voll Salz, 4—5 Gramm Salpeter und Majoran fest eingerieben und in eine Schüssel gethan, in welche man Petersilie, Sellerie, Lauch, Zwiebeln, eine halbe Zitrone, Alles in feine Scheiben geschnitten, 10 Pfefferkörner, 3 Nelken theils unten, theils oben dazu gibt. Nun wird das Fleisch beschwert, 4 Tage mit den Wurzeln marinirt und täglich Morgens und Abends umgedreht; am 4. Tage gießt man guten Weinessig über das Fleisch und läßt es nochmals 24 Stunden stehen. Dann wird es gerollt und mit halb Essig, halb Wasser und den Wurzeln so lange gekocht, bis es sich blättert. Man zieht es nun vom Feuer, läßt es im Sud erkalten, macht den Bindfaden los, gibt 70 Gramm feines Olivenöl über das Fleisch und läßt es damit nochmals ein paar Tage stehen. Zum Serviren schneidet man es in feine Scheiben und gibt Oel- oder Butter-Mayonnaise (Nr. 125) mit Sardellen darüber und garnirt es außen mit Kopfsalatherzchen, Vierteln von gefüllten harten Eiern und kleinen Crevetten.

529. Kalte Roulade mit Sardellen.

Man nimmt den fleischigen inneren Theil des Kalbsschlegels und klopft ihn mit einem nassen Fischklopfer dünn, aber glatt auseinander. Dann wäscht und entgrätet man Sardellen, belegt das Fleisch damit, rollt es zusammen, überwindet es mit Bindfaden und kocht es in halb Wasser und Essig nebst einer Zwiebel mit 2 Nelken besteckt, einigen Pfefferkörnern, dem Mark einer halben Zitrone, etwas Salz und einem Eßlöffel Kapern. Man läßt es in einem Porzellan- oder irdenen Geschirr erkalten, schneidet dann runde Scheiben, richtet sie auf eine Platte, vermischt 2 Löffel Olivenöl mit dem Absud und den Kapern und gibt die Sauce darüber. Man garnirt die Platte mit einem Kranz Brunnkresse oder kleinen Häufchen gehackten Aspiks in verschiedenen Farben.

530. Kalter Rindsbraten.

Kaltes Filet oder Roastbeef ꝛc. wird in Scheiben geschnitten, mit Mixed Pickles garnirt und mit gehacktem gelben Aspik und kleinen rothen Monatrettigen umgeben.

531. Gesulztes Kalb- oder Rindfleisch.

Nach Nr. 311 gespicktes mürbes Fleisch wird mit zerhackten Schweins- oder Kalbsfüßen wie das gesulzte Huhn Nr. 526 mit

Wurzeln, Essig und Wein ꝛc. gekocht, im Sud erkaltet, dann in Scheiben geschnitten, mit dem gesulzten Safte garnirt und mit feingeschnittenem Endiviensalat und gefüllten harten Eiern Nr. 606 umgeben.

532. Gesulztes Schwarzwild.

Die Keule, die Schultern oder der Rücken wird rein gewaschen, die gebrannte Haut fest mit dem Messer abgeschabt und die Knochen alle ausgelöst. Das Fleisch wird dann gerollt, mit Bindfaden zusammengebunden und mit allen bei Fleischsulze Nr. 517 beschriebenen Zuthaten (nur das Rindfleisch bleibt weg) beigesetzt und gut weich gekocht, dann herausgenommen und der Sud nochmals eine halbe Stunde weiter gekocht und ebenso wie die Fleischsulze beendet. Das Fleisch wird zu feinen Schnitten geschnitten, in einen steinernen Topf gelegt und die Sulze, wenn sie geklärt ist, ehe sie erkaltet, über das Fleisch gegossen, so daß es gänzlich damit bedeckt ist. Wenn die Sulze ganz fest ist, gießt man zerlassenes Schweinefett darüber und bewahrt sie an einem kalten, trockenen Ort, wo sie sich 6—8 Wochen frisch erhält.

533. In Form gesulzte Fische.

Forellen, Hechte, Karpfen, Aale oder dgl. Fische siedet man blau und läßt sie in ihrem Sud erkalten; dann wird an einem kühlen Orte eine glatte runde oder längliche Form halb fingerhoch mit lauem Aspik, am besten Fleischsulze Nr. 517 oder 518, eingefüllt und, nachdem diese fest bestanden, innerhalb des Formrandes ein Kränzchen von hartgekochten, kalt in Scheiben geschnittenen Eiern gelegt, doch so, daß immer eine Scheibe zur Hälfte über die andere zu liegen kommt; dann gibt man etwas zartblätteriges Petersiliengrün und Krebsschweifchen oder mit kleinen Förmchen ausgestochene gelbe oder rothe Rüben dazwischen und bespritzt dieses mit einigen Eßlöffeln Sulz. Ist es bestanden, so wird der Fisch mit der oberen Seite oder in Stücke geschnitten darauf gelegt und mit so viel Sulze übergossen, daß er damit bedeckt ist. Nachdem Fisch und Sulze an einem kühlen Ort oder auf Eis fest bestanden sind, wird die Form in heißes Wasser getaucht, schnell abgetrocknet, mit der dazu bestimmten Platte überdeckt und umgestürzt. Ein feiner Kranz von Brunnenkresse oder Petersilie mit kleinen Crevetten kann das Ganze umschließen. Man stellt Essig und Oel dazu auf den Tisch.

534. Uebersulzte Fische.

Forellen, Hecht, Karpfen, Huchen oder dergleichen werden nach Nr. 471 Fischsud II blau abgesotten und im Sud erkalten gelassen. Dann stellt man eine Platte mit etwas gestocktem Aspik auf Eis, legt den Fisch schön darauf und übergießt ihn, wenn er recht kalt geworden ist, mit fast erkalteter, aber noch laufender Sulze Nr. 517 oder 518 mehreremale langsam, bis er halb fingerdick damit bedeckt ist. Der Rand wird mit gehacktem rothen und gelben Aspik belegt und Essig und Oel dazu servirt. Als reichere Garnirung kann man den Fisch, nachdem er übersulzt ist, mit einem Kranz oder Sträußchen Petersiliengrün umgeben, in welcher man mit geschabten rothen, weißen und gelben Rüben kleine Blümchen formt oder ihn mit Krebsschweifchen, Crevetten oder Radieschen, Sardellen und hartgesottenen Eiern verzieren.

Kleine, runde, mit dem Schwanz in den Rachen dressirte Forellen oder Fische legt man pyramidenartig übereinander, übergießt sie so lange mit kaum noch laufendem Aspik, bis sie ganz damit überzogen sind, und garnirt sie wie oben.

Fische in Mayonnaise
siehe Nr. 252. Statt Oelmayonnaise kann man auch Buttermayonnaise (Nr. 126) verwenden.

535. Italienischer Salat mit Aspik.

Eine runde, glatte Form oder Glasschale wird halbfingerhoch mit lauem Aspik eingefüllt. Ist sie fest bestanden, dann macht man in der Mitte einen Stern aus in Scheiben geschnittenen, harten Eiern, grünen Essiggurken, geräucherter Zunge und kleinen, ausgestochenen Blümchen aus rother und gelber Rübe, gibt wieder Aspik darauf und läßt dies fest werden. Auf diese festgewordene Aspikunterlage gibt man eine Lage italienischen Salat (Nr. 148 oder Nr. 149), den man zu diesem Zwecke sehr trocken hält und nur so weit einfüllt, daß rings um die Schüssel ein Centimeter freier Raum bleibt; dann gießt man mit dem fast erkalteten, dickfließenden Aspik immer erst den freien Raum voll und dann etwas über den Salat, läßt es bestehen und fährt so fort, bis die ganze Schüssel ebenvoll ist und noch eine kleine Schichte Aspik den Schluß bildet, damit der Salat beim Stürzen nicht zerfällt. Ist die Sulze sehr fest bestanden, so taucht man die Form in heißes Wasser, gibt einen Teller darauf, stürzt sie und stellt sie kalt. Unmittelbar vor dem Auftragen garnirt man angemachten, aber gut abgelaufenen Endivien- oder frischen Brunnkressesalat im Kranze herum.

Pasteten.

536. Pastetenteig.

280 Gramm Mehl werden auf das Nudelbrett gesiebt und in der Mitte eine Grube gemacht; dann gibt man 1 ganzes Ei und 1 Dotter, 140 Gramm kleingebröckelte Butter, etwas Salz und beiläufig 4—5 Löffel Wasser dazu, bringt mit den Fingern der rechten Hand Ei, Butter, Wasser und nach und nach das Mehl untereinander und macht einen feinen zarten Teig, indem man mit dem Ballen der rechten Hand den Teig rasch durcharbeitet, bis er sich von der Hand und dem Brette löst. Nun schlägt man ihn in eine feuchte Serviette, legt ihn an einen kühlen Ort oder auf Eis und läßt ihn eine Stunde rasten, ehe man ihn zum Gebrauch federkieldick ausrollt.

537. Pasteten vom Geflügel.

Ein schönes Huhn, Tauben oder Wildgeflügel schneidet man in Stücke, bestreut sie mit Salz, Pfeffer, feingeschnittenen Schalotten, Petersilie, Champignons und Zitronenschalen, dünstet sie in heißer Butter weich, gießt etwas Suppe oder Wein nach, damit die Kräuter nicht verbrennen und läßt sie dann in ihrem Safte erkalten. Unterdessen wird eine Pastetenreifform oder eine kleine runde, vertiefte Pastetenschüssel (auch eine kleine Auflaufform aus Porzellan ist zu gebrauchen), mit Butter ausgestrichen, mit dem Teig Nr. 536 federkieldick ausgelegt, mit ganz dünnen Speckscheiben bedeckt, mit Kalbfleischfarce Nr. 225 fingerdick bestrichen, das Geflügel zu Stücken geschnitten, von den Beinen abgelöst und hineingerichtet, darauf Farce gestrichen, dann wieder Geflügel und so abwechselnd fort, bis Alles eingefüllt ist. Hierauf deckt man das Ganze mit Speckscheiben zu, legt ein Lorbeerblatt darüber, bestreicht den Rand des Teiges mit Ei, paßt einen Deckel von Pastetenteig darauf, in den man in der Mitte eine Oeffnung in der Weite eines Marktstückes macht, damit der Dampf entweichen kann, und drückt den äußeren

Rand fest an den Pastetenteig in der Form. Man verziert den Deckel und erhöht den Rand der Oeffnung mit ausgestochenen Blümchen des übrigen Teiges, bestreicht Alles mit Ei, stellt die Schüssel auf ein Tortenblech, das man mit Salz bestreut und bäckt die Pastete eine kleine Stunde in nicht zu heißem Ofen. Würde sie zu braun werden, so legt man ein mit Butter bestrichenes Papier über den Teig. Ist sie fertig, so nimmt man den Pastetenreif, welcher zum Backen auf ein Blech über vierfaches Papier gesetzt wurde, ab, läßt aber die Pastete vorher etwas abkühlen. Ist die Pastete in der Schüssel oder Form, so stürzt man sie behutsam auf einen Teller und rasch noch einmal auf einen zweiten, damit die Pastete wieder in ihrer ursprünglichen Lage, aber ohne Schüssel, auf die Platte zu stehen kommt, die man mit einer Serviette belegen kann. Nun löst man am Rande mit einem guten Messer den Deckel ab, nimmt das Lorbeerblatt heraus, gießt ein paar Löffel von dem Safte des Geflügels, den man mit den Wurzeln, den abgelösten Beinen des Geflügels und Wein noch abdünsten ließ, warm in die Pastete, deckt den Deckel wieder darauf, gibt sie heiß zu Tisch und servirt noch kräftige Sauce eigens dazu.

538. Wildpret-Pastete.

Man schneidet fingerbreite Stücke vom Rückenfleisch des Hasen oder Rehes zu Schnitzchen, spickt sie, marinirt sie mit Zitronensaft, Zwiebel, Salz, Pfeffer, Lorbeerblatt und dünstet sie in Butter weich. Wie bei Nr. 537 wird nun die Pastetenschüssel oder der Reif mit Teig und Speck ausgelegt, mit dem unterdessen kalt gewordenen Wildpret und der Kalbfleischfarce Nr. 225 abwechselnd eingelegt, ebenso gebacken, mit Wildpretsauce begossen, wieder zugedeckt und heiß zu Tisch gegeben.

Die Abfälle des Wildprets, die man klein zerhackt, werden mit Butter oder Speck und Zwiebel in einer Kasserole geröstet, dann mit etwas Mehl gestaubt, der Saft des gedünsteten Fleisches dazu gegeben, mit 1 Glas Wein und Suppe, 1 Lorbeerblatt, Pfefferkörnern und 1 Nelke gut aufgekocht und geseiht als Sauce dazu verwendet.

539. Kalbfleisch-Pastete.

Ein schönes Fricandeau wird mit federkielbick geschnittenem Speck gespickt, außerdem wie Nr. 319 gerichtet und halbweich gedünstet, worauf man es im Saft kalt werden läßt. Nachdem es in kleinfingerdicke Stücke geschnitten wurde, wird es ebenso wie die Pastete (Nr. 537) eingerichtet und gebacken.

540. Lendenbraten-Pastete.

Ein Filet oder ein Ochsenlendenbraten wird mit rohem Schinken und Speck federkieldick gespickt und nach Nr. 290 gedünstet. Im Safte erkaltet, wird er in fingerdicke Stücke geschnitten und wie Pastete (Nr. 537) zubereitet.

541. Pastetenhaus.

Nachdem Pastetenteig (Nr. 536) oder Blätterteig (Nr. 770) bereitet ist, walkt man 2 runde Blätter aus, wovon das eine, das als Boden verwendet wird, nach einem umgestürzten Teller (der so groß ist, als man die Pastete haben will) ausgeschnitten wird, das andere, zum Deckel bestimmte, jedoch fingerbreit größer sein muß. Der Boden wird nun auf ein genäßtes Blech gesetzt, am Rande mit verklopftem Ei bestrichen, letzterer mit einem zweifingerbreiten Streifen von demselben Teig belegt und ebenfalls mit verklopftem Ei bestrichen. In der Mitte des Bodens wird sodann ein runder, hoher Ballen von Papier oder von einer reinen Serviette gelegt, dieser glatt und ohne Falten mit dem größeren runden Deckel bedeckt, am Rand leicht angedrückt, gleichfalls mit Ei bestrichen und ein zweifingerbreiter Streifen um den Rand gezogen. Vom übrigen Butterteig werden kleine Blümchen ausgestochen, der Deckel hübsch damit belegt, das Ganze mit Ei bestrichen und die Pastete in nicht zu heißem Ofen schön gelb gebacken. Der Deckel wird alsdann bis an den Streifen behutsam herausgeschnitten und abgehoben, sofort über einen umgekehrten Teller gelegt, damit er seine Form nicht verliert, das Papier oder die Serviette herausgenommen und die Pastete mit beliebigem, feinem Ragout, wie eingemachten Hühnern, gedünsteten Rebhühnern, Tauben, Kalbsbrieschen, gefüllt, mit ihrem Deckel wieder bedeckt und sogleich heiß zu Tisch gegeben. Die Sauce wird theils über das Fleisch in die Pastete gegeben, theils eigens dazu servirt.

542. Pastetchen mit Ragout.

Von zweimesserrückendick ausgewalktem Blätterteig (Nr. 770) werden mit einem runden Ausstecher Blätter vom Durchmesser einer oberen Kaffeetasse ausgestochen und diese auf ein mit kaltem Wasser befeuchtetes Blech gelegt, doch nicht zu nah aneinander, damit sie aufgehen können. Nun bestreicht man die Oberfläche der Blättchen mit verklopftem Ei, gibt aber sorgfältig Acht, daß nichts am Rand herunterläuft, da an dieser Stelle der Teig nicht aufläuft. Hierauf werden diese Blättchen mit einem zweiten Ausstecher von der Größe einer Mark gerade in der Mitte halb eingestochen, was, wenn sie gebacken sind, den Deckel der Pastetchen gibt. Sodann werden sie aus ziemlich heißem Ofen lichtbraun gebacken, die Deckelchen mit einem kleinen, spitzen Messer herausgehoben, der innere weiche Teig aber behutsam herausgenommen, bei Seite gethan und das Pastetchen dadurch ausgehöhlt. Gebratenes Wildpret, Kalbfleisch, Geflügel (es können auch Reste vom Tage vorher sein) wird fein gewiegt; dann läßt man ein Stück Butter mit gewiegter Petersilie, Zwiebel und Zitronenschalen etwas anlaufen, gibt das gewiegte Fleisch dazu, kocht es mit etwas saurem Rahm auf, gibt 1—2 Dotter dazu und zieht es sofort vom Feuer. Man füllt damit die Pastetchen, gibt den Deckel darauf und servirt sie warm.

Pastetchen als Beilage ohne Fülle bereitet man ebenso, nur nimmt man den Deckel, wenn sie gebacken sind, nicht ab.

543. Pastetchen mit Farce.

Wie vorhergehend, werden runde Blättchen vom Blätterteig (Nr. 770) ausgestochen und die Hälfte davon auf ein mit Wasser befeuchtetes Blech gelegt. Nun gibt man auf jedes Blättchen in die Mitte mit einem Kaffeelöffel beliebige Farce (siehe Nr. 225 bis Nr. 229), bestreicht es am Rand sorgfältig mit Ei, ohne daß etwas über den Rand läuft, legt ein zweites Blättchen darüber und drückt es außen herum leicht an. Wenn sie alle beendet, bestreicht man sie oben, aber ja nicht am Rand, mit Ei und ziert die Mitte mit einigen Butterteigblümchen mit Ei bestrichen. Man bäckt sie in nicht zu heißem Ofen schön gelb und servirt sie heiß.

544. Kalte Gänseleber-Pastete.

Man schneidet 2 große Gänselebern entzwei, entfernt sorgfältig das Grünliche, wo die Galle war, und schneidet das Dünne außen herum etwas zu. Dann spickt man die Leber mit Trüffeln, indem man diese etwas spitzig schneidet, in die Leber mit einem spitzen Hölzchen mehrere Löcher sticht und in diese die Trüffeln steckt, gibt sehr fein gewiegte Schalotten, Petersilie, Zitronenschale, Champignons und Salz darüber und deckt sie zu. Einige gereinigte und ge= schälte Trüffeln dünstet man mit Butter und 1 Glas Madeira und stellt sie so bei Seite. Nun wird 420 Gramm zartes Schweins= filet fein geschnitten, 100 Gramm Speck ebenfalls und dann jedes für sich gestoßen. Die Abfälle der Trüffeln dünstet man mit gehacktem Speck, gibt die Leberschnittchen, Schalotten, Salz und weißen Pfeffer dazu, stößt es, gibt Alles nebst Fleisch und Speck zusammen, passirt es und mischt einen guten Eßlöffel Rum dazu.

Nun nimmt man eine Terrine (b. i. ein gleich weiter, ziemlich hoher
Porzellantopf), legt sie mit Speckplatten aus, gibt die Farce daumenhoch darauf, dann eine Lage von Leberstücken und Trüffeln, dann
wieder Farce und so fort, bis die Pastete mit Farce endet, bedeckt
es mit Speckplatten und dann mit dem Porzellandeckel, den man
mit ordinärem Teig überlegt. Die Terrine wird dann in einen
tiefen Hafen bis zur Hälfte in siedendes Wasser gestellt und im
Rohr beiläufig 1 Stunde gekocht. Wenn man den Topf aus
dem Wasser nimmt, wird ein kleines Gläschen Madeira in die
Pastete gegossen, der Deckel wieder zugemacht und dieselbe an
einen kühlen Ort gestellt. Zum Gebrauch sticht man davon löffelweise heraus, häuft es auf einen Teller und garnirt es mit Aspik.
Die Pastete muß einige Tage vor dem Gebrauch gemacht werden;
will man sie längere Zeit aufbewahren, so gießt man sie nach
Abheben des Deckels mit Gänsefett oder Schweinefett voll und
verklebt den Deckel.

545. Kalte Pasteten.

Alle Pasteten von Nr. 537—540 können kalt servirt werden.
Man läßt sie dazu, wenn sie gebacken sind, über Nacht stehen,
gießt erkaltete, aber noch fließende Sulze Nr. 517 in die Pastete,
läßt sie nochmals über Nacht stehen und servirt sie dann in
Scheiben geschnitten.

In Ermangelung einer Form kann man von Pastetenteig
Nr. 536 auch eine lange kleinfingerdicke Platte ausrollen und
dieselbe über zwei mit Butter bestrichene Bögen Papier legen. Nun
belegt man die Platte mit feinen Speckscheiben, streicht fingerdick
Farce Nr. 225 darauf, belegt diese mit beliebigem Wildpret, Braten
oder Geflügel, dann wieder mit Farce, dann obiges Fleisch, überstreicht zuletzt das Ganze glatt mit Farce und überlegt es mit
Speckscheiben. Nun rollt man eine verhältnißmäßig größere Platte
vom Pastetenteig aus, die man am besten über das Rollholz rollt,
damit man sie über die Pastete langsam der Länge nach herab-
lassen kann. Dann drückt man die obere Teigplatte fest an den
unteren Rand, macht in der Mitte oben eine Oeffnung von der
Größe eines Zweimarkstückes, setzt einen kleinen Kamin aus Pastetenteig fest darauf, bestreicht die Pastete mit Ei, legt kleine Butterteig-
verzierungen darauf und bäckt sie, wenn diese wieder mit Ei
überstrichen, ³/₄ Stunden in nicht zu heißem Rohr. Den Kamin
kann man auch herstellen, indem man einen größeren, dicken und
einen etwas kleineren Stern darüber mit der gleich großen Oeffnung
in der Mitte aufeinander legt.

Würste.

546. Bratwürste.

Da die Würste beim Braten gern aufspringen, so ist es gut, wenn man sie vorher im lauen Wasser an's Feuer bringt. Wenn sie in die Höhe steigen, gibt man sie auf die Pfanne in heiße Butter, bis sie auf beiden Seiten eine schöne Farbe haben. Dann nimmt man sie heraus, läßt die heiße Butter mit etwas Suppe aufkochen und gibt diese braune Sauce über die Würste.

547. Geschwollene oder nackte Würste.

Diese Würste ohne Haut brät man in heißer Butter lichtbraun oder man macht 3—4 schiefe Einschnitte, die man vor dem Braten mit gewiegten Sardellen bestreicht; auch kann man sie in Ei und Semmelbröseln umdrehen und mit frischer Butter auf der Pfanne braten.

548. Weißwürste.

Es sind ebenfalls Würste von Kalbfleisch, die sich nicht lange frisch halten. Sie werden im lauen Wasser zum Feuer gestellt, doch darf das Wasser nicht zum Kochen kommen. Man dreht sie ein paarmal um und läßt sie so lange im Wasser, bis sie sich fest anfühlen.

549. Leber- und Blutwürste

werden ebenfalls im lauen Wasser an's Feuer gestellt und sind fertig, wenn sie in die Höhe steigen. Man kann sie nach Belieben in der Pfanne auf beiden Seiten in Butter gelb rösten. — Blutwürste kann man auch nach dem Erkalten in Scheiben schneiden und mit einem Eßlöffel feingeschnittener Zwiebel auf beiden Seiten rösten. Leberwürste werden von Vielen gerne kalt in Scheiben geschnitten und mit Essig, Oel, Salz und geschnittener Zwiebel zu einem Salat bereitet.

550. Selchwürstchen.

Frankfurter, Wiener oder Dünngeräucherte legt man in ein genügend weites Geschirr in's kochende Wasser, zieht dann dasselbe zugedeckt etwas seitwärts und läßt sie stehen, bis sie in die Höhe steigen. Man gibt sie heiß, meistens mit geriebenem Meerrettig oder als Beilage zu Gemüse, Kartoffelpüree ꝛc.

551. Regensburger Würste.

Man erwärmt sie wie obige Selchwürste; doch ißt man sie meistens kalt oder zu feinen Scheibchen geschnitten in Essig und Oel und mit geringelt geschnittener Zwiebel als Salat.

552. Frankfurter Leberwurst

kann man in fingerdicke Scheiben schneiden und auf raschem Feuer in heißer Butter auf beiden Seiten braun braten; die Sauce wird mit 1 Eßlöffel Suppe verdünnt über die Würste gegeben. Man verwendet sie gerne als Garnirung zu Kartoffelgemüse.

553. Kalbsmilz-Wurst.

Die Milz wird mit einem guten Messer oben aufgeschnitten und der Länge nach sorgfältig durchgelöst, doch so, daß sie von keiner Seite durchschnitten ist. Dann kehrt man sie mit dem breiten Theil eines Kochlöffels um (d. h. man zieht sie über den auf der unteren unaufgeschnittenen Seite angesetzten Kochlöffel herab) und schabt mit einem Blechlöffel von der Milz herunter, doch nicht zu viel, damit sie nicht beschädigt wird. Unterdessen werden 2 abgeriebene Semmeln in Würfel geschnitten, mit etwas Milch durchweicht, ein Kalbsbries nach Nr. 349 überkocht in Würfel geschnitten, fette Bratenreste mit Zwiebel, Petersilie und Zitronenschalen fein gewiegt, dies Alles mit dem von der Milz Abgeschabten nebst 2 Eiern, Salz und Pfeffer gut vermengt und mittels eines Löffels in die Milz gefüllt. Diese wird nun zugenäht, in ein Kalbsnetz gewickelt, mit Faden umwunden und in Suppe oder Salzwasser zwei Stunden langsam gekocht. Nachdem man den Faden entfernt, röstet man sie ganz oder in Scheiben geschnitten in heißer Butter gelb.

Fleischreste.

Verwendung von übriggebliebenem Fleisch.

---

554. Fleischkotelettes.

Die Reste von Rind- oder Kalbfleisch werden mit dem Fleisch eines geräucherten und gesottenen Schweinsrippchens feingewiegt. Eine halbe Stunde vorher gibt man eine abgeriebene Semmel in Milch oder auch Wasser und läßt sie weichen. Dann treibt man in einer Schüssel ein Stück Butter ab, gibt die fest ausgedrückte Semmel dazu, verrührt sie recht fein, gibt 1 ganzes Ei, feingewiegte Zwiebel, Petersiliengrün und Zitronenschale und etwas Salz dazu, zuletzt erst das gewiegte Fleisch und verrührt Alles gut zusammen. Man formt daraus runde Laibchen auf einem Brett und bäckt sie in der Pfanne mit Butter auf beiden Seiten.

555. Geröstetes Fleisch.

Das in Scheiben geschnittene Rindfleisch salzt man, dreht es in Mehl um, gibt es in die Pfanne, in heiße Butter mit feingeschnittener Zwiebel und etwas Pfeffer, läßt es gelb anlaufen, gießt etwas Fleischbrühe und Bratensaft oder etwas Essig daran und dünstet es damit noch einige Minuten. — Hat man genügend Bratensaft, so dünstet man das Rindfleisch, ohne es in Mehl umzudrehen, mit etwas Zwiebel kurz darin mürbe und gießt die Sauce mit etwas Fleischsuppe an.

556. Fleisch mit Sardellen.

Man gibt in die Pfanne mit heißer Butter die Scheiben von gesottenem oder gebratenem Fleisch, bräunt es rasch ein wenig, gibt dann feingewiegte Zwiebel, Petersilie, Zitronenschalen, 1 Eßlöffel gewiegte Sardellen dazu und läßt es mit saurem Rahm kurz aufkochen.

557. Fleischwürstchen mit Sardellen.

Man nimmt einen Löffel Suppenfett oder Butter, gibt 1 Kochlöffel Mehl dazu und röstet es dunkelgelb. 4 mit Petersiliengrün und Zwiebel feingewiegte Sardellen verrührt man gut mit der Einbrenn, gibt das gewiegte Rind- oder Kalbfleisch nebst einem Ei und ganz wenig Salz dazu, vermengt Alles gut zusammen und zieht es vom Feuer weg. Dann formt man mit dem Löffel kleine Würstchen von der Masse, dreht sie in geriebenen Semmelbröseln um und bäckt sie im schwimmenden, heißen Schmalze. Man gibt sie als Auflage zum Gemüse.

558. Fleischpfannkuchen.

¼ Liter Milch wird langsam an ⅛ Liter Mehl gerührt, 2 Eier und etwas Salz beigegeben und von diesem Teig in der Pfanne dünne Pfannkuchen in heißem Schmalz auf beiden Seiten gebacken. Die Ueberreste von Kalb- oder Rindfleisch werden mit etwas Schinken oder Geräuchertem fein gewiegt; etwas Butter in einer Kasserole heiß gemacht, feingewiegtes Petersiliengrün, Zwiebel und Zitronenschalen hineingegeben und mit dem gewiegten Fleisch kurz gedünstet, dann zieht man es vom Feuer, schlägt 1 Ei daran, gibt etwas Salz dazu und vermengt es gut. Man gibt auf jeden Pfannkuchen eine Fülle Fleisch, rollt ihn zusammen und servirt dazu Kartoffel- oder grünen Salat. Auch als Einlage in die Suppe kann man sie verwenden.

Gedünstete Champignons oder Schwämme zum Fleisch gemischt geben demselben einen feinen Geschmack. Nach Belieben kann man die so gefüllten Pfannkuchen auch in eine mit Butter bestrichene Form legen, 1 Ei mit saurem Rahm abgesprudelt darüber geben und im Rohr backen.

559. Rindfleisch in Gurkensauce.

Ein Stück Butter oder Suppenfett läßt man heiß und mit 1 Eßlöffel Mehl und einem Stück Zucker braun werden, dann gibt man eine große, feingeschnittene Zwiebel dazu, bis sie gelb ist und füllt es mit kräftiger Fleischbrühe langsam auf. Nun würzt man die Sauce mit etwas Salz, Pfeffer, 1 Lorbeerblatt, 6 fein aufgeschnittenen Essiggurken und so viel Essig, daß es einen angenehmen, säuerlichen Geschmack bekommt und läßt es zusammen eine Viertelstunde kochen. Hierauf legt man das in Scheiben geschnittene Rindfleisch hinein und läßt es darin aufkochen.

560. Hachè.

Mit einem Stück Butter, das man heiß werden läßt, röstet man 1 Eßlöffel Mehl hellbraun, gießt es mit kräftiger Suppe auf und gibt 1 kleine Zwiebel, mit 2 Nelken besteckt, 1 Lorbeerblatt und Zitronenschalen dazu. Nun läßt man es gut kochen und gibt zum Schluß feingewiegtes Rindfleisch oder Kalbsbraten nebst etwas Salz, Essig oder Zitronensaft hinein und läßt es noch einmal mit etwas Bratensaft kurz aufkochen. Nach Belieben kann auch etwas saurer Rahm beigegeben werden.

561. Fleischsalat.

Man gibt 2 Löffel Olivenöl, etwas Salz, Pfeffer und 3—4 Löffel Essig in eine Schüssel, verrührt es gut zusammen, schneidet das Fleisch in dünne Blättchen und eine Zwiebel in ganz feine Ringeln, gibt es dazu, nach Belieben auch fein aufgeschnittene Regensburger Würste und vermischt Alles gut untereinander.

562. Bratenreste mit Macaroni und Reis.

170 Gramm Macaroninudeln werden im siedenden Salzwasser weich gekocht, ebenso 240 Gramm Reis nach Nr. 580 weich gedünstet. Man nimmt dann eine Auflaufform, streicht sie gut mit Butter aus, belegt sie mit einer Lage Macaroni, die man gut mit feingewiegtem Schinken vermengt, deckt darauf eine Lage Reis mit Parmesankäse und eine Lage gewiegte Bratenreste, die man vorher kurz in Butter mit gewiegter Petersilie dünstet, und erkaltet mit Salz und 1 Ei vermischt, dann wieder Macaroni mit Schinken, Reis und Fleisch, so lange man gewiegtes Fleisch hat, endigt mit Reis und gibt oben Parmesankäse und kleine Stücke Butter darauf. Nun läßt man es im Bratrohr oben gelb backen, gibt die Form mit einer Serviette umwickelt auf den Tisch und servirt dazu frischen Kopfsalat.

563. Fleischreste mit Sardellen und Kartoffeln.

Man wiegt Fleischreste und Sardellen oder schneidet sie fein nudelartig, dünstet sie in heißer Butter oder Bratenfett mit etwas gewiegter Petersilie und Zwiebel und kocht sie mit saurem Rahm auf. Dann streicht man eine Auflaufform oder Schüssel mit Butter aus, legt dieselbe mit gekochten, feinblättrig geschnittenen, gesalzenen Kartoffeln, die noch warm sind, aus; gibt das gedünstete Fleisch darauf, dann wieder Kartoffeln, so schichtenweise fort, bis man mit Kartoffeln schließt, die man mit saurem Rahm begießt und so eine halbe Stunde im Rohr backen läßt.

564. Pastete von Wildpretresten.

Man schneidet einige halbfingerdicke Stücke aus einem übriggebliebenen Braten, das Meiste aber, beiläufig 250 Gramm, wird sehr fein gewiegt; dann röstet man mit 120 Gramm Speck, den man in kleine Würfeln schneidet, feingewiegte Zwiebel, Petersilie und eine in Milch geweichte und dann wieder fest ausgebrückte Semmel, gibt das gewiegte Fleisch zu dem Uebrigen, läßt es mit etwas Rothwein einmal aufkochen, gibt Alles zusammen nebst 1 ganzen Ei in den Mörser und stößt es fein. Nun legt man eine Schüssel mit Pastetenteig (Nr. 536) aus und bereitet die Pastete ganz wie Nr. 537. Etwas übriggebliebene Wildpretsauce kocht man mit ein wenig Rothwein auf, gießt sie, wie in Nr. 537 angegeben, in die Pastete und servirt die übrige in einer Saucière dazu. Man kann auch den Pastetenteig in der Schüssel weglassen, muß aber einen Deckel von Teig (Nr. 536) darauf machen. Dazu genügt Teigmasse von 95 Gramm Mehl, ein halbes Ei, 50 Gramm Butter und 1½ Löffel Wasser.

565. Pasteten von Fleischresten,

von Geflügel, Kalbsbraten und Filetbraten werden ebenso bereitet wie Nr. 564.

566. Bratenreste mit Rühreier.

Bratenreste werden nudelartig geschnitten und mit der Bratensauce und etwas saurem Rahm aufgedünstet. Dann sprudelt man 6 Eier mit 1—2 Löffel Milch, Salz und Pfeffer ab, gibt es in eine flache Pfanne mit heißer Butter, rührt es mit dem Schäufelchen auf, bis es eine leichte, lockere Masse bildet, gibt die Bratenreste darunter und richtet es auf einer gewärmten Platte an.

567. Bratenreste mit Ochsenaugen.

Uebriggebliebener Braten wird in dünne Stücke geschnitten und etwas gesalzen aufeinander gelegt. Nach einer halben Stunde läßt man in einer flachen Pfanne Butter heiß werden, legt das Fleisch hinein, läßt es auf beiden Seiten heiß werden, schlägt Eier darauf und bäckt sie langsam, bis das Eiweiß hart, der Dotter aber noch weich ist; dann richtet man sie auf einer gewärmten Platte an.

568. Fleischsemmelschmarn.

Man bereitet Semmelschmarn (Nr. 621) und gibt statt der Rosinen gewiegtes Fleisch, nach Belieben mit Schinken gemischt, dazu und bäckt ihn. Statt Zucker servirt man Kopfsalat dazu.

Fleischreste.

569. Risotto.

Zu gedünstetem Reis (Nr. 580) mit oder ohne Parmesan=
käse schneidet man Geflügel, Kalbs= oder Rindsbraten würflig, gibt
es sammt der Bratensauce zu dem weich gekochten Reis und servirt
Champignonsauce (Nr. 109) oder Frikasseesauce (Nr. 115) dazu.

570. Reiswürstchen.

Man wiegt oder schneidet die Reste von Kalbsbraten oder
Geflügel fein, dünstet Reis nach Nr. 580, läßt ihn auskühlen,
mischt das Fleisch nebst 1 Ei und etwas Salz dazu, gibt von der
Masse 1 Löffel voll auf Oblaten, formt Würstchen daraus, die
man in einem Ei, das gut verklopft wurde, umdreht und bäckt sie
in heißem Schmalz.

571. Savesen mit Sachè.

Gewiegte Bratenreste salzt man, mischt sie mit gewiegter
Petersilie, Zwiebel und Zitronenschalen, dünstet sie in etwas
Butter, streicht sie zwischen Semmelschnitten und bereitet sie wie
Nr. 347.

572. Jägerschnitten.

Man wiegt ein Stück Zitrone, Zwiebel und etwas Petersilie
fein und dünstet es kurz in Butter; eine abgeriebene Semmel vom
Tag vorher wird in Milch oder Wasser eingeweicht, fest ausgedrückt
und mit dem Zwiebel ꝛc. gedünstet. Dann gibt man feingewiegte
Bratenreste und etwas Bratwurstfüllsel dazu und dünstet es mit
dem Uebrigen, bis es sich vom Topfe löst. Ist die Masse aus=
gekühlt, so rührt man 1 Ei damit ab und streicht sie auf Semmel=
schnitten, die man zuerst in Eiweiß umgedreht hat, und bäckt sie, die
Fleischseite zuerst, in halb schwimmendem Schmalz oder Suppenfett.

573. Fleischstrudel.

Bratenreste, besonders vom Kalbfleisch, werden fein gewiegt;
dann läßt man in Butter feingewiegte Petersilie und etwas Semmel=
bröseln anlaufen, gibt es zu dem gewiegten Fleisch sammt ¼ Liter
saurem Rahm und 2 Eidottern, salzt die Masse und bestreicht den
mit Butter bestrichenen Strudelteig (Nr. 648) bis über die Hälfte
dick damit. Dann rollt man den Teig, von der bestrichenen Seite
angefangen, legt ihn in eine mit Butter bestrichene Bratpfanne,
bestreicht ihn mit Butter und bäckt ihn, bis er eine schöne Farbe
hat. Es ist gut, wenn der Bratenrest mit Schinken vermischt ist.

Rouletten von Wirsing
siehe Nr. 175.

Spinatpudding
siehe Nr. 177.

Fleischknödel
siehe Nr. 61.

Nierenschnitten
siehe Nr. 261.

Kartoffelpastetchen
siehe Nr. 173.

574. Fleischkuchen.

Feingewiegtes Rindfleisch wird gesalzen und mit Petersiliengrün, Zwiebel, Zitronenschale, 4 Sardellen und 1 Löffel Kapern (Alles fein gewiegt), sowie feingeschnittenem Speck gut vermengt. Nun macht man weiche Rühreier von 3 Eiern, vermischt sie mit dem Fleische, füllt Alles in eine mit Butter ausgestrichene Form und läßt es fest beschwert über Nacht stehen. Am nächsten Tage wird der Kuchen gestürzt und mit Brunnkresse und harten Eiern oder Kartoffelpüreesalat und Monatrettigen garnirt.

575. Fleischpudding.

2 abgetriebene Semmeln werden in Wasser oder Milch gelegt und wenn sie völlig erweicht sind, fest ausgedrückt, in Eigroß Butter kurz gedünstet und erkalten lassen. Ist dies geschehen, so gibt man 200 Gramm Rindfleisch, 70 Gramm Schinken und 30 Gramm Speck mit Petersilie, Zwiebel und Zitronenschale, Alles fein gewiegt, darunter, salzt die Masse, verrührt 4 Eidotter gut damit und hebt zuletzt den Schnee der 4 Eiklar darunter. In eine mit Butter bestrichene Puddingform wird die Masse eingefüllt und ³/₄ Stunden im Rohre nach Nr. 707 in siedendem Wasser gekocht. Der Fleischpudding wird auf eine Platte gestürzt und mit frikassirter Buttersauce (Nr. 115) zu Tisch gegeben oder Kopfsalat mit harten Eiern dazu servirt.

576. Klops.

Fleischreste mit oder ohne geräuchertem Fleisch werden ganz nach Nr. 554 bereitet, daraus kleine Knödelchen fest gedreht, in Salzwasser gekocht und mit Sardellen- oder Kapernsauce übergossen, zu Tisch gegeben.

Zuspeisen zu Ragout etc.

577. Macaroni.

Ungefähr 175 Gramm Macaroni bricht man mehrmals ab, gibt sie dann in viel kochendes Salzwasser und läßt sie sieden, bis sie vollkommen weich sind, aber nicht zerspringen. Nun gibt man sie in den Durchschlag, spült sie mit kaltem Wasser ab und läßt sie gut ablaufen. Unterdessen gibt man 50 Gramm frische Butter in eine Kasserole, schüttet die Macaroni dazu, schwingt sie einige Male und läßt sie darin wieder gut heiß werden. Beim Anrichten streut man nach Belieben gewiegten Parmesankäse darüber.

578. Wassernudeln.

Man macht Nudelteig, wie zur Suppe Nr. 18, und schneidet ihn in breite Nudeln, die man unter beständigem Rühren in siedendes Salzwasser einkocht. Nach 10 Minuten seiht man sie ab und läßt sie im Durchschlag recht gut ablaufen, damit sie so trocken als möglich sind, gibt sie in eine Schüssel und schwingt sie ein paarmal mit zerlassener Butter oder läßt sie wie obige Macaroni am Feuer in Butter abdünsten. Unterdessen läßt man einige ungekochte Nudeln in Butter oder Schmalz backen oder darin Brösel rösten, schmalzt damit die Nudeln auf und gibt sie so heiß wie möglich zu Tisch, als Beilage zu Ragout 2c. Auch kann man geriebenen Parmesan= oder Emmenthalerkäse über die Nudeln streuen.

579. Spatzen.

250 Gramm Mehl, etwas kalte Milch oder lauwarmes Wasser nebst 1 Prise Salz und 2 Eiern werden zu einem dicken zähen Teig gerührt. Dann treibt man denselben durch einen großlöcherigen Spatzenseiher in einen weiten Hafen mit kochendem Salzwasser. Steigen die Spatzen in die Höhe, so läßt man sie gut aufkochen, nimmt sie dann mit dem Schaumlöffel heraus und verfährt mit

dem übrigen Teig ebenso. Müssen sie länger stehen bis zum Anrichten, so schöpft man sie in heißes, leichtgesalzenes Wasser. Zum Anrichten schmalzt man sie mit in Butter gerösteten Semmelbröseln auf. Hat man keinen Spatzenseiher, so gibt man den Teig auf einen Holzteller und schneidet im Abfließen kleine Stücke mit einem Messer in's kochende Salzwasser.

580. Gedünsteter Reis.

Eine halbe Stunde vor dem Anrichten läßt man 50 Gramm Butter heiß werden, läßt darin 1 Eßlöffel feingewiegte Zwiebel gelb anlaufen und dünstet damit 250 Gramm ausgesuchten, aber nicht gewaschenen Reis, bis er das Fett eingesogen hat, und gießt dann sogleich ¼ Liter kochende Suppe dazu, läßt sie ohne Zudecken einkochen, gießt dann noch soviel Suppe nach und nach daran, bis der Reis genügend weich ist und servirt ihn erhaben angerichtet. Auch kann man feingewiegten Schinken darunter mengen oder ihn mit etwas Frikasseesauce befeuchten, wenn man ihn als Gemüse zum Braten reicht.

Statt Butter nimmt man auch gewiegtes Ochsenmark oder kleinwürflig geschnittenen Speck und formt ihn wie Polenta Nr. 583 für die Tafel.

581. Risotto.

Der wie oben gedünstete Reis wird gut mit geriebenem Parmesankäse untermischt, auch kann nach Belieben etwas Paradiesäpfelsauce darunter gegeben werden.

582. Reis-Rouletten.

4—5 Löffel Reis kocht man mit Fleischbrühe zu einem festen, dicken Brei. 25 Gramm Butter werden fein abgetrieben, 1 Ei, etwas gewiegter Schinken, der Reis, Salz und 1 kleiner Löffel Mehl dazu gerührt, Würstchen geformt, in Ei und Semmelbröseln umgedreht und im heißen Schmalz gebacken.

583. Polenta.

In ¾ Liter kochendes Wasser schüttet man 250 Gramm italienisches Polentamehl, salzt es, sticht mit einem Kochlöffel mitten durch ein Loch, durch welches das Wasser aufkocht und läßt es 10 Minuten sieden, worauf man das Ganze zu einem dicken Mus abrührt und eine Viertelstunde auf mäßiger Hitze stehen läßt. Davon sticht man mit einem Blechlöffel große Nocken, legt sie auf eine Schüssel, bestreut jede Nocke mit Käse oder noch besser mit

Zuspeisen zu Ragout 2c.

ziemlich viel geringelten, in Butter gerösteten Zwiebeln und schmalzt sie mit heißer Butter auf. Will man die Polenta formen, so drückt man sie in irgend ein mit kaltem Wasser ausgespültes Gefäß, ein Glas, eine Tasse, einen Model und stürzt sie rasch auf die Platte. Man gibt sie zu Fleisch in braunen Saucen, Leber 2c.

584. Gebackene Semmelschnitten (Croutons).

3—4 abgeriebene Semmeln werden in halbfingerdicke Scheiben geschnitten, in Pfannkuchenteig Nr. 611 gut umgedreht, so daß sie ganz durchfeuchtet sind, aber nicht zerfallen, in heißem Schmalz auf beiden Seiten lichtbraun gebacken und heiß zu Tisch gegeben.

Croutons heißt man auch nett ausgeschnittene Stücke von Weißbrodkrume, die dreieckig, herz= oder sternförmig in Butter goldbraun gebacken werden. Zur Garnirung kann man sie mit Eiweiß und Mehl aufrecht um den Schüsselrand befestigen.

585. Feine Knödelchen.

Zu feinen Ragouts nimmt man meist Farcenöbelchen und sind dazu Farce Nr. 225—229 als Knödelchen geformt in Fleisch=suppe oder Salzwasser zu kochen. Ebenso eignen sich dazu die abgetriebenen Knödel Nr. 56—67.

586. Speckknödel.

50—70 Gramm Speck wird zu Würfeln geschnitten und heiß gemacht. Ist er durchsichtig, so gibt man fein geschnittene oder gewiegte Zwiebel und Petersiliengrün dazu, läßt sie etwas an=laufen, gibt dann 200 Gramm kleinwürflig geschnittene Semmel (4 Semmeln) dazu, rührt Alles auf dem Feuer, bis das Fett ein=gesogen ist und schüttet es dann in eine Schüssel. $^1/_2$ Stunde vor dem Einkochen sprudelt man 2 Eier mit einem kleinen $^1/_8$ Liter Milch und Salz ab und verrührt damit die Semmeln. Vor dem Einkochen mischt man noch etwas Mehl dazu, formt davon mit in Wasser getauchten Händen fest 6—8 Knödel und kocht sie eine gute Viertelstunde in Suppe oder gesalzenem Wasser.

587. Semmelknödel.

4 Semmeln werden feinblättrig geschnitten, mit etwas heißer Butter oder Schmalz, in welchem 1 Eßlöffel feingewiegter Zwiebel und Petersilie kurz abgedünstet wurde, übergossen, zugedeckt, ge=schüttelt und so eine Viertelstunde stehen gelassen, dann befeuchtet man sie mit beiläufig $^1/_8$ Liter Milch, doch dürfen sie ja nicht

zu naß sein, und läßt sie nun wieder 1 Stunde stehen. Dann werden 2 Eier gut verrührt, das nöthige Salz dazu gemengt und eine Viertelstunde vor dem Sieden feste Knödel mit in Wasser getauchten Händen geformt und dann in Salzwasser eine gute Viertelstunde gekocht. Sollte der Probeknödel zu weich sein, so mengt man etwas Mehl unter die Masse.

Als Beilage zu Saucen gibt man sie auf eine Platte und übergießt sie mit in Schmalz gerösteten Bröseln oder Zwiebeln.

588. Leberknödel.

3 gestrige Semmeln werden feinblättrig geschnitten, in einer Schüssel mit einem Schöpflöffel kochender Fleischbrühe übergossen und zugedeckt 1 Stunde stehen gelassen. Ein Eßlöffel gewiegter Zwiebel, ebenso viel Petersiliengrün, etwas Schnittlauch oder feines Zwiebelrohr fein gewiegt, wird in einem Löffel Fett gedämpft und über das Brod gegossen. Dann wird ½ Pfund abgehäutete Leber, einige Zitronenschalen, etwas Majoran so fein wie möglich gewiegt, 2 Eier, Salz, Pfeffer, ein Stück zerlassener Butter und ein Kochlöffel Mehl an das Brod gegeben, Alles gut untereinander gemengt und dann Knödel daraus geformt, welche man eine Viertelstunde im siedenden Salzwasser kocht, in die Suppe oder mit gelbgerösteten Zwiebeln abgeschmälzt zu Kraut ıc. gibt.

589. Kartoffelknödel.

1½ Pfund (750 Gramm) gekochte Kartoffel werden gerieben und mit 1½ Eßlöffel Gries, 1½ Eßlöffel Mehl gut vermengt; dann werden 1½ in kleine Würfel geschnittene Semmeln, welche man mit 25 Gramm Butter geröstet hat, darunter gemischt, ein Ei gut hinein verrührt, 2 Löffel sauren Rahm, sowie fein gewiegte Petersilie, Zwiebel und Zitronenschale dazu gegeben, die Masse ordentlich durchgeknetet und mit in Mehl getauchten Händen Knödel geformt, die man in kochendem Salzwasser ¼ Stunde sieden läßt.

Die gebackenen Kartoffelspeisen, ungefüllte Pastetchen, Schmarn, Topfennudeln, Kuchenmichel werden auch als Zuspeisen verwendet.

Fleischmehlspeisen.

590. Macaroni mit Schinken.

Die Macaroni werden wie Nr. 577 bereitet und wenn sie in der Kasserole sind, mit gewiegtem Schinken, der mit etwas saurem Rahm abgesprudelt wurde, übergossen und gedämpft.

591. Macaroni mit Schinken und Reis.

Sie werden wie Nr. 562 bereitet, nur daß man statt Bratenreste gewiegten Schinken dazu verwendet.

592. Schinkenfleckchen.

Nudelteig nach Nr. 18 schneidet man in viereckige Fleckchen und kocht sie in Salzwasser. Dann seiht man sie, schwenkt sie in kaltem Wasser ab und läßt sie im Durchschlag gut ablaufen. Unterdessen wiegt man mageren Schinken, sprudelt ein Ei mit zwei Löffel saurem Rahm und dem gewiegten Schinken ab, gibt die Nudeln in eine Schüssel und übergießt und verrührt sie mit dem abgesprudelten Schinken. Nun läßt man in einer flachen Pfanne ein großes Stück Butter oder Schmalz heiß werden, gibt die Fleckchen hinein, bäckt sie auf einer Seite wie einen Pfannkuchen braun, drückt die obere Seite glatt, stürzt dann einen Teller darauf und kehrt die Pfanne damit um, gibt auf's Neue Butter in die Pfanne, läßt dann den Kuchen vom Teller in die Pfanne gleiten, bäckt ihn auch auf der anderen Seite und gibt ihn heiß zu Tisch.

Oder: Wenn man größere Masse backen will, so streicht man eine Auflaufform gut mit Butter aus, gibt eine Lage Fleckchen oder Nudeln, die wie oben abgekocht und mit Wasser geschwenkt wurden, hinein, dann eine Lage gewiegten Schinken darauf und fährt so fort, bis die Auflaufform voll ist und mit der Lage von Fleckchen oder Nudeln endet. Dann nimmt man 3 Eier, sprudelt sie mit ½—1 Quart faurem Rahm, je nach der Maſſe, ab, gießt es über die Fleckchen und bäckt ſie im Rohr bei guter Hitze leicht gelb; man gibt ſie in der Form zu Tiſch.

593. Riſotto mit Geflügel.

Ein junges Huhn wird in Butter gedämpft, bis es eine ſchöne Farbe hat, dann ausgebeint, ſammt Leber und Magen in kleine Stücke geſchnitten und nun zu dem unterdeſſen, wie in Nr. 580, gedünſteten Reis, der aber ziemlich trocken gedämpft ſein muß, ſammt der Bratenſauce und einigen gedämpften Champignons gegeben, nochmals durchgekocht, und erhöht angerichtet zu Tiſch gebracht; nach Belieben kann man den Riſotto auch mit Parmeſankäſe vermiſchen.

594. Geſtürzter Reis.

Man belegt eine Form mit Speck, drückt eine Lage mit nach Nr. 580 gedämpftem Reis aus, ſchneidet darauf kleine Stückchen von ausgebeintem Geflügel oder auch von Schinken, Zunge oder Salami, gibt, wenn es die Jahreszeit erlaubt, etwas in Butter gedämpfte grüne Erbſen darüber, wiederholt die Lage von Reis, Fleiſch und Erbſen noch einmal, ſchließt mit Reis, auf den man einige Stückchen Butter legt, und läßt das Ganze eine halbe Stunde im Rohr backen. Hat der Reis eine lichtgelbe Farbe, ſo wird er geſtürzt, vom Speck befreit und mit frikaſſirter Butterſauce, die mit der Hühner- oder Entenſauce oder für Schinken ꝛc. mit Zitronenſaft gewürzt iſt, zu Tiſch gegeben.

595. Fiſchpudding.

500 Gramm Weißfiſche werden ſorgfältig entgrätet, das Fleiſch mit Peterſilie, Zitronenſchale und Zwiebeln fein gewiegt, 60 Gramm Butter ſchaumig abgetrieben, das gewiegte Fleiſch, 2 ganze Eier, 1 Dotter, ⅛ Liter Milch, Pfeffer, Salz und etwas geriebene Muskatnuß ½ Stunde mitgerührt — je länger deſto beſſer, da die Maſſe dadurch dick werden muß — und zuletzt 2—3 Löffel feiner Semmelbröſeln dazu gegeben. Nun wird eine Puddingform mit Butter beſtrichen, dann ausgebröſelt, die Maſſe hineingegeben und eine Stunde nach Nr. 707 gekocht. Geſtürzt wird der Pudding mit Senf- oder Kapernſauce ſervirt.

596. Kartoffel-Pudding mit Schinken.

280 Gramm gekochte Kartoffeln werden durch ein Sieb getrieben; dann treibt man 70 Gramm Butter ſehr ſchaumig ab

und rührt 2 Dotter und 3 ganze Eier nach und nach dazu, nebst den 280 Gramm passirten Kartoffeln, 175 Gramm feingeschnittenem Schinken, 1 Löffel Semmelbröseln, etwas Salz und ein wenig Mehl. Nun bestreicht man eine Puddingform mit Butter, bröselt sie aus und läßt den Pudding eine Stunde kochen. Man servirt ihn mit Frikasseesauce Nr. 115.

Fast noch besser schmeckt er als Auflauf im Rohr lichtgelb gebacken.

597. Birnpfannkuchen.

Ein Kalbshirn wird ausgewässert, abgehäutet, in Salzwasser blanchirt, in kleine Stückchen geschnitten und gesalzen. Dann wiegt man Petersilie, Zitronen und ein wenig Zwiebeln fein, mischt Alles unter Pfannkuchenteig Nr. 611, den man etwas dick hält, vermengt es gut und bäckt es in heißem Schmalz als dicke Pfannkuchen. Man servirt dazu Kopfsalat, Senf oder Essigfrüchte.

598. Zunge mit Eierkäs.

6 Eier werden mit einem kleinen Viertelliter kräftiger Suppe, dem nöthigen Salz, etwas weißem Pfeffer, Muskatnuß, 1 Löffel Butter, etwas Schnittlauch oder gewiegter Petersilie gut abgesprudelt und zuletzt würflig geschnittene, geräucherte Zunge darunter gemischt. Nun streicht man eine Porzellanschüssel mit Butter aus, schüttet die Masse hinein, stellt sie in eine Kasserole mit siedend heißem Wasser, deckt sie fest zu und stellt sie eine halbe Stunde in's Rohr, bis sie stockt. Kochen darf das Wasser aber ja nicht, da die Eier sonst gerinnen oder Blasen bekommen.

Statt Zunge kann man auch weichgekochten Kalbskopf dazu verwenden.

Zu den Fleischmehlspeisen gehören noch:

Kartoffelspeise mit Schinken
siehe Nr. 265,

Schinkenstrudel
siehe Nr. 654,

Schinkenroulade
siehe Nr. 264, sowie

Birnbavesen etc.
siehe Nr. 347.

Eierspeisen.

599. Weichgesottene Eier.

Die Eier werden rein gewaschen, indem man mit Salz den Schmutz abreibt. Dann legt man sie mit einem Löffel langsam in das siedende Wasser und läßt sie drei Minuten kochen. Wenn man sie herausnimmt, schlägt man sie in eine Serviette, damit sie nicht so schnell erkalten. Man kann auch fingerlang geschnittene Semmelschnitten rösten und dazu serviren.

Will man die Eier wachs- oder kernweich, so läßt man sie 4—5 Minuten im kochenden Wasser. Wenn man sie nach dem Kochen schnell in kaltes Wasser legt, kann man sie auch behutsam schälen.

600. Hartgesottene Eier.

Man läßt die Eier 7 Minuten kochen und legt sie dann in frisches Wasser, damit sie gut zu schälen sind.

601. Spiegeleier (Ochsenaugen).

Auf einer Eierpfanne oder auf einer flachen Pfanne läßt man ein Stückchen Butter heiß werden, schlägt die Eier langsam hinein, salzt sie und läßt sie nur so lange backen, bis das Weiße angezogen hat, der Dotter aber noch weich ist.

602. Verlorene Eier.

Man läßt Wasser mit Salz und Essig kochend werden und schlägt behutsam ein Ei nach dem andern in das kochende Wasser und läßt sie 1—2 Minuten kochen, bis das Klar weiß, der Dotter aber noch weich ist. Dann nimmt man sie mit einem Löffel heraus, gibt sie kurz in kaltes Wasser, schneidet in der hohlen Hand alles Weghängende behutsam ab und verwendet sie als Einlage in Suppen 2c.

603. Eingerührte Eier.

Sechs bis acht ganze Eier werden mit 2—3 Eßlöffel Rahm, Milch oder auch Wasser und etwas Salz gut versprudelt und in eine Pfanne, in welcher man 50 Gramm Butter heiß werden ließ, geschüttet und so lange mit dem Schäufelchen aufgerührt, bis sie eine breiartige, lockere Masse bilden, die man auf einer gewärmten Platte schnell anrichtet und mit Schnittlauch oder auch Pfeffer bestreut.

604. Rühreier mit Schinken etc.

Zu den wie oben eingerührten Eiern mischt man fein gewiegten oder kleinwürflig geschnittenen Schinken und bäckt sie wie oben. Man kann auch gebackene Brodwürfel rings um die Platte legen.

Deßgleichen kann man würflig geschnittenen, vorher gerösteten Speck oder würflig geschnittene Sardellen, auch geriebenen Parmesankäse darunter mengen, ebenso in Salzwasser weichgekochte Spargelspitzen, Blumenkohlröschen, gedämpfte Champignons oder gedünsteten Reis zu den Rühreiern mischen.

Als Fastenspeise gibt man auch vielfach Rühreier mit kleingeschnittenen abgekochten Fischstücken.

605. Gefüllte warme Eier.

4 Stück hartgekochte Eier werden, wenn sie geschält sind, der Länge nach durchschnitten und der Dotter herausgenommen. Ein halbes Milchbrod wird abgerieben, in Milch geweicht, gut ausgedrückt und in einem Mörser mit den 4 harten Dottern, 40 Gramm Butter, sowie Salz, Pfeffer und 30 Gramm gewaschener und ausgegräteter Sardellen fein gestoßen und dann mit einem rohen Ei fein verrührt. Die Eiweißhälften werden nun mit dieser Masse erhaben gefüllt, mit warmer Butter überstrichen und mit feinen Semmelbröseln überstreut. In einer flachen Schüssel gibt man den Rest der Eiermasse nebst etwas saurem Rahm, setzt die gefüllten Eier hinein, gibt die Schüssel auf ein mit Salz bestreutes Tortenblech und bäckt sie in nicht heißem Rohr.

606. Gefüllte kalte Eier.

Von 4—6 hartgesottenen und halbirten Eiern nimmt man vorsichtig den Dotter heraus und zerdrückt ihn fein; ein Stückchen Tafelbutter wird mit 2 feingewiegten Sardellen schaumig abgerührt, die zerdrückten Dotter dazu gegeben, sowie etwas Salz und 20 Gramm kleinwürflig geschnittener roher Schinken. Diese Farce füllt man in die Eiweißhälften und garnirt sie als Kranz mit klein gehacktem rothen Aspik um gut abgelaufenen Kopfsalat.

607. Gefüllte kalte Eier in Sauce.

6 Eier werden hart gekocht und noch heiß in kaltes Wasser gelegt, damit sie sich schön schälen; dann halbirt man sie vorsichtig, löst den Dotter heraus, rührt 3 Dotter mit 1 Eßlöffel feinem Olivenöl 5 Minuten, dann mit 1 Eßlöffel französischem Senf, ½ Löffel Essig, sowie etwas Salz und Pfeffer zu einer dicken Sauce. Nun verdrückt man die übrigen 3 Dotter fein, gibt einen Löffel der vorbeschriebenen Eiersauce dazu, sowie 2 Sardellen, 1 kleine Essiggurke, 20 Gramm rohen Schinken, Alles kleinwürflig geschnitten oder grob gewiegt, nebst etwas Salz und Pfeffer, vermengt es gut und füllt diese Masse in die Eiweißhälften; die übergebliebene Sauce schüttet man auf eine kleine Platte, setzt die Eier hinein und legt einen Kranz Petersilie mit rothen Radieschen als Garnirung herum.

608. Omelette.

6—8 Eier werden mit etwas Salz, Pfeffer, Muskatnuß, einem Kaffeelöffel feingewiegter Petersilie oder Schnittlauch und zwei Löffel Rahm gut abgesprudelt. Dann läßt man 40 Gramm Butter heiß werden, schüttet die Eier hinein, rüttelt die Pfanne stets und sticht mit dem Messer in die Masse, damit das Flüssige unter das Gestockte kommt. Wenn nichts mehr flüssig ist, gibt man noch etwas Butter unter die Omelette, damit sie eine schöne Farbe bekommt. Dann nimmt man einen flachen Teller, stürzt ihn über die Omelette, wendet die Pfanne, indem man die linke Hand fest an den Teller drückt und gibt die Omelette mit der gebackenen Seite nach oben zu Tisch.

609. Omelette mit Schinken.

Die wie oben gebackene Omelette wird mit Schinken dick bestreut, auf den beiden Seiten zusammengebogen, daß sie eine handbreite Rolle bildet, und auf eine längliche Platte gestürzt. Statt mit Schinken kann sie mit Gemüse, wie Spargelspitzen, Sauerampfer, Spinat oder Champignons gefüllt werden.

Mehlspeisen.

610. Das Wichtigste über die Bereitung von Mehlspeisen.

Um Mehlspeisen gut zu bereiten, müssen vorher einige Umstände erwähnt werden, die zum Gelingen einer feinen Speise unumgänglich nothwendig sind.

Gerührt muß die Masse stets nach einer Seite werden, weil dabei immer Luft mit eingerührt, der Teig dadurch feiner wird und oft das ganze Gelingen einer Speise vom guten Rühren abhängt. Selbst eine Omelette, welche gut gerührt oder noch besser mit einer hölzernen Gabel geschlagen wird, bis sie in die Pfanne kommt, wird viel lockerer und höher. Wenn Zucker mit Eidotter gerührt werden soll, so ist die Zeitdauer nie unter einer Viertelstunde, meist $1/2$—1 ganze Stunde.

Abtreiben muß man die Butter oder dergleichen Fett in einer runden Schüssel, indem man ebenfalls mit dem Kochlöffel $1/4$—$1/2$ Stunde nach einer Seite rührt, bis die Butter flaumig und ganz hell geworden ist. Gibt man Eier dazu, so verrührt man eines nach dem andern gut mit der Butter, und sollte sie dabei stocken, so stellt man die Schüssel etwas auf den nicht zu warmen Herd, rührt aber fleißig fort. Wird Zucker mitgerührt, so gibt man erst den Zucker zu der Butter, sie wird dann nicht stocken.

Warm geschlagen werden Zucker mit ganzen Eiern in einem Schneekessel, welchen man in heißes Wasser oder auf den Herd stellt, der aber nur so heiß sein darf, daß man die darauf gelegte Hand nicht verbrennen kann. Steigt es und ist dick, so wird es kalt geschlagen, ehe man das Mehl beimischt.

Schneeschlagen: Dazu gehören vor Allem frische Eier und Vorsicht, daß nicht das Mindeste vom Gelben zum Weißen kommt. Für 2—3 Eiklare kann man einen tiefen Teller, für eine größere Masse muß man eine runde, glacirte Schüssel nehmen, wenn man keinen Schneekessel hat; aber Eier sowohl, wie Geschirr, müssen kalt sein. Man schlägt mit einem Schlagbesen von Eisen oder Messingdraht zuerst ganz langsam, dann immer schneller und treibt das Eiweiß luftig in die Höhe, bis der Schnee ganz steif ist und beim Herausziehen des Schlagbesens ein Zacken vom Schnee steif stehen bleibt oder ein ganzes Ei, welches man auf den Schnee legt, nicht einsinkt. Stehen lassen darf man den Schnee nicht; er muß sogleich verwendet werden, wenn die Speise gelingen soll. Er wird dann, wenn er zum Schluß, wie meistens, der Masse beigegeben wird, nur leicht unter den Teig gehoben und nicht mehr gerührt. Am besten nimmt man dazu zuerst nur einen kleinen Theil des Schnees und ist dadurch der Teig schon flüssiger, den Rest, damit der Schnee möglichst fest bleibt.

Abschälen der Mandeln geschieht, wenn man dieselben in kochendes Wasser gibt und zugedeckt seitwärts stehen läßt, bis sich die Mandeln zwischen den Fingern leicht aus den Schalen herausdrücken lassen. Die Kerne der Haselnüsse gibt man auf ein eisernes Tortenblech, stellt sie in's heiße Bratrohr und macht sie dann so lange durcheinander, bis sich die äußere braune Schale mit einem Tuche abstreifen läßt.

Die Mandeln gewinnen an Güte bei den meisten Mandelspeisen, wenn man sie nach dem Abschälen auf einem Backblech im Rohr leicht gelblich röstet.

Reiben der Mandeln und Nüsse geschieht am einfachsten durch die unentbehrlich gewordene Mandelmühle.

Rosinen, Weinbeeren und Sultaninen reinigt man, indem man sie in einen Seiher gibt und öfters mit lauwarmem Wasser wäscht. Dann schüttet man sie auf ein Tuch und reibt sie ab, wobei die meisten Stielchen an dem Tuche hängen bleiben, wenn man sie immer wieder an eine neue Stelle bringt. Die übrigen entfernt man, sowie die Kernchen der großen Rosinen.

Mehl wird stets nur das feinste zu Mehlspeisen verwendet, es soll an einem trockenen Ort aufbewahrt und vor dem Gebrauch zu feinen Speisen stets gesiebt werden.

Zucker muß ebenfalls an einem trockenen Ort aufbewahrt und der selbstgestoßene stets gesiebt werden, wenn man ihn zu feinem Backwerk verwendet.

Wenn man einen Teig fein am Brett abarbeiten will und die Bestandtheile mit dem Messer und schließlich der Hand gemengt sind, so treibt man den Teig stückweise mit dem Ballen der rechten Hand gegen aufwärts, rollt ihn dann wieder herab und fährt mit dem Abtreiben fort, bis der Teig sich von dem Brett und den Händen löst. Butter- und Blätterteige müssen schnell und womöglich an einem kühlen Ort gemacht werden, weßhalb der Butterteig Personen, welche heiße Hände haben, oft nicht gelingt. Bei Bröselteig wird die Butter dünnblättrig zerschnitten, mit dem Mehl gemischt und zwischen den Händen durch Reiben zerbröselt.

Hat man einen Teig (Butterteig ꝛc.) auszuwalken und er bricht, wenn man ihn auf das Backblech legen will, so legt man Pergamentpapier zum Walken unter, hebt ihn damit auf's Brett und zieht es heraus; wenn sich der Teig an das Rollholz klebt, gibt man das Papier auf den Teig und wallt darüber.

Formen oder Blech bestreicht man mit Butter mittelst einer Feder oder eines Pinsels, wenn man sie mit Bröseln, Mehl oder Zucker bestreut, dreht dann die Form nach allen Seiten und stürzt sie um, damit Alles, was nicht haftet, herausfällt. Bröseln nimmt man meist für ungezuckerte, Mehl für feingebackene und Zucker für Dunst-Mehlspeisen.

Das flache Blech wird zu Backwerk dünn mit Butter bestrichen und mit Mehl bestäubt und dann wieder abgeklopft. Für feineres, kleines Backwerk läßt man das Blech warm werden, bestreicht es mit einem Stück weißen Wachses und läßt es wieder erkalten. Wenn eine Mehlspeise in einer Schüssel gebacken wird, bestreicht man sie etwas stärker mit Butter und stellt sie auf ein Blech, das man mit Salz oder Sand bestreut. Bei feinen Mehlspeisen, Aufläufen oder Hefenteig, soll man den Ofen nicht zu früh aufmachen und sie nicht verschieben.

Heißt es in den Rezepten, das Rohr soll zum Backen heiß sein, z. B. für Butterteig, so wird ein Stück Papier, das man in die Mitte legt, schnell gelb, wird es aber schnell dunkelbraun, ist es für Alles zu heiß. Bei mäßiger Hitze, wie man sie für Hefenteig, Braten ꝛc. braucht, muß es langsam gelb werden. Für Backwerk von Eiweiß soll das Rohr kühl sein, da dasselbe mehr trocken und weiß, höchstens hellgelb werden soll.

Sowohl Pudding, als Kuchen darf man nicht sofort stürzen, wenn sie aus dem Ofen kommen, weil zu heiße Backwerke leicht zerbrechen. Man dreht dazu die Form mit raschem Schwung, wobei man die Hand hoch in die Luft hebt, um; durch Schütteln und Rütteln wird die Form mehr verletzt, was besonders bei Gelées oder Crêmes, die einige Sekunden in lauwarmes Wasser gehalten werden, leicht der Fall ist.

Einfache Mehlspeisen.

611. Pfannkuchen.

3 Eßlöffel Mehl werden mit einer Prise Salz und etwas kalter Milch glatt abgerührt, dann schlägt man 3 ganze Eier dazu, sowie langsam ⅛ Liter Milch. In einer flachen Pfanne läßt man dann 1 Löffel frisches Schmalz heiß werden, gibt so viel Masse hinein, daß der Boden bedeckt ist, läßt sie zuerst auf der einen, dann auf der anderen Seite schön braun werden, indem man mit dem Schäufelchen den Pfannkuchen hebt, schnell umwendet und, wenn nöthig, noch etwas Schmalz nachgibt. Man bäckt so die Masse fertig, indem man bei jedem neuen Pfannkuchen ein Stück Schmalz in die Pfanne gibt und die fertigen unterdessen auf einem Teller in dem Rohre warm stellt. Sie sollen erst ganz kurz vor dem Anrichten bereitet werden. Sind alle fertig, bestreut man sie mit Zucker, nach Belieben auch mit Zimmt, rollt sie zusammen und gibt sie heiß zu Tisch.

612. Pfannkuchen in der Form.

Es werden Pfannkuchen wie oben gebacken, dieselben mit Marmelade überstrichen, gerollt, in eine butterbestrichene Form schön eingelegt, mit 2 Eiern, die man mit Milch und etwas Zucker abgesprudelt, übergossen und im Rohr gebacken.

613. Omelette mit Confiture.

Dieselbe wird ganz den obigen Pfannkuchen gleich bereitet, nur nimmt man etwas weniger Mehl, schlägt das Klar der Eier zu Schnee und vermengt es zuletzt leicht mit dem Teig. Beim Backen nimmt man mehr Masse und bestreicht die Omelette, wenn sie fertig ist, mit beliebig eingemachtem Obst, rollt sie oder schlägt sie in der Mitte zusammen und richtet sie mit Zucker bestreut an.

Man kann auch gedörrte und dann gekochte Zwetschgen fein wiegen, mit Zucker, Zimmt, Zitronenschalen und etwas Zwetschgensud aufdünsten und damit die Pfannkuchen füllen.

Mit Zucker dick bestreut und mit einem glühenden Backschäufelchen aufgebrannt, kann jeder Pfannkuchen auch zu Tisch gegeben werden.

614. Omelette soufflée.

3 Eidotter werden mit 3 Löffel gestoßenem Zucker, welcher vorher an einer Orange oder Zitrone abgerieben oder mit etwas Vanille gestoßen wurde, eine Viertelstunde fein abgerührt, dann der feste Schnee von den 3 Eiern, sowie zuletzt 1½ Eßlöffel Mehl leicht darunter gemischt; nun wird eine Auflaufform oder Porzellanschüssel mit Butter bestrichen, die Masse hineingegeben und eine Viertelstunde im kühlen Rohr gebacken. Die Omelette muß dann schnell aufgetragen werden, da sie sonst zurückgeht.

Oder: In einer Omelettepfanne läßt man ein großes Stück Schmalz heiß werden, gibt von der wie oben bereiteten Masse einen Schöpflöffel voll darauf, streicht sie mit dem Löffel gleich und läßt sie auf sehr schwachem Feuer, da sie leicht anbrennt, unter fortwährendem Rütteln der Pfanne auf einer Seite schön gelb backen. Dann läßt man die Omelette von der Pfanne auf einen bereitstehenden warmen Teller gleiten, bestreicht den Kuchen mit eingemachten Johannisbeeren oder dergleichen und bäckt auf dieselbe Weise 3—4 solche Omelettes, die man immer wieder auf den vorhergehenden mit Eingemachtem bestrichenen Kuchen gleiten läßt. Nun gibt man den Teller mit der letzten Omelette unbestrichen in das nicht zu heiße Rohr, läßt die Omelette noch eine kleine Viertelstunde aufziehen, damit sie eine schöne Farbe bekommt und gibt sie dann augenblicklich zu Tisch. — Diese Art ist noch schmackhafter als die erstere.

615. Mehlschmarn.

¼ Liter Mehl wird langsam mit ⅜ Liter Milch, dann mit 3 Eiern und etwas Salz angerührt; nun läßt man in der Pfanne 50 Gramm frisches Schmalz sehr heiß werden, gießt den Teig hinein und stellt die Pfanne über Kohlenfeuer. Man löst mit dem Schäufelchen die Ränder los und hat der Schmarn unten Farbe, so theilt man ihn in der Mitte kreuzweise und dreht je ein Viertel mit dem Schäuferl um, daß es auch oben Farbe bekommt. Ist dies auf beiden Seiten der Fall, so stößt man ihn mit dem Schäufelchen in Stücke und läßt ihn so lange am Feuer, bis er von allen Seiten eine schöne Farbe hat. Dann richtet man ihn an, bestreut ihn mit Zucker und servirt Compot dazu.

616. Kaiserschmarn.

4 Eßlöffel Mehl werden mit 8 Löffel Milch, etwas Salz und 4 Eidotter gut abgerührt, dann der feste Schnee von 4 Klar darunter gehoben. In einer Pfanne läßt man 70 Gramm Schmalz heiß werden, gießt die Masse hinein, bäckt sie wie vorhergehenden Mehlschmarn und gibt ihn mit Vanillezucker bestreut zu Tisch.

617. Gebackener Schmarn.

4 Löffel Mehl werden mit 7 Löffel Milch zu einem dickfließenden Teig in einer Schüssel angerührt und gesalzen. Kurz vor dem Backen gibt man 4 ganze Eier dazu und schlägt sie mit dem Eßlöffel leicht darunter, ohne daß das Klar ganz verrührt wird. Nun läßt man in der Pfanne gut baumenhoch Schmalz sehr heiß werden und schüttet aus der Schüssel in kleinen Absätzen von der Masse in das heiße Schmalz, läßt sie auf beiden Seiten braun werden und wiederholt dies, bis die Masse zu Ende ist. Nachdem der Schmarn auf Löschpapier abgesickert, gibt man ihn mit Zucker bestreut zu Tisch. Derselbe muß ganz traus, ähnlich der Holderküchln sein.

618. Kirschenschmarn.

Es wird Mehlschmarn (Nr. 615) bereitet, nur daß man von den Stielen gezupfte Kirschen dem Teig beimengt und ihn wie obigen bäckt.

619. Aepfelschmarn

wird wie Mehlschmarn (Nr. 615) bereitet, nur werden feinblättrig geschnittene Aepfel und nach Belieben auch Sultaninen dem Teig beigemengt.

620. Kuchenmichel.

Man rührt den Schmarnteig (Nr. 615) an, streicht eine Bratpfanne gut mit Butter aus, gibt den Schmarnteig hinein, daß er höchstens fingerdick steht, bäckt ihn rasch im heißen Rohr und gibt ihn in der mit einer Serviette umwundenen Bratpfanne auf den Tisch. Er ist besonders zu Ragout oder Saucen geeignet.

621. Semmelschmarn.

Von 4 Mundsemmeln, vom Tag vorher, reibt man die Rinde ab und schneidet sie in ganz feine Scheibchen. Dann sprudelt man 2—3 Eier mit einem kleinen ¼ Liter Milch gut ab, mischt 70 Gramm Rosinen und Weinbeeren gewaschen und gereinigt dazu und läßt ihn eine halbe Stunde gut stehen. Dann läßt man in der Pfanne 50 Gramm Schmalz heiß werden, gibt die Masse hinein, dreht sie mit dem Schäufelchen so lange um, wenn sie unten braun ist, bis der ganze Schmarn eine schöne Farbe hat und gibt, wenn nöthig, noch etwas Schmalz nach. Beim Anrichten wird er mit Zucker überstreut und Compot dazu gegeben.

Man kann auch Kochäpfel, feinblättrig geschnitten, in dem Semmelschmarn mitbacken.

622. Griesschmarn.

Man nimmt ½ Liter Milch, rührt ¼ Liter Gries nebst 1 Prise Salz dazu und läßt es 1 Stunde stehen. Dann sprudelt man 1—2 Eier dazu, gießt es in die Pfanne, in welcher man 50 Gramm Schmalz heiß werden ließ und rührt es so lange mit dem Kochlöffel um, bis es ganz angezogen hat. Man bäckt den Schmarn, indem man ihn dann mit dem Schäufelchen umdreht, gibt, wenn nöthig, noch etwas Schmalz dazu, richtet ihn an, wenn er schön gelb gebacken ist und bestreut ihn mit Zucker. Man servirt Compot dazu.

623. Topfennudeln.

500 Gramm Topfen wird mit einem Stückchen Butter, 2 Dottern und 1 ganzen Ei, dem gehörigen Salz, 1 Löffel sauren Rahm und 110 Gramm Mehl auf dem Nudelbrett zu einem nicht zu festen Teig fein verarbeitet. Hieraus werden fingerlange Nudeln geformt, die man über das bemehlte Brett laufen läßt, dann in einer flachen Pfanne Schmalz heiß gemacht, die Nudeln hineingelegt und auf beiden Seiten schön lichtbraun gebacken. Sie können auch in schwimmendem Schmalz gebacken werden.

624. Semmelnudeln.

3 gestrige Milchbrode werden abgerieben, jede in 4—5 Scheiben geschnitten, dann in kalte Milch getaucht und zugedeckt stehen gelassen. Nun sprudelt man 2 ganze Eier mit etwas Zucker und gestoßenem Zimmt ab, läßt eine halbe Stunde vor dem Anrichten in einer Pfanne ein großes Stück Schmalz heiß werden, taucht die

in Milch gut geweichten Semmelscheiben in die Eier und bäckt sie in dem heißen Schmalz auf beiden Seiten schön hellgelb. Man gibt sie mit Zucker bestreut zu Tisch und servirt Vanillesauce Nr. 693 oder Compot dazu.

625. Zwetschgen-Bavesen.

4 gestrige Milchbrode werden abgerieben, jedes in 4—5 Scheiben geschnitten, 1 Löffel voll Zwetschgenmarmelade auf eine Scheibe gestrichen und diese mit einer anderen bedeckt. Sind alle Bavesen gefüllt, so taucht man sie in kalte Milch und läßt sie eine Viertelstunde stehen, dreht sie um, damit sie recht durchweicht sind, versprudelt etwas Milch mit 2 Eiern, wendet die Bavesen darin um und bäckt sie in der Pfanne in heißem Schmalz auf beiden Seiten schön hellbraun. Man gibt sie warm mit Zucker bestreut zu Tisch.

Man kann auch Marmelade von Himbeeren oder Erdbeeren mit Zucker und Bröseln gemischt oder Zwetschgenmarmelade von gedörrten und gekochten Zwetschgen, wie in Nr. 613 beschrieben, zum Füllen nehmen.

626. Weinschnitten.

4 gestrige Milchbrode werden in kleinfingerdicke Scheiben geschnitten, in gezuckerten Wein getaucht, auf eine Platte gelegt öfters umgekehrt. Nun verklopft man 2 Eier mit etwas Wein, kehrt die Schnitten darin um, bäckt sie in heißem Schmalz schön gelb, bestreut sie warm mit Zucker und Zimmt und gibt heißen Glühwein Nr. 706 dazu.

627. Gefüllter Scheiterhaufen.

Man reibt 3 Milchbrödchen am Reibeisen ab oder schält und schneidet sie zu feinen Scheiben, rührt dann 3—4 ganze Eier mit 8 Eßlöffel Milch, 3 Löffel Zucker und 100 Gramm Sultaninen zusammen und schüttet es über die Brodschnitten. Dann bestreicht man eine Auflaufform mit Butter, bestreut sie mit Bröseln, legt die erweichten Scheibchen kreuz und quer hinein, gießt die übrigen abgesprudelten Eier nebst den Sultaninen darüber, schneidet noch etwas frische Butter darauf und bäckt es im Rohr schön gelb. Man kann Vanillesauce Nr. 693 dazu serviren.

628. Karthäuser Klöße.

Man reibt von 3 Eierwecken die Rinde ab und schneidet sie in 4 Theile. Dann versprudelt man 3 Eier mit 8 Löffel Milch,

Einfache Mehlspeisen.

legt in eine Schüssel die Schnitten hinein und dreht sie ein paarmal um, damit sie durch und durch weich werden, dreht sie dann in gesiebten Semmelbröseln, die man mit etwas feingewiegten Mandeln mischen kann, um und bäckt sie auf der Pfanne in reichlicher, heißer Butter oder Schmalz. Man bestreut sie warm mit Zucker, nach Geschmack auch Zimmt, und gibt Glühwein oder Obstsauce dazu.

629. Aepfel-Michel.

Man weicht 4 Milchbröbchen in Wasser, drückt sie wieder fest aus und versprudelt 3—4 Eier mit etwas zerlassener, aber nicht mehr warmer Butter, etwas abgeriebener Zitrone, 3 Eßlöffeln Zucker und Zimmt. Nun schneidet man 2—3 feine Aepfel je nach der Größe sehr fein auf, rührt dies Alles recht gut durcheinander, streicht eine Form mit Butter aus, bestreut sie mit Semmelbröseln, füllt die Masse ein und bäckt sie bei mäßiger Hitze etwa 1 Stunde.

630. Bettelmann.

200 Gramm Schwarzbrodbröseln werden mit Rothwein gut befeuchtet und mit 150 Gramm gestoßenem Zucker und 1 Kaffeelöffel feinem Zimmt vermischt. Dann streicht man eine Form mit Butter aus, gibt eine Lage befeuchteter Bröseln hinein, darauf eine Lage fein aufgeschnittener gezuckerter Aepfel, überstreut dieselben mit gereinigten, gewaschenen Rosinen und Weinbeeren, gibt eine Lage Schwarzbrodbröseln darauf, legt feingeschnittene Butterstückchen dazwischen, schichtet wieder Aepfel und Weinbeeren darüber und schließt mit einer Lage Bröseln, die man reichlich mit Butterstückchen belegt. Dann stellt man die Speise in's Rohr und bäckt sie 1 Stunde.

631. Kirschen-Croquetten.

½ Liter Sauerkirschen werden ausgesteint und mit 90 Gramm Zucker und etwas abgeriebener Zitronenschale zu einem dicken Brei gekocht, ausgekühlt mit 125 Gramm in Butter gerösteten Semmelbröseln, 2 Eiern und etwas Zimmt vermischt, auf einem mit geriebener Semmel bestreuten Brett zu Würstchen geformt, in Mehl, dann in Ei und Semmelbröseln umgewendet und in der Pfanne in heißem Schmalz gebacken, dann mit Zucker bestreut warm zu Tisch gegeben.

632. Zwetschgenspeise.

3 Milchbröbchen werden in feine Scheiben geschnitten und in Butter auf beiden Seiten geröstet, sowie vorher 250 Gramm

gute gedörrte Zwetschgen mit Wasser, Zucker, etwas Zimmt und Zitronenschalen weich gekocht, von den Kernen befreit und in Stücke geschnitten. Nun streicht man eine Form mit Butter aus, legt erst eine Schichte Semmelscheiben, dann eine Schichte Zwetschgen und fährt so damit fort, bis Alles in die Form gefüllt ist und mit Semmelschnitten endet. Nun sprudelt man die kurz eingedünstete Zwetschgenbrühe mit ¼ Liter saurem oder süßem Rahm, 2 ganzen Eiern, einigen feingeschnittenen bitteren Mandeln, etwas abgeriebener Zitronenschale, sowie 2 Löffel Zucker gut ab, übergießt damit die Speise und bäckt sie eine kleine Stunde bei mäßiger Hitze.

633. Mürber Strudel.

Man bereitet mürben Teig Nr. 769, walkt ihn zu einem zwei handbreiten Streifen, belegt diesen 3—4 fingerbreit mit fein aufgeschnittenen Aepfeln, Rosinen und Weinbeeren, bestreut ihn mit Zucker, schlägt den Teig über die Mitte zusammen, legt ihn auf ein butterbestrichenes Blech, bestreicht ihn mit Wasser, bestreut ihn mit grobgestoßenem Zucker und backt ihn lichtbraun. Statt der Aepfel kann man auch Aprikosen oder dgl. Früchte nehmen.

634. Windnudeln.

100 Gramm Butter oder Schmalz werden mit ⅛ Liter Wasser, 50 Gramm Zucker und einer Messerspitze Salz in einer Pfanne aufgekocht, dann schüttet man schnell 100 Gramm Mehl hinein und rührt es so lange am Feuer, bis der Teig sich von der Pfanne löst. Nun stellt man ihn vom Feuer, gibt, wenn er ausgekühlt ist, 3 Eier dazu, rührt ihn gut ab und setzt davon auf ein unbestrichenes Blech mit einem Eßlöffel kleine runde Häufchen und bäckt sie bei mäßiger Hitze im Rohr. Man wende das Blech nicht zu rasch um, sonst fallen die Nudeln zusammen. Nach Belieben kann man den Kopf abschneiden, wenn sie kalt sind und sie mit Schlagrahm füllen.

635. Aepfel im Schlafrock.

Borsdorfer oder sonst feine Aepfel schält man, spaltet sie, nimmt das Kernhaus aus und dünstet sie ziemlich trocken mit Zucker und Wein oder Wasser, oder statt dessen mit etwas Butter nicht sehr weich. Nach Belieben kann man auch Rosinen oder Sultaninen damit aufkochen. Vorher macht man Blätterteig (Nr. 770) oder mürben Teig (Nr. 769), schneidet daraus viereckige Stücke, füllt von den erkalteten Aepfeln darauf, bestreicht die Ecken der Teigstücke mit Ei, drückt die entgegengesetzten, wie bei einem Couvert, über dem Apfel zusammen, bestreicht die Flächen, aber ja nicht die Kanten des Teiges mit Ei, gibt sie auf ein genäßtes Blech und bäckt sie schön lichtbraun im ziemlich heißen Ofen.

636. Dampfnudeln.

Man läßt 30 Gramm Butter zerschleichen und löst in etwas lauwarmer Milch 20 Gramm Preßhefe auf. Dann gibt man in eine warme Schüssel ½ Pfund gesiebtes feines Mehl, versprudelt einen guten ⅛ Liter lauwarmer Milch, 1 Ei, etwas Salz, einen Löffel Zucker und die Butter zusammen, gibt die Preßhefe dazu und schlägt Alles gut zusammen ab. Dazu nimmt man einen großen Kochlöffel, nimmt die Schüssel auf den Schoß und schlägt gegen den Teig, indem man immer wieder ein kleines Stückchen vom Teig gegen den Rand der Schüssel absticht, bis man endlich den ganzen Teig auf seiner Seite hat, dann wird die Schüssel umgedreht und ebenso verfahren, und dies so lange fortgesetzt, bis der Teig Blasen bekommt und sich vom Löffel ganz abschält, wenn man ihn in die Höhe zieht. Dann deckt man die Schüssel mit einem gewärmten Tuche zu, stellt sie an einen warmen Ort und läßt den Teig gut zwei Stunden gehen. Ist er gegangen, so gibt man ihn auf's gewärmte, mit Mehl bestäubte Nudelbrett, walkt ihn mit dem Rollholz ganz leicht, ohne zu drücken, aus und sticht mit dem Krapfenstecher oder einem Weinglas die Nudeln aus, die man auf dem mit Mehl bestäubten Nudelbrett wieder mit einem gewärmten Tuche zudeckt und nochmals eine Stunde gehen läßt. Sodann läßt man in einem weiten Tiegel ein großes Stück Butter, so viel Wasser, daß der Boden leicht bedeckt ist, und etwas Zucker kochen, gibt die Dampfnudeln hinein, deckt sie fest mit dem passenden Deckel zu und windet ein naßgemachtes und wieder ausgedrücktes Tuch um den Deckel, damit ja kein Dampf herauskommt. Man läßt die Dampfnudeln auf dem Herde so lange kochen, bis man prasseln hört, was beiläufig eine Viertelstunde dauern wird, dreht dabei den Tiegel öfters, macht ihn aber vorher nicht auf, da sonst die Dampfnudeln fallen. Nimmt man das Tuch ab, so riecht man schon am Dampf, ob die Nudeln Krüstchen haben. Dann rückt man sie vom Feuer, deckt sie nach einigen Minuten auf, sticht sie mit einem Schäufelchen heraus und richtet sie mit dem Krüstchen gegen oben erhaben an.

Vanillesauce Nr. 693 wird dazu servirt.

Statt Wasser kann man Milch oder auch Obstsaft, mit Wein und Zucker aufgekocht, zur Butter in den Tiegel geben. — Man muß bei Hefenteig hauptsächlich bedacht sein, daß Alles gewärmt ist und kein Zug an den Teig kommt, doch muß man sich auch vor zu starker Wärme hüten, da ein verbrühter Teig nie geht.

637. Rohrnudeln.

Nachdem man 250 Gramm feines Mehl in eine gewärmte Schüssel gesiebt, macht man nach Nr. 751 mit 20 Gramm Preßhefe ein Dampfl an und läßt es gehen. Dann läßt man 50 Gramm Butter zerschleichen, sprudelt 1—2 Eidotter mit beiläufig 6 Eßlöffel lauwarmer Milch, 1 Eßlöffel Zucker und 1 kleine Prise Salz ab, gibt es zu dem gegangenen Dampfl und dem Mehl und schlägt den Teig wie obige Dampfnudeln, bis er sich vom Löffel schält. Man läßt den Teig ebenso wie die Dampfnudeln gehen und gibt zuletzt die Nudeln vom Nudelbrett aus in eine Bratpfanne, in welcher man ein großes Stück Butter zerschleichen ließ. Man kehrt die Nudeln darin um, legt sie gleichmäßig nebeneinander, läßt sie mit einem Tuch bedeckt nochmals gehen und bäckt sie dann, bis sie eine schöne braune Kruste haben. Man gibt Compot dazu.

638. Böhmische Dalken.

In eine gewärmte Schüssel gibt man 250 Gramm gewärmtes Mehl, dann löst man 20 Gramm Preßhefe mit einer Tasse lauwarmer Milch auf, läßt 50 Gramm Butter zerschleichen und sprudelt sie mit ¼ Liter lauwarmer Milch ab, gibt Alles nebst 3 bis 4 Eidotter, etwas Salz und 1 Löffel Zucker unter das Mehl, rührt es gut zusammen und gibt zuletzt noch den Schnee von 2 Klar dazu. Der Teig muß ziemlich flüssig sein. Nun läßt man ihn an einem warmen Ort hoch aufgehen, stellt dann eine Dalken- oder Ochsenaugenpfanne über Gluth auf den Herd, gibt in jede Vertiefung einen Kaffeelöffel Schmalz und wenn dies recht heiß ist, zwei Eßlöffel von dem gut gegangenen Teig. Sobald derselbe oben abtrocknet, bestreicht man ihn mittelst einer Feder mit heißem Schmalz und dreht die Dalke mit einer Gabel um. Man nimmt die fertigen Dalken heraus, gibt dann sogleich wieder Schmalz und Teig wie oben in die Form und stellt unterdessen die gebackenen in's Rohr. Man gibt sie warm mit Zucker bestreut zu Tisch und servirt Compot dazu oder bestreicht eine Dalke mit einer Frucht-Marmelade und legt eine zweite darüber.

639. Zwiebelkuchen.

Man macht Hefenteig, wie zu Obstkuchen Nr. 772. Unterdessen dämpft man einen Teller voll ganz fein geschnittener Zwiebeln ein wenig in 70 Gramm kleingeschnittenem Speck, sprudelt 2 Eier mit saurem Rahm, etwas Salz und einem Kaffeelöffel Kümmel gut ab, mischt es in einer Schüssel zu den Zwiebeln und gibt diese Masse fingerdick auf den gegangenen Kuchenteig. Den Rand des Teiges biegt man etwas auf, damit nichts herunterläuft, und bäckt den Kuchen bei guter Hitze.

640. Schneeberg mit Aepfeln.

5 schöne Borsdorfer Aepfel werden im Rohr gebraten, dann mit einem silbernen Kaffeelöffel das Mark herausgenommen und fein zerdrückt. Nun schlägt man das Klar von 4 Eiern zu sehr festem Schnee, mischt 160 Gramm Staubzucker nebst dem Mark der Aepfel mit der Schneeruthe leicht zusammen, gibt es auf einen flachen Porzellanteller, häuft es zu einem Berg auf und bäckt es im Rohr bei gelinder Hitze schön hellgelb.

641. Erdbeerschnee.

Derselbe wird ganz wie obiger bereitet, nur statt Aepfel frische Erdbeeren zum Schnee gemischt und ebenso gebacken.

642. Johannisbeerschnee,
643. Traubenschnee

werden ebenso bereitet. — Man kann statt Obst auch beliebige Marmelade zum Schnee mischen.

644. Biscuit mit Obstschaum.

Man bestreicht Biscuiten mit Marmelade oder befeuchtet sie mit etwas Arak, legt ein mit Butter bestrichenes Teller damit aus, bedeckt sie bergartig mit nachfolgendem Obstschaum und bäckt sie langsam im kühlen Ofen.

100 Gramm Aprikosen- oder andere Marmelade rührt man mit 70 Gramm gestoßenem Zucker fein ab (bei frischem Obst werden 100 Gramm Zucker genommen) und zieht, wenn die Masse schaumig gerührt ist, den festgeschlagenen Schnee von 3 Eiklar darunter.

645. Biscuit mit Chaudeau.

Man legt eine Schüssel mit Biscuiten aus, übergießt sie mit Wein-Chaudeau Nr. 699 und servirt sie sofort.

646. Kastanienberg.

280 Gramm Kastanien werden gesotten, geschält und passirt. Nun rührt man 80 Gramm Zucker und die nöthige Milch dazu und läßt sie zu einem dicken Mus aufkochen, welches man auf einem flachen Teller bergförmig aufschichtet. Dann schlägt man von 3 Eiklar sehr festen Schnee, gibt 120 Gramm Staubzucker darunter, bestreicht das Kastanienpüree damit und läßt es bei sehr kühlem Ofen eine halbe Stunde backen.

647. Chololadeschneeschaum.

100 Gramm geriebene Chocolade rührt man mit 1 Eiklar, bis es zäh wird, gibt dann noch ein Eiklar und 40 Gramm gestoßenen Zucker dazu und rührt es eine halbe Stunde. Dann mischt man den sehr fest geschlagenen Schnee von 3 Klar, sowie 50 Gramm Zucker darunter, gibt die Masse bergartig auf einen flachen, mit Butter bestrichenen Teller, bestreut sie mit Zucker und feingeschnittenen Mandeln und bäckt sie im kühlen Ofen.

648. Ausgezogener Strudelteig.

Man nimmt auf das Nudelbrett beiläufig 200 Gramm Mehl, drückt gut nußgroß Butter damit ab, sprubelt mit dem Messer 1 Ei, etwas Salz und 3—4 Löffel lauwarmes Wasser (aber nicht zu warm) darunter und arbeitet den ziemlich weichen Teig mit der Hand, d. h. dem Ballen, recht fein ab, bis sich der Teig von Hand und Brett löst, bemehlt Brett und Hand und arbeitet ihn ab, bis er Blasen bekommt. Nun bestäubt man das Brett mit etwas Mehl, deckt den Teig mit einem Schüsselchen zu und läßt ihn ½—1 Stunde ruhen. (Will man 2 Strudel haben, so nimmt man einen kleinen ⅛ Liter lauwarmes Wasser und das nöthige Mehl mehr und theilt den Teig zum Ruhen gleich in 2 Theile.) Sobann wird ein Tuch über einen freistehenden Tisch gedeckt, dasselbe mit Mehl bestäubt, der Teig in die Mitte gelegt und zuerst mit dem Rollholz etwas ausgetrieben und dann mit beiden Händen ausgezogen, bis er ganz durchsichtig ist. Besser ist, wenn sich daran zwei Personen betheiligen, sie nehmen dann von den beiden entgegengesetzten Seiten den ausgerollten Teig mit den Händen in die Höhe und ziehen ihn sorgfältig, bis er in der Mitte fein genug ist, dann legen sie ihn auf das Tuch und ziehen ihn gegenseitig mit den Fingern am Rande, bis er wie feines Papier wird. Scheint derselbe etwas zu weich zu sein, so läßt man den ausgezogenen Teig etwas trocknen. Ist er dann nach ben folgenden Nummern gefüllt, so schlägt man den Teig der Länge nach 2 Hand breit um, nimmt das Tuch mit beiden Händen in die Höhe und läßt den Strudel über sich ablaufend nicht zu fest rollen.

649. Wiener Rahmstrudel.

Der Strudelteig wird, wenn er wie vorhergehend ausgezogen ist, mit zerlassener, aber nicht heißer Butter und dickem, saurem Rahm schnell mit einem Pinsel bestrichen, reichlich mit Rosinen und Weinbeeren, die schon vorher gut gewaschen, gereinigt und mit dem Tuch getrocknet waren, sowie mit gestoßenem Zucker überstreut, dann das Tuch auf einer Seite mit beiden Händen in die Höhe genommen und der Strudel über sich ablaufend nicht zu eng gerollt. Vorher gibt man in eine Bratpfanne etwas siedende Milch mit Zucker und einem Stück Butter oder Schmalz, gibt den Strudel sofort wie er gerollt ist hinein, indem man ihn entweder schneckenartig oder der Länge der Bratpfanne nach breitheilig zusammenschlägt, aber sogleich den Platz für den zweiten Strudel frei läßt und stellt ihn sofort in's Rohr, macht den zweiten Strudel und legt ihn neben den ersten, bestreicht sie mit zerlassener Butter und bäckt sie, bis sie eine lichtbraune Farbe haben.

650. Aepfelstrudel

wird ganz wie der vorhergehende bereitet, nur daß zu obiger Fülle noch einige feinblättrig geschnittene Aepfel genommen werden.

651. Kirschenstrudel.

Man macht den ausgezogenen Strudelteig (Nr. 648), bestreicht ihn mit zerlassener Butter und saurem Rahm, gibt Kirschen oder Weichseln, von den Stengeln gezupft, sowie gestoßenen Zucker darauf, rollt ihn, gibt ihn in eine gut mit Butter ausgestrichene Bratpfanne, bestreicht ihn mit Butter und bäckt ihn im Rohr, bis er eine schöne Farbe hat. Beim Anrichten bestreicht man ihn mit Zucker und Zimmt.

652. Chokoladestrudel.

70 Gramm gestoßener Zucker werden mit 3 Eidottern fein abgerührt, dann kommt der festgeschlagene Schnee der 3 Eiklare dazu. Nun wird der Strudelteig (Nr. 648) mit Butter, dann mit der obigen Masse bestrichen, mit 100 Gramm aufgeriebener Chokolade und 70 Gramm feingeschnittenen Mandeln bestreut und locker eingerollt. Sodann legt man ihn in eine mit Butter bestrichene Bratpfanne, bestreicht ihn mit dem Rest der gerührten Eier und

bäckt ihn im Rohr. Angerichtet bestreut man ihn mit geriebener Chokolade und servirt kalten, dicken Rahm dazu.

653. Topfenstrudel.

Man treibt 20 Gramm Butter schaumig ab, rührt 2 Eier und ³/₈ Liter sauren Rahm, sowie 210 Gramm Topfen sehr fein zusammen ab, streicht dies auf den ausgezogenen Strudelteig, streut Rosinen und Weinbeeren, sowie gestoßenen Zucker darüber, rollt den Strudel und gibt ihn in die Bratpfanne, in welche man so viel Milch, daß sie den Boden bedeckt, mit einem Stück Schmalz oder Butter und etwas Zucker kochend werden ließ. Man bestreicht den Strudel oben mit Butter und bäckt ihn schön braun.

654. Schinkenstrudel.

Man kocht 6 große Kartoffeln, schält und reibt sie, macht davon nebst 1 Ei, etwas Salz und dem nöthigen Mehl einen feinen Teig, den man messerrückendick auswallt. Dann röstet man Bröseln in Butter etwas ab, bestreut damit, sowie mit feingewiegtem Schinken den Teig, rollt ihn, bestreicht ihn mit Butter und bäckt ihn auf einem mit Butter bestrichenen Blech. Man kann den Teig auch nur zu kleinen Flecken wallen, füllen und backen, statt des Schinkens Bratenreste verwenden oder nach Nr. 573 bereiten.

655. Zwetschgenknödel.

Man bereitet Strudelteig nach Nr. 648 und treibt ihn mit dem Nudelwalker aus. Dann schneidet man viereckige Stücke, dreht in jedes eine ganze Zwetschge recht fest ein und kocht sie im gesalzenen, siedenden Wasser ab. Man nimmt sie dann vorsichtig mit dem Schaumlöffel heraus und läßt sie in einer Kasserole mit heißer Butter auf einer Seite braun werden oder richtet sie, wenn sie gesotten sind, an, übergießt sie mit heißer Butter und bestreut sie mit Zucker und Zimmt.

656. Zwetschgenknödel in Kartoffelteig.

Aus 4—5 gekochten und geriebenen Kartoffeln wird mit 1 Ei und ¼ Liter Mehl ein feiner Teig auf dem Nudelbrett abgearbeitet und ausgewallt. Zuletzt darf kein Mehl mehr auf dem Teige sein, der dann in viereckige Stücke geschnitten wird; nun gibt man in jedes Stück eine Zwetschge, formt mit der Hand ein Knödelchen und dreht es so fest zu, daß die Enden nicht mehr sichtbar sind. Dann kocht man sie im siedenden Salzwasser wie oben ab und beendet sie ebenso.

Milchmehlspeisen.

658. Kindsmus.

2 Eßlöffel Mehl rührt man zuerst mit ganz wenig Milch in der Pfanne fein ab, dann rührt man $1/2$ Liter Milch und nach Belieben Zucker dazu, setzt die Pfanne an's offene Feuer und rührt es fortwährend, bis es kocht, und so lange, bis der Mehlgeschmack ganz vergangen ist. Man rührt zuletzt am Boden nicht mehr auf, damit sich eine Kruste bildet, die man beim Anrichten des Muses mit einem Schäufelchen loslöst und womit man das Mus, das man mit Zucker bestreut, garnirt.

Wünscht man es aufgebrannt, so läßt man das Mus in einer weiten Schüssel etwas stehen, damit es eine Haut bekommt, streut dick Zucker darauf und brennt es mit einem eisernen Schäufelchen, das man im Ofen glühend gemacht hat, auf.

659. Gewickeltes Mus.

50 Gramm Mehl werden langsam mit $1/2$ Liter Milch verrührt und in einer Pfanne auf dem Feuer zu einem dicken Mus gekocht. Nun läßt man es erkalten, rührt 35 Gramm Butter, 3 Eidotter, sowie 50 Gramm feingestoßenen Zucker mit der abgeriebenen Schale einer halben Zitrone gut unter die Masse und zieht zuletzt den festgeschlagenen Schnee der 3 Eier darunter. Nun bestreicht man ein Blech mit Butter, streicht das Mus fingerdick darauf, läßt es im Rohr langsam backen, schneidet es dann in Streifen, bestreicht es mit Marmelade und rollt es zusammen. Man richtet es auf einer Platte erhöht an und bestreut es mit Zucker.

660. Karlsbader Mus.

3 Eßlöffel Mehl werden in der Messingpfanne mit 3 Eßlöffeln Zucker, woran 1 Orange oder Zitrone abgerieben wurde, und 3 Eidottern, sowie sehr wenig Milch abgerührt, dann beiläufig $1/2$ Liter Milch dazu gemengt und nun auf dem Feuer unter sehr

fleißigem Rühren bis zum Aufkochen gebracht und dann sogleich vom Feuer gezogen. Nun wird der steife Schnee von den 3 Eiern dazu gegeben, das Mus in einer Schüssel angerichtet, etwas stehen gelassen, dann dick mit Zucker bestreut, mit einem glühenden Schäufelchen aufgebrannt, 10 Minuten im Rohr aufgezogen und dann zu Tisch gegeben. Statt des Orangen= oder Zitronengeschmacks kann man auch etwas Arak beimischen.

Wenn man es 3—4 Stunden in den Keller oder auf Eis stellt, kann man das Karlsbader Mus auch kalt servieren.

661. Schmankerlmus.

Man bereitet Kindsmus Nr. 658, bestreicht ein flaches Blech mit einem Stückchen Butter, schüttet das Mus dünn darauf und stellt es in das Rohr. Während es eine Kruste bekommt, bestreicht man es leicht mit Butter, und sobald eine Stelle braun ist, schneidet man sie heraus, entweder in zweifingerbreite Streifen, die man über einen Kochlöffel wie Hobelspäne aufrollt, oder in viereckige Fleckchen, die man über ein spitzes Holz zu Düten dreht.

662. Reismus.

150 Gramm Reis werden lauwarm gewaschen, in 1 Liter siedender Milch eingekocht und mit 60 Gramm gestoßenem Zucker, einem Stückchen Vanille und 30 Gramm Butter weich gekocht. Hat sich am Boden eine Kruste gebildet, so schüttet man eine halbe Tasse kochende Milch daran, deckt den Reis gut zu, rückt ihn vom Feuer und läßt ihn eine Weile stehen. Dann richtet man ihn an, löst die Krüstchen mit dem Schäufelchen ab und garnirt damit den Reis, den man mit Zucker und Zimmt dick bestreut.

663. Reismus mit Chokolade

wird wie Vorhergehendes bereitet, nur läßt man keine Kruste anlegen, sondern löst 125 Gramm Chokolade mit etwas Milch und Zucker auf, rührt es fein ab und gießt den dickfließenden Brei über den Reis.

664. Reismus mit Aprikosen.

150 Gramm Reis werden gewaschen, mit $1/2$ Liter Milch 60 Gramm Zucker und 1 Zitronenschale weich gekocht und kranzförmig auf eine flache Schüssel gehäuft; auf den leeren Raum in der Mitte schichtet man Aprikosencompot, welches man mit Zucker, Zitronensaft und einigen gestoßenen Kernen weich kochen ließ. Mit dem dickeingekochten Saft davon übergießt man schließlich das Ganze.

Milchmehlspeisen.

665. Reismus mit Aepfeln.

Man kocht Reismus wie Nr. 664; dann belegt man eine butterbestrichene Schüssel mit dickem Apfelcompot, gibt das Reismus darauf, vermischt den festgeschlagenen Schnee von 3 Eierklar mit 120 Gramm Zucker, häuft ihn über das Mus und bäckt es im Rohr hellgelb.

666. Griesmus.

Man gibt in eine Pfanne ³/₄ Liter Milch, 30 Gramm Butter und 70 Gramm Zucker und läßt es kochen. Unterdessen sprudelt man 90 Gramm Gries mit kalter Milch dünn ab, gießt dies langsam unter die kochende Milch unter fortwährendem Rühren und läßt es langsam kochen, bis der Gries weich ist. Dann richtet man es wie das Kindsmus mit Krüstchen oder gebranntem Zucker an; man kann es auch wie Reismus Nr. 662 bereiten.

667. Nudeln in der Milch.

Man macht einen Nudelteig von 1 ganzen Ei und 1 Eidotter mit dem nöthigen feinen Mehl, wie Nr. 18, treibt ihn aber nicht so fein aus, wie zur Suppe, und schneidet die Nudeln breit und kurz. 1 Liter Milch läßt man dann in einem Tiegel kochen, gibt 50 Gramm Butter und 2—3 Löffel Zucker dazu, streut die Nudeln unter beständigem Rühren ein und läßt sie langsam durchkochen. Haben sie unten eine Kruste, so gibt man eine Tasse heiße Milch daran, stellt sie vom Feuer und deckt sie zu, damit sich die Kruste erweicht; dann löst man sie beim Anrichten mit dem Schäufelchen los und gibt sie über die angerichteten Nudeln.

668. Abgetrocknete Nudeln.

Man kocht die Nudeln wie oben in die siedende Milch ein, gibt sie, wenn die Milch eingekocht ist, in eine Pfanne, in welcher man 2 Löffel Zucker in 70 Gramm Schmalz gebräunt hat und läßt sie damit noch abdünsten, bis sich am Boden eine lichtbraune Kruste angesetzt hat, die man beim Anrichten auf die Nudeln legt und das Ganze mit Zucker bestreut.

669. Nudelspeise mit Früchtenmarmelade.

Nachdem man nach Nr. 667 Nudeln in die Milch dicklich einkochen ließ, rührt man 2 Eidotter mit 2 Eßlöffel gestoßenem

Zucker mit etwas Vanille schaumig ab und mischt die ausgekühlten Nudeln darunter. Dann bestreicht man eine Porzellanform mit Butter, schichtet die Nudeln darauf und bäckt sie, bis sie fast fertig sind. Nun streicht man eine Früchtenmarmelade darauf, gibt den festgeschlagenen Schnee von 3 Eiklar mit 120 Gramm Zucker vermischt darauf und läßt das Ganze im Rohr noch lichtgelb backen.

670. Regenwürmer.

250 Gramm feines Mehl werden auf dem Nudelbrett mit 1 Ei und 1 Dotter, einem Stückchen zerlassener Butter, etwas lauwarmer Milch und dem nöthigen Salz zu einem feinen, nicht zu festen Teig verarbeitet, den man dann eine Stunde bedeckt ruhen läßt. Dann schneidet man nußgroße Stückchen davon ab, rollt diese mit den Händen zu dünnen, langen Würmchen und läßt sie ½ Stunde auf dem Nudelbrett trocknen. Unterdessen macht man in einem flachen Tiegel einen guten halben Liter Milch mit einem Stück Butter kochend, gibt die Würmer unter fortwährendem Rühren hinein und läßt sie kochen, bis keine Milch mehr vorhanden ist. Dann läßt man in einer Pfanne 70 Gramm Butter oder Schmalz nebst 2 Löffeln Zucker gelb werden, gibt die Würmer hinein und läßt sie, ohne sie umzuwenden, eine schöne, gelbe Kruste bekommen, die man beim Anrichten mit dem Schäufelchen loslöst und auf die Nudeln nebst gestoßenem Zucker gibt.

671. Salzburger Nocken.

50 Gramm Butter werden eine Viertelstunde flaumig abgetrieben, dann 3 Eidotter nebst 40 Gramm gestoßenem Zucker eine Viertelstunde gerührt, und zuletzt der festgeschlagene Schnee von 3 Klar, sowie 60 Gramm feines Mehl darunter gemengt. Eine halbe Stunde vor dem Anrichten läßt man in einem flachen, weiten Tiegel kleinfingertief Milch mit 30 Gramm Zucker und Vanille und 30 Gramm Schmalz kochend werden, sticht mit einem Eßlöffel kleine Nocken von der Masse und legt sie in die kochende Milch. Wenn alle darin sind, deckt man den Tiegel zu, bis die Milch eingekocht ist und die Nocken eine schöne Kruste haben. Man richtet sie, die Kruste gegen oben gekehrt, an und kann Vanillesauce dazu geben. — Statt im Tiegel, kann man die Nocken auch im Rohr backen.

672. Griesnocken.

Man läßt ½ Liter Milch mit 50 Gramm Zucker, einer Prise Salz und nach Belieben etwas Zimmt aufkochen und dann unter

Milchmehlspeisen. 197

beständigem Rühren 95 Gramm Gries einlaufen, bis er ganz dick geworden ist. Nun gibt man ihn in eine Schüssel und rührt 40 Gramm Butter und 2 ganze Eier dazu. Unterdessen läßt man in einem irdenen, flachen Tiegel ³/₈ Liter Milch mit 40 Gramm Zucker und 50 Gramm Butter oder Schmalz aufkochen, sticht mit einem Löffel Nocken aus der Masse, legt sie nebeneinander in die kochende Milch und deckt sie zu. Man läßt sie so lange dämpfen, bis sie unten eine lichtbraune Kruste haben; dann werden sie beim Anrichten sammt ihren Krüstchen mit dem Schäufelchen herausgestochen und nach Belieben etwas süße Milch mit oder ohne Vanille dazu gegeben.

673. Griesnocken mit Chokolade

werden wie die vorhergehenden bereitet, nur bestreut man sie beim Anrichten mit geriebener Chokolade und servirt Chokoladesauce (Nr. 698) dazu.

674. Crême-Nocken.

Man macht Brandteig Nr. 730, läßt aber Branntwein oder Rum weg. Nun läßt man in einer flachen, weiten Kasserole einen guten ¹/₄ Liter Milch mit 30 Gramm Butter und 30 Gramm Zucker siedend werden, setzt von dem Teig Nocken in die Milch, gibt sie dann in das heiße Rohr, bestreut sie mit Zucker und bäckt sie schön gelb. Man sticht sie dann heraus und servirt Vanillesauce Nr. 693 dazu.

675. Fingernudeln.

Man gibt 250 Gramm Mehl auf's Nudelbrett, macht in der Mitte eine Grube, gibt eine Messerspitze Salz dazu und gießt dann kochendes Wasser hinein, mengt es mit dem Messer unter das Mehl und verarbeitet dies zu einem Teig, den man zugedeckt eine Viertelstunde stehen läßt. Dann dreht man ganz kleine, fingerförmige Nudeln daraus, die man wieder eine Viertelstunde trocknen läßt. Nun läßt man in einem Tiegel 70 Gramm Butter mit 1 Eßlöffel Zucker heiß werden, gibt die Nudeln hinein und gießt ³/₈ Liter kochende Milch gleich darüber. Wenn die Milch eingedünstet ist, dreht man die Nudeln mit dem Schäufelchen um, bis sie von allen Seiten eine schöne Farbe haben.

Dünsten sie zu schnell ein, so kann man noch etwas kochende Milch daran gießen. Ebenso kann man auch 1 Ei zu dem Teig nehmen.

Aufläufe.

676. Aufläufe (Köße).

Zu einem Auflauf muß vor Allem der Schnee recht fest geschlagen und die Masse sehr gut gerührt sein, er wird dadurch um so höher werden; auch muß man genau berechnen, zu welcher Zeit derselbe zu Tisch kommen soll, denn nur 10 Minuten später wird er zusammenfallen und seine Schönheit verlieren.

Man bäckt einen Auflauf am besten in einer feuerfesten porzellanenen Auflaufschale, doch kann man auch runde, glatte Blech- oder Papierformen verwenden, die man zum Anrichten mit einer Serviette umwickelt.

677. Vanille-Auflauf.

$1/_4$ Liter gute Milch oder Rahm wird mit einem Stückchen kleingeschnittener oder gestoßener Vanille aufgekocht, kaltgestellt und vor dem Gebrauch geseiht. Dann gibt man 50 Gramm feines Mehl in eine Pfanne, nebst 50 Gramm gestoßenen Zucker, 1 Eidotter, 1 Körnchen Salz, rührt es mit dem Vanille-Rahm langsam recht fein ab und gibt 50 Gramm frische Butter hinein. Sodann stellt man die Pfanne an's Feuer und rührt die Masse, bis sie aufkochen will, zieht sie dann zurück und rührt fort, bis sie kalt ist. Man schlägt dann noch 3 Eidotter dazu und rührt noch eine gute Viertelstunde. Dann wird der festgeschlagene Schnee von 4 Eiern langsam unter die Masse gezogen, dieselbe in die mit Butter bestrichene Form gefüllt, oben mit Zucker bestreut und eine halbe Stunde langsam gebacken, bis sie eine schöne Farbe hat.

678. Zitronen-Auflauf.

Man gibt 70 Gramm feines Mehl, ein Körnchen Salz, 50 Gramm Butter und 70 Gramm gestoßenen Zucker in eine

Pfanne, verrührt es nach und nach fein mit ¼ Liter Rahm oder guter Milch, rührt es auf dem Feuer zu einem dicken Mus ab und läßt es kochen. Man schüttet es nun in eine Schüssel, läßt es etwas abkühlen, gibt 4 Eidotter nebst dem Saft und der abgeriebenen Schale einer Zitrone dazu, rührt es recht fein ab und gibt den festgeschlagenen Schnee der 4 Eier langsam darunter, bestreicht eine Auflaufform mit Butter, gibt die Masse hinein, bestäubt sie mit Zucker und läßt sie langsam eine halbe Stunde im Rohr backen.

679. Orangen-Auflauf.

Er wird ebenso wie Zitronen-Auflauf bereitet, nur nimmt man statt einer Zitrone eine Orange; auch kann man, ehe man die Masse in die Auflaufform bringt, 1 Löffel Arak leicht daruntermischen.

680. Reis-Auflauf.

100 Gramm Reis werden in ½ Liter Milch mit etwas Zimmt oder Vanille zu einem dicken Mus weich gekocht. Dann treibt man 70 Gramm Butter schaumig ab und verrührt es mit 4 Eidottern und 70 Gramm Zucker recht fein, gibt löffelweise den abgekühlten Reis dazu, zieht zuletzt den feingeschlagenen Schnee der 4 Eiklar darunter, bestreicht eine Form mit Butter und bäckt es langsam eine halbe Stunde.

681. Gries-Auflauf.

100 Gramm feinen Gries läßt man langsam in ½ Liter kochende Milch einlaufen, kocht ihn mit etwas Butter gut aus und stellt ihn kalt. Nun treibt man 35 Gramm Butter schaumig ab, rührt ihn mit 50 Gramm gestoßenem Zucker, der abgeriebenen Schale einer halben Zitrone und 4 Eidottern tüchtig ab, vermengt den Gries dann gut damit, hebt den festen Schnee von 4 Eiweiß leicht darunter, füllt das Ganze in eine butterbestrichene Form und bäckt es bei nicht zu großer Hitze.

682. Sago-Auflauf.

80 Gramm Sago wird, nachdem er gut gewaschen wurde, in ½ Liter siedender Milch eingekocht, dann etwas Butter dazugegeben, nach Geschmack auch etwas Zimmt, und zu einem dicken Mus gekocht und kalt gestellt. Nun treibt man 35 Gramm Butter sehr schaumig ab, gibt 3 Eidotter nach und nach mit 50 Gramm Zucker, 20 Gramm ungeschält geriebenen Mandeln, etwas Zitronat

und Orangeat, sowie das Sago-Mus unter tüchtigem Rühren dazu, zieht den festgeschlagenen Schnee der 3 Eier darunter und bäckt den Auflauf langsam in einer mit Butter bestrichenen Form.

683. Pfannkuchen-Auflauf.

Man macht Pfannkuchen Nr. 611 und schneidet sie abgekühlt zu feinen Nudeln, treibt 50 Gramm Butter schaumig ab, rührt damit 50 Gramm Zucker und 3 Eidotter eine Viertelstunde, gibt 50 Gramm abgehäutete und fein länglich geschnittene Mandeln, etwas feingeschnittenes Zitronat und 50 Gramm Sultaninen dazu, zieht nun den festgeschlagenen Schnee der 3 Eiklar, sowie die feingeschnittenen und mit etwas Rum oder Arak befeuchteten Pfannkuchen darunter, bestreicht eine Auflaufform mit Butter und bäckt ihn eine halbe Stunde im Rohr.

Diesen Auflauf kann man auch im Dunst in einer Puddingform kochen und gestürzt Wein-Chaubeau dazu serviren.

684. Kartoffel-Auflauf.

140 Gramm gekochte, abgeschälte Kartoffeln werden durch ein Sieb passirt; 70 Gramm Butter eine Viertelstunde sehr schaumig abgetrieben, 4 Eidotter, eines nach dem andern, sowie die geriebenen Kartoffeln, 2 Löffel saurer Rahm, 50 Gramm Zucker und die abgeriebene Schale einer halben Zitrone gut damit verrührt und zuletzt der feste Schnee von 2 Eiern darunter gehoben. Dann streicht man die Auflaufform mit Butter aus, gibt den Teig hinein, bestreut ihn mit Zucker und bäckt ihn im Rohr, bis er eine schöne Farbe hat.

685. Aepfel-Auflauf.

6 Borsdorfer Aepfel werden weich gebraten und mit einem silbernen Löffel das Mark fein ausgeschabt; dann rührt man 70 Gramm Zucker mit 4 Eidottern eine halbe Stunde, gibt die abgeriebene Schale und den Saft einer halben Zitrone nebst dem abgekühlten Apfelmark dazu, rührt Alles noch sehr fein ab, hebt den festgeschlagenen Schnee von 4 Eiklar darunter, gibt die Masse in eine butterbestrichene Auflaufform und läßt sie langsam backen.

686. Chokolade-Auflauf.

Eine feine Semmel wird geschält oder abgerieben, in kalter Milch geweicht und fest ausgedrückt, mit 60 Gramm geriebener Chokolade fein abgetrieben, mit $1/4$ Liter Milch gekocht und dann etwas abgekühlt. Nun treibt man 35 Gramm Butter gut damit ab, rührt 4 Eidotter und 50 Gramm feingestoßenen Zucker mit etwas Vanille nochmals eine Viertelstunde, zieht zuletzt den festgeschlagenen Schnee der 4 Eiklar darunter, füllt es in eine mit Butter bestrichene Auflaufform und bäckt es eine halbe Stunde bei mäßiger Hitze.

687. Wein-Auflauf mit Maraschino.

4 Eidotter werden mit 4 Löffel Zucker eine halbe Stunde gerührt, dann werden 70 Gramm feingestoßene Mandeln, 12 Gramm feingeschnittenes Zitronat, 1½ Löffel Maraschino-Liqueur, 4 Löffel feingesiebte Semmelbröseln dazu gerührt und zuletzt der sehr festgeschlagene Schnee von 4 Eiklar darunter gezogen. Hierauf bestreicht man eine runde Blechform mit Butter, füllt die Masse hinein, bäckt sie ¾ Stunden und stürzt sie auf eine Platte. Dann wird ⅜ Liter Wein mit Zucker gekocht, etwas Maraschino dazu gegeben, dies über den Auflauf gegossen und was abläuft so lange wieder darüber geschüttet, bis der Auflauf gänzlich vom Wein getränkt ist.

688. Semmel-Auflauf.

3 gestrige Semmeln werden abgerieben und feinblätterig geschnitten, dann schüttet man kalte Milch dazu und läßt sie gut weichen. Nun gibt man 35 Gramm Butter in die Pfanne, gibt das ausgedrückte Brod hinein, läßt dasselbe auf dem Feuer unter fortwährendem Rühren etwas abtrocknen, bis es ein dickes Mus wird, und läßt es auskühlen. Nun gibt man nochmals 35 Gramm Butter dazu und rührt es schaumig, schlägt 4 Dotter nach und nach darunter, rührt es mit 90 Gramm gestoßenem Zucker, sowie 70 Gramm gestoßenen süßen und auch einigen bitteren Mandeln sehr fein ab und zieht zuletzt den Schnee der 4 Klar darunter. Eine Auflaufform wird nun mit Butter bestrichen, die Masse hineingegeben und ¾ Stunden im Rohr gebacken.

Statt der Mandeln kann man auch von 3 gebratenen Aepfeln das Mark mit einem silbernen Löffel ausschaben und der Masse nebst einer Hand voll Sultaninen beigeben und sie fein damit abrühren.

689. Kaffee-Auflauf.

Man reibt von einer feinen Semmel die Rinde ab und schneidet sie feinblätterig, dann nimmt man eine Tasse sehr starken Kaffee ohne Surrogat, gibt etwas Zucker und guten Rahm dazu, befeuchtet damit die Semmel, läßt sie eine Weile stehen und verrührt sie sehr fein. Nun treibt man in einer Schüssel 50 Gramm Butter ¼ Stunde schaumig ab, rührt 4 Eidotter und 70 Gramm feingestoßenen Zucker ¼ Stunde damit ab, mischt 70 Gramm geriebene Mandeln, sowie die verrührte Semmel gut unter die Masse, zieht den festgeschlagenen Schnee der 3 Klar darunter, bestreicht die Auflaufform oder eine Porzellanschüssel mit Butter und bäckt die Masse eine halbe Stunde.

690. Topfen-Auflauf.

60 Gramm Butter werden ¼ Stunde schaumig abgetrieben, dann verrührt man 50 Gramm gestoßenen Zucker und 4 Eidotter fein damit und gibt 60 Gramm geschälte und gestoßene süße Mandeln, die abgeriebene Schale einer halben Zitrone, eine Messerspitze Salz und 80 Gramm fest ausgepreßten, frischen Topfen (weißen Käse) allmälig dazu. Ist die Masse gut abgerührt, so zieht man zuletzt den festgeschlagenen Schnee von 3 Eiweiß darunter, füllt die Masse in eine mit Butter bestrichene Form und bäckt sie ¾ Stunden bei mäßiger Hitze.

691. Nuß-Auflauf.

50 Gramm Butter werden fein abgetrieben, dann 60 Gramm gestoßener Zucker, 3 Eidotter, sodann 60 Gramm geschälte und gestoßene Wallnußkerne, etwas Zimmt und die abgeriebene Schale einer ¼ Zitrone eine halbe Stunde gerührt, zuletzt der feste Schnee von 3 Eiklar darunter gezogen, die Masse in eine mit Butter bestrichene Form gefüllt und ¾ Stunden bei mäßiger Hitze gebacken.

692. Kastanien-Auflauf.

250 Gramm Kastanien werden nach Nr. 217 geschält und mit ⅜ Liter Milch weich gekocht und passirt. Nun treibt man 50 Gramm Butter schaumig ab, gibt 60 Gramm gestoßenen Zucker, 3 Eidotter, dann den Kastanienbrei, sowie einen guten Eßlöffel Maraskino oder Arak dazu, rührt es eine Viertelstunde, zieht zuletzt den festgeschlagenen Schnee von 3 Eiklar darunter, bestreicht eine Form mit Butter und bäckt es bei mäßiger Hitze.

Süße Saucen.

693. Vanillesauce.

¼ Liter Milch wird mit einem Stück Vanille und 70 Gramm Zucker gut aufgekocht. In einen Hafen gibt man 2 Eidotter, versprudelt sie mit 1 Kaffeelöffel voll Mehl und 1 Eßlöffel Milch, gießt langsam dann die geseihte Milch auf und sprudelt sie auf dem Feuer, bis sie dicklich wird, aber nicht kocht. Zu kalten Mehlspeisen läßt man die Sauce erkalten und mischt dann Schlagrahm unter dieselbe.

694. Zimmtsauce

wird wie die Vorhergehende bereitet, nur gibt man statt Vanille ein fingerlanges Stück Zimmt in die Milch.

695. Zitronensauce.

Man läßt ¼ Liter Milch kochen und gibt dann die fein abgeschälte Schale von ½ Zitrone dazu und läßt sie zugedeckt stehen. Dann rührt man 70 Gramm Zucker, 2 Eidotter und ½ Eßlöffel Mehl mit 1 Löffel kalter Milch in einer Messingpfanne fein ab, gießt langsam den geseihten ¼ Liter Milch dazu und sprudelt die Sauce am Feuer, bis sie dick und sehr heiß wird, aber nicht kocht.

696. Orangensauce

wird ebenso wie vorhergehende Zitronensauce bereitet, nur nimmt man statt Zitrone ½ Orange.

697. Orangensauce mit Wein.

Die Schale von einer Orange wird mit 70 Gramm Zucker abgerieben und der Saft der Orange auf den Zucker gepreßt. Nun wird 1 Kaffeelöffel Mehl mit einigen Tropfen Wein fein abgerührt, dann gibt man langsam ¼ Liter Wein, sowie den Orangenzucker dazu und läßt es aufkochen. 1 Eßlöffel Curacao erhöht den Geschmack.

Süße Saucen.

698. Chololadesauce.

70 Gramm Chokolade gibt man in einer Pfanne an's Feuer und verdrückt sie mit etwas Milch zu einem dicken Brei, den man mit 1 Eßlöffel gestoßenem Zucker und ½ Liter Milch gut aufkochen läßt. Unterdessen verrührt man 3 Eidotter mit 1 Löffel kalter Milch, gießt die kochende Chokolade daran und sprudelt sie, bis sie gut schäumt. Wenn man ½ Eßlöffel Mehl nimmt, kann man die Dotter ersparen, doch muß man dann das Mehl mit etwas kalter Milch sehr fein abrühren und mit der kochenden Chokolade aufgegossen am Feuer 10 Minuten unter fleißigem Rühren kochen lassen.

699. Wein-Chaudeau.

3 Eidotter, 70 Gramm Zucker an einer Zitrone abgerieben oder statt dessen einige Stückchen Zitronenschalen werden mit 6 Eierschalen (die Hälfte eines aufgeschlagenen Eies) voll weißen Wein in einem hohen Hafen gut verrührt, auf rasches Feuer gegeben und fortwährend gleichmäßig gesprudelt, bis es steigt. Die Sauce darf nur den vierten Theil des Hafens einnehmen, da der Chaubeau, wenn er schön wird, zum mindesten zwei Drittheile mehr wird. Wenn er steigt, nimmt man ihn vom Feuer, sprudelt ihn aber ohne Unterlaß noch etwas und schüttet ihn dann sofort über die Mehlspeise oder in eine Saucière. Man kann auch für je 2 Eidotter 1 Klar mitsprudeln. — Schönes gleichmäßiges Sprudeln ist hier Hauptsache.

700. Kirschen- oder Weichselsauce.

Man löst aus 250 Gramm schwarzen Kirschen oder Weichseln die Kerne und stößt dieselben im Mörser. Dann gibt man Alles zusammen, Saft, Fleisch und gestoßene Steine, in einen Tiegel, gibt ¼ Liter Wasser, Zitronenschalen, 1 Nelke und ein halbes feingeschnittenes Milchbrod dazu und läßt es 1 Stunde kochen. Nun wird es durch ein Sieb passirt, mit ¼ Liter Rothwein verdünnt, gut gezuckert und sehr heiß, aber nicht kochend gemacht. Nach Belieben kann man ½ Löffel Kirschwasser oder Zitronensaft dazu geben.

701. Von getrockneten Kirschen oder Weichseln.

Man nimmt 250 Gramm getrocknete Kirschen oder Weichseln und stößt sie fein im Mörser, gibt so viel Wasser daran, daß es gut darüber geht und kocht sie mit Zitronenschalen, Nelken und Zimmt und einem halben fein aufgeschnittenen Milchbrod zum mindesten 1 Stunde und gießt nach Bedarf Wasser bei, bis die Kirschen vollkommen weich sind. Dann passirt man das Ganze, gibt wie bei

Nr. 700 Zucker und Rothwein dazu und läßt die Sauce am Feuer heiß werden.

702. Hagebuttensauce.

3 Löffel Hagebuttenmarmelade werden mit einem kleinen ¼ Liter Wasser und 1 Glas Wein am Feuer heiß gemacht, gut verrührt und, wenn nöthig, etwas Zucker beigegeben. Man gibt sie auch zu Schwarzwildpret und kann sie verdicken wie bei Nr. 704.

703. Aprikosensauce.

6—8 ausgesteinte Aprikosen werden mit Wasser und einem Viertel fein aufgeschnittener Semmel weichgedünstet, dann durch ein Sieb getrieben, gezuckert und mit Wein verdünnt. Man läßt sie heiß werden, aber ja nicht kochen; auch kann man nach Belieben 30 Gramm Butter in die Sauce geben.

704. Marmeladensauce.

Jede Obstmarmelade kann man mit halb Wein, halb Wasser und etwas Zucker verdünnen, am Feuer heiß machen und als Sauce verwenden.

705. Himbeersauce.

½ Liter frische Himbeeren werden durch ein Sieb passirt und der Saft mit 1 Glas Wein und 1—2 Eßlöffel Zucker, etwas Zimmt und Zitronenschale aufgekocht. Will man die Sauce etwas dicker haben, so rührt man 1 Kaffeelöffel Stärke- oder Kartoffelmehl mit ein wenig kaltem Wasser an und kocht dies zuletzt mit der Sauce auf.

706. Weinsauce (Glühwein).

¼ Liter Rothwein wird mit 50 Gramm Zucker, 1 Stückchen Zimmt, 1 Nelke, etwas Zitronenschale bis zum Kochen erhitzt und dann über Puddings oder dergl. gegossen oder eigens dazu servirt.

707. Orangensauce zu Wildpret.

Die feine Schale einer Orange wird mit etwas Wasser weich gekocht. Dann wird ein Stück Butter mit 2 Eßlöffel Mehl schön gelb geröstet, dasselbe mit 1 Glas Wein und dem Absud des Wildpretes angegossen, der Saft der Orange daran gedrückt und die gekochten Orangenschalen sammt dem Wasser, etwas Zucker und 1 Messerspitze spanischen Pfeffer beigefügt und dies zusammen eine halbe Stunde gekocht. Man gibt es geseiht über Wildpret, besonders Schwarzwild oder servirt es eigens in einer Saucière dazu.

Puddings.

708. Ueber das Kochen des Puddings.

Zum Kochen des Puddings gehört eine halbkugelförmige Form, die in der Mitte einen Zapfen hat und mit einem fest zu schließenden Deckel versehen ist. Das Kochgeschirr mit Deckel, in welches die Form zum Kochen gestellt wird, muß natürlich höher sein, als die Form. Man gibt so viel heißes Wasser hinein, daß die Form noch zur Hälfte darüber heraussteht, damit das Wasser beim Sieden nicht in die Form bringen kann. Sollte sich das Wasser früher einkochen, ehe der Pudding fertig ist, so muß man siedendes Wasser nachfüllen. Auch ist es besser, wenn man das Kochgeschirr in das Rohr stellt, da es dann langsam kocht und Oberhitze hat, welche man sonst durch Gluth auf dem Deckel ersetzen muß. Glaubt man, daß der Pudding fertig sein könnte, so kann man nachsehen: ist er oben noch weich, so wird er sofort wieder verschlossen und in's kochende Wasser gestellt, fühlt er sich aber fest an, so ist er fertig. Man stellt die Form dann ohne Wasser ein paar Minuten in's Rohr. Beim Umstürzen probirt man, ob der Pudding nirgends an der Form hängt. Ist letzteres der Fall, so fährt man mit dem Rücken eines Messers rings herum, stürzt ihn dann auf die dazu bestimmte Platte und läßt die Form etwas darüber stehen, damit er Zeit hat, sich überall von derselben loszulösen. Gibt man Crème oder Chaudeau über einen Pudding, so läßt man denselben erst etwas stehen, damit sich die große Hitze verliert. Jeder Pudding kann mit Weinsauce Nr. 706 übergossen und getränkt werden, wenn auch eine andere Sauce dazu servirt wird.

709. Semmel-Pudding.

Von 3 gestrigen feinen Semmeln reibt man die Kruste ab, schneidet die Semmeln in feine Scheibchen und schüttet nur so viel Milch darüber, daß sie gut durchweichen können. Dann rührt man 50 Gramm Butter schaumig ab, gibt 3 Eidotter, das durch-

Puddings.

weichte Brod nebst 50 Gramm Rosinen, 25 Gramm Zitronat, 50 Gramm abgeschälte Mandeln, Alles klein geschnitten, sowie 70 Gramm gestoßenen Zucker dazu, vermengt Alles gut zusammen und zieht den festgeschlagenen Schnee der 3 Eier darunter. Nun streicht man die Puddingform gut mit Butter aus, bestreut sie mit feinen Semmelbröseln, gibt die Masse hinein und läßt sie im Dunste eine kleine Stunde kochen. Gestürzt wird sie am besten mit einer Fruchtsauce zu Tisch gegeben.

710. Schwarzbrod-Pudding.

70 Gramm Butter werden schaumig gerührt, dann 4 Eidotter nach und nach mit 90 Gramm geriebenem Schwarzbrod, sowie 80 Gramm Zucker, 35 Gramm Rosinen, 35 Gramm Weinbeeren, 35 Gramm Zitronat, ein halber Kaffeelöffel voll gestoßenen Zimmts, eine Messerspitze Nelken und ein Liqueurglas voll Rum dazu gegeben. Ist Alles gut vermengt, so wird der festgeschlagene Schnee der 4 Eier leicht darunter gezogen. Die Masse wird in eine mit Butter bestrichene Form gefüllt, im Dunst nach Nr. 708 eine halbe Stunde gekocht und Kirschen- oder Weichselsauce Nr. 700 dazu gegeben.

711. Mandel-Pudding.

100 Gramm Butter werden schaumig abgetrieben und zuerst mit 100 Gramm feingestoßenem Zucker eine Viertelstunde und dann mit 5 Eidottern eine weitere Viertelstunde abgerührt. 100 Gramm geschälte, dann im Rohr gelb geröstete Mandeln stößt man fein, gibt sie unter die Masse, vermischt den festgeschlagenen Schnee der 5 Eiklar, sowie 35 Gramm Semmelbröseln gut damit, gibt sie in die Form und kocht sie nach Nr. 708 in Dunst. Man gibt Wein-Chaubeau Nr. 699 oder eine Fruchtsauce dazu.

712. Reis-Pudding.

70 Gramm Reis werden gewaschen und mit ½ Liter Milch, 50 Gramm Zucker und etwas Vanille weich und dick eingekocht. Nun läßt man denselben etwas auskühlen und rührt dann 4 Eidotter, sowie 35 Gramm frische Butter recht gut damit ab. Zuletzt zieht man den festgeschlagenen Schnee der 3 Eier darunter, gibt die Masse in eine gut mit Butter bestrichene Form und kocht sie nach Nr. 708 langsam eine Stunde im Dunst. Man übergießt sie mit Chokoladesauce Nr. 698 oder Wein-Chaubeau Nr. 699 und gibt den Rest davon noch extra dazu. Auch kann man unter den gekochten Reis nach Belieben 35 Gramm Rosinen und ebenso viel

Weinbeeren und etwas Zitronat mischen und den gekochten Pudding mit Rum übergießen, zum Auftragen anzünden und so brennend auf den Tisch bringen. Man kann hiezu Rum in die ausgehöhlte Schale einer kleinen halben Zitrone, die man in die Mitte des Puddings befestigt, schütten, er wird dann noch besser und länger brennen.

713. Gries-Pudding.

Derselbe wird ganz wie der Reispudding bereitet und kann mit Wein- oder Obstsauce zu Tisch gegeben werden.

714. Kastanien-Pudding.

250 Gramm Kastanien werden gebraten, geschält und auf dem Reibeisen oder der Mandelmühle gerieben oder gesotten geschält und durch ein Sieb passirt. Nun treibt man 100 Gramm Butter eine Viertelstunde schaumig ab, rührt 4 Eidotter und 100 Gramm gestoßenen Zucker eine Viertelstunde damit ab, mischt etwas süßen Rahm und einen Löffel Rum, sowie die passirten Kastanien, 40 Gramm gestoßene Makronen oder Zwieback und zuletzt den festen Schnee der 4 Eier dazu, gibt die Masse in eine gut mit Butter bestrichene Puddingform und kocht sie nach Nr. 708 eine Stunde im Dunst. Man gibt Wein-Chaudeau Nr. 699, dem man 2 Löffel Rum oder Maraskino beimengt, theils darüber, theils extra dazu.

715. Chokolade-Pudding.

65 Gramm Butter werden mit ¼ Liter Milch gekocht und 65 Gramm Mehl auf einmal dazu gegeben und fein abgerührt. Dann werden 65 Gramm feingeriebene Chokolade unter fortwährendem Rühren damit aufgekocht, bis sie sich von der Pfanne löst und dann in eine Schüssel geleert. Nach ziemlichem Erkalten rührt man 3 Eidotter und 50 Gramm gestoßenen Zucker gut mit der Masse, zieht zuletzt den festgeschlagenen Schnee der 3 Eier darunter, füllt die Masse in eine gut mit Butter bestrichene Form und kocht sie im Dunst nach Nr. 708 eine Stunde. Mit Wein-Chaudeau Nr. 699 oder Zitronensauce Nr. 695 wird er zu Tisch gegeben.

716. Chokolade-Pudding mit Schwarzbrod.

70 Gramm getrocknetes, gestoßenes und gesiebtes Schwarzbrod werden mit 70 Gramm geriebener Chokolade vermengt. Dann werden 80 Gramm Butter schaumig abgetrieben, mit 3 Eidottern und 80 Gramm gestoßenem Zucker gut verrührt, das Brod mit der Chokolade beigemengt und zuletzt der festgeschlagene Schnee

der 3 Eier daruntergezogen. Nun wird die Form gut mit Butter bestrichen, die Masse hineingegeben und langsam eine kleine Stunde im Dunste nach Nr. 708 gekocht. Eine Chokoladesauce Nr. 698 wird extra dazu gegeben.

717. Tag- und Nacht-Pudding.

70 Gramm zerlassene Butter werden mit 70 Gramm feinstem Mehl in der Pfanne gerührt und ein paar Minuten geröstet, bis es schäumt, aber keine Farbe bekommt, dann langsam ein kleiner Viertelliter kochender Rahm oder Milch dazugegossen. Man rührt es Anfangs zurückgezogen, dann auf dem Feuer ab, bis es ein feiner Teig ist, der sich vom Löffel und der Pfanne löst. Nachdem dieser Teig in einer Schüssel ausgekühlt ist, gibt man 4 Eidotter und 100 Gramm Zucker dazu, verrührt ihn eine halbe Stunde, mischt 70 Gramm feingestoßene Mandeln und zuletzt den sehr fest geschlagenen Schnee von 3 Eiern darunter. Nun theilt man die Masse in 2 Theile, läßt einen gelb und vermischt den anderen Theil mit 45 Gramm feingeriebener Chokolade, streicht die Form mit Butter aus, füllt zuerst die braune Masse ein, belegt sie ganz mit Oblaten, füllt dann die gelbe Masse darauf und kocht sie eine Stunde langsam nach Nr. 708 im Dunst. Man gibt Wein-Chaubeau Nr. 699 oder Weinsauce Nr. 706 dazu.

718. Götterspeise.

45 Gramm feines Mehl, 45 Gramm gestoßener Zucker und 1 Eidotter werden langsam mit ¼ Liter Milch gut verrührt und in einer Pfanne unter beständigem Rühren zu einem Mus gekocht. Sobald es aufkochen will, wird es in eine Schüssel zum Erkalten gegeben. Dann treibt man 70 Gramm Butter schaumig ab und rührt 3 Eidotter so dazu, daß stets mit 1 Eidotter 1 Eßlöffel von dem erkalteten Mus beigegeben wird. Wenn die ganze Masse eingerührt ist, zieht man den festgeschlagenen Schnee der 3 Eier darunter, füllt sie in eine mit Butter bestrichene Form und kocht sie 1 Stunde im Dunst nach Nr. 708. Man gibt Wein-Chaubeau Nr. 699 dazu.

719. Französischer Pudding.

100 Gramm Butter werden sehr schaumig gerührt, dann 4 Eidotter und 2 ganze Eier, etwas Vanille, 80 Gramm feingestoßener, an einer Zitrone abgeriebener Zucker, sowie 100 Gramm abgezogene, feingestoßene oder geriebene Mandeln (mit einigen bitteren Mandeln vermischt) eine halbe Stunde gut zusammen gerührt, zuletzt wird

der festgeschlagene Schnee der 4 Eiklare darunter gezogen, eine Puddingform gut mit Butter bestrichen, mit feingesiebten Semmelbröseln bestreut, die Masse hineingegeben und nach Nr. 708 im Dunst gekocht. Gestürzt gibt man Wein-Chaudeau Nr. 699 oder eine Fruchtsauce dazu.

720. Weichsel-Pudding.

250 Gramm frische Weichseln werden ausgekernt und mit dem nöthigen Zucker und etwas Wasser 5 Minuten gekocht. Nun treibt man 100 Gramm Butter eine Viertelstunde schaumig ab, rührt 100 Gramm Zucker und 5 Eidotter noch eine Viertelstunde damit, gibt 50 Gramm Mandeln, etwas Zimmt und Nelken, sowie 70 Gramm geriebenes Schwarzbrod und die gut abgetropften Weichseln dazu, zieht den Schnee von 4 Klar darunter, streicht eine Puddingform mit Butter aus, gibt die Masse hinein und kocht sie nach Nr. 708 eine halbe Stunde im Dunst. Gestürzt gibt man Weichselsauce Nr. 700 oder Glühwein Nr. 706 dazu.

721. Nuß-Pudding.

100 Gramm Butter werden eine Viertelstunde schaumig abgetrieben, dann mit 100 Gramm feingestoßenem Zucker, 4 Eidottern und 1 ganzen Ei eine halbe Stunde gerührt, hierauf die abgeriebene Schale von einer halben Zitrone, 125 Gramm geschälte und mit etwas Milch gestoßene Wallnußkerne, sowie 125 Gramm gesiebte Semmelbröseln und etwas süßer Rahm gut dazu gemengt, und zuletzt der festgeschlagene Schnee der 4 Eiklar daruntergezogen. Nun streicht man eine Puddingform gut mit Butter aus, bestreut sie mit Semmelbröseln und kocht den Pudding $^3/_4$—1 Stunde nach Nr. 708 in Dunst. Eine Kirschen- oder Himbeersauce Nr. 700 und 705 oder Weinsauce Nr. 706 wird dazu servirt.

722. Nudel-Pudding.

Aus einem Nudelteig von 2 Eidottern, welchen man papierdünn auswalkt, werden feine Nudeln geschnitten, die man in $^1/_2$ Liter siedender Milch mit etwas Zucker und Vanille auf Kohlenfeuer unter fortwährendem Rühren dick einkochen läßt und sodann in eine Schüssel zum Auskühlen gibt. Unterdessen werden 50 Gramm Butter schaumig abgetrieben, 3 Eidotter, sowie 50 Gramm Zucker gut damit verrührt, die erkalteten Nudeln und zuletzt der Schnee von 3 Eiern darunter gemengt, die Form mit Butter bestrichen, die Masse eingefüllt und $^3/_4$ Stunden in Dunst gekocht. Gestürzt servirt man sie mit Vanillesauce Nr. 693.

723. Kalter Gries.

³/₄ Liter Milch wird mit 50 Gramm Zucker und einem Stückchen Vanille gekocht, dann rührt man 70 Gramm Gries nebst einigen ungeschält gestoßenen Mandeln hinein und läßt ihn 10 Minuten kochen. Nun zieht man die Pfanne zurück, sprudelt 2 Eidotter mit 1 Kaffeelöffel Milch ab, rührt sie in den Gries, schlägt von 2 Klar einen festen Schnee, hebt ihn unter die Masse, schwenkt eine Porzellanschale mit kaltem Wasser, gibt die Masse hinein und stellt sie über Nacht in den Keller oder auf Eis. Vor dem Auftragen wird sie gestürzt. Man kann Obstsaft dazu serviren.

724. Kalter Reis-Pudding.

140 Gramm Reis werden gewaschen, in siedendem Wasser einmal aufgekocht, durch ein Sieb gut abgetropft, dann in einem gut gemessenen ¹/₂ Liter kochender Milch mit 140 Gramm Zucker langsam dicklich und weich gekocht. Dann schüttet man denselben in eine Schüssel, gibt 1 Eßlöffel Arak daran, seiht nach Nr. 914 17 Gramm aufgelöste Gelatine dazu und rührt es zusammen, bis es erkaltet. Wenn der Reis dick zu werden anfängt, rührt man einen kleinen Teller dicken Schlagrahms darunter, füllt die Masse in eine mit Mandelöl bestrichene glatte Puddingform, gräbt sie in gestoßenes Eis und läßt sie stocken. Beim Anrichten stürzt man sie, indem man sie vorher schnell in heißes Wasser taucht, begießt sie etwas mit Himbeer- oder Erdbeersauce und gibt die übrige extra dazu. — Zur Bereitung der Sauce werden schöne Walderdbeeren oder Himbeeren durch ein Sieb passirt, 140 Gramm gestoßener Zucker mit dem Mark verrührt, mit etwas Wasser verdünnt und bis zum Gebrauch in's Eis gestellt.

725. Kalter Punsch-Reis.

150 Gramm gewaschener und gebrühter Reis wird in viel Wasser weich gekocht, doch so, daß er noch körnig bleibt; dann gießt man ihn ab und kühlt ihn auf einem Durchschlag ab. Unterdessen läutert man 80 Gramm Zucker mit 5 Löffel Weißwein, gibt den Saft einer halben Zitrone, 8 Löffel feinen Rum und den gut abgetropften Reis dazu, vermischt Alles behutsam und läßt die Masse einige Male aufkochen; nun spült man eine Porzellanform mit kaltem Wasser aus, füllt den Reis hinein, läßt ihn darin erkalten, stürzt ihn auf eine Schüssel, verziert ihn mit Gelée, eingemachten Früchten oder auch Orangenscheiben und garnirt ihn ringsum mit versüßtem Rahmschnee.

Mehlspeisen,
aus dem Schmalz gebacken.

726. Ueber das Backen aus dem Schmalze.

Zu Schmalzbäckereien ist vor Allem gutes, reines, nicht zu altes Rindschmalz nöthig, am besten frisch ausgelassenes von guter Butter. Man nimmt gewöhnlich so viel, daß der Boden der Pfanne gut daumenhoch davon bedeckt ist, und läßt es langsam heiß werden. Es hat den rechten Hitzegrad, wenn die Luft über dem heißen Schmalz zu zittern scheint. Wenn es raucht, ist es schon zu heiß; ist dies der Fall, so zieht man es ein wenig zurück und gibt etwas kaltes Schmalz dazu. Werden Semmelbrösel zum Paniren verwendet, so nehme man keine zu alten Semmeln dazu, sondern nur solche vom Tage vorher und ohne Kruste (alte ziehen zu viel Fett). Das Gebackene nimmt man mit einem durchlöcherten Backlöffel heraus, läßt das Schmalz absickern, legt es dann noch auf Löschpapier, überstäubt es mit Staubzucker, da grob gestoßener nicht hängen bleibt, und servirt es sofort warm. Sollte das Schmalz einmal brennend werden, so deckt man es gut zu, wodurch es erlischt. Ist man ängstlich, so gebe man rings um die Pfanne Asche auf den Herd, damit es beim Herausspritzen nicht aufflammt. — Ist man mit dem Backen fertig, so kann man das Backschmalz reinigen, indem man es heiß in ein Gefäß mit kochendem Wasser vorsichtig schüttet und es gut umrührt, wodurch alle Abfälle sich zu Boden setzen und das Schmalz in einer dicken, festen Scheibe klar vom Wasser abgenommen werden kann.

727. Backteig mit Wein.

140 Gramm feines Mehl wird mit ¼ Liter Weißwein und 1 Eßlöffel heißer Butter, einem Löffel gestoßenen Zucker und etwas Salz zu einem dickfließenden Teig verrührt und der festgeschlagene Schnee von 2 Eiklar darunter gemischt. Man rührt

Aus dem Schmalz gebackene Mehlspeisen. 213

aber diesen Teig nur kurz vor dem Backen an. — Statt heißer Butter ist es gut, mit genau 2½ Eßlöffel feinem Olivenöl den Backteig anzurühren, da das Gebackene dadurch röscher wird.

728. Backteig von Bier,
729. Backteig von Milch

bereitet man ganz wie den vorhergehenden, nur wird statt Wein ebenso viel Bier oder Milch, jedoch kein Zucker dazu genommen.

730. Brandteig.

Man läßt ¼ Liter Milch mit einer Prise Salz, etwas ganzem Zimmt und Zitronenschale, 35 Gramm Butter und 50 Gramm gestoßenem Zucker einige Minuten kochen. Dann nimmt man den Zimmt und die Zitronenschale heraus und schüttet auf einmal 80 Gramm feines gesiebtes Mehl hinein, zieht die Pfanne zurück, rührt die Masse ab, stellt sie dann wieder an's Feuer und rührt so lange, bis es einen zarten, feinen Teig gibt. Hierauf läßt man ihn abkühlen und gibt 3 ganze Eier nach und nach nebst einem Löffel Branntwein oder Rum hinzu, wodurch der Teig beim Backen weniger Fett zieht und röscher wird.

Sehr gut wird dieser Backteig, wenn man ihn mit Wein statt mit Milch bereitet.

731. Backteig mit Hefe.

60 Gramm Mehl werden mit 6 Eßlöffel lauwarmer Milch zu einem dicklichen Teig angerührt, 2 Eier, etwas Salz, 2 Eßlöffel Zucker, 1 kleiner Eßlöffel zerlassene Butter oder ebenso viel feines Olivenöl und 10 Gramm aufgelöste Preßhefe gut dazu gerührt, dann an einen warmen Ofen zum Aufgehen gestellt, und wenn er gut gegangen ist, die zum Backen bestimmten Sachen darin eingetaucht. Der Teig muß messerrückendick daran hängen bleiben und darf weder zu dick, noch zu dünn sein.

732. Aepfelkücheln (Beignets von Aepfeln).

4 schöne große Kochäpfel werden geschält, in runde Scheiben geschnitten, das Kernhaus ausgestochen, mit Zucker bestreut und mit 2 Eßlöffeln Arak, Rum oder Kirschwasser befeuchtet. Nachdem man sie ein paarmal umgedreht und eine Stunde stehen ließ, taucht man sie in den vorstehenden Backteig mit Wein Nr. 727, bäckt sie langsam aus dem heißen Schmalz, gibt sie auf Löschpapier

und richtet sie warm, gut mit Staubzucker bestäubt an. Sollte der Backteig nicht gut an den Aepfeln haften bleiben, so kann man diese erst in etwas Mehl, dann in Backteig drehen.

733. Aprikosenküchein (Beignets von Aprikosen).

Große reife Aprikosen werden geschält, halbirt, die Kerne ausgenommen und in einer Schüssel, mit Zucker bestreut, eine Stunde stehen gelassen. Dann dreht man sie gut im Weinteig Nr. 727, bäckt sie schön lichtbraun aus dem heißen Schmalz, legt sie auf Löschpapier und gibt sie, gut mit Staubzucker bestäubt, warm zu Tisch. Man kann sie auch gut gezuckert in Mehl, dann in Ei und gesiebten Bröseln umdrehen und so im Schmalz backen.

734. Beignets von Pfirsich

werden wie die vorhergehenden bereitet.

735. Gebackene Kirschen oder Weichseln.

Man bindet 3—4 Kirschen oder Weichseln bei den Stengeln zusammen, taucht sie in den Backteig Nr. 727 oder 731 und bäckt sie aus dem heißen Schmalz wie oben.

736. Gebackene Zwetschgen.

Schöne reife Zwetschgen werden geschält, ausgekernt, statt des Kernes kann man eine abgezogene Mandel einstecken, in Wein oder Hefen-Backteig Nr. 727 oder Nr. 731 oder Schmarnteig getaucht und in heißem Schmalz gebacken.

Sollte der Backteig nicht haften bleiben, so dreht man sie erst in etwas Mehl um. — Gedörrte Zwetschgen kocht man, nachdem sie gewaschen sind, nicht zu weich, taucht sie wie oben in Backteig und bäckt sie in heißem Schmalz. Nachdem beide Arten auf Löschpapier abgesickert sind, dreht man sie warm in Staubzucker oder auch geriebener Chokolade mit Zucker vermischt.

737. Gebackene Hollerküchein.

Man taucht die Hollerblüthe vorher in frisches Wasser, um sie gut zu reinigen, und läßt sie auf einem Tuche trocknen, dann nimmt man ein Sträußchen nach dem andern am Stiel, taucht sie in den Backteig Nr. 727, 728 oder Schmarnteig und bäckt sie in heißem Schmalz, ohne sie umzukehren. Nachdem sie auf Lösch=

papier gelegen, bestreut man sie mit Staubzucker und richtet sie auf die Schüssel, die Stiele nach oben, an.

Man achte darauf, daß man beim Backen Anfangs mit den Stielchen die Blumen immer leicht unterstößt, damit sich die Blüthen theilen und kraus, nicht eine Masse werden.

738. Gefüllte Oblaten.

Man schneidet Oblaten rund und füllt sie mit gezuckerten Erdbeeren oder Himbeeren oder auch mit einer beliebigen Marmelade, deckt eine ebenso große Oblate darauf, bestreicht die untere mit einem verklopften Ei und drückt die obere darauf, wodurch das Ganze befestiget wird. Nun taucht man sie in Weinteig Nr. 727, bäckt sie in heißem Schmalz, legt sie zum Entfetten auf Löschpapier und gibt sie, gut mit Zucker bestäubt, warm zu Tisch.

Oder: Man schneidet aus Oblaten fingerlange viereckige Stückchen, gibt in die Mitte einen guten Kaffeelöffel voll Hagebutten- oder Aprikosen-Marmelade, legt ein gleiches Stück Oblate darauf, verbindet die Ränder mit verklopftem Ei, taucht jedes so zubereitete Stück an den vier Seiten fingerbreit in den Brandteig Nr. 730, legt eines nach dem anderen sogleich in heißes Schmalz, übergießt sie fleißig und bäckt sie fertig wie oben.

739. Brandstrauben.

Ein guter Achtelliter Milch wird in einer Messingpfanne mit 50 Gramm Butter, 50 Gramm Zucker, einer Prise Salz, etwas Zitronenschale und einem Stück ganzen Zimmts einige Minuten gekocht, dann Zimmt und Zitronenschale herausgenommen und 90 Gramm feinstes, gesiebtes Mehl schnell unter beständigem Rühren dazu gegeben und dieser Teig auf dem Feuer so lange gerührt, bis er sich vom Löffel und der Pfanne löst. Nun gibt man ihn zum Auskühlen in eine Schüssel und rührt dann 2 ganze Eier und 2 Dotter nach und nach, nebst 1 Eßlöffel Kirschwasser, Arak oder Rum dazu. Dieser Teig wird nun in eine Straubenspritze mit schmalem Stern gefüllt, nachdem man dieselbe schnell in's heiße Schmalz getaucht hat, dann steckt man den Stempel an und fährt, indem man ihn langsam eindrückt, in der Runde über der Schmalzpfanne, damit die hineinfallende Straube schneckenförmig zu liegen kommt und schüttelt die Pfanne, bis die Straube unten schön braun ist. Nun dreht man sie vorsichtig mit dem Backlöffel um und bäckt sie auf der anderen Seite, legt sie auf Löschpapier und gibt sie dann warm, gut mit Staubzucker bestreut, auf einer Platte zu Tisch. Man servirt Wein-Chaudeau Nr. 699 oder ein Compot dazu.

740. Brandkrapfen.

Man bereitet vorige Masse Nr. 739 ohne Kirschwasser, sticht mit einem in das heiße Schmalz getauchten Blechlöffel nußgroße Stücke ab, streift sie mit dem Finger möglichst rund in das heiße Schmalz, schüttelt die Pfanne, damit die Krapfen schön auflaufen, und bäckt sie braun. Nachdem sie auf Löschpapier entfettet wurden, gibt man sie warm, mit Zucker bestäubt, zu Tisch oder schneidet einen Deckel ab, füllt sie mit Marmelade von Aprikosen oder bergl., legt das abgeschnittene Stück wieder darauf und gibt sie mit Staubzucker bestreut zu Tisch. Sind die Krapfen nicht gefüllt, so wird Compot dazu servirt.

741. Zuckerstrauben.

90 Gramm feines, gesiebtes Mehl, eine Prise Salz und 50 Gramm gestoßener Zucker werden mit Weißwein fein abgerührt zu einem Teige wie eine dickfließende Tropfsuppe, dann gibt man 3 Eiklar darunter und läßt den Teig durch einen breilöcherigen Trichter oder eine starke Papierdüte in das heiße Schmalz einer kleinen Pfanne einlaufen, wobei man hin- und herfährt, daß die Oberfläche recht durcheinander damit bedeckt ist. Sind die Strauben auf beiden Seiten gebacken, so nimmt man sie heraus und biegt sie über ein rundes Holz. Sie werden dann mit Staubzucker bestreut, warm erhaben angerichtet und Wein-Chaubeau Nr. 699 dazu gegeben.

742. Gebackener Reis.

100 Gramm Reis werden gewaschen, blanschirt und mit beiläufig ½ Liter Milch, 70 Gramm Zucker und etwas Vanille oder abgeriebener Pomeranze oder Zitrone weich und dick eingekocht. Dann bestreicht man ein Blech mit Butter oder macht es mit Milch naß, gibt den Reis fingerdick darauf und läßt ihn erkalten. Nun schneidet man längliche Vierecke oder sticht mit dem Ausstecher oder einem Weinglas runde Stücke aus, erwärmt das Blech, damit die Masse sich gut ablösen läßt, klopft 2 ganze Eier gut ab, nimmt jedes Stück mit dem Backschäufelchen auf, taucht es zuerst in Ei, bann in Semmelbröseln, bäckt sie im heißen Schmalz schön lichtgelb und gibt sie warm mit Zucker bestäubt mit einer Obst- oder Weinsauce zu Tisch.

Auch kann man sie über Bröseln zu Würstchen formen, die man in Ei oder Bröseln umdreht, dann bäckt und nach dem Backen in Zucker mit Chokolade gemischt, dreht.

Sehr gut ist es, wenn man den Reis in starker Mandelmilch weich kocht; man läßt dann den Vanille- oder Pomeranzen-Geschmack weg.

Aus dem Schmalz gebackene Mehlspeisen. 217

743. Gebackener Gries.

½ Liter Milch wird mit einem Stück Vanille oder Zitronenschale und 50 Gramm Zucker gekocht, dann 35 Gramm Butter, ein Körnchen Salz und unter beständigem Rühren 60 Gramm Gries dazu gerührt und gut ausgekocht. Wenn er dick vom Löffel fließt, wird er wie vorhergehender Reis fingerdick auf ein butterbestrichenes Blech aufgestrichen und ganz so wie derselbe beendet.

744. Schneeballen.

Auf ein Nudelbrett nimmt man 240 Gramm feines Mehl und bröselt es mit 70 Gramm Butter fein ab, dann gibt man 2 Eßlöffel Zucker, 1 Prise Salz, etwas gestoßenen Zimmt, 2 Eßlöffel sauren Rahm, 2 Eidotter dazu, verarbeitet es zu einem ganz feinen Teig, bis derselbe Blasen wirft, und läßt ihn zugedeckt 1 Stunde ruhen. Nachdem man das Brett mit wenig Mehl bestäubt hat, walkt man den Teig stark messerrückendick aus und sticht mit einem großen runden Ausstecher oder einem Wasserglas runde Flecke, die man mit einem Backräbchen in fingerbreite Streifen theilt, doch so, daß ein fingerbreiter Streifen ringsum bleibt, der alle zusammenhält. Dann hebt man den ersten Streifen in die Höhe, steckt einen Kochlöffelstiel durch, läßt den zweiten liegen, nimmt den dritten wieder auf und so fort, bis jeder zweite Streifen aufgefaßt ist und hängt nun den Kochlöffelstiel über ein kleines Pfännchen mit heißem Schmalz, läßt die Schneeballen einige Minuten backen, streift sie vom Kochlöffel ab, läßt sie dann umgewendet schön braun werden und bestreut sie warm mit vielem feinen Staubzucker. Sie können ebenso ohne Butter bereitet werden.

745. Hasenöhrchen.

100 Gramm Mehl, 50 Gramm Butter, 1 ganzes Ei, etwas Salz und 1 Löffel saurer Rahm wird am Nudelbrett zu einem feinen Teig abgearbeitet. Nachdem er eine halbe Stunde geruht, walkt man ihn messerrückendick aus, rädelt spitzige oder viereckige Fleckchen mit dem Backräbchen, formt ohrenähnliche Düten und bäckt sie aus heißem Schmalz lichtgelb.

Sie sind auch gut als Beilage zum Ragout.

746. Gefüllte Schnitten.

3 gestrige Milchbrödchen werden abgerieben, dann in Scheiben geschnitten, in kalte Milch getaucht und auf eine Platte gelegt. In je 2 Scheibchen füllt man nun von nachstehender Masse, dann taucht man sie in gut abgeschlagene Eier, welche mit etwas Zucker

verrührt sind und bäckt sie im heißen Schmalz lichtbraun. Hierauf wird ein Viertelliter Rothwein mit einem Stück Zimmt, 1 Nelke, 1 Zitronenschale und dem nöthigen Zucker aufgekocht; die Schnitten auf eine Platte gelegt, der Wein darüber gegossen und zugedeckt in's warme Rohr gestellt, bis die Schnitten den Wein eingesaugt haben, worauf man sie sogleich warm servirt.

Fülle: 50 Gramm Mandeln werden gebrüht, abgezogen und mit etwas süßem Rahm fein gestoßen. Dann werden 35 Gramm Butter schaumig gerührt, 40 Gramm gestoßener Zucker, etwas feingeschnittenes Orangeat und die Mandeln gut zusammen abgerührt, und diese Fülle zwischen 2 Scheibchen abgeriebenes Milchbrod eingefüllt.

747. Polsterzipfel.

Man nimmt auf ein Nudelbrett 140 Gramm Mehl, 140 Gramm klein geschnittene Butter, 1 ganzes Ei, 1 Dotter, 1 Löffel sauren Rahm, 1 Löffel Zucker, 1 Prise Salz und verarbeitet es gut zu einem feinen Teig. Nachdem man das Brett mit Mehl bestäubt hat, wallt man den Teig messerrückendick aus, rädelt viereckige oder runde Flecke aus, gibt in die Mitte einen kleinen Kaffeelöffel voll Eingesottenes, bestreicht den Rand mit Eiweiß, schlägt sie zusammen, drückt sie fest aufeinander, bäckt sie im heißen Schmalz schön gelb und servirt sie warm gut mit Staubzucker bestreut.

748. Gefüllte Hörnchen.

Hörnchen aus Milchbrod werden in 2 Theile geschnitten, außen abgerieben und innen ausgehöhlt. Nun füllt man sie mit Eingesottenem, gibt ein Stück von dem Ausgehöhlten als Stopsel darauf, taucht die Hörnchen in Wein, dreht sie dann in versprudelten, mit Zucker gesüßten Eiern, dann in Semmelbröseln um und bäckt sie im heißen Schmalz. Nachdem man sie auf Löschpapier entfettet hat, gibt man sie mit Zucker bestreut zu Tisch.

749. Faschings-Krapfen.

300 Gramm feinstes trockenes Mehl wird in eine gewärmte Schüssel gesiebt und in der Mitte eine Grube gemacht. Sobann versprudelt man in einem Hafen 1 ganzes Ei und 3 Eidotter, 2 Löffel sauren Rahm, beiläufig 6 Löffel lauwarme Milch, 70 Gramm zerlassene Butter, etwas Salz und 1 kleinen Eßlöffel Zucker gut, schüttet es nebst 20 Gramm Preßhefe (in lauwarmer Milch gut aufgelöst) in die Grube und schlägt Alles zusammen zu einem sehr feinen aber ziemlich festen Teig ab (siehe Nr. 751). Sobald der Teig sich vom Löffel löst und Blasen macht, deckt man ihn mit

einem gewärmten Tuch zu und läßt ihn an einem warmen Ort gehen. Nachdem er gegangen (der Teig muß um die Hälfte mehr geworden sein), nimmt man ihn auf ein gewärmtes Nudelbrett, das mit Mehl leicht bestäubt wird, walkt ihn nur sehr leicht fingerdick auseinander, sticht mit einem Ausstecher in der Größe eines Weinglases Krapfen aus, füllt in die Mitte des einen einen halben Kaffeelöffel Aprikosen=Marmelade, gibt einen zweiten Krapfen darauf, den man mit den Fingern am Rande leicht etwas zusammendrückt und nochmals mit dem stets in wenig Mehl gedrückten Ausstecher aussticht, damit die Form wieder tadellos ist. Sie werden nun auf das mehlbestäubte Nudelbrett oder eine mehlbestäubte Serviette gelegt, mit einem er=wärmten Tuch zugedeckt und müssen nochmals an einem warmen Orte schön aufgehen. Nun wird in einer größeren Pfanne oder einer Kasserole so viel Schmalz heiß gemacht, daß sie gehörig schwimmen können und die Krapfen, die obere Seite nach unten, eingelegt und zugedeckt. Nach kurzer Zeit, während dessen man die Pfanne etwas rüttelt, wird die untere Seite lichtbraun sein; nun wendet man sie mit einer Gabel oder einem Löffel um, deckt sie aber nicht mehr zu und läßt sie vollends schön braun aus=backen. Dann legt man sie auf Löschpapier zum Entfetten und gibt sie warm, mit Staubzucker bestäubt, zu Tisch.

750. **Kirchweihnudeln.**

Dieselben kann man ebenso wie vorhergehende Krapfen be=reiten, kann aber auch etwas weniger Butter und einen Eidotter weniger nehmen. Man gibt gern 70 Gramm Sultaninen zum Hefenteig, wenn er abgeschlagen ist. Ist er dann gut gegangen, sticht man vom Teig mit einem Löffel runde Laibchen heraus, die man auf dem mehlbestäubten Nudelbrett, mit einem warmen Tuch bedeckt, eine Viertelstunde gehen läßt. Nun läßt man Schmalz auf dem Feuer heiß werden, gießt aber, noch ehe es warm ist, ein Gläschen Wasser dazu, ja nicht, wenn es heiß ist, da man sich sonst ganz verbrühen könnte, schneidet mit einer Scheere, die man in's heiße Schmalz taucht, kreuzweise die Nudeln in der Mitte ein und legt sie sogleich in's heiße Schmalz, deckt sie zu und dreht sie, wenn sie braun sind, um, ohne sie zuzudecken. Ist kein Wasser mehr im Schmalz, so zieht man die Pfanne zurück und läßt es etwas abkühlen, ehe man nochmals etwas Wasser dazu gibt. Sind sie alle, wie in vorhergehender Nummer beschrieben, gebacken, so gibt man sie mit Zucker bestreut zu Tisch.

Hefenbackwerke.

751. Vom Hefenteig.

Zur Bereitung des Hefenteiges sehe man vor Allem darauf, daß man trockenes, feines Mehl, gute süße Butter oder Rindschmalz hat und daß Alles, besonders im Winter, warm gestellt und die dazu bestimmten Eier in laues Wasser gelegt werden. Wird ein Dampfel gemacht, so siebt man das Mehl in eine warme Schüssel und macht in der Mitte eine Grube; die Preßhefe wird in kleine Stückchen gebrochen, mit einigen Tropfen kalten Wassers bespritzt, mit lauwarmer Milch zu Brei verrührt und so in die Grube gegossen, mit etwas wenigem Mehl ein sogenanntes Dampfel leicht angemacht, etwas mit Mehl überstäubt, mit einem warmen Tuche überdeckt und an einen warmen Ofen zum Aufgehen gestellt. Auf ½ Kilo Mehl (500 Gramm) rechnet man beiläufig 30 Gramm Preßhefe, sie treibt zwar langsamer als die Bierhefe, ist aber sicherer. Sollte sie einmal gar zu langsam oder gar nicht gehen, so mische man unter den Teig ein paar Eßlöffel Arak. Von zu viel Hefe wird der Teig großlöcherig, deßhalb gibt man bei solchen, die man sehr fein haben will, noch weniger und läßt ihn dafür länger gehen. Zu den geringsten Hefenteigen braucht man zwei Stunden Zeit und kann dieselbe niemals durch Hitze ersetzt werden. Die Schüssel stelle man zum Gehen nie unmittelbar auf den warmen Ofen, sondern lege einige Holzstücke darunter. Ein Teig, der beim Gehenlassen an die Schüssel anbäckt, wird durch nichts zurechtgebracht. Von mehr oder weniger Eiern oder Butter hängt die verschiedene Feinheit des Teiges ab. Die Quantität der Milch läßt sich nie ganz genau bestimmen, da sie von der Trockenheit des Mehles abhängt. Ist das Dampfel genügend gegangen und sind alle übrigen Ingredienzien hineingegeben, so rührt man Alles zu einem nicht zu festen Teig, da man später wohl noch etwas Mehl, aber nie mehr Flüssiges nachgeben kann. Nun schlägt man ben Teig ab, indem man mit dem Rücken eines nicht zu kleinen Kochlöffels ihn stückchenweise gegen die Wand der Schüssel lostrennt, bis man auf diese Weise den ganzen Teig auf seiner Seite hat, worauf man die Schüssel umdreht und ebenso verfährt, und dies solange fortsetzt, bis der Teig Blasen bekommt und sich vom Löffel schält, wenn man ihn herauszieht. Dann wird der Teig zum Aufgehen wieder an einen warmen Ort gestellt und mit einem gewärmten Tuch bedeckt; er muß durch das Gehen nochmal so hoch werden. Für drei Personen genügt die Masse von 250 Gramm Mehl, doch ist es für Hefenkränze oder dergleichen besser, eine größere Masse zu bereiten, da man sie ja ein paar Tage aufheben kann.

752. Feines Butterlaibchen.

140 Gramm Butter werden eine halbe Stunde recht schaumig abgerührt. Dann werden 6 Eidotter mit 80 Gramm gestoßenem Zucker, 210 Gramm lauwarmem, gesiebtem Mehl und die abgeriebene Schale einer halben Zitrone nach und nach eingerührt (und zwar immer ein Ei und ein Kochlöffel voll Mehl), hierauf eine Messerspitze Salz und 20 Gramm Preßhefe (in lauer Milch aufgelöst) dazu gegeben, wie in Nr. 751 gut abgeschlagen, und zuletzt mit dem festgeschlagenen Schnee von 3 Eiern leicht untermengt. Nun streicht man eine Gugelhopfform gut mit Butter aus, bestreut sie mit in feine Blättchen geschnittenen Mandeln und füllt die Masse in die Form. Dieselbe stellt man an einen warmen Ofen zum Aufgehen und bedeckt sie mit einer warmen Serviette; wenn der Teig gut gegangen, d. h. die Form doppelt so voll ist wie im Anfang, bäckt man sie in mäßig heißem Rohr 40 Minuten lang zu schöner lichtbrauner Farbe. Hierauf wird sie über ein Haarsieb oder ein Brett gestürzt, gut mit Zucker bestreut oder mit Zuckerguß Nr. 886 bestrichen und erst ganz erkaltet zu Tisch gegeben.

753. Gugelhopf.

140 Gramm Butter werden eine halbe Stunde schaumig gerührt, dann 70 Gramm gestoßener Zucker, 4 Eidotter, eine Messerspitze Salz, die abgeriebene Schale einer Viertel-Zitrone zusammen 5—10 Minuten mitgerührt. Nun gibt man das gegangene Dampfel von 20 Gramm aufgelöster Preßhefe (siehe Nr. 751), 200 Gramm Mehl, sowie eine kleine Tasse (8 Löffel) lauwarmen Rahm oder Milch dazu, schlägt den Teig eine Viertelstunde gut ab und mengt zum Schluß 70 Gramm Rosinen, sowie den festgeschlagenen Schnee

von 2 Eiklar noch darunter. Nun streicht man eine Gugelhopf=
form mit Butter aus, bestreut sie mit Mandeln und behandelt
den Gugelhopf ebenso wie das Butterlaibchen Nr. 752.

754. Gesundheitskuchen.

100 Gramm Schmalz oder besser noch halb Butter, halb
Schmalz läßt man mit 8 Eßlöffel lauwarmer Milch zerschleichen
und rührt es zu 250 Gramm feinem Mehl; nun reibt man
100 Gramm Zucker an einer halben Zitrone ab, gibt ihn fein=
gestoßen nebst 4 Eidottern zur Masse, rührt den Teig gut
zusammen ab, gibt den festgeschlagenen Schnee der 4 Eier und
zuletzt 5 Gramm doppelkohlensaures Natron und 10 Gramm
Cremortartari (man verlange in der Apotheke nur um 10 Pfg.
Backpulver zum Backen für ½ Pfund Mehl, da es gerade die
richtige Mischung sein muß) dazu und füllt es in die schon vorher
mit Butter bestrichene Gugelhopfform, die man mit Semmelbröseln
oder Mandeln bestreut, da die Masse, sobald das Backpulver
(welches die Hefe ersetzt) beigerührt ist, in das gut geheizte Rohr
kommen und drei Viertelstunden backen muß.

755. Gefüllter Hefenkranz.

500 Gramm feines, trockenes Mehl werden in eine gewärmte
Schüssel gesiebt und in die Mitte eine Grube gemacht. In diese
gibt man 30 Gramm mit lauwarmer Milch aufgelöste Preßhefe
(siehe Nr. 751) und macht mit etwas Mehl ein leichtes Dampfel,
welches man, mit etwas Mehl bestäubt und mit einem warmen
Tuch überdeckt, an einen warmen Ort stellt. Unterdessen läßt man
130 Gramm frische Butter zergehen oder rührt sie noch besser
recht schaumig, schlägt 3 ganze Eier dazu und rührt sie mit
60 Gramm gestoßenem Zucker fein ab, gibt etwas Salz, 70 Gramm
Weinbeeren und Rosinen (gewaschen und gereinigt) und einen Viertel=
liter lauwarme Milch dazu. Ist das Dampfel aufgegangen, so
schüttet man dies nach und nach dazu und rührt einen feinen,
zarten Teig, den man nach Nr. 751 abschlägt, bis er Blasen macht
und sich vom Löffel löst. Derselbe wird dann zusammen gemacht, mit
wenig Mehl bestäubt und, wieder mit der Serviette bedeckt, zum
Gehen warm gestellt. Unterdessen wird eine runde, vierfingerhohe
Form, am besten mit einem Rand zum Abnehmen, mit Butter aus=
gestrichen. Den Teig, der dann nochmal so hoch aufgegangen sein
wird, gibt man auf das gewärmte Nudelbrett, rollt ihn federkieldick
aus und schneidet ihn in zweifingerdicke, spannenlange Streifen

Hefenbackwerke.

die man mit einer beliebigen Marmelade oder auch mit zerlassener Butter bestreicht und mit feingewiegten Nüssen bestreut, dann rollt, und einen Theil dicht neben dem anderen in die Form stellt, das Schneckenartige gegen oben. Nun wird der Kranz wieder zugedeckt, warm gestellt, und wenn er noch einmal gegangen, mit Eigelb überstrichen, bei guter Ofenhitze schön hellbraun eine Stunde langsam gebacken und dann mit Glasur Nr. 886 übergossen.

756. Einfacher Hefenkranz.

500 Gramm feines trockenes Mehl werden in eine gewärmte Schüssel gesiebt und mit 30 Gramm Preßhefe nach Nr. 751 ein Dampfel gemacht, welches man zugedeckt aufgehen läßt. Ist es gegangen, so werden 100 Gramm zerschlichene Butter mit 1—2 Eiern, etwas Salz, 3 Eßlöffel Zucker, ¼ Liter lauwarmer Milch und dem feingewiegten Gelben einer Zitrone gut versprudelt und mit dem Dampfel und dem übrigen Mehl zu einem Teig angemacht, der nach Nr. 751 gut abgeschlagen und nach Belieben noch mit Weinbeeren und Rosinen vermischt wird. Nachdem er zugedeckt an einem warmen Ort gut aufgegangen ist, gibt man ihn auf das Nudelbrett, theilt drei gleiche Theile, flicht daraus einen Zopf, legt diesen in Kranzform auf ein butterbestrichenes Blech und stellt ihn leicht zugedeckt an einen warmen Ort, doch so, daß er nicht zu heiß von unten bekommt. Ist er schön aufgegangen, so bestreicht man ihn mit Ei, bestreut ihn nach Belieben mit feingeschnittenen Mandeln oder Grobzucker und bäckt ihn in ziemlich heißem Rohr schön lichtbraun. Für 3 Personen genügt die halbe Masse, von 250 Gramm Mehl, 20 Gramm Hefe, 50 Gramm Butter, 1 Ei, Salz, 2 Löffel Zucker, ⅛ Liter Milch, nur kann man keinen Kranz, sondern nur einen Zopf davon machen.

757. Milchbrod.

Zu 250 Gramm feinem Mehl wird nach Nr. 751 ein Dampfel mit 20 Gramm Preßhefe gemacht und ist dies aufgegangen, 35 Gramm gestoßener Zucker, 25 Gramm zerlassene Butter, etwas Salz, 1 Eßlöffel gestoßener Anis und soviel lauwarme Milch dazugegeben, daß es einen festen Teig gibt, den man nicht abschlägt, sondern in der Schüssel wie Brodteig knetet, bis er Blasen bekommt und beim Herausziehen der Hände schnalzt. Dann nimmt man ihn auf das Nudelbrett, knetet ihn ab, damit er sehr feinlöcherig wird, formt dann einen Wecken, legt ihn in bemehltem Tuch in eine längliche Schüssel und deckt ihn mit einem Tuch zu.

Ist er gut aufgegangen, so stürzt man ihn auf ein mit Butter bestrichenes, dann mit Mehl bestaubtes Blech und bestreicht ihn vor dem Backen mit kalter und nach dem Backen mit warmer Milch.

758. Zwieback.

Man bereitet obiges Milchbrod, nur nimmt man zum Teig noch 1 Eiklar dazu. Ist es gebacken und erkaltet, so schneidet man es in dünne Schnitten, reibt jede derselben mit feingestoßenem Zucker, dem man etwas Vanille beimischen kann, ein, legt die Schnitten übereinander und läßt sie ein paar Stunden liegen, dann legt man sie auf ein Blech und bäckt sie schön gelb. Auf dieselbe Weise wird Hefenteig Nr. 756 (kleine Masse) in Weckenform gebacken und wie obiger als Zwieback mit Zucker gebäht.

759. Salzstängelchen.

Man macht von 60 Gramm Butter, 120 Gramm Mehl, 15 Gramm Hefe, die man mit ein wenig Milch auflöst, aber ja nicht gehen läßt, 2 Löffel saurem Rahm und 1 Eiweiß auf dem Nudelbrett einen Teig an, verarbeitet ihn fein, formt daraus dünne, lange Stängelchen, bestreicht sie mit Eigelb, streut Salz und Kümmel darauf und bäckt sie lichtgelb.

760. Käsestangen.

60 Gramm Butter, 60 Gramm geriebener Parmesankäse, 100 Gramm Mehl werden mit 2 Löffel saurem Rahm am Nudelbrett gut zusammen abgearbeitet. Nun läßt man den Teig eine Stunde ruhen, wallt ihn dann messerrückendick aus, schneidet mit dem Rädchen gleichmäßig schmale Streifen, bestreicht sie mit Ei, bestreut sie mit Salz, nach Geschmack auch mit Kümmel, und bäckt sie im Rohr schön gelb.

761. Butterbretzen.

180 Gramm Mehl, 90 Gramm Butter, 30 Gramm Zucker, 1 Ei, 15 Gramm aufgelöste Preßhefe werden am Nudelbrett rasch gemischt, Bretzen geformt, in gut heißem Rohr gebacken nnd noch warm in grobem Zucker umgekehrt.

762. Butterhörnchen.

½ Liter Mehl, 210 Gramm Butter, 4 Löffel süßer Rahm, 1½ Eßlöffel Zucker, etwas Salz und 20 Gramm in Milch aufgelöste Preßhefe werden auf dem Nudelbrett gut zusammen ab=

gearbeitet und messerrückendick ausgewalkt; dann schneidet man den Teig in viereckige Stücke, stutzt eine Ecke zu, gibt einen Kaffeelöffel Eingesottenes in die Mitte, rollt den Teig zu Hörnchen und läßt sie gehen. Dann werden sie mit Eigelb bestrichen, mit grobem Zucker und gewiegten Mandeln bestreut und auf einem mit Butter bestrichenen Blech gebacken.

763. Gefüllte Nußhörnchen.

Man macht ein Dampfel von 20 Gramm Preßhefe, das man mit lauwarmer Milch auflöst und mit 1 Eßlöffel Zucker und 3 Eßlöffeln Mehl anrührt und gehen läßt. Dann siebt man 280 Gramm feines, trockenes Mehl in eine gewärmte Schüssel, gibt 35 Gramm zerlassene Butter, 1 Eßlöffel Zucker, 1 Prise Salz, 1 Achtelliter lauwarme Milch, 1 Ei und 1 Dotter, sowie das gegangene Dampfel dazu, schlägt es nach Nr. 751 zu einem nicht zu festen Teig ab und läßt es zugedeckt an einem warmen Ort aufgehen. Nun walkt man den Teig aus, schneidet ihn zu viereckigen Fleckchen, stutzt eine Ecke ab, bestreicht sie mit einer Fülle von mit etwas Milch feingestoßenen Nüssen, denen man etwas gestoßenen Zucker beifügt, und rollt sie von der abgestutzten Seite begonnen zusammen. Man legt sie gebogen auf ein mit Butter bestrichenes Blech, bestreut sie mit feingehackten, schwachgesüßten Nüssen, läßt sie nochmals aufgehen und bäckt sie langsam.

764. Ulmer-Brod.

In eine gewärmte Schüssel siebt man 140 Gramm vom feinsten Mehl, macht mit ¼ Liter lauwarmer Milch und 30 Gramm aufgelöster Preßhefe ein Dampfel an und stellt es mit Mehl bestäubt zugedeckt an einen warmen Ort. Ist es gegangen, so gibt man 100 Gramm gestoßenen Zucker, 4 Eßlöffel voll Rosenwasser, 15 Gramm feingeschnittenes Zitronat, 4 Gramm gepußten Anis, 4 Gramm Fenchel, etwas Salz und so viel Mehl noch dazu, daß man daraus einen festen Teig machen kann. Nun nimmt man ihn auf das Nudelbrett und knetet ihn zu einem sehr feinen Teig, so lange, bis der Anis herauszufallen anfängt und formt ihn dann zu einem großen, langen Stollen, welchen man auf ein mit Mehl bestäubtes Blech legt und zugedeckt an einem warmen Ort gut aufgehen läßt. Er wird nun mit Ei bestrichen, der Länge nach ein Einschnitt gemacht, und im mittelheißen Ofen gebacken. Hat man von Ulmer-Brod einen Ueberrest, so kann man ihn nach einigen Tagen zu feinen Scheiben schneiden und auf einem Blech im Rohr als Zwieback gelb rösten.

765. **Brioche** (Apostelkuchen).

70 Gramm feines, trockenes Mehl siebt man in eine Schüssel und macht mit 20 Gramm Preßhefe und 3½ Eßlöffeln lauwarmen Wassers ein leichtes Dampfel an, welches man mit Mehl bestäubt und mit einem Tuch bedeckt an einem warmen Ort aufgehen läßt. Unterdessen siebt man 210 Gramm Mehl auf das Nudelbrett und macht in der Mitte eine Grube; in diese rührt man 175 Gramm feinblättrig geschnittene Butter, 2 ganze Eier und 2 Dotter, 5 Gramm Salz, 1 kleinen Eßlöffel gestoßenen Zucker und 2 Löffel süßen Rahm, verarbeitet es zu einem zarten Teig, gibt das gegangene Dampfel darüber und knetet ihn mit der Hand recht gut ab, wobei man auch den Teig wiederholt in Stücke zerreißen und wieder übereinander werfen kann und ihn so lange fein abarbeitet, bis er sich von den Händen löst und sich zart und fein anfühlt. Als Ballen geformt, legt man ihn in eine mit Mehl bestäubte Schüssel mit einer Serviette bedeckt und läßt ihn über Nacht ungefähr 10 Stunden im Keller stehen. Am nächsten Tag nimmt man den Teig auf das bemehlte Nudelbrett, nimmt nicht ganz den vierten Theil davon weg, formt von dem größeren Theil einen runden, hohen Kuchen, drückt in die Mitte mit einer Zitrone oder der Faust eine Vertiefung, welche man mit kaltem Wasser oder Ei bestreicht und setzt in diese den übrigen Teig, den man eiförmig in der Hand dreht und der so einen Abschluß oder Knopf bildet. Der Brioche wird nun mit einem abgeschlagenen Ei bestrichen, auf ein butterbestrichenes Backblech gesetzt und mit dem Messer aufwärts gegen den Knopf rund herum in gleichen, 2—3 fingerbreiten Entfernungen messerrückentiefe Einschnitte gemacht; dann stellt man ihn in das Rohr, wobei man aber sehr darauf achten muß, es nicht zu öffnen, so lange das Backwerk in die Höhe steigt. Fängt der obere Knopf sich zu färben an, so bedeckt man ihn mit Papier. Zum Ausbacken braucht die Brioche beiläufig 1 Stunde; sie muß eine rösche, glänzend lichtbraune Kruste haben, nocheinmal so hoch werden und sehr leicht sein.

Ehe man die Brioche in das Rohr gibt, kann man ein doppelt gelegtes, butterbestrichenes, 3 fingerhohes Papierband fest um dieselbe binden.

766. **Weihnachts-Stollen.**

Man siebt 560 Gramm Mehl in die gewärmte Schüssel und rührt 50 Gramm Preßhefe mit lauwarmer Milch zu einem Dampfel (siehe Nr. 751). Nachdem es gegangen ist, sprudelt man 2 ganze Eier, 100 Gramm Zucker, etwas Salz und die nöthige

Milch dazu, um einen nicht zu weichen Teig zu mischen, und gibt 35 Gramm fein länglich geschnittenes Zitronat, 30 Gramm süße und 4 Gramm bittere Mandeln feingeschnitten, sowie die feingewiegte Schale einer Viertel-Zitrone, etwas Zimmt und Muskatblüthe dazu und knetet 200 Gramm erweichte, aber nicht geschmolzene Butter, sowie 160 Gramm entfernte und gereinigte Rosinen und 70 Gramm Korinthen, welche man mit 2—3 Löffel Rum zusammen über Nacht stehen ließ, dazu. Hat man Alles gut vermischt und ist der Teig fort und fort tüchtig mit den Händen durchgeknetet, daß er schon Blasen bekommt, so zerreißt man ihn in Stücke und wirft ihn mit Gewalt wieder zusammen, damit er recht fein und geschmeidig wird, worauf man ihn, glatt abgeknetet, mit einem Tuche zugedeckt ungefähr 2 Stunden an einem warmen Orte gehen läßt. Dann stürzt man ihn auf das bemehlte Nudelbrett, formt ein langes Laibchen, welches man mit dem Rollholz in der Mitte dünner wallt, die doppelt so breit ausgetriebene Seite bestreicht man mit kaltem Wasser, schlägt sie über die andere Hälfte, wodurch die Stolle ihre eigenthümliche, doppelt so lange als breite weckenartige Form erhält. Man setzt sie dann auf ein mehlbestreutes Backblech, läßt sie nochmals aufgehen, bestreicht sie mit Butter, bäckt sie im heißen Ofen, bestreicht sie, wenn sie herauskommt, nach dem Backen nochmals heiß mit Butter und bestäubt sie gut mit Zucker.

767. Kletzenbrod.

180 Gramm getrocknete gute Birnen kocht man, seiht sie ab, gibt in diesen Saft 100 Gramm getrocknete, gewaschene Zwetschgen und läßt den Sud einsieden. Die Birnen schneidet man dann blättrig, die Zwetschgen der Länge nach, dann ebenso 160 Gramm saftige Feigen (man kann dieselben auch mit etwas Wasser eine halbe Stunde zugedeckt dünsten lassen, bis sie etwas weich und aufgelaufen sind), 100 Gramm Datteln, 160 Gramm große Rosinen, nachdem man sie gewaschen und Stiele und Kerne vorher entfernt hat. Nun gibt man 80 Gramm gewaschene Pignolen, 50 Gramm feingeschnittene Mandeln, 50 Gramm Haselnüsse, 100 Gramm Wallnüsse rein aus den Schalen gelöst und nach der Länge geschnitten, die feingewiegte Schale einer Zitrone und einer Pomeranze, etwas feingestoßenen Zimmt und Gewürznelken, 40 Gramm Orangeat und 70 Gramm Zitronat länglich geschnitten, ferner 5 Löffel Rum oder etwas mehr von Kirschwasser oder anderem Liqueur, sowie den sehr kleinen Rest der eingekochten Zwetschgenbrühe dazu und läßt es zugedeckt über

Nacht stehen. Man mischt dann 50 Gramm gestoßenen Zucker und gegangenen Hefenteig, wie für Milchbrod Nr. 757 von der doppelten Masse dazu. Den Teig zerreißt man zu kleinen Stücken und knetet ihn so unter die Früchte, daß sie gebunden werden, ohne daß man von dem Teige etwas sieht, und formt dann daraus 2 Wecken oder kleinere Laibchen. Von demselben Teig walkt man dann Flecken aus und schlägt in diese das Kletzenbrod, drückt die Enden des übereinander gelegten Teiges oben gut zusammen und legt sie so auf ein mit Mehl bestreutes Backblech, daß die glatte Seite nach oben und die zusammengelegte nach unten kommt. Es muß an einem warmen Ort zum Aufgehen noch lange gestellt und langsam gebacken werden. Vor dem Backen stupft man es mit einem Federkiel oder dergleichen ein, damit beim Backen der Dampf entweichen kann, und bestreicht die Oberfläche beim Herausnehmen mit Milch. Am besten gibt man das Kletzenbrod zum Bäcker, daß er es im Backofen bäckt. Statt Hefenteig kann man auch 400 Gramm gegangenen Semmelteig beim Bäcker holen, denselben unter die Früchte mischen und 750 Gramm ungegangenen Teig fein auswalken und zum Einschlagen der beiden Wecken nehmen, was auf Verlangen auch der Bäcker besorgt.

Dampfnudeln siehe Nr. 636.

Rohrnudeln siehe Nr. 637.

Böhmische Dalken siehe Nr. 638.

Zwiebelkuchen siehe Nr. 639.

Faschingskrapfen siehe Nr. 749.

Kirchweihnudeln siehe Nr. 750.

Verschiedene Teige.

768. Bröselteig.

210 Gramm feines Mehl werden auf das Nudelbrett gesiebt; dann schneidet man 125 Gramm halb Butter, halb Schmalz in Stücke, die man mit dem Mehl und 70 Gramm feingestoßenem Zucker zusammen zwischen den Händen fein abbröselt, macht in der Mitte eine Grube, schlägt ein ganzes Ei und einen Dotter daran, gibt die abgeriebene Schale und den Saft einer halben Zitrone dazu und arbeitet Alles zu einem feinen Teig. Nun läßt man ihn eine halbe Stunde ruhen und walkt ihn dann zur Verwendung aus.

769. Mürber Teig.

155 Gramm Mehl werden am Nudelbrett mit 100 Gramm in kleine Stücke geschnittene Butter, 3 Eßlöffeln Zucker und 1 Löffel Essig oder saurem Rahm gut verarbeitet. In eine feuchte Serviette geschlagen, läßt man den Teig eine Stunde an einem kalten Orte ruhen und walkt ihn dann zur Verwendung für Obstkuchen aus.

770. Blätterteig.

250 Gramm sehr frische, feste Butter wäscht man in kaltem Wasser aus, arbeitet sie dann fein ab (man darf aber keine warmen Hände dazu haben), damit alles Wasser herausgeht, formt daraus eine länglich viereckige, fingerdicke Scheibe und legt sie in sehr frisches Wasser (im Sommer auf Eis). Unterdessen nimmt man 250 Gramm feines, gesiebtes Mehl auf das Nudelbrett, macht in der Mitte eine Grube, gibt etwas Salz, 14 Gramm Butter und 8—9 Eßlöffel frisches Brunnenwasser nach und nach hinein, die man zusammen zu einem mittelfesten Teig fein abarbeitet, bis er sich überall löst und ebenso hart wie die Butter ist. Nun deckt man ihn mit einem Tuche zu und läßt ihn eine Viertelstunde

ruhen. Alsdann nimmt man die Butter aus dem Wasser und trocknet sie zwischen einem reinen Tuche fest ab, wallt den Teig zu einer viereckigen Form aus, so groß, daß, wenn man die Butter schräg in die Mitte legt, die Ecken wie bei einem Briefcouvert übereinander geschlagen werden können, damit die Butter beim Auswalken ja nirgends heraus kann. Nun legt man den Teig an die Seite, bestäubt das Nudelbrett etwas mit Mehl, legt den Teig darauf und wallt ihn zu einer langen fingerdicken Fläche aus, kehrt das Mehl mit einem Handbesen von der Oberfläche und schlägt den Teig zweimal übereinander [1|2|3], so daß 1 auf 2 und dann 3 auf 1 zu liegen kommt und der Teig in drei gleichen Theilen aufeinander liegt; dann läßt man ihn wieder zugedeckt 10 Minuten ruhen. Hierauf legt man den Teig wieder auf das mehlbestäubte Brett, wallt ihn von der entgegengesetzten Seite aus, damit die frühere Längsseite jetzt Querseite wird, und schlägt dann den Teig doppelt zusammen, und zwar so, daß die Enden von 1 und 3 in der Mitte nebeneinander liegen; nun werden die beiden Theile zusammengeschlagen und es liegt dann der Teig vierfach aufeinander. Nun beginnt man, nachdem der Teig immer wieder 10—15 Minuten dazwischen geruht, bei der ersten Tour, so daß man ihn viermal auswalkt, stets aber das überflüssige Mehl abkehrt, damit der Teig beim Backen gut in die Höhe geht. Der Teig muß an einem kühlen Ort oder im Keller gemacht werden oder noch besser auf Eis ruhen. Man kann ihn auch zur Zeitersparniß am Abend vorher machen und über Nacht in den Keller legen. Zur Verwendung wallt man den Teig federkieldick oder noch dünner aus und bestreicht das Blech nicht mit Butter, sondern taucht es in kaltes Wasser oder belegt es mit Papier. Die Oberfläche des Teiges bestreicht man sehr vorsichtig mit Ei, welches man mit Salz oder Zucker abklopft, doch darf nichts über den Rand desselben fließen, weil dies das Aufgehen beim Backen verhindert. Blätterteig erfordert starke Hitze beim Backen, damit er schön steigt, und ist fertig, wenn er nicht mehr schäumt.

Diese Masse genügt für ein Pastetenhaus. Für kleine Pasteten oder einen kleinen Kuchen für 3 Personen genügt die halbe Masse. 125 Gramm Mehl, 7 Gramm Butter, 4$^{1}/_{2}$—5 Löffel Wasser, sowie 125 Gramm abgearbeitete Butter.

771. Weinteig.

Man gibt in eine Schüssel 2 Eßlöffel sauren Rahm, ebensoviel Wein, 1 Eßlöffel Branntwein, 70 Gramm gestoßenen Zucker, 2 Eidotter, rührt beiläufig 200 Gramm feines Mehl dazu und

Verschiedene Teige.

wirkt ihn zu einem Teig, der so hart wie die Butter ist. Dann wird der Teig gewogen und halb so viel Butter genommen, als derselbe schwer ist. Nun wird er auf dem Nudelbrett ausgewalkt und die Butter und der Teig wie Blätterteig Nr. 770 behandelt. Er ist besonders zu Johannisbeer-, Himbeer- oder Weichselkuchen gut.

772. Hefenteig für Obstkuchen.

250 Gramm leicht gewärmtes Mehl wird in eine gewärmte Schüssel gesiebt, 20 Gramm Preßhefe in lauwarmer Milch aufgelöst und nebst 50 Gramm zerschlichener Butter, etwas Salz, 2 Dotter und einem kleinen ⅛ Liter lauwarmer Milch versprudelt, in das Mehl gerührt und dann, wie in Nr. 751 beschrieben, fein abgeschlagen und behandelt. Nachdem der Teig gegangen ist, rollt man ihn auf dem gewärmten Nudelbrett aus, belegt die Kuchenform mit demselben, deckt ihn mit einem gewärmten Tuche zu und läßt ihn nochmals eine Stunde gehen. Dann erst belegt man ihn mit Obst ꝛc.

773. Sandteig-Masse.

140 Gramm Butter werden eine halbe Stunde schaumig abgetrieben, dann rührt man 140 Gramm feingestoßenen Zucker, 3 Eidotter, sowie die abgeriebene Schale einer Viertelzitrone noch eine kleine halbe Stunde damit ab und zieht zuletzt den festgeschlagenen Schnee der 3 Eiklar, sowie 140 Gramm feinstes Mehl, am besten Stärkemehl, darunter.

774. Biscuit-Masse.

a) 125 Gramm feingestoßener und gesiebter Zucker werden mit 4 Eidottern nebst der abgeriebenen Schale einer halben Zitrone eine halbe Stunde sehr schaumig gerührt, dann wird der sehr festgeschlagene Schnee der 4 Eiklar, sowie zuletzt 125 Gramm feinstes, gesiebtes Mehl darunter gezogen. Ist die mit Butter bestrichene Blechform gefüllt, übersiebt man sie mit Zucker. Will man die Biscuitmasse noch feiner, so nimmt man 6 statt 4 Eier dazu.

b) Man wiegt 3 Eier schwer gestoßenen Zucker, sowie 3 Eier schwer Mehl. Dann schlägt man von den 3 Eiklaren sehr festen Schnee, den man zum Schluß mit dem 3 Eier schwer gestoßenen Zucker noch fester schlägt und rührt die 3 Eidotter, sowie zuletzt 3 Eier schwer feinstes gesiebtes Mehl dazu. Stark mit Zucker bestäubt, wird die Biscuitmasse sehr hell gebacken.

Obstkuchen.

775. Kirschenkuchen.

Mürber Teig Nr. 769 wird federkieldick ausgewalkt, ein Kuchenblech mit Butter ausgestrichen oder der Teig über einen Bogen Papier gelegt, rund geschnitten, mit dem Papier auf das Blech gelegt und fingerhoch ein Rand aufgebogen; dann werden Kirschen dicht darauf gelegt, mit Zucker und nach Belieben auch mit Zimmt bestreut und der Kuchen bei mäßiger Hitze ¾ Stunden schön lichtbraun gebacken.

776. Kirschenkuchen mit Biscuitguß.

Ein Tortenblech wird mit Butter ausgestrichen oder mit Papier ausgelegt und mit Bröselteig Nr. 768, sowie den Kirschen, dem vorhergehenden Kuchen gleich, belegt und halb gebacken. Unterdessen rührt man 70 Gramm Zucker mit 2 Eidottern und etwas abgeriebener Zitronenschale recht schaumig ab, hebt den festgeschlagenen Schnee der 2 Eiklar und zuletzt 50 Gramm feines Mehl leicht darunter, gibt die Biscuitmasse auf den Kuchen und bäckt ihn fertig.

777. Kirschenkuchen mit Rahmguß.

Man sprudelt ⅛ Liter sauren oder süßen Rahm mit 1 ganzen Ei und 1 Dotter nebst 50 Gramm Zucker in der Pfanne gut ab, setzt es an's Feuer und gießt es, sobald es aufkochen will und dick wird, wie bei Nr. 776 über den halb gebackenen Kuchen und bäckt ihn noch 15 Minuten.

778. Kirschenkuchen mit Sandteig.

Nachdem man die Sandteigmasse Nr. 773 bereitet hat, streicht man eine glatte runde Form mit Butter aus, gibt die Masse hinein, legt die Kirschen darauf, die von selbst hineinsinken werden, und bäckt dann den Kuchen bei mäßiger Hitze ¾ Stunden.

Obstkuchen.

779. Kirschenkuchen mit Hefenteig.

Ein Kuchenblech wird mit Hefenteig nach Nr. 772 zweimesserrückendick belegt und wenn er, wie beschrieben, gut aufgegangen ist, dicht mit abgezupften schwarzen Kirschen belegt und dick mit Zucker und Zimmt bestreut. Von dem übrigen Hefenteig rädelt man schmale Streifen, die man als Rand außen herumlegt, bestreicht sie dann mit einem verklopften Ei und bäckt den Kuchen schön lichtbraun bei mäßiger Hitze.

780. Gerührter Kirschenkuchen.

120 Gramm Zucker werden mit 4 Eidottern eine halbe Stunde gerührt, dann 80 Gramm feingeriebene Bröseln von schwarzem, nicht zu sauerem Brod, sowie 35 Gramm unabgezogene, feingeriebene Mandeln, ½ Kaffeelöffel gestoßenen Zimmt und eine Messerspitze Nelken unter die Masse gut gerührt, die 4 Eiklar zu einem festen Schnee geschlagen und leicht darunter gehoben. 250—500 Gramm Kirschen befreit man von den Stielen, gibt die Hälfte unter die Masse, bestreicht eine Form gut mit Butter, bröselt sie aus, gibt die Masse hinein, vertheilt auf dieselbe die übrigen Kirschen, die dann während des Backens einsinken werden, und bäckt sie ³/₄ Stunden bei mäßiger Hitze. Man kann auch eine Hand voll ausgekernte Kirschen mit Wasser und Zucker kochen und den Saft davon ausgekühlt über den gestürzten Kuchen geben. Es ist dies besonders für den übrigbleibenden, den man so 2—3 Tage aufheben kann, zu empfehlen.

781. Weichselkuchen

wird wie vorhergehender Kirschenkuchen in allen Arten von Nr. 775 bis 780 bereitet.

782. Aprikosenkuchen,

783. Pfirsichkuchen

werden wie Kirschenkuchen Nr. 775 bereitet.

784. Heidelbeerkuchen

bereitet man ganz nach Nr. 779 aus Hefenteig oder nach Nr. 775 aus mürbem Teig, bäckt ihn aber etwas rascher, damit die Beeren nicht zu viel Saft ziehen. Man gibt ihn gut mit Zucker bestreut zu Tisch.

785. Erdbeerkuchen.

Man belegt ein mit Butter bestrichenes Kuchenblech mit Bröselteig Nr. 768 und bäckt ihn schön gelb, dann schlägt man von 4 Eiklar festen Schnee, mischt 150 Gramm feingestoßenen Zucker, am besten gekauften Staubzucker, und zuletzt $1/4$ Liter frische Wald-Erdbeeren dazu, streicht diese Masse auf den schon gelb gebackenen Bröselteig, bestaubt sie mit Zucker und bäckt sie bei mäßiger Hitze hellgelb. Man kann auch 6 Eiklar zu Schnee nebst dem nöthigen Zucker und der Frucht dazu verwenden und formt hievon einen hohen halbkugelförmigen Kuchen. Der Schnee muß dazu sehr steif sein, denn er darf beim Backen nicht weich werden und muß sich, fertig, wie Butter schneiden.

Oder: Man bäckt den Kuchen von Bröselteig fertig, bestreut denselben dick mit gezuckerten Erdbeeren, streut noch etwas Zucker darauf und läßt ihn im Rohr noch 10 Minuten backen.

786. Johannisbeerkuchen,
787. Traubenkuchen

werden wie Nr. 785 bereitet.

788. Gedeckter Apfelkuchen.

210 Gramm Mehl, 155 Gramm Butter, 4 Eßlöffel Zucker und $1\frac{1}{2}$ Eßlöffel Essig werden zusammen gut verarbeitet, dann in zwei Theile geschnitten und ausgewalkt. Von dem einen Theil belegt man ein Kuchenblech, gibt feingeschnitzte gezuckerte Aepfel darauf, mit feingeschnittenen Mandeln, Weinbeeren und Rosinen bestreut, nach Geschmack auch mit etwas Arak beträufelt, bedeckt sie mit dem andern Teig, bestreicht ihn oben mit etwas Wasser, bestreut ihn mit grobgestoßenem Zucker und bäckt ihn in nicht zu heißem Ofen schön lichtbraun.

789. Belegter Apfelkuchen.

Nachdem man Bröselteig Nr. 768, mürben Teig Nr. 769 oder Hefenteig Nr. 772 bereitet hat, belegt man ihn dicht mit Apfelspalten, streut Zucker, nach Belieben auch Zimmt oder gereinigte Rosinen und Weinbeeren darüber, beträufelt ihn nach Belieben mit etwas Arak und bäckt ihn in nicht zu heißem Ofen. Auch Blätterteig Nr. 770 eignet sich dazu.

790. Kuchen mit Apfelmarmelade.

Nachdem man dickes verrührtes Apfelcompot Nr. 989 bereitet hat, belegt man ein butterbestrichenes Kuchenblech mit Bröselteig

und bäckt ihn gelb. Nun bestreicht man denselben mit obigem Apfel=
compot, dem man auch etwas Arak und feingeschnittene Mandeln
beimischen kann und läßt ihn noch 10 Minuten backen.

791. Schwedischer Apfelkuchen.

Derselbe wird ganz wie vorhergehender Kuchen Nr. 790
bereitet. Unterdessen schlägt man von 3 Eiweiß sehr festen Schnee,
vermischt denselben mit 100 Gramm Staubzucker, füllt dies in
eine Straubenspritze und macht damit ein Gitter und einen erhöhten
Rand, sobald der Kuchen mit dickem Apfelcompot, welchem man
etwas Korinthen und Arak beifügt, überstrichen ist. Im nicht zu
heißen Ofen läßt man den Kuchen noch hellgelb fertig backen.

792. Gerührter Apfelkuchen.

Derselbe wird ganz wie der Kirschkuchen Nr. 780 bereitet.
Statt der Kirschen schneidet man Aepfel kleinwürflig, gibt fein=
geschnittenes Zitronat und Orangeat, sowie gewiegte Mandeln dazu,
mischt Alles zu dem gut gerührten Teig und bäckt ihn in einer
mit Butter bestrichenen glatten, hohen Form 1 Stunde in nicht zu
heißem Rohr. Gestürzt wird er kalt, mit Zucker bestreut, zu Tisch
gegeben; er bleibt mehrere Tage saftig.

793. Himbeerkuchen

wird wie Nr. 790 bereitet, man nimmt nur statt Apfelcompot
Himbeermarmelade dazu.

794. Zwetschgenkuchen.

Man bereitet mürben Teig Nr. 769 oder Hefenteig Nr. 772,
belegt ihn dicht mit den ausgekernten Zwetschgen, streut gut Zucker
und nach Belieben auch Zimmt darüber und bäckt ihn schön lichtbraun.

795. Gedeckter Zwetschgenkuchen.

Derselbe wird ebenso behandelt, wie Apfelkuchen Nr. 788,
nur gibt man statt der Aepfel Zwetschgenmarmelade darauf, die
man, falls man keine hat, von gedörrten, gekochten Zwetschgen
machen kann, welche man fein wiegt und mit Zucker und Zimmt
und etwas Zwetschgensud abrührt.

796. Käskuchen.

Auf den wie Nr. 772 bereiteten Hefenteig wird, wenn er
1 Stunde auf der Kuchenform gegangen ist, etwas heiße Butter
geschüttet, dieselbe mit dem Kochlöffel darüber gestrichen und nach=
stehende Masse darauf gegeben:

500 Gramm Topfenkäs wird in einer Schüssel fein abgedrückt. 70 Gramm gestoßener und an einer halben Zitrone abgeriebener Zucker werden mit 2 Eidottern eine Viertelstunde abgerührt, 45 Gramm Mehl, etwas Salz, 70 Gramm zerlassene Butter, sowie der fein= abgedrückte Topfen gut damit vermengt, dann 70 Gramm Sultaninen und zuletzt der Schnee der 3 Eier dazu gemischt. Damit wird der Kuchen dick bestrichen, 1 Stunde langsam gebacken und lauwarm zu Tisch gegeben. Ebenso bäckt man Käskuchen auf mürbem Teig Nr. 769.

797. Butterteigtörtchen mit Erdbeeren.

Man bereitet Blätterteig Nr. 770 oder 771 und wallt ihn ziemlich dünn aus. Nun nimmt man einen Ausstecher oder ein großes Weinglas und sticht runde Blätter und aus diesen mit einem Liqueurglas Ringe aus. Dann macht man den übrigen Teig zu= sammen, wallt ihn wieder aus und sticht nochmals mit dem Wein= glas Böden, legt diese auf ein naßgemachtes Blech, bestreicht sie mit Ei und legt immer einen Ring darauf, dessen Oberfläche man ebenfalls mit Ei bestreicht. Dann werden sie im heißen Ofen ge= backen, wenn sie eine schöne Farbe haben, herausgenommen und, wenn sie ausgekühlt sind, vorsichtig ausgehöhlt. Nun gibt man gut gezuckerte Erdbeeren dafür hinein oder häuft gesüßten Schlag= rahm, mit Erdbeeren untermischt, darauf.

Man kann diese Blätterteigtörtchen sowohl mit Gelée=Mar= melade, als auch mit eingesottenem Obst jeder Gattung füllen und sie auch in der Größe eines Bierglases machen, einen schmalen Ring daraufgeben und von den Abfällen des Teiges schmale Streifen schneiden, mit welchen man gitterartig das Eingemachte überlegt. Nachdem sie lichtgelb gebacken sind, kann man sie, mit feinem Zucker bestäubt, nochmals in's Rohr geben, bis der Zucker geschmolzen ist, wodurch sie spiegelglatt glacirt werden.

798. Butterteigschnitten.

Blätterteig Nr. 770 oder 771 wird zu zwei Theilen aus= gewallt und in zwei viereckige Platten geschnitten. Man legt die erste auf das Blech, bestreicht sie mit Marmelade, bestreicht den Teig ringsum mit Ei, legt die zweite Platte darauf und drückt sie leicht am Rande zusammen. Nun bestreicht man die Oberfläche mit Ei und schneidet dann zweifingerbreite Streifen ein, aber nicht durch, ebenso schneidet man denselben quer in der Mitte durch ein und bäckt ihn dann im heißen Rohr. Ist er fertig, wird er mit Zucker bestreut, nochmal, bis der Zucker geschmolzen, in's Rohr ge= geben und dann, wenn er kalt ist, nach den Einschnitten geschnitten.

Torten und Backwerke.

Zur Bereitung von Torten und feinem Backwerk richte man sich vor Allem genau nach Nr. 610. Zucker mit ganzen Eiern schlägt man am besten im Schneekessel dick, bis es rauscht, kommt Stärkmehl dazu, stellt man denselben auf heißes Wasser, bis die Masse steigt und dick wird, dann bis sie kalt geworden ist und gibt dann erst das Stärkmehl dazu. Zum Backen für kleine Torten nimmt man nicht zu weite Springformen mit abnehmbarem Rand; man bestreicht die Form mit Butter und legt sie am Boden und seitwärts mit Papier aus. Wenn die Torten aus dem Ofen kommen, stürzt man sie auf ein mit Papier belegtes Sieb, läßt sie erkalten und löst sie mit einem langen, dünnen Messer vom Papier los. Jede Torte ist am besten mit einer Glasur überzogen, die man dann nach Belieben noch mit eingesottenen Früchten oder auch mit einer Verzierung von Spritzglasur garniren kann.

799. Orangen-Torte.

140 Gramm gestoßener Zucker, sowie die abgeriebene Schale einer Orange werden mit 5 Eidottern gut verrührt, dann 140 Gramm abgezogene Mandeln mit dem Safte der Orange gestoßen, dieselben zur Masse gegeben und Alles zusammen eine halbe Stunde gerührt. Nun gibt man 85 Gramm Mehl dazu, zieht den festgeschlagenen Schnee der 5 Eier darunter, bestreicht eine Springform mit Butter, gibt die Masse hinein und bäckt sie bei mäßiger Hitze drei Viertelstunden. Ist sie erkaltet, so gibt man Orangenguß Nr. 886 darüber. Will man sie verzieren, so schält man eine Orange, bricht sie in Spalten, kocht Zucker bis zum Bruch Nr. 882, steckt jede einzelne Spalte an ein Hölzchen, taucht sie rasch in den Bruchzucker und garnirt damit die Torte.

800. Punsch-Torte.

Man läßt 140 Gramm frische Butter gut zerschleichen, seiht sie durch ein Siebchen und stellt sie warm. Nun rührt man 140 Gramm gestoßenen Zucker mit der abgeriebenen Schale einer halben Zitrone, 2 ganzen Eiern und 2 Dottern eine halbe Stunde, gibt 280 Gramm gesiebtes Mehl mit der lauwarmen Butter gut darunter, mengt den festgeschlagenen Schnee von 3 Eiern dazu und bäckt sie bei schwacher Hitze schön lichtbraun in einer mit Butter bestrichenen Springform. Ist sie fertig und hat man den Reif abgenommen, so löst man sie mit einem langen dünnen Messer vom Blech oder Papier los, fährt mit einem dünnen Kuchenbrett gleich darunter und nimmt sie so ab. Man befeuchtet sie, wenn sie erkaltet ist, mit Arak und überstreicht sie mit Punschglasur Nr. 887 und kann sie dann auch mit kandirten Früchten belegen. Ebenso kann man sie in zwei Blättern backen und mit Marmelade füllen.

801. Sand-Torte.

3 Eier schwer Butter werden eine halbe Stunde sehr schaumig gerührt, nun gibt man 3 Eier schwer feingestoßenen Zucker, dann 3 Eidotter und die abgeriebene Schale einer halben Zitrone dazu und rührt es wieder eine gute halbe Stunde. Nun zieht man den sehr festgeschlagenen Schnee von 3 Eiweiß und 3 Ei schwer feinstes Mehl (Stärkmehl) langsam darunter, füllt die Masse in eine mit Butter bestrichene und mit Kartoffelmehl bestäubte Springform und bäckt sie eine Stunde bei mäßiger Hitze. Nachdem sie ausgekühlt, gibt man Zuckerguß Nr. 886 darüber und läßt ihn in der Luft trocknen.

802. Nuß-Torte.

140 Gramm feingestoßenen Zucker rührt man mit 6 Eidottern eine halbe Stunde, mischt 120 Gramm feingestoßene Nüsse, 20 Gramm gesiebte Semmelbröseln, 40 Gramm feingeschnittenes Zitronat gut dazu, zieht den festgeschlagenen Schnee der 6 Eiklar darunter, theilt die Masse in zwei Theile und bäckt sie in zwei Blättern in einer mit Butter bestrichenen Springform sehr langsam bei gleichmäßiger Hitze. Nachdem sie erkaltet sind, mischt man sehr dicken Rahmschnee mit Vanillezucker, bestreicht damit das eine Blatt und setzt das andere darauf. Nun überstreicht man die Torte mit Glasur nach Nr. 886, setzt aber vorher einen Kranz Wälschnußhälften auf.

803. Nußier-Torte.

150 Gramm Butter werden eine halbe Stunde flaumig abgetrieben, 175 Gramm gestoßener Zucker mit 8 Eidottern eines nach dem andern nochmals eine halbe Stunde damit verrührt. Unterdessen läßt man 3 Tafeln (90 Gramm) Chokolade in dem Rohr erweichen, zerdrückt sie fein und rührt sie mit etwas Vanille dazu, ebenso 155 Gramm ungeschälte, feingeriebene Mandeln und eine Handvoll (14 Gramm) Semmelbröseln und mengt zuletzt den festgeschlagenen Schnee von 8 Eiweiß darunter. Nun streicht man eine Springform mit Butter aus, gibt die Masse mindestens fingerhoch hinein und bäckt sie langsam im Rohr. Wenn sie gebacken und etwas ausgekühlt ist, bestreicht man die Torte mit Chokoladeguß Nr. 889.

804. Brod-Torte.

125 Gramm Zucker werden mit 7 Eidottern und 60 Gramm ungeschält geriebenen oder gestoßenen Mandeln eine halbe Stunde zu Schaum gerührt, 30 Gramm Orangeat und 30 Gramm Zitronat, beides sehr klein geschnitten, 4 Gramm gestoßener Zimmt, eine Messerspitze voll gestoßene Nelken, etwas geriebene Muskatnuß und die abgeriebene Schale einer halben Zitrone, sowie 75 Gramm im Rohr getrocknetes, gestoßenes und mit Rothwein und Rum oder Arak angefeuchtetes Schwarzbrod gut dazu gerührt und zuletzt der festgeschlagene Schnee der 7 Eiweiß darunter gezogen. Nun bestreicht man eine Springform mit Butter, gibt die Masse hinein und bäckt sie drei Viertelstunden bei mäßiger Hitze. Ausgekühlt überzieht man sie mit Chokoladeguß Nr. 889.

Will man die Torte füllen, so bäckt man sie in zwei Blättern, bestreicht das eine mit Marmelade und deckt das andere darüber.

805. Chokolade-Torte.

110 Gramm Chokolade, mit einem Eßlöffel Wasser befeuchtet, läßt man im Rohr weich werden und verrührt sie fein. Unterdessen treibt man 110 Gramm Butter schaumig ab, rührt damit 110 Gramm Zucker eine Viertelstunde, dann mit 4 Eidotter nochmals eine Viertelstunde, mischt die aufgelöste Chokolade gut darunter, gibt zuletzt 110 Gramm Mehl und den festgeschlagenen Schnee der 4 Eier dazu, füllt es in eine mit Butter bestrichene Form und bäckt es bei mäßiger Hitze. Wenn die Torte ausgekühlt ist, bestreicht man sie mit Marmelade und gibt dann Chokoladeguß Nr. 889 darüber; es genügen dazu 50 Gramm Zucker und 50 Gramm Chokolade.

806. Mandel-Torte.

250 Gramm geschälte Mandeln, unter welche man 30 Gramm bittere mischt, werden mit 2 Eiern gestoßen und mit 250 Gramm Zucker und 8 Eidottern eine halbe Stunde gerührt, dann gibt man 50 Gramm Zitronat und 50 Gramm Orangeat feingewiegt dazu, sowie zuletzt den festgeschlagenen Schnee der 8 Eier, bestreicht eine Springform mit Butter, füllt sie mit der Masse und bäckt die Torte in nicht zu heißem Ofen. Ist sie erkaltet, gibt man Guß Nr. 886 oder 887 darüber. Statt Orangeat und Zitronat kann man auch die abgeriebene Schale einer Zitrone nehmen.

807. Sand-Torte mit Aprikosen-Marmelade.

140 Gramm Butter werden fein abgetrieben und mit 140 Gramm Zucker und der abgeriebenen Schale einer halben Zitrone eine halbe Stunde schaumig gerührt. Dann gibt man 2 ganze Eier und 2 Dotter dazu, rührt sie noch eine weitere Viertelstunde fest damit ab, hebt zuletzt 140 Gramm Stärkmehl darunter, füllt die Masse in eine mit Butter bestrichene Springform und bäckt sie langsam in schön lichtgelber Farbe. Erkaltet, bestreicht man sie dick mit Aprikosen-Marmelade und gibt Glasur Nr. 886 dick darüber.

808. Kartoffel-Torte.

280 Gramm Zucker werden mit 7 Eidottern eine halbe Stunde gerührt, dann werden 280 Gramm geriebene oder durch ein Sieb passirte Kartoffeln, 35 Gramm Zitronat, 35 Gramm Orangeat, etwas Zitronenschale, 15 Gramm Zimmt und etwas Nelken gut dazu gerührt, der festgeschlagene Schnee von 5 Eiern darunter gezogen und Alles in einer mit Butter bestrichenen Springform langsam gebacken.

809. Kastanien-Torte.

500 Gramm Kastanien werden abgeschält, in kochendes Wasser gelegt, nach einigen Minuten die zweite Haut abgelöst, nun in Zuckerwasser weich gekocht und dann durch ein Haarsieb passirt. Unterdessen werden 140 Gramm Butter eine Viertelstunde schaumig abgetrieben, 140 Gramm Zucker, etwas Vanille, 1 ganzes Ei und 2 Eiweiß damit noch eine Viertelstunde gerührt, die Kastanien darunter gemengt, die Masse in eine mit Butter bestrichene Form gegeben und langsam gebacken. Ist die Torte ausgeführt, so gibt man Glasur Nr. 886 mit Maraskino oder Arak darüber.

Torten und Backwerke.

810. Pumpernickel-Torte.

125 Gramm Zucker werden mit 4 Eidottern und der abgeriebenen Schale einer halben Zitrone eine halbe Stunde schaumig gerührt und dann mit 125 Gramm geschälten, fein gestoßenen oder geriebenen Mandeln tüchtig vermengt; nun mischt man etwas gestoßene Nelken und Zimmt und 60 Gramm geriebenen Pumpernickel hinzu, zieht den festgeschlagenen Schnee der 4 Eiweiße darunter, bäckt die Torte in einer mit Butter bestrichenen, mit feinen Bröseln ausgesiebten Form eine gute halbe Stunde bei ziemlicher Hitze und gibt dann Glasur Nr. 886 oder Nr. 887 darüber.

811. Linzer-Torte.

140 Gramm Butter werden eine Viertelstunde schaumig abgetrieben, dann 1 Ei und 2 Dotter, sowie 140 Gramm feingestoßener Zucker, 1 Messerspitze Zimmt und Nelken und die abgeriebene Schale und der Saft einer halben Zitrone eine halbe Stunde gut zusammen- und dann mit 140 Gramm gestoßenen oder geriebenen Mandeln abgerührt. Zuletzt gibt man 140 Gramm feines Mehl dazu, bestäubt ein Nudelbrett mit Mehl, gibt den Teig darauf und walkt ihn leicht aus. Ein Tortenblech wird nun mit Butter bestrichen, der Boden halbfingerdick mit dem Teig ausgelegt oder auf Papier gleich rund geschnitten und sammt demselben auf ein Blech gelegt und mit eingesottenen Himbeeren, Johannisbeeren und Aprikosenmarmelade bestrichen. Aus dem übrigen Teig walkt und rädelt man lange dünne Streifen aus, legt ein Gitter auf das Eingesottene und rund herum einen Rand, bestreicht Gitter und Rand mit Eigelb und bäckt die Torte ³/₄ Stunden bei guter Hitze lichtbraun.

812. Englischer Kuchen.

280 Gramm Butter werden recht schaumig abgetrieben, dann 280 Gramm Zucker, sowie 4 ganze Eier eine halbe Stunde damit gut zusammen gerührt, dann gibt man 3 Eßlöffel Arak, 140 Gramm Sultaninen und zuletzt 280 Gramm feines Mehl dazu, bestreicht eine Stollenform mit Butter, gibt die Masse hinein und läßt sie ⁷/₄ Stunden im mittelheißen Rohr schön backen. Sie ist sowohl zum Thee, als auch zum Wein zu verwenden und bleibt 14 Tage gleich gut, daher sehr nützlich für die Vorrathskammer.

813. Puff.

210 Gramm Zucker, sowie die abgeriebene Schale einer Zitrone werden mit 6 Eidottern gut verrührt, dann wird der festgeschlagene

Schnee von den 6 Eiweiß sogleich dazu gegeben und Alles zusammen 1 Stunde schaumig gerührt, zuletzt mengt man 180 Gramm feinstes Mehl dazu, bestreicht eine Gugelhopfform mit Butter, bestreut sie mit fein länglich geschnittenen Mandeln, gibt die Masse hinein und bäckt sie 1 Stunde im kühlen Ofen.

814. Puff auf andere Art.

280 Gramm Zucker, die abgeriebene Schale einer Zitrone werden mit 3 ganzen Eiern und 5 Dottern 1 Stunde schaumig gerührt, dann werden 210 Gramm feinstes Mehl, 210 Gramm Rosinen mit Weinbeeren, sowie 70 Gramm feingeschnittenes Zitronat gut damit verarbeitet, eine Gugelhopfform mit Butter bestrichen, mit Mandeln bestreut, die Masse hineingegeben und $^3/_4$ Stunden im mittelheißen Ofen gebacken.

815. Biscuit-Roulade.

Man rührt 100 Gramm Zucker nebst feingewiegter oder abgeriebener Zitronenschale und 5 Eidottern eine halbe Stunde, gibt 80 Gramm Mehl und zuletzt den festgeschlagenen Schnee der 5 Eier dazu, bestreicht ein Blech mit Butter, gibt die Masse kleinfingerdick darauf und bäckt sie im mäßig heißen Rohr. Nun nimmt man das Blech aus dem Rohr, überstreicht die Roulade mit Marmelade, löst sie mit einem langen Messer vom Blech los und rollt sie sogleich noch sehr heiß über sich selbst zusammen. Erkaltet überzieht man sie mit Glasur Nr. 886 und schneidet sie zu Stücken.

816. Genueser-Roulade.

105 Gramm gestoßener Zucker werden mit 5 Eidottern und der abgeriebenen Schale einer halben Zitrone schaumig gerührt, dann läßt man 105 Gramm Butter zerschleichen, gibt 105 Gramm Mehl und die geseihte Butter löffelweis unter die Masse, rührt es gut zusammen und zieht zuletzt den Schnee der 5 Eiweiß darunter. Nun streicht man die Masse federkieldick auf ein Blech und bäckt sie im Rohr lichtgelb, doch nicht ganz fertig, damit sie beim Rollen nicht bricht, streicht dann Hagebutten- oder Aprikosenmarmelade messerrückendick darüber und bäckt sie im Rohr noch gut aus. Wenn man sie aus dem Ofen nimmt, löst man sie mit einem dünnen, langen Messer ab, rollt sie der Länge nach und läßt sie im Rohr zu schöner heller Farbe fertig backen. Erkaltet überzieht man sie mit Punschglasur Nr. 887 und schneidet sie zu fingerdicken Stücken.

817. Feiner Zwieback.

160 Gramm gestoßener Zucker und die abgeriebene Schale einer halben Zitrone werden mit 2 Eiern eine halbe Stunde gerührt und 190 Gramm Mehl zuletzt dazugemengt. Nun gibt man die Masse auf ein Nudelbrett, macht einen langen Wecken daraus, legt ihn auf ein mit Mehl bestäubtes Blech und bäckt ihn langsam im Rohr. Den nächsten Tag schneidet man ihn in schöne Scheiben und bäht diese im Rohr.

818. Danziger Zwieback.

150 Gramm Butter werden ½ Stunde schaumig abgetrieben und dann mit 1 Eidotter, 80 Gramm Zucker, 180 Gramm Mehl und 1 Eßlöffel dicken, süßen Rahm sehr gut vermengt. Von dieser Masse formt man Kugeln, drückt sie flach mit einer kleinen Vertiefung in der Mitte, überstreicht sie mit zerklopftem Ei, streut abgezogene, grobgehackte Mandeln und Zucker darüber und bäckt sie auf einem butterbestrichenen Blech im heißen Rohre goldbraun.

819. Anisbrod.

140 Gramm Zucker werden mit 4 Eidottern ¾ Stunden gerührt, dann gibt man 1 kleinen Löffel rein ausgesuchten Anis, den Schnee der 4 Eiweiß, sowie 195 Gramm Mehl dazu, formt einen länglichen Wecken und gibt ihn in eine butterbestrichene Zwiebackform oder auf ein butterbestrichenes Blech, drückt ihn dann vierfingerbreit auseinander, bäckt ihn in einem nicht zu heißen Rohr und bestreicht ihn halbgebacken mit einem Eidotter. Kalt schneidet man ihn in dünne Schnitten und röstet diese auf einem Blech im Rohr.

820. Bischofbrod.

3 Eier schwer Zucker werden mit 3 Eidottern eine halbe Stunde gerührt, dann gibt man den festgeschlagenen Schnee von 3 Eiern dazu, rührt es noch eine Viertelstunde, mischt 1 Ei schwer Rosinen, ebensoviel Weinbeeren und Zitronat und zuletzt 3 Eier schwer feines Mehl darunter. Eine längliche Form wird mit Butter ausgestrichen, die Masse eingefüllt und bei mäßiger Hitze ¾ Stunden gebacken. Nachdem sie kalt ist, wird sie nach Belieben mit Glasur überzogen und in halbfingerdicke Schnitten geschnitten.

821. Stolle aus Sandteig.

Nachdem man Sandteig-Masse Nr. 773 bereitet hat, füllt man sie in eine mit Butter bestrichene und dann mit Mehl bestäubte längliche Stollenform und bäckt sie 1 Stunde bei mäßiger Hitze. Ist sie erkaltet, kann man nach Belieben kalte Glasur Nr. 886 darüber geben.

822. Eierschwer Kuchen.

4 Eier schwer feingestoßener Zucker wird mit 4 Eiern und der abgeriebenen Schale einer halben Zitrone eine halbe Stunde schaumig gerührt oder im Schneekessel (siehe Seite 177) warm geschlagen. Dann gibt man 1 Ei schwer Butter, die man vorher zerschleichen läßt, lauwarm darunter und vermengt zuletzt 2 Eier schwer Mehl, sowie 50 Gramm kleine Weinbeeren und 35 Gramm feingeschnittenes Zitronat gut damit. Nun bröselt man eine butterbestrichene, längliche Stollenform aus, gibt die Masse hinein und bäckt sie bei mäßiger Hitze.

823. Blitzkuchen.

125 Gramm Butter werden zerlassen, geseiht und dann sehr schaumig gerührt, dann gibt man unter fortwährendem Rühren 2 Eier, 125 Gramm gestoßenen Zucker mit der abgeriebenen Schale einer halben Zitrone und zuletzt 125 Gramm feines Mehl dazu. Nun bestreicht man ein Blech mit Wachs, streicht den Teig sehr dünn darauf, bestreut ihn mit 60 Gramm feingeschnittenen Mandeln, Zucker und Zimmt, bäckt ihn bei ziemlicher Hitze gelb und schneidet ihn vor dem Auskühlen in schräge Vierecke.

824. Krachkuchen.

85 Gramm Mehl, 70 Gramm kleingeschnittene Butter, 50 Gramm gestoßener Zucker, die abgeriebene Schale einer halben Zitrone werden mit 1 Eidotter auf dem Brett zu einem Teig fein verarbeitet, den man kleinfingerdick auswalkt. Dann bestreicht man ein Blech mit Butter, gibt den Teig darauf, drückt ihn nach Belieben mit der Hand noch dünner, bestreicht ihn mit Wasser, besäet ihn mit feingestoßenem Kandiszucker und gewiegten Mandeln, bäckt ihn, bis er eine schöne Farbe hat, und schneidet ihn vor dem Auskühlen in schräge Vierecke.

825. Gewürzkuchen.

80 Gramm Butter werden eine Viertelstunde schaumig abgetrieben, dann mit 80 Gramm Zucker, 1 Ei, 3 Gramm Zimmt, der abgeriebenen Schale einer Viertelzitrone, 2 Gramm Cardamomen, 3 Gramm gestoßener Nelken, einer kleinen Messerspitze Muskatblüthe und ebensoviel Ingwer, sowie 125 Gramm Mehl tüchtig zusammen verrührt. Dann wird dieser Teig messerrückendick auf ein unbestrichenes Blech gestrichen, mit einem breiten, in heißes Wasser getauchten Messer geglättet und bei mäßiger Hitze goldbraun gebacken. Noch warm, schneidet man den Kuchen in fingerlange Stücke, die man in einem gut verschlossenen Gefäße auch längere Zeit aufbewahren kann.

Kleine Bäckereien.

826. Waffeln.

90 Gramm Butter werden schaumig gerührt, dann 4 Eidotter mit etwas Salz, sowie 70 Gramm Mehl, 1 Eßlöffel Zucker und ein guter Achtelliter saurer Rahm darunter gerührt und zuletzt der festgeschlagene Schnee der 4 Eiklar dazu gemengt. Das Waffeleisen wird gereinigt, geschlossen und auf beiden Seiten auf Holzkohlenfeuer erhitzt, dann mit Schmalz in allen Vertiefungen mittelst einer Feder bestrichen; nun gibt man einen Löffel von der Masse hinein, macht das Eisen langsam zu, hält es über Holzkohlenfeuer und schneidet das Ausgeflossene weg. Nach einer Minute kehrt man das Eisen um und wieder nach einer Minute nimmt man es vom Feuer. Ist die Waffel schön lichtbraun, so nimmt man sie durch Umstürzen des Eisens heraus, und sind sie alle gebacken, gibt man sie warm, mit Zucker und Zimmt bestäubt zu Tisch.

827. Zimmt-Waffeln.

125 Gramm etwas erwärmte Butter wird schaumig gerührt und mit 2 Eiern, 2 Dottern, 125 Gramm gestoßenem Zucker und 8 Gramm Zimmt gut gerührt, zuletzt 100 Gramm Mehl sowie der feste Schnee der 2 Eier darunter gezogen, von dieser Masse immer nußgroß in's Waffeleisen nach Nr. 826 gegeben und auf jeder Seite eine knappe Minute im sogenannten Portugieser=Eisen gebacken.

828. Hohlhippen.

140 Gramm feines, gesiebtes Mehl, 70 Gramm Zucker, 2 Eidotter, etwas gestoßener, feinster Zimmt, Nelken, ¼ Liter Milch werden gut zusammen verrührt und 35 Gramm zerlassene frische Butter zuletzt darunter gemengt. Mit dem Hohlhippeneisen verfährt man zum Backen ebenso wie mit den Waffeln, Nr. 826. Hat die Hohlhippe eine gelbrothe Farbe, wird sie schnell über ein fingerdickes, glattes Holz gerollt und festgehalten, bis sie steif ist.

829. Stranizen mit Schlagrahm.

3 Eier schwer gestoßener Zucker wird mit 3 Eidottern eine gute Viertelstunde gerührt, dann gibt man den festgeschlagenen Schnee der 3 Eier, sowie 80 Gramm feines Mehl darunter, nimmt ein mit Wachs bestrichenes Blech, streicht die Masse dünn darauf und bäckt sie bei mäßiger Hitze. Hat sie eine schöne gelbe Farbe, so schneidet man gleich heiß viereckige Stücke, die sofort stranizenartig zusammengebogen werden. Man füllt sie erst kurz vor dem Auftragen mit gesüßtem Schlagrahm.

830. Bögen mit Mandeln.

Derselbe Teig, wie zu den Stranizen, wird auf dem Blech mit feingeschnittenen Mandeln bestreut, wie oben gebacken und heiß zu zweifingerbreiten Streifen geschnitten, die immer sogleich über ein rundes Holz (Straubenrolle) gebogen werden.

Mandelbögen siehe Nr. 854.

831. Meringuen mit Schlagrahm.

Das Weiße von 4 Eiern wird zu sehr, sehr festem Schnee geschlagen und 280 Gramm feingesiebter Staubzucker langsam darunter gezogen. Man kann den Zucker vorher an einer Zitrone abreiben oder mit Vanille stoßen. Nun legt man auf ein Backblech, oder besser noch auf ein feuchtes Brett, weißes Schreibpapier, streut etwas Zucker darauf und gibt mit 1 Silberlöffel von der Masse in der Größe eines kleinen Eies darauf. Wenn alle Meringuen so auf dem Papier sind, bestäubt man sie leicht mit Staubzucker und stellt sie in ein ausgekühltes Rohr, am besten am Ende der Kochzeit, damit sie langsam austrocknen können, und läßt sie einige Stunden im kühlen Rohr. Will man sie füllen, so nimmt man, wenn sie erkaltet sind, das weiche Innere mit einem Löffel heraus, trocknet sie im Rohr auch von der inneren Seite und füllt sie dann kurz vor dem Gebrauch mit gezuckertem Schlagrahm mit Vanillegeschmack.

832. Schaumeier mit Mandeln.

Man bereitet dieselbe Masse wie zu den vorhergehenden Meringuen, nur mengt man abgezogene, feinblättrig geschnittene Mandeln unter den Schnee und nimmt das Innere nicht heraus.

833. Crême-Tartelettes.

140 Gramm Mehl, 140 Gramm Butter werden mit 4 hartgesottenen und mit einem Löffel fein verbrückten Eidottern auf

dem Nudelbrett zu einem Teig verarbeitet, welchen man durch ein Sieb passirt und zu kleinen Törtchen formt, die in der Mitte eine Vertiefung haben, in welche man die Crême einfüllen kann. Nachdem sie in einem nicht zu heißen Ofen schön gelbbraun gebacken sind, füllt man sie mit Vanille- oder Zitronen-Crême Nr. 903 oder 905 und gibt in die Mitte eine Weichsel.

834. Linzer Golatschen.

70 Gramm Butter und 70 Gramm Schmalz werden sehr flaumig abgetrieben, dann zwei kleine Eidotter nebst 70 Gramm gestoßener Zucker und die abgeriebene Schale einer halben Zitrone gut damit verrührt und zuletzt 25 Gramm feine Semmelbrösel und 180 Gramm Mehl dazu gegeben. Sodann wird Alles gut zusammen auf einem Nudelbrett abgearbeitet, Kugeln daraus geformt, mit dem Finger in der Mitte eine Vertiefung eingedrückt, in welche man Eingesottenes gibt, worauf man die Golatschen auf einem mit Mehl abgeriebenen Blech in ziemlich heißem Rohr bäckt.

835. Bröselringe.

125 Gramm Mehl werden mit 125 Gramm Zucker gemischt und 125 Gramm Butter damit gut abgebröselt, dann gibt man 125 Gramm geschälte und geriebene Mandeln, 1 Eidotter, sowie den Saft einer halben Zitrone dazu, arbeitet den Teig fein auf dem Nudelbrett ab und walkt ihn zweimesserrückendick aus. Davon werden Ringe ausgestochen, zwei aufeinander gelegt, mit Marmalade gefüllt, mit Zucker und Mandeln bestreut und bei mäßiger Hitze langsam gebacken.

836. Agnesenplätzchen.

70 Gramm Zucker, 140 Gramm Butter und 175 Gramm Mehl werden auf dem Nudelbrett fein abgearbeitet, der Teig dann federkieldick ausgewalkt, runde Plätzchen ausgestochen und etwas ruhen gelassen. Sie werden dann bei mäßiger Hitze auf einem ungeschmierten Bleche gebacken und wenn sie ausgekühlt sind, immer zwei aufeinander gelegt und mit eingesottenen Himbeeren oder Apri-kosen-Marmelade gefüllt.

837. Gefüllte Oblaten.

100 Gramm Butter werden schaumig abgetrieben, dann 100 Gramm Zucker und 1 Ei damit eine Viertelstunde gut gerührt. Zuletzt rührt man 100 Gramm Mehl dazu, bestreicht ein

Backblech ganz dünn mit der Masse und bäckt sie in nicht zu heißem Ofen. Sowie sie aus dem Ofen kommen, sticht man sie heiß mit einem Ausstecher von der Weite eines Weinglases aus, legt immer zwei aufeinander und füllt sie mit Marmelade. Das Blech muß ausgekühlt sein, ehe man es zum zweiten Mal benützt.

838. Butterbretzen.

210 Gramm Mehl werden mit 140 Gramm Butter und 70 Gramm gestoßenem, an einer Zitrone abgeriebenem Zucker auf dem Nudelbrett fein abgebröselt, dann mit 2 Eidottern leicht zu einem Teig angemacht. Man formt davon eine Wurst, die man zu nußgroßen Stücken schneidet, kleinfingerdick mit den Händen ausrollt und davon Bretzen dreht. Man bestreicht sie mit Ei, drückt die obere Seite in groben Streuzucker oder streut fein= geschnittene Mandeln darauf und bäckt sie langsam in mäßig heißem Ofen.

839. Butterblumen.

70 Gramm Schmalz und 70 Gramm Butter werden mit 100 Gramm Zucker eine halbe Stunde gerührt, dann gibt man 1 Ei, einen kleinen Löffel Arak oder Liqueur, sowie die abgeriebene Schale einer Viertel=Zitrone dazu und mengt zuletzt 280 Gramm Mehl leicht darunter, verarbeitet Alles gut auf dem Nudelbrett, läßt es eine halbe Stunde ruhen und sticht mit Förmchen Blumen aus, die man in nicht zu heißem Ofen bäckt.

840. Butterblättchen.

100 Gramm Butter, 140 Gramm Mehl, 70 Gramm mit Vanille gestoßener Zucker, 3 Eßlöffel süßer Rahm werden gut zu einem Teig verarbeitet, messerrückendick ausgewalkt und in vier= eckige Stückchen ausgeräbelt; dann bäckt man sie hellgelb und be= streicht sie mit Zuckerguß.

841. Schnellteig.

4 Eier schwer gestoßener Zucker wird mit 4 Eidottern 20 Minuten gut gerührt. Dann siebt man 2 Eier schwer feines Mehl dazu und rührt den festgeschlagenen Schnee von 6 Eiweiß hinein. Die Masse wird nun auf ein mit Wachs bestrichenes Blech gegossen, mit feingeschnittenen Mandeln bestreut, hellbraun gebacken und noch warm zu viereckigen Stücken geschnitten.

842. Punschschnitten.

180 Gramm an einer Zitrone abgeriebener, dann feingestoßener Zucker wird mit 4 Eidottern eine Viertelstunde schaumig gerührt, dann gibt man den festgeschlagenen Schnee von 2 Eiern dazu und rührt dies zusammen noch eine Viertelstunde. Nun wird der festgeschlagene Schnee der übrigen 2 Eiweiß und 180 Gramm feingesiebtes Mehl gut darunter gemengt und die Masse fingerdick in eine viereckige Blechform gefüllt und im etwas abgekühlten Ofen gebacken. Nun theilt man den Kuchen in zwei ganz gleiche Theile, bestreicht die obere Seite mit Marmelade, die mit etwas Rum vermischt wurde, klebt beide von der bestrichenen Seite zusammen und schneidet mit einem scharfen Messer zweifingerbreite Schnitten, die man hernach mit Punschglasur Nr. 887 überzieht.

843. Haselnußschnitten oder -Würfel.

80 Gramm Butter werden eine halbe Stunde flaumig abgetrieben, nach und nach 140 Gramm gestoßener Zucker, 3 Eidotter und 1 ganzes Ei, sowie 140 Gramm feingestoßene oder geriebene Haselnüsse und der Saft einer halben Zitrone gut ($^1/_4$ Stunde) dazu gerührt, zuletzt der festgeschlagene Schnee der 3 Eier, sowie 35 Gramm feines Mehl darunter gezogen. Die Masse gibt man 1—2 fingerhoch in eine viereckige, mit Butter bestrichene Blechform, bäckt sie im etwas abgekühlten Ofen, schneidet sie dann erkaltet in zweifingerbreite Schnitten oder Würfel, bestreicht sie mit Aprikosen- oder Hagebuttenmarmelade, legt in die Mitte eine halbe abgezogene Haselnuß und überzieht sie mit Glasur Nr. 886.

844. Sandplätzchen.

120 Gramm Butter werden flaumig abgetrieben und eine Viertelstunde fein mit 1 Eidotter und 140 Gramm gestoßenem und an einer Zitrone abgeriebenem Zucker abgerührt. Nun mischt man den festen Schnee von 1 Eiklar, zuletzt 140 Gramm feines Mehl dazu, macht kleine, hohe Häufchen auf das Blech, setzt sie nicht zu nah zusammen, da sie etwas auseinander gehen und bäckt sie langsam im kühlen Rohr.

845. Biscuitstein.

Nachdem man Biscuitmasse Nr. 774a bereitet hat, bestreicht man eine viereckige Form mit Butter, stäubt sie mit Mehl aus, gibt die Masse hinein und bäckt sie langsam. Dann stürzt man sie auf ein Brett, schneidet sie erkaltet in viereckige Stücke und überzieht sie mit Glasur Nr. 886 oder 889.

846. Chokolade-Krapfen.

Man bereitet Biscuitmasse Nr. 774b und zeichnet nach einem Weinglas oder Krapfenstecher nicht zu nah an einander Kreise auf weißes Schreibpapier, welches man auf ein Blech legt. Mit einem Löffel macht man nun gleichmäßig hohe Häufchen von der Masse innerhalb des Kreises und bäckt sie dann im ziemlich heißen Ofen. Das Blech soll aber auf einem kleinen Rost oder einem Dachziegel im Rohr stehen, damit die Hitze von unten auf gemildert wird. Sind sie fertig, so befeuchtet man rückwärts das Papier mit Wasser und nimmt das Gebackene nach ein paar Minuten mit dem Messer ab. Erkaltet, höhlt man sie aus, füllt je 2 mit gezuckertem Schlagrahm, überzieht sie mit Chokoladeguß Nr. 889 und trocknet sie Anfangs etwas im Ofen, dann an der Luft.

847. Biscuit.

Man dreht eine Düte von starkem Schreibpapier, steckt fingerbreit vor der Spitze eine Stecknadel durch, damit die Düte fest hält, füllt Biscuitmasse Nr. 774b in dieselbe, faltet sie oben gut zu, schneidet mit der Scheere das Spitzchen unten ab und spritzt von der Masse fingerlange Biscuits auf Papier, bestäubt sie gut mit Zucker und bäckt sie bei mittlerer Hitze wie obige Chokolade-Krapfen.

848. Makronen.

140 Gramm Mandeln werden gebrüht, abgezogen, gestoßen oder gerieben und mit 140 Gramm feingestoßenem Zucker vermischt. Dann schlägt man von 2 Eierklaren sehr festen Schnee, zieht denselben gut darunter, belegt ein Backblech mit Oblaten oder weißem Papier und setzt mit einem Löffel kleine Plätzchen von der Masse darauf, die man bei langsamer Hitze blaßgelb bäckt. Sind die Makronen fertig, so dreht man das Papier um, befeuchtet es gut mit Wasser, läßt es, die Makronen nach unten, etwas stehen, dreht es dann wieder um, so daß es auf die nasse Seite zu liegen kommt, und nimmt die Plätzchen, die sich dann leicht lösen werden, mit einem dünnen Messer herunter.

Oder: 150 Gramm abgezogene, süße Mandeln werden mit einigen bitteren gestoßen. Dann stellt man eine Schüssel auf kochendes Wasser, gibt 150 Gramm feingestoßenen Zucker und das

Klar von 3 Eiern dazu und rührt dies, bis die Masse ganz dick und zäh geworden ist, dann kommen die gestoßenen Mandeln hinein. Der Teig soll so fest wie für Knödel sein. Man belegt ein Blech mit Oblaten, benetzt die Finger mit Wasser, um aus der Masse kleine Knödelchen zu drehen, setzt sie darauf, drückt jedes etwas platt, bestreut sie gut mit gestoßenem Zucker und bäckt sie im Rohr zuerst mit schwacher, dann mit verstärkter Hitze.

849. Chokolade-Makronen

werden wie vorhergehende bereitet, nur mengt man, ehe man den Schnee beimischt, 140 Gramm feingeriebene Vanille-Chokolade darunter.

850. Makronen feinerer Art.

200 Gramm geschälte und geriebene süße und 12 Gramm bittere Mandeln werden mit 200 Gramm gestoßenem Zucker, 28 Gramm Zitronat und 28 Gramm Orangeat, beides fein gewiegt, dann mit etwas Zitronensaft und dem sehr festen Schnee von 3 Eiklaren vermischt. Man formt nun kleine, runde Laibchen, setzt sie auf Papier oder Oblaten und bäckt sie wie oben oder drückt nach Belieben mit dem Finger in die Mitte eine Vertiefung, füllt Eingesottenes hinein und bäckt sie langsam schön gelb. Es ist gut, die geschälten Mandeln vor dem Reiben im Rohr gelb zu rösten. Das Papier wird wie bei Nr. 848 entfernt.

851. Bitterplätzchen.

250 Gramm feingestoßener Zucker werden mit 2 Eiweiß sehr schaumig abgerührt, dann 210 Gramm abgeschälte, süße und 70 Gramm bittere Mandeln, die Schale und der Saft einer halben Zitrone damit tüchtig abgerührt, mit dem Kaffeelöffel davon Plätzchen auf Oblaten gemacht, mit Zitronat belegt und bei gelindem Feuer gebacken.

852. Hagebutten-Makronen.

1 Eiweiß wird zu festem Schnee geschlagen und mit 140 Gramm Zucker und etwas Zitronensaft eine halbe Stunde gerührt. Nun gibt man einen kleinen Eßlöffel Hagebuttenmarmelade, 90 Gramm geschälte und feingewiegte Mandeln dazu, formt fingerbreite und fingerlange Stückchen und bäckt sie auf Papier oder Oblaten. Sind sie fertig, so bestreicht man das Papier rückwärts mit etwas Wasser und löst sie nach einer Minute vom Papier. Nach Belieben gibt man Zucker-Glasur darüber.

853. Haselnuß-Makronen.

Nachdem die Haselnüsse nach Nr. 610 geschält und gerieben oder gestoßen sind, werden sie ganz nach Nr. 848 bereitet.

854. Mandelbögen.

Der Schnee von 2 Eiklar wird mit 140 Gramm Zucker und dem Saft einer halben Zitrone in einem tiefen, engen Gefäß eine halbe Stunde gerührt, dann mit 140 Gramm abgezogenen, feingeschnittenen Mandeln und 50 Gramm feinem Mehl gemischt und auf gleich groß geschnittene, 2 fingerbreite Streifen von Oblaten gestrichen, über Bogenbleche gelegt und langsam gebacken.

855. Mandelbretzen.

140 Gramm Mehl, 70 Gramm kleingeschnittene Butter, 35 Gramm geriebene Mandeln, 40 Gramm Zucker, 1 Ei, die abgeriebene Schale einer Viertelzitrone werden auf dem Brett zu einem festen glatten Teig abgearbeitet, kleine Bretzen daraus geformt, mit Eiweiß bestrichen, mit grobem Zucker bestreut und im gut durchhitzten Rohr gebacken.

856. Gefüllte Nußstängelchen.

70 Gramm Nüsse und 70 Gramm Mandeln werden gerieben, dann rührt man 250 Gramm feingestoßenen Zucker mit 6 Eidottern eine halbe Stunde flaumig ab, gibt die Nüsse und Mandeln dazu, verrührt es gut zusammen, zieht 9 Gramm Mehl, dann den festen Schnee von 4 Eiweiß darunter, streicht es auf ein gut mit Butter bestrichenes Blech halbfingerhoch auf und bäckt es schön gelb. Nun schneidet man die Masse der Länge nach in zwei Theile, bestreicht den einen mit nachstehender Fülle, gibt den anderen darauf, schneidet es in Stängelchen und bestreicht diese nach Belieben mit Glasur.

Fülle: 100 Gramm geriebene Nüsse und 35 Gramm geriebene Mandeln werden mit etwas Vanille, gestoßenem Zucker und dem nöthigen süßen Rahm dick aufgekocht und dann sogleich aufgestrichen.

857. Haselnußstangen.

140 Gramm Zucker werden mit dem festgeschlagenen Schnee von 2 Eiern eine halbe Stunde gerührt. Man gibt dann von dieser Masse etwas zur Seite, um es später als Glasur zu

verwenden. Zu dem Gerührten gibt man 1 Kaffeelöffel Zimmt, 1 Kaffeelöffel Vanillezucker und 140 Gramm feingewiegte Haselnüsse, mengt Alles gut durcheinander, gibt die Masse auf das Nudelbrett, formt den Teig mit so wenig Mehl als möglich, nur soviel, um ihn auswalken und zu dünnen Stangen schneiden zu können, die dann hell gebacken mit obiger Schneemasse glasirt werden.

858. Chokoladestangen.

190 Gramm Mehl, 100 Gramm klein geschnittene Butter, 80 Gramm Zucker und 50 Gramm geriebene Chokolade, sowie etwas abgeriebene Zitronenschale werden mit einem Ei zusammen verarbeitet. Man macht davon nicht zu dünne Stängelchen, bäckt dieselben in mäßiger Hitze und bestreicht sie mit rosa oder weißem Guß Nr. 886 oder 888.

859. Vanille-Busserln.

170 Gramm mit Vanille gestoßener und feingesiebter Zucker werden mit so fest als nur möglich geschlagenem Schnee von 2 Eiklar eine Stunde gerührt. Zuletzt gibt man den Saft einer halben Zitrone dazu, setzt kleine Häufchen auf Oblaten oder auf mit Zucker bestreutem Papier und bäckt sie im abgekühlten Rohr.

860. Chokolade-Busserln.

250 Gramm Zucker werden mit dem sehr festgeschlagenen Schnee von 2 Eiern vermengt und 70 Gramm geriebene Chokolade dazu gerührt, dann bestreut man das Nudelbrett mit gestoßenem Zucker, wallt die Masse aus, sticht kleine Plätzchen aus und bäckt sie auf Oblaten oder auf zuckerbestreutem Papier bei gelinder Hitze.

861. Zuckerbretzchen.

2 Eiklar werden mit 180 Gramm Zucker eine halbe Stunde gerührt, etwas Zitronenschale oder Vanille dazu gegeben und auf dem Nudelbrett dann mit so viel Mehl vermengt, als nöthig ist, um kleine Bretzchen formen zu können. Man gibt sie auf ein mit Wachs bestrichenes Blech in den kühlen Ofen.

862. Vanilleschnitten.

2 Eier schwer Butter wird sehr flaumig abgetrieben, dann 2 Eier schwer mit etwas Vanille feingestoßener Zucker und 2 Eidotter eine halbe Stunde damit gut gerührt und zuletzt der fest-

geschlagene Schnee der 2 Eiklar, sowie 2 Eier schwer feines Mehl dazu gemengt. Die Masse wird nun auf ein Backblech geschüttet, mit feingeschnittenen Mandeln bestreut, in nicht zu heißem Ofen gebacken und noch warm in Schnitten zertheilt.

Oder: 140 Gramm Zucker und 2 Eier werden mit feingestoßener Vanille eine halbe Stunde gut verrührt, dann 140 Gramm Mehl gut damit vermengt; nun schüttet man den Teig auf ein mit Butter bestrichenes Blech, bäckt ihn lichtbraun und schneidet ihn noch warm in Schnitten.

863. Pomeranzen-Brödchen.

125 Gramm feingestoßener Zucker, 1 ganzes Ei und 1 Dotter werden eine halbe Stunde schaumig gerührt, dann gibt man den Saft und die Schale einer Viertel-Zitrone, 25 Gramm Zitronat und 25 Gramm Orangeat, Alles feingewiegt, dazu, zuletzt 125 Gramm feines Mehl, vermengt Alles gut, gibt es auf das Nudelbrett, formt davon kleine längliche Stritzeln, welche man dreimal schräg einschneidet, und bäckt sie auf einem mit Wachs bestrichenen Blech bei mäßiger Hitze. — Derselbe Teig kann auch in Stollen gebacken und dann für Zwieback verwendet werden, indem man ihn sofort in Schnitten schneidet und diese auf dem Blech im mittelheißen Ofen schnell lichtgelb röstet.

864. Anislaibchen.

140 Gramm gestoßener Zucker werden mit 2 Eiern eine kleine halbe Stunde schaumig gerührt, dann 2 Löffel Anis und zuletzt 140 Gramm Mehl dazu gemengt, hierauf ein heißes Backblech mit Wachs bestrichen und, wenn es ausgekühlt ist, mit dem Löffel kleine, runde Laibchen darauf gesetzt, welche man drei Stunden trocknen läßt und dann im kühlen Rohr bäckt.

865. Zitronenplätzchen.

170 Gramm Zucker werden an einer Zitrone abgerieben, feingestoßen und mit 2 Eiern eine halbe Stunde gerührt. Dann gibt man den Saft einer halben Zitrone und zuletzt 170 Gramm feines Mehl darunter, bestreicht ein heißes Backblech mit Wachs, setzt, wenn es wieder erkaltet ist, mit dem Löffel kleine Plätzchen darauf, läßt sie 2—3 Stunden stehen und bäckt sie dann im kühlen Rohr.

866. Haselnußwürstchen.

140 Gramm nach Nr. 610 geschälte Haselnüsse werden im Mörser mit 1 Ei fein gestoßen und mit 140 Gramm Zucker,

210 Gramm Mehl und 140 Gramm fein geschnittener Butter, 1 Ei und 2 Eidottern auf dem Brett zu einem feinen Teig abgearbeitet. Hieraus formt man fingerlange und fingerdicke Würstchen, die man auf ein butterbestrichenes Blech legt, mit Ei bestreicht und im abgekühlten Ofen langsam bäckt. Man kann sie auch mit Glasur Nr. 886 oder 888 überziehen.

867. Chokolade-Brödchen.

4 Eiweiß werden zu sehr steifem Schnee geschlagen, 140 Gramm feingestoßener Zucker, 140 Gramm geriebene Chokolade, 140 Gramm unabgezogene geriebene Mandeln, 35 Gramm Mehl, eine Messerspitze Zimmt und etwas feingestoßene Vanille darunter gemengt, dann mit dem Kaffeelöffel runde Plätzchen davon auf ein mit Wachs bestrichenes Backblech gesetzt und im kühlen Rohr gebacken.

868. Chokolade-Muscheln.

280 Gramm feingestoßener Zucker werden mit 2 Eiern schaumig gerührt, 280 Gramm unabgezogene geriebene Mandeln und 140 Gramm geriebene Vanille-Chokolade dazu gegeben, aus dieser Masse Kügelchen geformt und dieselben in eine Muschelform aus Holz gedrückt, die zuvor mit feinem Zucker bestreut wird, damit sie sofort, wenn man darauf schlägt, wieder aus der Form herausfallen. Die fertigen Muscheln läßt man über Nacht auf einem Holzbrett stehen und bäckt sie dann auf einem mit Wachs bestrichenen Blech nicht zu lange im mäßig heißen Ofen.

869. Chokolade-Schaum.

130 Gramm Chokolade läßt man im Rohr weich werden, gibt sie dann mit 200 Gramm feingestoßenem Zucker und 2 Eiklar in den Mörser und stößt sie zu einem feinen, zähen Teig. Dann gibt man feingestoßenen Zucker auf das Nudelbrett, treibt den Teig mit dem Rollholz aus und sticht kleine Formen aus, die man im sehr kühlen Ofen bäckt.

870. Zimmtsterne.

140 Gramm feingestoßener Zucker wird mit 2 Eiklar eine halbe Stunde gerührt, dann werden 140 Gramm unabgezogene geriebene oder gemahlene Mandeln, 10 Gramm feinster Zimmt, etwas Nelken, sowie die sehr feingewiegte Schale einer halben Zitrone dazugegeben und die Masse auf dem mit Zucker bestreuten Nudelbrett federkieldick ausgerollt, als Sterne mit einer Blechform

ausgestochen und auf einem mit Wachs bestrichenen Backblech hell gebacken. Wenn sie fertig sind, kann man sie mit Guß Nr. 888 überstreichen.

871. Pfeffernüsse.

225 Gramm Zucker werden mit 2 Eidottern und dem festgeschlagenen Schnee der 2 Eier ¾ Stunden gerührt. Dann gibt man 7 Gramm feinsten Zimmt, 3 Gramm Nelken, etwas Kardamomen, 30 Gramm Zitronat, die feingewiegte Schale einer halben Zitrone, eine halbe Messerspitze Pfeffer und zuletzt 220 Gramm Mehl dazu, verrührt es, knetet es dann auf dem Nudelbrett gut zusammen und walkt es kleinfingerdick aus. Nun sticht man mit kleinen Formen Blümchen, Ringe oder Plätzchen aus, kann auch mit der Hand kleine Kugeln drehen und sie in Formen ausdrücken, läßt sie dann über Nacht trocknen und bäckt sie den nächsten Tag auf einem mit Wachs bestrichenen Blech bei mäßiger Hitze.

872. Theehörnchen (Cakes).

175 Gramm Zucker werden mit etwas Vanille gestoßen, gesiebt und mit 3 ganzen Eiern 1 Stunde schaumig gerührt, dann gibt man 50 Gramm zerlassene Butter, sowie 2 Messerspitzen gestoßenes Hirschhornsalz und 350 Gramm feines Mehl darunter, gibt Alles auf das Nudelbrett und knetet es mit dem noch nöthigen Mehl zu einem feinen Teig. Dieser wird 2 Messerrücken dick ausgewallt, Plätzchen oder Hörnchen davon ausgestochen, dieselben auf ein mit Butter bestrichenes Blech gelegt, mit Eigelb bestrichen und bei rascher Hitze gelb gebacken. Sie lassen sich Wochen lang aufbewahren.

873. Marzipan.

250 Gramm an einer Zitrone abgeriebener, gestoßener Zucker wird mit 2 Eiern 1 Stunde stets nach einer Seite gerührt, der Saft einer halben Zitrone, 1 Eßlöffel Wasser, 1 Gramm feingestoßenes Hirschhornsalz, nebst 250 Gramm feinem, trockenem Mehl dazu gerührt, worauf man den Teig auf dem Nudelbrett leicht zusammenarbeitet. Nachdem er 1 Stunde zugedeckt geruht hat, walkt man ihn stückweise gut messerrückendick aus, damit er nicht zu trocken wird, bestäubt die Formen leicht mit Mehl und drückt den Teig fest in der Größe der Bilder auf die bestäubten Formen, bis er ganz verarbeitet ist. Nun läßt man sie 24 Stunden im warmen Zimmer stehen und legt sie dann am nächsten Tage auf ein stark bewachstes, leicht mit Anis bestreutes Backblech und bäckt sie im abgekühlten Rohr, bis die Böden leicht gelb sind.

Kleine Bäckereien.

874. Brauner Marzipan.

2 Eier werden mit 140 Gramm weißem und 140 Gramm Farinzucker eine halbe Stunde gerührt. Dann gibt man etwas Zimmt, Nelken und 140 Gramm ungeschälte, feingewiegte oder geriebene Mandeln und 250 Gramm Mehl dazu. Nachdem man den Teig auf dem Nudelbrett zusammengearbeitet hat, wallt man ihn aus, drückt ihn in Formen und läßt ihn über Nacht stehen. Nach dem Backen bestreicht man ihn mit einer Glasur von Zuckerwasser mit etwas Honig vermischt.

875. Nußplätzchen.

1 großes Ei wird mit 130 Gramm Farinzucker schaumig gerührt, dann 150 Gramm feingewiegte Nüsse, etwas Zimmt und Nelken dazu gemengt, der Teig über Nacht stehen gelassen und am nächsten Tag Plätzchen daraus geformt, die man auf einem mit Wachs bestrichenen Blech bei mäßiger Hitze bäckt.

876. Farinplätzchen.

2 Eier werden mit 140 Gramm Farinzucker eine halbe Stunde gerührt, 40 Gramm Zitronat und Orangeat, 40 Gramm mit der Schale gewiegte Mandeln, 6 Gramm Zimmt, etwas abgeriebene Zitronenschale, 140 Gramm feines Mehl und eine kleine Messerspitze Ammonium dazu gegeben, davon Plätzchen ausgedreht, auf ein mit Wachs bestrichenes Blech gelegt, mit Wasser bestrichen und bei mäßiger Hitze gebacken. Sie müssen 8 Tage vor dem Gebrauch gebacken werden.

877. Honigplätzchen.

280 Gramm Zucker, 280 Gramm Mehl, 140 Gramm unabgezogene und geriebene Mandeln, 140 Gramm Zitronat, 140 Gramm Orangeat, etwas Zimmt und Nelken, $^1/_8$ Liter Honig und 3 Eier werden zusammen zu einem Teig gut verarbeitet und über Nacht stehen gelassen. Am nächsten Tag wallt man den Teig am Nudelbrett aus, sticht mit einem Ausstecher oder einem Glas kleine Plätzchen aus, gibt sie auf ein mit Wachs bestrichenes Blech, bestreicht sie mit Eigelb und bäckt sie langsam.

878. Weiße Lebkuchen.

5 Eidotter werden mit 350 Gramm feingestoßenem Zucker verrührt, von den 5 Eiklar ein sehr fester Schnee geschlagen und das Ganze zusammen eine Stunde gerührt. Dann werden 170 Gramm

Mandeln abgezogen, etwas geschnitten im Rohr hellgelb geröstet, dann gewiegt oder gerieben und nebst 85 Gramm Zitronat, 60 Gramm Orangeat, 4 Gramm Zimmt, 1 Gramm Nelken, 1 Gramm Karbamomen, 1 Gramm Muskatblüthe dazu gegeben und mit beiläufig 250 Gramm feinem, sehr trockenem Mehl, und zum Schluß 1 Gramm Natron zu einem ziemlich festen Teig gerührt. Nun werden die Lebkuchen gut messerrückendick auf Oblaten gestrichen über Nacht stehen gelassen und dann bei mäßiger Hitze beiläufig eine halbe Stunde hellgelb gebacken. Man kann so viel Mandeln und Zitronat von der Masse zurückbehalten, um die Lebkuchen, wenn sie gestrichen sind, damit zu verzieren. Sie sollen mindestens 14 Tage vor dem Gebrauch gebacken werden.

879. Haselnuß-Lebkuchen.

280 Gramm Haselnüsse werden gerieben, dann mit 280 Gramm feingestoßenem Zucker und 4 Eiern schaumig gerührt, zum Schluß 1 Löffel Stärkmehl daruntergemengt, der Teig auf Oblaten gestrichen und im kühlen Ofen rothbraun gebacken. Sie werden nun geschnitten und nochmals gebäht.

880. Chokolade-Lebkuchen.

Zu dem sehr steifen Schnee von 3 Eiern rührt man 210 Gramm Zucker, 70 Gramm gewiegte Mandeln und 50 Gramm Vanillechokolade. Dann streicht man die Masse auf Oblaten, schneidet sie in viereckige Stücke und bäckt sie bei mäßiger Hitze.

881. Elisen-Lebkuchen.

3 Eier werden mit 250 Gramm Farinzucker eine halbe Stunde gerührt, dann gibt man 17 Gramm Zimmt, die feingewiegte Schale einer Zitrone, 250 Gramm mit der Schale gestoßene oder geriebene Mandeln und 50 Gramm Orangeat dazu. Dies Alles vermengt man gut miteinander, streicht es dann kleinfingerdick auf Oblaten und läßt es über Nacht stehen. Wenn sie gebacken sind, bestreicht man sie mit Zuckerguß Nr. 888 und bestreut sie mit färbigem Streuzucker. Sie sollen 14 Tage vor dem Gebrauch gebacken werden.

882. Vom Klären des Zuckers.

Man schlägt 500 Gramm feinen Hutzucker (nicht Colonial=
zucker) in Stücke, gibt ihn in eine Messingpfanne und übergießt
ihn mit einem Viertelliter Wasser, in welchem man ein halbes Ei=
weiß gut abgesprudelt hat. Nun setzt man die Pfanne an's Feuer
und rührt den Zucker mit einem silbernen Löffel einige Male um,
läßt ihn auf rascher Hitze kochen und gießt, wenn er aufsteigen
will, ein paar Eßlöffel voll kalten Wassers hinein. Man läßt ihn
so dreimal steigen und schreckt ihn immer wieder mit etwas Wasser
ab. Dann setzt man ihn vom Feuer und läßt ihn an der Seite
langsam kochen, wobei man ihn rein abschäumt. Gibt man einen
kleinen Löffel Essig oder Zitronensaft dazu, so treibt er noch das
letzte Unreine heraus. Ist der Zucker gut abgeschäumt und wasser=
klar, so seiht man ihn durch eine in heißes Wasser getauchte Serviette;
er wird so für Sulzen 2c. verwendet.

Zum Einkochen für Obst 2c. läßt man den Zucker fortkochen,
entfernt aber Alles, was sich an der Seitenwand der Pfanne an=
gelegt, mit einem in heißes Wasser getauchten Schwamm oder
einem Tuch; läuft der Zucker nach einer Weile, wenn man den
Schaumlöffel hineintaucht und wieder herauszieht, in breiten
Flocken ab, so hat er den ersten Grad erreicht und heißt Breit=
lauf. Kocht er fort, so wird der Zucker nach einigen Minuten
in kleinen Perlen, an einem feinen Faden hängend, vom Löffel
laufen oder, zwischen die Finger gebracht, sich ein kleiner Faden
bilden; nunmehr hat er den zweiten Grad und heißt kleine Perle
oder kleiner Faden. Kocht man ihn weiter, so zieht sich nach
einigen Augenblicken der Faden zwischen den Fingern länger und
reißt nicht ab, dann ist es der dritte Grad: die große Perle
oder das Spinnen; so wird er am häufigsten verwendet. Gleich
darauf stellt sich der vierte Grad ein: Bläst man in die innere
Seite des Schaumlöffels, so werden sich außen kleine Bläschen
zeigen, dies heißt der kleine Flug oder die kleine Blase. Nach
zwei bis drei Minuten werden beim Blasen größere Blasen sich

zeigen, und es ist dies der fünfte Grad: die **große Blase** oder **der große Flug**. Beim Weiterkochen stellt sich der **Bruch** ein. Dies ist der Fall, wenn an einem Hölzchen, das man schnell in den Zucker taucht und dann in kaltes Wasser, der Zucker sich augenblicklich härtet und beim Abziehen davon kracht; beim Zerbeißen soll nichts an den Zähnen hängen bleiben. Noch länger gekocht wird der Zucker dunkel; es ist der siebente Grad: **Karamel**.

Will man etwas mit Zuckerfäden umspinnen, so muß man den Zucker bis zum sechsten Grade kochen lassen, gibt dann davon auf eine mit Mandelöl bestrichene Form einige Tropfen, zieht von diesen einen Faden, denn man um dieselbe fortspinnt, indem man immer wieder vom Zucker dazu nimmt, den man nicht erkalten lassen darf.

883. Karamel.

Wird wie oben beschrieben bereitet; wird er jedoch zu Crême verwendet, so taucht man schnell den Zucker in Wasser oder bespritzt ihn damit, setzt ihn in einem Pfännchen auf nicht zu rasches Feuer und rührt den Zucker ununterbrochen, bis er zimmtbraun geworden ist, aber ja nicht verbrannt, gießt ihn dann mit heißem Wasser oder Milch auf und läßt ihn kochen, bis der Zucker aufgelöst ist.

884. Zucker-Jus.

Um Saucen oder helle, klare Suppen dunkler zu färben, gibt man 2—3 Stückchen Zucker, welche man in frisches Wasser taucht, in ein kleines eisernes Pfännchen und hält dieses am besten durch das Schürloch direkt in das brennende Feuer, rüttelt es aber fortwährend, da der Zucker sonst außen zu schnell braun wird. Er wird sehr bald blaue Flämmchen bekommen, die sich durch fortwährendes Rütteln über den ganzen Zucker verbreiten, der nun schnell, ehe die Flämmchen gelb werden, mit einem schon bereitstehenden Wasser aufgegossen und aufgekocht wird. Man muß sehr darauf bedacht sein, gerade den rechten Augenblick zum Aufgießen zu benützen, da zu früh der Jus noch süß, zu spät aber der Zucker verbrannt ist und keine Farbe gibt. Zucker-Jus muß eine geschmacklose Flüssigkeit sein, von welcher 2—3 Tropfen genügen, um Sauce oder Suppe zu färben, man kann ihn längere Zeit aufbewahren.

Glasuren.

Durch eine Zuckerglasur bekommen die verschiedenen Torten und Backwerke ein besseres Ansehen und je nach Beigabe gewinnen sie auch an Güte. Man gießt die Glasur auf die Oberfläche einer Torte, läßt sie auseinander fließen und hilft mit einem Pinsel nach. Damit sie Glanz bekommt, stellt man sie meistens schnell in einen abgekühlten Ofen, bis die Oberfläche ein Häutchen bekommen hat und läßt sie dann sogleich an der Luft nachtrocknen. Zur Glasur einer kleinen Torte rechnet man 140 Gramm Staubzucker und ist dazu kalte Glasur wegen des sicheren Gelingens am meisten zu empfehlen.

885. Warme Glasur.

140 Gramm Hutzucker läßt man mit 7 Löffeln kaltem Wasser bis zur großen Perle (siehe Nr. 882) kochen; man gießt dann 1—2 Löffel Arak, Maraskino oder dergleichen Liqueure daran, stellt es vom Feuer weg und rührt es so lange, bis es anfängt, weiß zu werden, worauf man sogleich das Backwerk damit übergießt und bestreicht. (Sollte es zu schnell kalt werden, so darf man den Zucker nur etwas warm werden lassen und fleißig dabei rühren.) Man stelle das Backwerk eine Minute in das lauwarme Rohr, dann an die Luft.

886. Kalte Glasur.

140 Gramm feinster Staubzucker werden mit 2 Löffeln Arak und 1 Löffel Wasser eine gute halbe Stunde gleichmäßig nach einer Seite gerührt, je länger desto schöner wird die Glasur. Dann gießt man sie über die Torte, streicht dieselbe glatt, stellt sie eine Minute in's Rohr, wodurch sie einen schöneren Glanz bekommt und läßt sie dann an der Luft trocknen. Statt Arak kann man jeden Saft, wie Weichsel-, Himbeer- oder Zitronensaft, nehmen; man läßt dann das Wasser ganz weg und nimmt dafür 3—4 Löffel Saft.

887. Punsch-Glasur

wird den beiden vorhergehenden Glasuren gleich bereitet, nur wird Orangen-Zucker, sowie etwas Orangensaft und Arak beigemischt.

888. Weißgerührte Glasur.

180 Gramm Staubzucker werden in einem Hafen mit dem Weißen von 2 Eiern eine gute Viertelstunde gerührt, gibt, damit es weiß wird, etwas Zitronensaft dazu und rührt das Ganze, bis es dick wird. Man überstreicht damit das Gebäck (kann bei Weihnachtsbäckereien auch etwas färbigen Streuzucker auf die nasse Glasur geben) und läßt dieselbe nur kurze Zeit im lauwarmen Ofen trocknen.

889. Chokolade-Glasur.

100 Gramm feine Chokolade werden mit etwas Wasser auf dem Feuer fein abgerührt, dann 100 Gramm Staubzucker mit noch etwas Wasser darunter gerührt. Dies wird unter beständigem Rühren so lange gekocht, bis es zwischen den Fingern, wenn man etwas vom Kochlöffel nimmt, einen Faden zieht. Nun zieht man die Glasur vom Feuer und rührt sie so lange kalt, bis sich oben ein dünnes Häutchen zeigt, worauf sie sogleich über das Backwerk gegossen und zum Glasiren verwendet wird. Sollte sie zu schnell bestehen, so rührt man sie am Feuer wieder weich.

890. Farbige Glasur.

Rothe Farbe stellt man durch etwas Cochenille oder Allermessaft, braune durch erweichte Vanillechokolade, gelbe mit etwas Safran, grüne, indem man den Zucker mit feinem Spinatgrün im Mörser reibt, bis er eine schöne grüne Farbe hat, her und gibt sie dann nebst Arak, Orangensaft u. dgl. zur Glasur.

891. Spritz-Glasur.

250—280 Gramm Zucker werden mit 2 Eiweiß wie in Nr. 888 tüchtig gerührt. Man dreht nun kleine Düten von starkem Schreibpapier, steckt fingerbreit vor der Spitze eine Stecknadel ein, damit die Düte fest hält, füllt die Glasur in dieselbe, faltet sie oben gut zu, schneidet dann mit einer Scheere das Spitzchen unten etwas zu und spritzt die Glasur durch diese Oeffnung, indem man oben drückt und damit Zeichnungen und Verzierungen auf die Backwerke macht.

Crêmes.

892. Schlagrahm (Schlagsahne, Schlagobers).

Vor Allem ist darauf zu achten, daß der Rahm höchstens 24 Stunden alt sein darf und mit einem Löffel dick abgenommen wird. Ehe man den Rahm schlägt, stellt man ihn eine Stunde in einem messingenen Kessel oder einem hohen irdenen Hafen an einen kalten Ort (noch besser auf Eis) und sprudelt ihn, womöglich an dem kühlen Ort, mittelst einer Ruthe aus abgeschälten Birkenzweigen, bis er ganz steif ist. Man kann eine zu kleine Quantität schwer schlagen, man nehme daher zum Mindesten $1/4 - 1/2$ Liter Rahm. Sollte er sich länger nicht schlagen, so nimmt man den festen Schaum, der sich oben bildet, mit dem Löffel ab, gibt ihn auf ein Sieb und schlägt den abgelaufenen Rahm mit dem übrigen.

893. Schlagrahm mit Vanille.

Dem nach vorstehender Nummer festgeschlagenen Rahm mischt man Staubzucker mit Vanillegeschmack bei.

894. Schlagrahm mit Erdbeeren oder Himbeeren.

Ein Teller schöner Walderdbeeren oder Himbeeren wird durch ein Sieb passirt, mit 100 Gramm gestoßenem Zucker abgerührt, der dicke Schlagrahm langsam darunter gehoben, nach Belieben noch mit feinem Staubzucker untermischt und erhaben in eine Schale gefüllt, die man bis zum Gebrauch auf Eis oder sehr kaltes Wasser stellt. Ebenso kann man auch unpassirte, schöne, große Erdbeeren unter gut mit Staubzucker vermengten Schlagrahm geben.

895. Schlagrahm mit Marmelade von Himbeeren, Johannisbeeren, Aprikosen etc.

Es wird die Marmelade stets vorher gut mit dem nöthigen Zucker abgerührt, wenn sie etwas dick ist, zuerst mit nur wenig Schlagrahm oder etwas Rum, Arak oder Maraskino verdünnt, dann der Schlagrahm leicht darunter gehoben, auf eine Schale gehäuft und diese bis zum Gebrauch sehr kalt in Wasser oder auf Eis gestellt.

896. Schlagrahm mit Chokolade.

70 Gramm Chokolade werden mit 3 Eßlöffeln Wasser im Rohr aufgelöst und fein verrührt. Ist er erkaltet, dann wird er zuerst mit einer Tasse Schlagrahm verrührt und nun der übrige Schlagrahm nebst 50 Gramm Staubzucker darunter gehoben und in einer Schale angerichtet.

Es ist hübsch, wenn ein Theil des Schlagrahms, nur mit Staubzucker vermischt, mit Arak oder Maraskino beträufelt wird, die Crêmeschalen oder Weingläser dann unten mit Chokolade-Crême zu füllen und den mit Arak oder dergl. gemischten Schlagrahm darauf zu geben. Man stellt die Schale oder die für diesen Zweck noch besser geeigneten Weingläser in Eis oder an einen kalten Ort, bis sie servirt werden.

897. Russische Crême.

3 Löffeln Zucker werden mit 3 Eidottern (man rechnet für die Person 1 Ei) eine Viertelstunde gerührt, dann 1 Löffel Arak oder Rum beigefügt und zuletzt der Schlagrahm darunter gehoben. Man kann sie auch wie vorhergehende Chokolade-Crême in Gläsern serviren.

898. Kastanien mit Schlagrahm.

Man kocht 250 Gramm Kastanien in siedendem Wasser, schält sie, kocht sie mit Milch, Zucker und etwas Vanille weich, passirt sie durch ein Sieb, gibt etwas Maraskino dazu, hebt den Schlagrahm und den noch nöthigen gestoßenen Zucker darunter und stellt ihn in einer Schale auf Eis. Man kann auch Sultaninen oder getrocknete Malagatrauben darunter mengen.

Oder: Man häuft in die Mitte einer Crêmeschüssel mit Vanille und Staubzucker gesüßten Schlagrahm und gibt einen Kranz von obigen passirten Kastanien mit oder ohne Maraskino mit einer Straubenspritze um denselben.

899. Gefrorener Schlagrahm.

Man theilt den sehr fest geschlagenen Rahm in drei Theile, mischt zum ersten Staubzucker mit einem Stückchen feingestoßener Vanille, sowie etwas Maraskino oder Arak, zum zweiten gezuckerten Erdbeersaft wie Nr. 894, zum dritten leicht nachgesüßte Chokolade wie Nr. 896. Nun nimmt man eine Puddingform, füllt oben Vanille-, dann Erdbeer- und zum Schluß Chokolade-Schlagrahm und wechselt so zweimal mit den Farben, schließt den Deckel fest, gräbt die Form in stark gesalzenes Eis, welches man, wenn es weich werden sollte, erneuern muß, und läßt die Crême zum Mindesten vier Stunden auf Eis. Vor dem Stürzen wäscht man die Form mit kaltem Wasser und wischt sie ab, damit kein Salz in den Schlagrahm kommt, stößt sie rasch in heißes Wasser, stürzt sie auf die hiezu bestimmte Platte und garnirt sie rings herum mit Makronen oder kleinen Busserln.

900. Gefrorener Schlagrahm mit Pumpernickel.

Festgeschlagener Rahm wird mit feingeriebenem Pumpernickel, kleinwürflig geschnittenen, kandirten Früchten, Staubzucker nach Bedarf, sowie mit etwas Maraskino oder Arak leicht vermengt, in eine Form gefüllt und zum Gefrieren in Eis eingegraben.

Einfache Crêmes.

901. Chokolade-Crême.

70 Gramm Chokolade läßt man mit 1 Löffel Milch weich werden und verrührt sie fein. Nun rührt man in einer Pfanne 70 Gramm gestoßenen Zucker mit 3 Eidottern gut ab, gibt einen Kaffeelöffel Mehl und die aufgeweichte Chokolade dazu, gießt langsam ¼ Liter Rahm daran und rührt es am Feuer, bis es kochen will und dick wird, zieht es aber dann sofort zurück. Nach Geschmack kann man in die etwas ausgekühlte Crême den festgeschlagenen Schnee der drei Eier mischen. Man stellt sie mehrere Stunden kalt oder auf Eis und servirt Hohlhippen dazu.

902. Karamel-Crême.

100 Gramm Zucker wird in einem Pfännchen nach Nr. 883 gebrannt und mit einem halben Liter Rahm aufgekocht. Nun rührt man in einem hohen Topf 3 Eidotter mit einem guten Kaffeelöffel Mehl und etwas Milch fein ab, gießt den Karamelrahm langsam damit auf und läßt ihn unter beständigem Sprudeln dick werden, zieht ihn jedoch vom Feuer, wenn er kochen will. Nun stellt man ihn kalt, am besten auf Eis, und servirt Biscuit dazu.

903. Vanille-Crême.

In eine Schüssel legt man 10—12 Stück Makronen und feuchtet sie mit etwas Arak an. Dann rührt man am Feuer

70 Gramm Zucker und 1 Kaffeelöffel Mehl mit 3 Eidottern, ¼ Liter Rahm und einem Stückchen Vanille, bis es kochen will und dick wird. Nun zieht man es vom Feuer und wenn es etwas erkaltet ist, schüttet man es über die Makronen und stellt es auf Eis oder in den Keller. Zum Serviren belegt man es noch mit einigen kleinen Makronen.

904. Vanille-Crême auf andere Art.

Eine Schüssel wird mit Eingesottenem bestrichen und mit Makronen ausgelegt, die man mit Arak befeuchtet. Nun verrührt man 3 Eidotter mit 3 großen Löffeln gestoßenem Zucker und 1 Kaffeelöffel Mehl gut, gießt es dann langsam mit ¼ Liter Rahm an, läßt es dick werden und bis zum Kochen kommen, aber nicht kochen. Dann zieht man es zurück, läßt es etwas abkühlen, zieht den festgeschlagenen Schnee der 3 Eiweiß darunter, übergießt damit die Makronen, und stellt es in den Keller oder auf Eis. Statt dem Schnee der Eier ist gezuckerter Schlagrahm darüber gegeben noch besser.

905. Zitronen-Crême.

140 Gramm gestoßener Zucker werden mit 4 Eidottern und der abgeriebenen Schale einer halben Zitrone schaumig gerührt, dann gibt man den Saft der ganzen Zitrone, sowie 4 Eierschalen voll Weißwein dazu, stellt die Pfanne an's Feuer und läßt unter fortwährendem Rühren die Masse heiß und dick werden, aber nicht kochen, schüttet sie in eine Schüssel, rührt die Masse noch 5 Minuten und mischt den festgeschlagenen Schnee der 4 Eiklar dazu.

906. Warme Wein-Crême.

1 großer Kaffeelöffel Mehl wird mit 90 Gramm gestoßenem Zucker, 3 Dottern, der abgeriebenen Schale und dem Saft einer Zitrone gut in einer Pfanne abgerührt, mit ¼ Liter Weißwein aufgegossen und am Feuer fortwährend gerührt, bis es dick ist und aufkochen will, dann aber sofort zurückgezogen und in die bestimmte Schüssel gegeben. Ist es erkaltet, so belegt man es mit Makronen. Nun wird der festgeschlagene Schnee von den 3 Eiweiß mit 100 Gramm Staubzucker vermischt, bergartig auf die Masse gestrichen, mit abgezogenen, länglich geschnittenen Mandeln bestreut und im Rohr langsam gebacken.

Dunſt-Crêmes.

907. Vanille-Crême in Dunſt.

³⁄₈ Liter Rahm, kurz gemeſſen, werden mit einem Stückchen klein geſchnittener Vanille und 100 Gramm Zucker abgekocht und zugedeckt, dann kalt geſtellt und nach einer Viertelſtunde durch eine Serviette oder ein Haarſieb geſeiht. Nun ſprudelt man 3 ganze Eier tüchtig ab, gibt dabei den geſeihten Rahm langſam dazu und ſchüttet es dann in eine Porzellanſchüſſel oder füllt es in Crême- oder Kaffeebecher und läßt dieſelben im Dunſt ſtocken. Dazu ſtellt man ſie in eine Kaſſerole, welche mit ſiedend heißem Waſſer bis zur Hälfte der Geſchirre gefüllt iſt, deckt die Kaſſerole gut mit ihrem Deckel zu, ſtellt ſie in das Bratrohr und läßt die Crême eine halbe Stunde dünſten. Kochen darf das Waſſer aber ja nicht, da die Crême ſonſt gerinnt oder Blaſen bekommt. Bleibt ein feines Hölzchen in der Mitte ſtecken, ſo iſt die Crême genügend feſt, denn ſie ſoll nur ſo geſtockt ſein wie ſaure Milch.

Servirt man die Crême in einer Schüſſel warm, ſo kann man ſie mit feinem, geſtoßenem Zucker beſtreuen und mit einem glühenden Schäufelchen aufbrennen. Servirt man ſie kalt, ſo ſtellt man ſie auf Eis oder in ſehr kaltes Waſſer, nachdem das Geſchirr abgekühlt iſt. Dazu kann man die Crêmebecher mit ge= zuckertem Schlagrahm garniren.

908. Zitronen-Crême in Dunſt.

1 Zitrone wird fein geſchält und die Schalen mit ¹⁄₈ Liter Wein weichgekocht, dann geſeiht. Nun verrührt man 100 Gramm Zucker mit 3 Eiern, gibt den Saft der Zitrone, ſowie ¹⁄₈ Liter Wein mit dem geſeihten Wein dazu, verſprudelt es gut zuſammen und kocht es in einer Porzellanſchale wie Nr. 907 in Dunſt.

909. Orangen-Crême in Dunſt

wird ganz wie vorſtehende Zitronencrême bereitet, nur daß man ſtatt Zitronen Orangen verwendet. Doch erhöht es den Geſchmack, wenn man zu dem Safte der Orange noch den einer halben Zitrone beimiſcht.

910. Chokolade-Crême in Dunſt.

70 Gramm Chokolade werden mit etwas von den ³⁄₈ Liter Rahm, die zu dieſer Crême in Verwendung kommen, in der Pfanne

aufgelöst und dann mit nur 30 Gramm Zucker, sowie dem übrigen Rahm gut aufgekocht. Nun sprudelt man 3 Eier tüchtig ab, gibt die Chokolade dazu und kocht es ebenso wie Nr. 907.

911. Punsch-Crême in Dunst.

Man nimmt dazu guten, starken Punsch, statt Milch und Zucker, sprudelt ihn mit 4 Dottern ab und behandelt ihn wie Nr. 907.

912. Karamel-Crême in Dunst.

70 Gramm Zucker werden nach Nr. 883 gebrannt, dann mit ³/₈ Liter Rahm oder Milch angegossen und mit 50 Gramm Zucker, sowie einem Stückchen Vanille so lange gekocht, bis der gebrannte Zucker vollständig aufgelöst ist, worauf man ihn kaltstellt. Nun sprudelt man 3 Eidotter und 1 ganzes Ei gut ab, gibt den geseihten Karamel-Rahm dazu und bereitet ihn ganz wie Nr. 907.

913. Crême von Maraskino, Anisette oder dergl. Liqueure.

³/₈ Liter Rahm werden mit einem Gläschen Liqueur nebst 70 Gramm Zucker, 3 Eidottern und einem ganzen Ei gut gesprudelt, geseiht, in Becher gefüllt und wie Nr. 907 in Dunst gekocht.

Gestürzte Rahmschnee-Crêmes.

914. Auflösen der Gelatine oder Hausenblase.

Zu den meisten Crêmes oder Sulzen nimmt man der Billigkeit wegen Gelatine von der besten Qualität, für klare Sulze ist aber Hausenblase besser.

Von Gelatine zerschneidet man die nöthige Menge mit der Scheere, legt sie in kaltes Wasser, gießt dasselbe nach einer Stunde ab und setzt es dann in eine Kasserole, auf 3 Gramm Gelatine beiläufig 2 Eßlöffel Wasser gerechnet, an's Feuer, wo man sie langsam kochen und auf dem warmen Herd stehen läßt bis zum Gebrauch.

Hausenblase muß über Nacht oder mindestens einige Stunden im frischen Wasser weichen, dann zum mindesten 2—3 Stunden langsam kochen, wobei man den Schaum mit einem silbernen Löffel abnimmt und sie stark einkochen läßt. Ist sie ganz aufgelöst, so stellt man sie bis zum Gebrauche warm.

Gelatine sowohl wie Hausenblase wird durch ein nasses Tuch geseiht zur Crême gerührt, es muß aber vorher schon alles Nöthige, wie Rahmschnee, Eierschnee ꝛc. bereit und die Form mit Mandelöl ausgestrichen sein, da sie einmal in der Masse nicht mehr stehen darf, sondern fortwährend gerührt werden muß.

915. Vanille-Crême mit Schlagrahm.

15 Gramm Gelatine (von bester Qualität) werden mit ⅛ Liter Wasser nach Nr. 914 aufgelöst und warmgestellt. Unterdessen läßt man ⅛ Liter Rahm mit einem Stückchen Vanille, das mit etwas Zucker gestoßen wurde, aufkochen, rührt dann 100 Gramm gestoßenen Zucker mit 3 Eidottern schaumig zusammen ab, gibt den halb erkalteten Rahm geseiht langsam dazu und sprudelt es auf dem Feuer, bis es kochend heiß ist, aber ja nicht siedet. Dann seiht man die aufgelöste Gelatine durch ein leinenes Tuch dazu, zieht es vom Feuer und sprudelt es fort, bis es fast erkaltet ist und anfängt, dick zu werden. Nun hebt man den Schlagrahm von ¼ Liter guten, dicken Rahm darunter, gibt die Masse in eine mit Mandelöl bestrichene Form und gräbt sie in Eis, wo sie 5—6 Stunden oder über Nacht stehen bleibt. Läßt sie sich nicht leicht stürzen, so taucht man die Form einen Augenblick in heißes Wasser.

916. Chokolade-Crême mit Schlagrahm.

100 Gramm Chokolade werden mit 3 Löffeln Milch in's Rohr gestellt und, wenn sie weich geworden, fein verrührt. Nun werden 70 Gramm gestoßener Zucker mit 4 Eidottern in einer Kasserole nebst der aufgelösten Chokolade und dann mit ¼ Liter Rahm gut abgerührt und am Feuer gesprudelt, bis es siedend heiß ist, aber nicht kocht, sodann 15 Gramm feinste Gelatine, welche man in ⅛ Liter Wasser nach Nr. 914 aufgelöst hat, durch ein Tuch dazu geseiht und fortgesprudelt, bis die Crême erkaltet ist. Nun rührt man den festen Schnee von ¼ Liter guten, dicken Rahm leicht dazu, füllt die Crême in die mit Mandelöl ausgestrichene Form und stellt sie zum Stocken tief in's Eis. Sie wird dann gestürzt.

917. Kastanien-Crême mit Schlagrahm.

130 Gramm Kastanien werden 10 Minuten gesotten, dann abgeschält, mit ⅛ Liter Milch, 1 Löffel Zucker und etwas Vanille weich verkocht und durch ein feines Sieb passirt. Dazu mischt man eine am Feuer gerührte Crême von 100 Gramm gestoßenen Zucker, 2 Eidotter und ⅛ Liter Rahm, rührt es mit 15 Gramm nach

Nr. 914 aufgelösten Gelatine und 1 Löffel Maraskino oder Arak gut, bis es sich zu verdicken beginnt, mengt dann den festen Schlagrahm von ¼ Liter Rahm darunter und gibt die Masse in eine mit feinem Oel ausgestrichene Form tief in das Eis zum Sulzen. Nach dem Stürzen kann man sie mit glasirten Kastanien garniren.

918. Orangen-Crême mit Schlagrahm.

120 Gramm Zucker werden an einer Orange abgerieben und feingestoßen, dann rührt man 2 Eidotter und 1 Ei, den Saft der Orange und 1 Zitrone, sowie einen guten Achtel-Liter Wein dazu und sprubelt es auf dem Feuer, bis es siedend heiß ist, aber nicht kocht; nun gibt man 15 Gramm in einem guten Achtel-Liter Wasser nach Nr. 914 aufgelöste Gelatine dazu und sprubelt es, bis es kalt ist, gibt von ¼ Liter Rahm den festgeschlagenen Schnee dazu, füllt es in die Form und stellt dieselbe auf Eis zum Sulzen. Gestürzt, kann man sie mit eingesottenen Früchten garniren.

919. Maraskino-Crême mit Schlagrahm.

100 Gramm Zucker werden mit 2 Eidottern und 1 ganzen Ei, sowie ⅛ Liter Rahm auf mäßigem Feuer zu einem dicklichen Crême abgeschlagen, mit 20 Gramm Gelatine oder 15 Gramm Hausenblase, die nach Nr. 914 aufgelöst und geseiht wurden, bis zum Erkalten gerührt, ½ Weinglas Maraskino dazu gerührt, bis sich die Masse zu verdicken beginnt, dann rasch der feste Schlagrahm von ¼ Liter Rahm gut darunter gemengt und sodann gleich in die mit Mandelöl ausgestrichene Form auf Eis gegeben. Ist die Crême festgesulzt, so wird sie gestürzt.

920. Kaffee-Crême mit Schlagrahm.

100 Gramm frisch gebrannter Kaffee wird fein gemahlen und in ¼ Liter kochenden Rahm geschüttet; nachdem derselbe einmal damit aufgewallt hat, deckt man ihn gut zu und läßt ihn langsam auskühlen. Nach dem Erkalten seiht man ihn durch, fügt 120 Gramm gestoßenen Zucker und 15 Gramm nach Nr. 914 aufgelöste Gelatine dazu, verrührt die Mischung auf Eis, bis sie sich zu verdicken beginnt, zieht den steifgeschlagenen Schnee von ¼ Liter Rahm darunter, füllt Alles in eine Form und läßt die Crême auf Eis stocken. Vor dem Umstürzen taucht man die Form einen Augenblick in heißes Wasser und servirt die Crême mit Biscuit.

Süße Sulzen.

921. Klären der Hausenblase.

Für süße Sulzen und Geléés ist Hausenblase am besten. Man rechnet für eine Geléeform von ³/₄ Liter 50 Gramm Hausenblase. Sie wird in kleine Stückchen geschnitten, gewaschen und mit ¹/₂ Liter frischem Wasser und 35 Gramm Zucker langsam gekocht, wobei man von Zeit zu Zeit den aufsteigenden Schaum mit einem silbernen Eßlöffel abnimmt. Ist die Hausenblase dann krystallhell und zur Hälfte eingekocht, so wird sie durch ein Tuch oder eine reine Serviette in eine Porzellanschüssel geseiht und halb zugedeckt.

922. Klären der Gelatine.

70 Gramm Gelatine feinster Qualität werden mit der Scheere zerschnitten, gewaschen, etwas Wasser und ¹/₄ Liter weißen Wein über dieselbe gegossen, 1 Eiklar zu leichtem Schnee geschlagen und das Ganze beständig gerührt, bis es kocht. Dann läßt man sie an der Seite fortkochen, gibt den Saft einer Zitrone und etwas Zitronenschale dazu, deckt sie zu und stellt sie vom Feuer. Nach einer Viertelstunde spannt man eine Serviette, die man durch laues Wasser zieht und fest ausdrückt, über die vier Füße eines verkehrten Stuhles, seiht die Gelatine durch und gießt das Durchgelaufene so lange wieder auf, bis es so hell wie Wasser ist.

Blancs mangers.

923. Gesulzte Mandelmilch.

150 Gramm süße und 6 Stück bittere Mandeln übergießt man mit siedendem Wasser, läßt sie zugedeckt stehen, bis man ihnen

die Schale abziehen kann und legt sie immer gleich in frisches Wasser, damit sie schön weiß bleiben. Sind alle abgezogen, so nimmt man sie sogleich wieder heraus, stößt sie in einem sorgfältig gereinigten Mörser und bespritzt sie während des Stoßens mit Milch, damit sie nicht ölig werden. Unterdessen läßt man ¼ Liter Milch mit einem Stück Vanille und 140 Gramm Zucker kochen, gießt dieselbe kochend nach und nach über die Mandeln, verrührt sie damit gut und preßt dann die Mandeln, wenn sie halb ausgekühlt sind, durch eine Serviette. Die zurückgebliebenen Mandeln stößt man nun nochmals feiner, verrührt sie wieder mit ¼ Liter kochender Milch und preßt sie so gut als möglich zur ersten Mandelmilch. Nun werden 25 Gramm Hausenblase oder auch Gelatine, die nach Nr. 921 in ⅛ Liter Wasser gut ausgekocht und geseiht wurden, mit der noch lauwarmen Mandelmilch gut vermischt, eine Form mit Mandelöl ausgestrichen, dieselbe in Eis gestellt, mit der Mandel=sulz angefüllt, zugedeckt, auch Eis auf den Deckel gethan und an einen kalten Ort gestellt. Nach einigen Stunden nimmt man die Form aus dem Eis, trocknet sie ab, löst die Sulze mit den Fingern an der Seite los und stürzt sie auf eine flache Platte.

924. **Mandelsulze** in zwei Farben.

Man bereitet Mandelsulz wie in vorhergehender Nummer und theilt sie in zwei Hälften. Unterdessen läßt man 100 Gramm Chokolade mit etwas Wasser im Rohr weich werden und verrührt sie gut mit der zweiten Hälfte der Sulze. Nun kann man eine Form, die mit Mandelöl ausgestrichen ist, in Streifen abwechselnd in Farben einfüllen, indem man z. B. den oberen Theil mit weißer, kaum noch laufender Mandelsulze füllt, sie fest werden läßt, dann mit Chokoladesulze auffüllt, sie wieder fest werden läßt und so in schmaleren oder breiteren Streifen dieselbe abwechselnd ein=gießt. Man läßt sie stocken, wie in vorhergehender Nummer. Ebenso kann man die Sulze mit frischen Erdbeeren, Himbeeren oder Aprikosen, die man fein durch ein Sieb passirt, mischen, nur muß man dann 10 Gramm Hausenblase oder Gelatine mehr dazu nehmen.

925. **Orangensulze.**

Die Schale von 2 Orangen wird mit 180 Gramm Zucker ab=gerieben und derselbe wie in Nr. 882 beschrieben, geklärt und geseiht; man gibt nun den geseihten Saft der 2 Orangen, sowie 1 Zitrone, 20 Gramm nach Nr. 921 aufgelöste und durchgeseihte Hausenblase oder Gelatine und ¼ Liter Weißwein dazu, füllt die Mischung in eine mit Wein ausgespülte Form, läßt die Sulze auf Eis oder in frischem Wasser stocken, taucht sie vor dem Serviren in heißes Wasser und stürzt sie auf eine passende Platte um. Man kann die Schalen der Orangen als Körbchen formen, die Kante wie den Henkel hübsch auszacken, in frisches Wasser legen und nach dem Abtropfen mit Sulze füllen und auf Eis stocken lassen.

926. Punsch-Sulze.

180 Gramm feiner Hutzucker wird mit ⅛ Liter Wasser nach Nr. 882 geklärt; nun gibt man einen halben Kaffeelöffel abgesiebten, starken Thee und die fein abgeschnittene Schale einer Zitrone in den heißen Zucker und deckt denselben zu. Unterdessen preßt man den Saft von einer Zitrone und einer Orange aus, mischt ihn zu dem gekochten lauwarmen Zucker, rührt es gut zu 25 Gramm nach Nr. 921 aufgelöster Hausenblase oder Gelatine sowie einem ¼ Liter feinen Rum oder Arak, seiht das Gelée durch, gießt es in eine Form, die man in eine Schüssel mit Eis gräbt und läßt sie stocken. Dann taucht man sie eine Sekunde in heißes Wasser und stürzt sie auf eine Platte.

927. Wein-Sulze.

Nachdem 190 Gramm bester Raffinadezucker nach Nr. 882 geklärt ist, seiht man ihn durch ein Tuch in eine Schüssel und vermischt ihn lauwarm mit 25 Gramm nach Nr. 921 aufgelöster Hausenblase oder Gelatine und einem guten Viertelliter feinen Rheinwein, rührt die Mischung gut durcheinander, füllt sie in eine Form, die in klein geschlagenes Eis eingegraben ist und läßt sie stocken. Vor dem Anrichten taucht man die Form einen Moment in heißes Wasser, trocknet sie ab und stürzt die Sulze auf eine kalte Platte. Man kann dem Zuckersyrup auch die Schalen einer sehr fein geschälten Viertelzitrone, sowie den Saft einer ganzen Zitrone beimischen und ihn damit zugedeckt etwas stehen lassen und dann durchseihen; der Geschmack der Sulze wird dadurch etwas pikanter.

928. Sulze von Maraskino.

Dieselbe wird ebenso wie Weinsulze bereitet, nur nimmt man gleich zum Klären des Zuckers ¼ Liter Wasser und den Saft einer halben Zitrone und mischt zuletzt ein halbes Weinglas Maraskino bei, so lange es noch lauwarm ist.

Gefrorenes.

929. Gefrorenes.

Meist kauft man Gefrierbüchsen, die mit dem nöthigen Zubehör schon versehen und von denen die amerikanischen die besten sind, doch genügt auch eine Büchse von Zinn oder verzinntem Blech mit einem genau schließenden Deckel, der mit einem Griff versehen ist, sowie ein Kübel, der am Boden einen Spund hat, damit man das durch das Schmelzen des Eises entstandene Wasser ablassen kann. Der Kübel muß so groß sein, daß nach Hineinsetzen der Gefrierbüchse noch ein vierfingerbreiter leerer Raum bleibt, der mit dem nöthigen verklopften Eis anzufüllen ist; ebenso muß derselbe handhoch höher sein, als die Büchse. Ferner bedarf man eines muldenförmigen Spatels zum Bearbeiten des Gefrorenen. Auf dem Boden des Kübels wird handhoch in kleine Stücke verklopftes Eis fest eingestoßen und vier Handvoll Viehsalz darübergestreut, worauf die Gefrierbüchse in die Mitte des Kübels auf das Eis gestellt und der leere Raum zwischen der Büchse und dem Kübel mit klein verklopftem, mit Viehsalz gemischtem Eis fest eingefüllt und eingestampft wird. Nachdem man die leere Büchse im Eise erkalten ließ, füllt man die Crême ein, verschließt sie mit dem Deckel fest, läßt sie eine Weile stehen, damit sie recht kalt wird, und fängt dann zu drehen an. Nachdem man einige Minuten in gleichen Zügen die Büchse am Griffe gefaßt und gedreht hat, nimmt man den Deckel ab, stößt mit dem Spatel das Gefrorene von den Wänden rund herum los und mischt es mit dem Uebrigen, dann wird die Büchse wieder zugemacht und auf's Neue schnell gedreht, nach 8 Minuten wird die Büchse wieder geöffnet und dieses Verfahren so lange fortgesetzt, bis endlich die ganze Masse gefroren ist, indem man immer mit dem Spatel wieder an den Seiten drückt, bis durch Drehen, Abstoßen und Andrücken die

Eismasse in der Büchse butterartig geschmeidig und doch fest geworden ist, wozu hauptsächlich die feine Bearbeitung mit dem Spatel nothwendig ist. Dann wird die Büchse geschlossen und bis zum Gebrauche im Eis stehen gelassen. Rahm-Gefrorenes gefriert leichter wie Obst-Gefrorenes mit Wasser, daher bereitet man letzteres gern mit Rahm.

930. Vanille-Gefrorenes.

In einem halben Liter Rahm wird ein Stück Vanille gekocht, dann kalt gestellt. Unterdessen rührt man 3 frische Eidotter mit 150 Gramm feingestoßenem Zucker schaumig ab, gießt nach und nach den Vanille-Rahm dazu und sprudelt es am Feuer, bis es dick werden will, aber ja nicht kocht, und rührt fort, bis es wieder ausgekühlt ist. Dann wird dasselbe durch ein Sieb in die Gefrierbüchse geseiht, ein wenig Zitronensaft beigemischt und, wie in vorhergehender Nummer beschrieben, bereitet.

931. Erdbeer-Gefrorenes mit Rahm.

³/₈ Liter Walderdbeeren bestreut man mit 85 Gramm gestoßenem Zucker, gibt etwas Zitronensaft dazu und läßt sie 1 Stunde stehen. Weitere 85 Gramm Zucker kocht man mit ¹/₄ Liter Rahm und stellt ihn, wenn der Zucker vollkommen aufgelöst ist, zum Erkalten. Nun passirt man die Erdbeeren durch ein Sieb, gibt noch ¹/₈ Liter ungekochten Rahm, sowie den mit Zucker gekochten dazu, gießt das Ganze in die Gefrierbüchse und bereitet es nach Nr. 929.

Um Erdbeer-Gefrorenes im Winter bereiten zu können, werden frische Erdbeeren zerdrückt, durch ein Sieb passirt und 24 Stunden in den Keller gestellt. Den nächsten Tag rührt man doppelt so viel fein gestoßenen Zucker 1 Stunde gut mit den passirten Erdbeeren, füllt sie dann in ein Glas, das man aber nur zur Hälfte füllen darf, da die Früchte beim Gähren steigen, bindet es mit Pergamentpapier zu und verwahrt es an einem trockenen, kühlen Ort.

932. Erdbeer-Gefrorenes mit Wasser.

³/₄ Liter Erdbeeren werden durch ein Sieb passirt und mit 185 Gramm Staubzucker fein verrührt, etwas Zitronensaft, sowie ³/₈ Liter frisches Wasser dazu gegossen und in der Gefrierbüchse nach Nr. 929 bereitet.

933. Himbeer-Gefrorenes

wird wie Erdbeer-Gefrorenes bereitet.

934. Himbeer-Gefrorenes mit Maraskino.

Wenn das Himbeer-Gefrorene sehr fein abgearbeitet ist, gibt man während des Gefrierens ein kleines Gläschen Maraskino daran und servirt es dann in Gläsern.

935. Weichsel-Gefrorenes.

½ Liter ausgekernte, gute Weichseln werden mit dem vierten Theil ihrer Kerne zerstoßen, 240 Gramm Zucker mit ¼ Liter frischem Wasser aufgelöst, mit etwas Zitronensaft und den Weichseln vermengt und so eine Stunde stehen gelassen. Nun passirt man sie durch ein Haarsieb — man kann die Weichseln noch mit etwas Wasser durchtreiben — und gibt es dann in die Gefrierbüchse. Hat man keine frischen Weichseln, so nimmt man Weichselsaft, verdünnt ihn mit Wasser, gibt ein paar bittere, in kaltem Wasser gestoßene Mandeln dazu, seiht Alles durch und läßt es nach Nr. 929 gefrieren.

936. Johannisbeer-Gefrorenes.

¾ Liter Johannisbeeren werden abgezupft, durch ein Haarsieb passirt und mit 240 Gramm Staubzucker und ¼ Liter Wasser verrührt; das Gefrorene gewinnt an Geschmack, wenn man passirte Erdbeeren, Himbeeren oder Weichseln beimengt. Es wird, wie in Nr. 929 beschrieben, bereitet.

937. Orangen-Gefrorenes.

3 Stück Orangen werden halbirt, dann werden 240 Gramm Staubzucker in eine Schüssel gethan und der Saft der 3 Orangen, sowie einer halben Zitrone darüber gegossen; nun gießt man ¼ Liter Wasser dazu, schneidet von einer halben Orange ganz fein die gelbe Schale (ohne Weißes) daran und läßt Alles zusammen 1 Stunde stehen. Dann seiht man es in die Gefrierbüchse und bereitet es nach Nr. 929.

938. Zitronen-Gefrorenes.

Man reibt die Schale einer Zitrone an 240 Gramm Zucker ab, löst den Zucker in ⅜ Liter Wasser, nach Belieben auch mit etwas Weißwein gemischt, auf, gibt den Saft von 2 Zitronen dazu und seiht dies in die Gefrierbüchse.

939. Zitronen-Gefrorenes mit Rahm.

An 250 Gramm Zucker reibt man die Schalen von 2 Zitronen ab, gibt den Saft der 2 Zitronen, sowie einer halben Orange dazu und läßt dies 1 Stunde stehen. Dann läßt man ½ Liter Rahm bis zum Kochen heiß werden und wieder auskühlen, gibt dann den Zitronensaft mit dem völlig aufgelösten Zucker dazu, schüttet die Masse in die Gefrierbüchse und bereitet sie nach Nr. 929.

940. Haselnuß-Gefrorenes.

140 Gramm Haselnüsse werden abgezogen (siehe 610) und im Mörser mit Milch fein gestoßen, dann verrührt man sie mit ½ Liter kochend heißem guten Rahm und preßt denselben durch ein reines, gut ausgewaschenes Tuch. Nun werden 3 Eidotter mit 150 Gramm Zucker und dem Rahm am Feuer gerührt, bis es kochen will, aber ja nicht kocht, und fortgerührt, bis es wieder erkaltet ist, worauf man es in die Gefrierbüchse gibt.

941. Aprikosen-Gefrorenes.

Reife, geschälte Aprikosen werden passirt, davon ¼ Liter Marmelade mit 140 Gramm Staubzucker, etwas Zitronensaft und ⅛ Liter Wasser gut gerührt und sodann in die Gefrierbüchse gegeben. Man kann die Mandeln der Kerne mit etwas Wasser stoßen und durch ein Tuch dazu seihen.

942. Aprikosen-Gefrorenes mit Rahm.

⅜ Liter geschälte Aprikosen werden passirt, 2 Eidotter mit 100 Gramm Staubzucker schaumig gerührt, mit den Aprikosen und ⅛ Liter Rahm vermischt über das Feuer gestellt, bis die Eier dicklich werden, gerührt, bis sie erkalten und dann in die Gefrierbüchse gegeben.

943. Ananas-Gefrorenes.

Die Schale einer Ananas wird mit Zucker abgerieben, die Frucht auf dem Reibeisen gerieben, 250 Gramm Zucker mit ¼ Liter Wasser gekocht, abgeschäumt und mit der Ananas vermengt; dann mischt man den Saft 1 Zitrone, 1 guten ⅛ Liter Rheinwein (oder statt dessen ⅜ Liter Rahm), sowie den festgeschlagenen Schnee von 1 Eiweiß dazu und gibt dies in die Gefrierbüchse. Statt der frischen Ananas kann man auch Ananas-Marmelade nehmen.

944. Tuttifrutti-Gefrorenes

wird wie Zitroneneis bereitet. Nachdem es in der Gefrierbüchse gehörig abgearbeitet ist, werden verschiedene eingemachte Früchte nebst etwas Zitronat sehr klein geschnitten und nach und nach unter das schon ziemlich steif gefrorene Zitroneneis gemischt.

945. Chokolade-Gefrorenes.

100 Gramm Vanille-Chokolade löst man mit ⅛ Liter Rahm am Feuer auf und gießt dann ⅜ Liter süßen Rahm dazu, läßt es aufkochen und dann erkalten. Dann rührt man 100 Gramm Zucker mit 3 Eidottern ab, gießt die Chokolade dazu und läßt es am Feuer heiß werden, bis es dick wird, aber nicht kocht. Nun läßt man es unter fortwährendem Rühren erkalten und gibt es in die Gefrierbüchse (Nr. 929). Halb gefroren kann man nach Belieben noch klein geschnittene, eingesottene Früchte beimengen.

946. Pudding à la Nesselrode.

170 Gramm geschälte Kastanien werden mit kochender Milch begossen und langsam weichgekocht, dann durch ein Haarsieb getrieben und mit 25 Gramm gestoßenem Zucker versüßt. — Nun rührt man 135 Gramm Zucker mit 1 Ei schaumig, gibt ⅓ Liter Milch, 2—3 Löffel Wasser, das feingestoßene Mark einer halben Stange Vanille, sowie 20 Gramm süße Butter dazu und stellt die Masse auf's Feuer und läßt sie unter ständigem Rühren bis zum Kochen kommen. Ist es etwas ausgekühlt, so mischt man die passirten Kastanien darunter, füllt das Ganze in die Gefrierbüchse und schüttet während des Gefrierens ½ Weinglas Maraskino, sowie 35 Gramm Sultaninen, 35 Gramm Weinbeeren und 12 Gramm feingeschnittenes Zitronat darunter. — Nach dem Umstürzen wird das Gefrorene mit Schlagrahm, den man mit Maraskino und Zucker vermischt, garnirt.

947. Punsch à la Romaine.

Auf 380 Gramm Zucker reibt man die Schale 1 Orange und 1 Zitrone ab, legt ihn in eine Schüssel und gießt ¼ Liter Wasser darauf. Sobald er aufgelöst ist, preßt man den Saft von 2 Orangen und 1 Zitrone dazu, gießt ¼ Flasche Rheinwein, 2 Löffel Arak, 2 Löffel Maraskino und ¼ Flasche Champagner dazu, füllt die Mischung in die Gefrierbüchse, läßt sie unter fleißigem Umdrehen frieren und rührt zuletzt den sehr fest geschlagenen Schnee von 2—3 Eiweiß, den man mit 100 Gramm Staubzucker vermischt, darunter. Man läßt es nochmals frieren, bis Alles weiß und schaumig wie dicker Rahm ist und servirt es dann in Champagnergläser.

Getränke.

Warme Getränke.

948. Kaffee.

Möglichst frisch gebrannter Kaffee ist am besten, daher kaufe man nie großen Vorrath davon oder brenne nie zu viel auf einmal. Zum Brennen sind die verschließbaren Röhren auf Spiritus am meisten zu empfehlen. Man bewahrt den gebrannten Kaffee in gut verschlossenen Porzellan- oder Blechbüchsen, reibt ihn stets nur vor dem Gebrauch durch die Kaffeemühle und rechnet 15 Gramm beiläufig für die Tasse. Man gibt den gemahlenen Kaffee in die Kaffeemaschine, drückt ihn mit dem bei der Kaffeemaschine befindlichen Stampfer fest, gießt ihn zuerst nur mit einem Löffel kochenden Wassers auf und deckt ihn sogleich zu. Ist er durchgelaufen, so gibt man ganz langsam so viel nach, als man Kaffee braucht. Bei Porzellanmaschinen, die am meisten zu empfehlen sind, hebt man nur den Obertheil ab und gibt ihn in der Maschine selbst zu Tisch, bei Blechmaschinen aber gießt man ihn sogleich in eine in heißem Wasser erwärmte Kaffeekanne und läßt ihn darin bis zum Gebrauch stehen. Auch der Rahm dazu muß von sehr guter Qualität sein und abgekocht sogleich servirt werden. Schwarzer Kaffee nach Tisch muß stärker sein und werden kleine Tassen dazu gegeben.

Will man Kaffee ohne Maschine bereiten, so setzt man das Wasser in einem emaillirten Geschirr zum Feuer, rechnet 15 Gramm Kaffee für 2 Tassen Wasser, schüttet ³/₄ von den gemahlenen Bohnen in das Wasser und läßt es 10 Minuten damit kochen, fügt nachher das letzte Viertel des Kaffees dazu, entfernt aber das Geschirr sofort vom Feuer und läßt es 5 Minuten gut zugedeckt ruhig stehen, bis der Kaffee sich gesetzt hat. Das fertige Getränk muß eine hellbraune Farbe haben und sehr wohlschmeckend sein.

949. Thee.

Der schwarze Thee wird meistens dem grünen vorgezogen, da letzterer die Nerven sehr aufregen soll; sehr häufig nimmt man ihn auch gemischt. Für 6 Tassen Thee gibt man in die Kanne 3 gute Kaffeelöffel Thee, gießt anfangs nur ein paar Eßlöffel kochendes Wasser darauf, läßt die Blätter zugedeckt anschwellen und gießt dann die Kanne mit kochendem Wasser voll. Nach fünf Minuten seiht man den Thee in eine andere erwärmte Kanne, wenn er nicht sogleich getrunken wird, da er durch das längere Stehen auf den Blättern bitter wird. Zu den abgeseihten Blättern gibt man bei Mehrbedarf des Thees jedesmal 1—2 Kaffeelöffel Thee dazu und gießt ihn wiederholt auf.

Der Rahm wird zum Thee kalt servirt und meist in kleinen Kännchen mit Schlagrahm gegeben. Auch muß ein Fläschchen Rum oder Arak auf den Theetisch gestellt werden.

950. Milch-Chokolade.

Man rechnet ein Täfelchen gute Chokolade (35 Gramm) auf eine Tasse Milch und schneidet oder bricht sie in Stücke, gibt etwas Milch dazu in die Pfanne und rührt sie, wenn sie weich wird, fein damit ab. Nun gibt man die übrige Milch dazu und läßt die Chokolade unter fleißigem Rühren gut aufkochen. Dann schüttet man sie in einen hohen Topf und sprudelt sie schaumig, gibt den Schaum in die Tassen und gießt dann die Chokolade darauf. Dicker und kräftiger ist sie, wenn man einen Eidotter mit etwas kalter Milch und gestoßenem Zucker abrührt und die kochende Chokolade dazu sprudelt. Ein Löffel Schlagrahm auf jede Tasse ist gut und hübsch.

951. Wasser-Chokolade.

Sie wird wie vorhergehende Milch-Chokolade bereitet, doch nimmt man zum Wasser etwas mehr Chokolade.

952. Cacao.

Man nimmt für die Tasse einen gehäuften Kaffeelöffel Cacao, gießt ihn mit 1 Eßlöffel kochenden Wassers an, verrührt ihn fein, gibt 2—3 Stücke Zucker für die Tasse dazu und füllt ihn mit kochender Milch auf. Zu Wasser nimmt man 1 Eßlöffel Cacao.

953. Punsch.

160 Gramm Zucker werden an 2 Orangen und 1 Zitrone abgerieben und mit ½ Liter Wasser aufgekocht. Unterdessen drückt

man den Saft von 2 Orangen und 1 Zitrone in eine Taffe, feiht dann den Saft in die Terrine durch eine naffe Serviette, nebst ¼ Liter heißem Theewaffer und dem kochenden Zuckerwaffer, schüttet zuletzt ¼ Liter Arak oder Rum dazu und servirt den Punsch sogleich heiß. Da manche Personen durch die abgeriebenen Schalen der Orangen Kopfschmerzen bekommen, so kann man statt der Schalen den Saft einer Orange mehr dazu nehmen.

954. Weinpunsch.

170—200 Gramm Zucker werden mit ½ Liter Waffer gekocht. Unterdeffen drückt man den Saft von 1—2 Orangen in eine Taffe, feiht ihn in die Punsch-Bowle, gibt ½ Flasche Rothwein (Burgunder) und ¼ Liter Arak oder Rum und zuletzt das kochende Zuckerwaffer darüber, rührt es mit dem Punschlöffel um und gibt es sogleich heiß zu Tisch.

955. Punschessenz.

1 Flasche Rothwein wird mit 1½ Kilo Zucker gekocht, dann ausgekühlt mit 1 Flasche Arak und 1 Flasche Rum, sowie dem geseihten Saft von 4 Orangen und 4 Zitronen vermischt, dann in Flaschen gefüllt und gut verkorkt an einen trockenen Ort gestellt. Um sich ein Glas Punsch zu machen, füllt man dasselbe mit einem Drittel der Effenz und zwei Drittel heißem Waffer. Die Effenz kann 1 Jahr aufbewahrt werden; daß die Effenz um so besser wird, je feiner Wein, Arak und Rum sind, ist selbstverständlich.

956. Eierpunsch.

Man rührt 6 Eidotter, am besten in einem hohen, engen Topf, der nie für fette Speisen benützt wurde, mit 180 Gramm gestoßenem Zucker, der vorher an den Orangen abgerieben wurde, gut ab, gibt dann beiläufig ¼ Liter Wein, Arak, sowie den Saft der 2 Orangen dazu, stellt den Topf über Kohlengluth und sprudelt ihn gleichmäßig mit einem Sprudler oder einer Schneeruthe, bis er steigt. Dann nimmt man den Topf vom Feuer und sprudelt ihn fort, so lange er steigt und füllt den Punsch sofort in Gläser. Auf 1 Eidotter rechnet man 2 halbe Eierschalen voll Flüssigkeit; schlägt man das Ei in der Mitte auseinander, dann nimmt man eine Schale und mißt Wein und Arak damit, z. B. auf 2 Eidotter 3 Eierschalen Wein und 1 Eierschale Arak. Statt der Orangen kann man auch 1 Zitrone nehmen, wenn erstere eben nicht vorhanden sind.

957. Glühwein.

Für eine halbe Flasche Rothwein (Burgunder) nimmt man beiläufig 100 Gramm Zucker, ein Stückchen Zimmt, 2 Nelken, ein Stückchen fein abgeschnittene Zitronenschale und läßt dies bis zum Sieden heiß werden, aber nicht kochen. Man servirt den Glühwein sogleich, nachdem man das Gewürz entfernt hat.

958. Bischof.

Wird wie Nr. 957 bereitet, nur daß man zuerst den Rothwein mit dem möglichst fein abgeschnittenen Gelben 1 Orangenschale 1 Stunde ziehen läßt.

959. Grog.

$1/2$ Liter Wasser wird mit 100—120 Gramm Zucker gut gekocht, dann nach Belieben mit $1/8$ oder $1/4$ Liter Rum oder Arak aufgegossen. Statt Wasser kann man auch heißen Thee nehmen.

960. Eiergrog.

Für $1/4$ Liter Wasser mit 60 Gramm Zucker aufgekocht rechnet man 1 Eidotter, den man mit $1/8$ Liter Rum gleich im Glas gut verrührt und während des langsamen Zugießens des heißen Zuckerwassers stark weitersprudelt.

961. Crambambuli.

$1/2$ Flasche Wein wird in eine Porzellanschüssel geschüttet, ein eiserner Rost darüber gelegt und auf diesen 250 Gramm mit Arak getränkter Zucker gelegt, den man entzündet und in den Wein tropfen läßt. Man trinkt ihn sogleich warm, kann auch $1/4$ Flasche Champagner beifügen, oder will man ihn weniger stark, heißes Wasser dazu serviren.

962. Warme Limonade.

150 Gramm Zucker werden mit $1/2$ Liter Wasser aufgekocht und der Saft von 1—2 Zitronen, nach Geschmack auch die sehr dünn abgeschnittene Schale 1 Zitrone dazu gegeben und durchgeseiht.

963. Warmes Bier.

$1/2$ Liter Weißbier (ist besser als braunes) wird mit 100 bis 140 Gramm Zucker, einem Stückchen Zimmt und etwas Zitronenschale einmal aufgekocht. Dann sprudelt man 1—2 Eidotter gut mit einem Weinglas voll Rahm oder Milch ab, gießt nach und nach das heiße Bier dazu, sprudelt es tüchtig und servirt es in Gläsern. Etwas Zitronensaft oder Rum vor dem Einfüllen in die Gläser dazu gegeben ist gut.

Kalte Getränke.

964. Limonade.

In ½ Liter frischem Wasser löst man 70 Gramm Zucker auf oder klärt benselben und drückt den Saft einer halben oder ganzen Zitronen durch den Theeseiher dazu.

965. Orangeade

wird wie Limonade bereitet, nur nimmt man zu einer halben Zitrone noch eine ganze Orange dazu. Nach Geschmack kann man das fein abgeschnittene Gelbe der halben Orangenschale in dem Wasser ziehen lassen.

966. Mandelmilch.

Ungefähr 20 Stück große süße und zwei Stück bittere Mandeln werden abgezogen, mit etwas Wasser in einem sorgfältig gereinigten Mörser fein gestoßen und mit ½ Liter frischem Wasser verrührt, bis es wie Milch aussieht. Dann preßt man die Mandeln durch eine naßgemachte Serviette, gibt die zurückbleibenden Mandeln nochmals in den Mörser, stößt sie, gibt neuerdings Wasser dazu, und preßt sie wiederholt durch die Serviette. Nun verrührt man sie gut mit Zucker und stellt sie so, wenn sie kalt gegeben wird, auf Eis oder, soll sie lauwarm servirt werden, in heißes Wasser. Etwas Orangenblüthenwasser beigemischt gibt dem Getränk einen besonders angenehmen Geschmack.

967. Gerstenwasser.

125 Gramm Gerstenkörner werden mit ½ Liter Wasser so lange gekocht, bis die Körner aufspringen, dann gießt man das Wasser durch ein Sieb, läßt es eine halbe Stunde ruhig stehen, seiht es nochmals durch ein Tuch, versüßt es mit Zucker, fügt etwas Weißwein, Himbeer- oder Zitronensaft dazu und gibt es Kranken als angenehmes, kühlendes Getränk. Ohne Zitronensaft, mit etwas Rothwein vermischt, ist es bei Diarrhöe, Ruhr u. dgl. zu empfehlen.

968. Getränke mit Obstsaft.

In frisches Wasser gibt man nach Geschmack Himbeer-, Weichsel-, Johannisbeeren- oder Berberitzensaft, genügend Zucker und etwas Zitronensaft, und vermengt es gut. Noch erfrischender ist Obstsaft mit Syphon oder Selterswasser.

969. Maiwein.

Von dem im Mai kurz vor dem Aufblühen gepflückten Waldmeister nimmt man 1 Hand voll, gibt 150—200 Gramm Zucker, eine halbe, zu Scheiben geschnittene Orange, sowie 1 Liter Weißwein dazu, läßt dies eine halbe Stunde womöglich auf Eis stehen und verbraucht es sogleich frisch.

970. Erdbeer- oder 971. Himbeer-Bowle.

Man gibt ½ Liter Erdbeeren oder Himbeeren in eine Schüssel, überstreut sie mit 150—200 Gramm gestoßenem Zucker, gießt ½ Liter Moselwein und ½ Flasche Bordeaux dazu, deckt sie gut zu, stellt sie ein paar Stunden auf Eis und rührt sie mehrmals um. Ebenso kann man nur 1 Flasche Moselwein und einen Moment vor dem Serviren ½ Flasche gekühlten Champagner oder Selterswasser dazu gießen.

972. Aprikosen- oder 973. Pfirsich-Bowle.

Wird wie Nr. 970 bereitet, nur daß man sechs große, schöne Pfirsiche oder Aprikosen ausäsint, schält, in Stücke schneidet und auf Eis mit dem gestoßenen Zucker 2—3 Stunden ziehen läßt, ehe man den Wein dazu gießt.

974. Ananas-Bowle.

Dazu kann man sowohl eingemachte, wie frische Ananas verwenden, sonst wird sie wie Erdbeer-Bowle bereitet.

975. Claret.

6 Stück Borsdorfer oder Reinettenäpfel werden geschält, in feine Blättchen geschnitten, dann 1 Flasche Rothwein, 200 Gramm Zucker, 3 Nelken und etwas Zimmt dazu gegeben und 2 Stunden zugedeckt in Eis stehen gelassen, dann durch eine nasse Serviette geseiht und in Gläsern servirt.

Getränke.

976. Cardinal.

Man reibt die Schale von 1 Orange oder Apfelsine an 200 Gramm Zucker ab, legt den Zucker in eine Schüssel, seiht den ausgedrückten Saft von 2 Orangen darauf, gießt 1 Flasche Weißwein darüber, stellt die Schüssel auf Eis und servirt den Cardinal eine Stunde später in Gläsern. Man kann demselben auch eine halbe Flasche Champagner oder auch etwas Ananas-Syrup beimischen.

977. Sorbet.

Aus 500 Gramm reifen Aprikosen sucht man die kleineren heraus und kocht sie in ⅛ Liter Wasser, bis die Kerne herausfallen, seiht den Saft durch ein Tuch, preßt die Früchte gehörig aus und kocht den Saft mit 250 Gramm Zucker zu dicklichem Syrup ein. Die großen Aprikosen siedet man in ½ Liter Wasser weich, bis sie aufspringen, seiht das Wasser davon nach dem Erkalten in eine Bowle, fügt den Syrup dazu, legt die halbirten, entfernten Aprikosen nebst einigen Eisstückchen hinein, würzt den Sorbet mit einigen Tropfen Mandelessenz und servirt ihn. — Ebenso bereitet man ihn von Granatäpfeln oder schönen Weichseln, fügt aber statt Mandel-Essenz einige Tropfen Orangenblüthenessenz bei.

978. Kalter Eierpunsch.

Eierpunsch Nr. 956 wird vom Feuer genommen, wenn er gestiegen ist, und fortgesprudelt, bis er ausgekühlt ist. Man füllt ihn dann in Gläser und stellt sie kalt oder auf Eis.

979. Anis-Liqueur.

1 Liter Franzbranntwein oder feiner Kornbranntwein, 20 Gramm gestoßener Sternanis, 20 Gramm gestoßener gewöhnlicher Anis, die fein abgeschälte Schale von ⅓ Zitrone, 5 Gramm ganzen Zimmt läßt man 4 Wochen in der Sonne oder an einem warmen Orte ziehen, dann werden 210 Gramm Zucker in ½ Liter Wasser geläutert und etwas abgekühlt dazu gegeben, dann das Ganze filtrirt und in Flaschen gefüllt.

980. Schwarzbeer-Liqueur.

4 Liter Schwarzbeeren (Heidelbeeren) werden zerdrückt und einige Tage in einem steinernen Topf in den Keller gestellt. Nun preßt man sie durch ein Tuch, läßt sie noch einen Tag stehen und kocht den Saft tüchtig mit 1 Kilo und 250 Gramm Zucker. Einige

Tage vorher gibt man 10 Gramm Zimmt, 5 Gramm Nelken und 5 Gramm Cardamomen in feinen Kornbranntwein oder feinsten Weingeist und läßt es in der Sonne ausziehen. Ist der Schwarzbeersaft gekocht, so gibt man 1½ Liter Kornbranntwein mit dem Gewürz geseiht vorsichtig in den heißen Saft. Wenn er abgekühlt ist, füllt man ihn in Flaschen und stellt diese noch 14 Tage in die Sonne. Will man ihn schwach haben, so genügt schon ½ Liter feiner Kornbranntwein dazu.

981. Weichsel-Liqueur.

500 Gramm Weichsel und 500 Gramm Kirschen werden im Mörser gestoßen, dann mit einer Obertasse schwarzer Johannisbeeren, 3 Gramm Zimmt und 350 Gramm gestoßenem Zucker in eine große Flasche gethan, 1¼ Liter feinster ächter Kornbranntwein dazu gegossen und derselbe unter öfterem Schütteln 3 Wochen in der Sonne stehen gelassen. Sodann filtrirt man ihn und füllt ihn in Flaschen.

982. Himbeer-Liqueur.

½ Liter frischgepflückte reife Himmbeeren gibt man in eine große Glasflasche, übergießt sie mit 1 Liter Cognac oder feinem Branntwein und läßt sie in der Sonne oder an einem warmen Ort 3—4 Wochen stehen. Hierauf läutert man 400 Gramm Zucker in ½ Liter Wasser, vermischt ihn dann mit dem Branntwein, filtrirt das Ganze und füllt es in Flaschen.

983. Kaffee-Liqueur.

Man röstet 80—100 Gramm feinen Mokka, zerstampft ihn grob, kocht 400 Gramm Zucker mit ¼ Liter Wasser zu Syrup, läßt den Kaffee einmal darin aufwallen, vermischt Alles mit 1 Liter Cognac oder Kirschwasser, läßt es in einer gut verkorkten Flasche 4 Wochen in der Sonne stehen, filtrirt den Liqueur und zieht ihn auf Flaschen.

984. Orangen-Liqueur.

6 sehr reife Orangen werden mit einem scharfen Messer sehr fein geschält, damit nichts Weißes daran bleibt, diese Schalen in einen Liter feinen Branntwein gegeben, gut verkorkt 2—3 Wochen an die Sonne oder an einen warmen Ort gestellt und öfters geschüttelt. Sodann werden 350 Gramm Zucker mit ½ Liter Wasser zu einem dickflüssigen Syrup gekocht, der Branntwein filtrirt, mit

dem etwas ausgekühlten, aber noch heißen Syrup gemischt und dann kalt in Flaschen gefüllt.

985. Weichselsaft.

Die abgestielten Weichseln werden zerquetscht, die Hälfte davon sammt den Kernen gestoßen, mit Papier zugedeckt und zwei Tage stehen gelassen; dann drückt man sie durch ein Tuch, läßt den Saft wieder einen Tag stehen und seiht ihn nochmals durch ein Tuch. Nun nimmt man auf 500 Gramm Saft 375 Gramm Zucker, läßt denselben unter beständigem Rühren in dem Saft zergehen und die Masse, indem man den Schaum abnimmt, drei- bis viermal zum Kochen kommen; sowie der Saft zu kochen beginnt, muß man die Pfanne wegnehmen. Nach dem Kochen wird der Saft abermals durch ein Tuch geseiht und erst ganz ausgekühlt in Flaschen gefüllt, die man verkorkt und verpicht.

Oder: Nachdem der Saft, wie oben ausgepreßt, kocht man ihn wie nachstehenden Himbeersaft mit Zucker.

986. Himbeersaft.

Schöne große Himbeeren läßt man auf dem Feuer unter beständigem Rühren heiß werden, drückt den Saft durch ein Haarsieb und filtrirt ihn durch ein Tuch. Dann kocht man auf 500 Gramm Saft 375 Gramm Zucker nach Nr. 882 zum Flug, schüttet den Saft dazu, läßt ihn zum schwachen Faden kochen und schäumt ihn sehr rein ab. Ist derselbe kalt geworden, so wird er in sehr reine Flaschen gefüllt, welche man verkorkt und verpicht.

987. Fruchtzucker für Getränke.

Von Erdbeeren, Himbeeren, Johannisbeeren ꝛc., auch Zitronen preßt man den Saft, seiht ihn durch einen Musselinfleck und wiegt ihn. Für je 125 Gramm Saft nimmt man 500 Gramm feingestoßenen Zucker, also das Vierfache, und rührt ihn mit einem neuen Kochlöffel fest zum Saft. Nachmittags, wenn das Rohr sehr kühl ist, zerbröselt man diesen Zucker auf einem Teller und trocknet ihn im Rohr. Sodann wird er gestoßen und in gut verschlossenen kleinen Gläsern aufbewahrt. Man nimmt 2—3 Löffel Fruchtzucker auf 1 Glas Wasser.

Compots.

988. Apfelcompot.

5—6 Maschantsker, Taftäpfel oder solche, welche im Kochen nicht zerfallen, werden halbirt, das Kernhaus sorgfältig herausgeschnitten, rein geschält und in einer Kasserole mit ¼ Liter Wasser, 70 Gramm Zucker und etwas Zitronensaft und Zitronenschale auf dem Feuer langsam gekocht. Sind sie weich, so läßt man sie auskühlen, dann nimmt man sie Stück für Stück behutsam mit einem silbernen Löffel heraus, richtet sie in einer Compotschale hübsch an und seiht den dickfließend eingekochten Saft über die Aepfel. Man kann das Compot garniren, indem man auf jeden Apfel eine eingemachte Weichsel, einige Johannisbeeren oder auch etwas farbiges Gelée gibt.

989. Verrührtes Apfelcompot.

Kochäpfel werden geschält, geschnitten, von dem Kernhaus sorgfältig befreit und sogleich in reichlich gezuckertem Wasser mit etwas Zitronensaft und -Schale weich und dick eingekocht. Nun werden sie mit einem silbernen Löffel fein musartig verrührt oder durch ein Sieb gepreßt, etwas ausgekühlt in die Compotschale gegeben und glatt gestrichen. Man kann Rosinen oder Weinbeeren nach Belieben mitkochen, das Compot mit einem Löffel Arak vermischen oder mit gestoßenem Zucker stark bestreuen und mit einem glühenden Schmarnschäufelchen schön aufbrennen.

990. Birnencompot.

Man nimmt am liebsten mittelgroße Birnen, die man schält, den Butzen aussticht und die Stiele etwas zustutzt, größere werden geschält, halbirt und das Kernhaus ausgestochen; dann gibt man sie sogleich in gut gezuckertes Wasser, dem man ein Glas Wein oder Zitronensaft und etwas Zitronenschale beifügt und kocht sie langsam weich. Ist der Saft nicht dick genug, so kocht man ihn weiter ein, richtet indeß die Birnen, die Stiele nach aufwärts, in die Schale und gißt den erkalteten Saft über die Birnen.

991. Gebratene Birnen.

Birnen, wie Salzburger oder dergleichen, gibt man nach dem Schälen und Ausnehmen der Butzen in heiße Butter, bestreut sie stark mit Zucker, rüttelt sie öfters auf und dünstet sie so, bis sie weich sind.

992. Birnen mit Schlagrahm.

Große, feine, aber feste Birnen werden geschält, das Kernhaus ausgenommen, die Birnen ausgehöhlt, die Stiele aber daran gelassen, dann kocht man sie mit Zuckerwasser und etwas Zitronenschale nicht zu weich, nimmt sie heraus, läßt sie auskühlen und füllt sie mit Vanille-Schlagrahm Nr. 893, dem man auch etwas gestoßene Nüsse beimischen kann.

993. Kirschencompot.

Man stielt die Kirschen ab und kocht sie mit Wasser, dem nöthigen Zucker, einer Zitronenschale und etwas Zimmt 10 bis 15 Minuten lang, dann nimmt man die Kirschen heraus, kocht den Saft noch dicker ein und gibt ihn etwas erkaltet über die Kirschen.

Oder: Man läßt den Zucker fast bis zum Spinnen dick kochen, gibt die Kirschen hinein und dünstet sie langsam.

994. Weichselcompot

wird wie Kirschencompot bereitet.

995. Himbeercompot.

996. Johannisbeercompot.

Man nimmt zu 500 Gramm ausgesuchten Johannisbeeren oder Himbeeren 250 Gramm Zucker, läßt ihn mit $1/8$ Liter Wasser so dick einkochen, daß er, zwischen die Finger gebracht, einen Faden bildet, gibt die Beeren hinein, läßt sie einmal damit aufkochen, stellt sie bei Seite und richtet sie abgekühlt in einer Glasschale an.

997. Erdbeercompot.

Man kocht, wie vorhergehend, den Zucker, läßt ihn etwas abkühlen und gibt ihn über die frischen Erdbeeren.

Oder: Man gibt die Erdbeeren in eine Schale, bestreut sie dick mit gestoßenem Zucker und gibt ein Gläschen Wein darüber.

998. Aprikosencompot.

Aprikosen werden halbirt, gebrüht, von den Häutchen befreit und mit dem nöthigen Zuckerwasser langsam weich gekocht. Man hebt sie in die Compotschale, schlägt die Kerne auf, brüht sie, zieht sie ab, kocht damit den Saft noch dicker ein und gießt ihn erkaltet darüber.

999. Pfirsichcompot

wird ganz wie vorhergehendes Aprikosencompot bereitet.

1000. Zwetschgencompot.

Die Zwetschgen werden halbirt und dann in Wasser mit Zucker und etwas Zimmt gedünstet.

Oder: Man legt die ganzen Zwetschgen in's kochende Wasser und läßt sie zugedeckt eine Minute stehen. Dann zieht man die Haut ab, legt die Zwetschgen in eine Kasserole, streut gestoßenen Zucker darüber und dünstet sie mit etwas Wasser.

1001. Compot von dürren Zwetschgen und 1002. Prünellen.

Man wäscht sie mehrmals mit lauwarmem Wasser, dann stellt man sie mit frischem Wasser, etwas Zucker und nach Belieben auch etwas Zitronenschale und ganzen Zimmt an's Feuer und kocht sie weich, so lange, bis der Saft etwas eingegangen und die Zwetschgen wieder etwas kerniger geworden sind. Man läßt sie in ihrem Saft erkalten und richtet sie dann an.

1003. Compot von Aepfeln- und 1004. Birnen-Schnitzen.

Man wäscht die getrockneten Schnitze, legt sie über Nacht in's Wasser und kocht sie dann im selben Wasser mit Zucker und etwas Zitronenschale, bis sie weich sind.

1005. Heidelbeercompot.

Die Heidelbeeren werden in ihrem eigenen Saft mit fast gleich schwer Zucker und etwas ganzem Zimmt zugedeckt gekocht. Auch kann man ein Glas Rothwein dazu geben. Getrocknete Beeren kocht man einfach mit Wasser und Zucker, bis sie vollkommen weich sind.

1006. Orangencompot.

Die Orangen schneidet man in federkieldicke runde Scheiben, kernt sie etwas aus, legt sie in die Compotschale, bestreut sie mehrmals mit gestoßenem Zucker und gießt nach Belieben ein Glas Weißwein darüber.

1007. Kastanien mit Aepfeln.

Große, schöne Kastanien werden in Wasser weich gekocht, geschält, in Butter und Zucker gedünstet und mit geschälten, in Scheiben geschnittenen, in etwas Wasser mit Wein, Zucker und Zitronenschale weichgedünsteten Aepfeln beim Anrichten vermischt und so als Compot zu Kapaunen oder Gansbraten gegeben.

1008. Rhabarbercompot.

Am besten sind die Blattstiele von getriebenem oder gebleichtem Rhabarber; man wäscht sie und schneidet sie in 5—6 cm lange Stückchen und dünstet je 250 Gramm Früchte in einer Tasse Wasser mit einer Zitronenschale und 100 Gramm Zucker weich; dann nimmt man sie heraus, legt sie in die Compotschale, kocht den Saft noch dicker ein und gießt ihn dann über die Früchte.

1009. Quittencompot.

Reife, gut abgelegene Quitten schält man, schneidet sie in Schnitze und nimmt das Kernhaus heraus. Auf die Abfälle legt man die Spalten, gibt fast gleichviel Zucker, Wasser und halb so viel Wein, sowie etwas Zitronenschalen dazu und kocht sie zugedeckt langsam weich. Will man sie sulzen, so nimmt man die Schnitze heraus, seiht den Saft, kocht ihn noch dicker ein, gibt ihn lau über die in eine Compotschale gelegten Quitten, und läßt sie bis zum nächsten Tage stehen.

1010. Sollermus, Hollunder.

$1/2$ Liter Hollunderbeeren werden rein gewaschen und mit beiläufig 10 Stück Halbirten, frischen Zwetschgen, 70 Gramm Zucker, 1 Stückchen ganzen Zimmt und $1/4$ Liter Wasser langsam zusammen gekocht. Wenn es ein dickes Mus ist, rührt man noch einen Eßlöffel Semmelbrösel dazu, läßt es damit nochmals aufkochen, richtet es in einer Schale an und läßt es erkalten.

Für Kranke, welche keinen Zucker essen dürfen, nehme man statt desselben zu Compot, Marmelade und Getränken, wie Thee, Kaffee, Punsch rc., Saccharin. (Näheres hierüber siehe Anhang.)

Eingemachte Früchte.

Beim Einmachen der Früchte in Zucker ist im Allgemeinen zu beobachten, daß die Früchte makellos, aber noch fest, nicht zu reif, von guter Gattung und womöglich frisch vom Baum gepflückt sind. Siebe und Geschirre dürfen nicht zu fetthaltigen Speisen verwendet worden sein, auch darf das Eingesottene in Messing oder Kupfer nicht stehen bleiben und verzinntes Geschirr dazu gar nicht verwendet werden.

Zur Erhaltung der Früchte gegen Anlaufen ist es gut, die Gefäße, nachdem sie sehr rein gewaschen, mit Spiritus zu schwanken und denselben eintrocknen zu lassen. Ueber die eingemachten Früchte selbst legt man Papier, das man mit Arak oder auch mit Spiritus getränkt hat. Die Gläser verschließt man mit einer naßgemachten Schweinsblase oder mit Pergamentpapier. Sollte sich nach einiger Zeit Schimmel auf den Früchten zeigen, so nimmt man das unreine Papier ab, kocht die Früchte noch einmal auf, reinigt das Gefäß gut, gibt die Früchte lauwarm hinein, belegt sie, wenn sie ganz kalt sind, mit frischem, in Arak getauchtem Papier und verschließt sie gut.

Sehr zu empfehlen ist auch das Schwefeln der Gläser. Man bedient sich dazu einiger Schwefelhölzer oder eines Schwefelfadens, hält sie brennend in das Einmachglas, das man mit einem Deckel so bedeckt, daß man nur dieselben halten kann und sogleich entfernt, wenn das Glas gut geschwefelt ist. Nun gibt man sogleich die eingemachten Früchte hinein, überschwefelt dieselben noch einmal, indem man das Pergamentpapier schon darüber hält, welches man dann sofort zubindet. Dadurch wird selten eine Frucht anlaufen.

1011. Eingemachte Weichseln.

Man nimmt auf je 500 Gramm ausgekernte Weichseln 370 Gramm Zucker, kocht denselben zum Flug (siehe Nr. 882), gibt dann die Weichseln dazu, kocht sie einmal damit auf, schäumt sie ab, gibt sie in eine Schüssel und läßt sie, mit Papier überdeckt, über Nacht stehen. Am nächsten Tage gießt man den Saft ab, kocht ihn zum Faden, schäumt ihn wieder gut ab, schüttet die Weichseln hinein, läßt sie einmal damit aufkochen, nimmt allen Schaum ab und schüttet sie wieder in die Schüssel. So verfährt man drei Tage, am vierten Tag schüttet man die Weichseln in ein Früchteglas, legt ein in Arak getauchtes Papier über dieselben, verschließt das Glas am besten mit einer naßgemachten Schweinsblase oder auch einem Bogen Schreibpapier und stellt es an einen kalten, trockenen Ort.

1012. **Eingemachte Amarellen** und 1013. **Kirschen** werden wie die Weichseln bereitet.

1014. **Eingemachte Himbeeren.**

440 Gramm Zucker werden zu je 500 Gramm schönen, ausgesuchten Himbeeren genommen, derselbe nach Nr. 882 geläutert und zum Fluge gekocht. Nun schüttet man die Himbeeren hinein, läßt sie einmal aufkochen, gibt sie dann in eine Schüssel und läßt sie über Nacht stehen. Am andern Tag schüttet man sie auf ein grobes Sieb und läßt den Saft zum großen Faden einkochen, schäumt ihn dabei rein ab und gießt ihn heiß über die Himbeeren in die Schüssel. So verfährt man während drei Tage. Am vierten Tage füllt man sie halb ausgekühlt in Gläser und bindet diese, wenn die Früchte ganz kalt sind, zu, nachdem man vorher ein in Arak getauchtes Papier auf die Himbeeren gelegt hat.

1015. **Eingemachte Gartenerdbeeren.**

Dieselben werden, nachdem sie gereinigt sind, ebenso wie die vorstehenden Himbeeren bereitet.

1016. **Johannisbeeren.**

Dazu nimmt man ebenso schwer Zucker als Beeren. Der Zucker wird nach Nr. 882 geläutert, zum Flug gekocht, dann gibt man die abgezupften Beeren hinein, läßt sie einmal damit aufkochen, schäumt sie rein ab und schüttet sie in eine Schüssel. Am anderen Tage gibt man sie in ein grobes Sieb und stellt den abgelaufenen Saft auf's Feuer. Nachdem man ihn rein abgeschäumt hat, kocht man ihn zum Faden, gibt dann die Johannisbeeren hinein, läßt sie nur einmal damit aufkochen, schäumt sie gut ab und füllt sie kalt in Gläser; dann legt man ein mit Arak getränktes Papier darauf und überbindet sie mit einer Schweinsblase oder Pergamentpapier.

1017. Eingemachte Aprikosen.

Fast reife, tadellose Aprikosen schält und halbirt man und legt sie in's kalte Wasser, setzt sie damit an's Feuer, bis das Wasser heiß geworden, stellt sie dann bei Seite und deckt sie zu, bis die Aprikosen weich sind. Nachdem man sie mit einem silbernen Löffel herausgenommen hat, legt man sie in kaltes Wasser, dann auf ein Tuch zum Abtropfen, hierauf in eine Schüssel und übergießt sie mit geläutertem Zucker im gleichen Gewicht wie die Aprikosen; zum Läutern rechnet man ³/₄ Liter Wasser auf 1 Kilo Hutzucker. Die Kerne der Aprikosen werden aufgeschlagen, die Mandeln davon abgezogen, zwischen den Aprikosen eingelegt und so über Nacht stehen gelassen. Den nächsten Tag kocht man den Saft zum Breitlauf (siehe Nr. 882), schäumt ihn sehr gut ab, gibt die Aprikosen hinein, läßt sie einmal aufwallen und dann wieder über Nacht stehen. Am dritten Tag wird der Syrup abgegossen zum Flug gekocht, die Aprikosen darin ganz kurz aufgekocht und kalt gestellt. Nun gießt man nochmals den Syrup ab, kocht ihn und schäumt ihn ab, richtet unterdessen die Aprikosen in die Gläser und gießt den Saft, wenn er nicht mehr heiß ist, darüber. Erkaltet, bedeckt man die Früchte mit Papier, in Arak oder Rum getränkt, und überbindet sie mit einer Blase oder Pergamentpapier. Nach Belieben kann man vor dem Eingießen den Saft mit Cognac mischen und so über die Früchte geben.

1018. Eingemachte Pfirsiche.

Sie werden ebenso wie vorstehende Aprikosen bereitet.

1019. Zwetschgen, 1020. Pflaumen und 1021. Mirabellen

schält man, läßt die Stiele daran, legt sie in kaltes Wasser und bereitet sie nun ebenso wie Aprikosen Nr. 1017.

1022. Schwarze eingemachte Nüsse.

Zu Anfang oder Mitte Juli, so lange die innere Holzschale noch weich ist, pflückt man die Nüsse, durchsticht sie mehrmals mit einer Nadel und legt sie 12—14 Tage in ein Gefäß mit kaltem Wasser, welches jedoch täglich abgegossen und durch frisches ersetzt werden muß. Hierauf kocht man sie langsam so weich, daß sie leicht von einer durchgestochenen Nadel abfallen, legt sie dann über Nacht in kaltes Wasser, läßt sie am folgenden Morgen auf einem Sieb gut abtropfen und gibt sie in eine Schüssel. Auf 500 Gramm Nüsse läutert man 625 Gramm Zucker mit ½ Liter Wasser und gießt ihn kochend über die Nüsse. Am folgenden Tag siedet man den Zucker zum Breitlauf, schäumt ihn ab, schüttet ihn nach dem Erkalten abermals über die Nüsse und wiederholt dies 6 Tage nacheinander, wobei man jedesmal etwas Zucker zusetzt und ihn sehr gut abschäumt. Am 7. Tage kocht man ihn bis zum Faden, läßt die Nüsse einige Male darin aufwallen, schichtet dieselben mit dazwischen gestreutem, zerbrochenem Zimmt und Gewürznelken in Steintöpfe oder Gläser, gießt den ausgekühlten Zucker darüber, so daß er die Früchte völlig bedeckt und überbindet die Gläser, wenn sie ganz kalt geworden sind, gut mit einer Blase.

1023. Schwarzbeeren.

Auf je 500 Gramm schöne Schwarzbeeren (Heidelbeeren) läutert man 280 Gramm Zucker mit ⅛ Liter gutem Weinessig, gibt die Beeren dazu und läßt sie unter fleißigem Umrühren eine Stunde kochen, gießt sie dann sogleich in einen steinernen Hafen, legt nach dem Erkalten ein in Arak getränktes Papier darauf und bindet diesen gut zu.

1024. Preißelbeeren.

3 Liter große, dunkle Preißelbeeren werden rein ausgesucht, gewaschen und mit 350 Gramm Zucker nebst einigen Stückchen Zimmt einmal aufgekocht, abgeschäumt, dann in einen steinernen Hafen gefüllt und nach völligem Erkalten gut zugebunden. Vor dem Serviren mischt man noch den nöthigen Zucker, nach Belieben auch etwas Wein oder Zimmt bei.

1025. Arakfrüchte (Tutti Frutti).

In ein großes Einmachglas gibt man 140 Gramm schöne reife Erdbeeren, bestreut sie mit ebenso viel gestoßenem Zucker und übergießt sie mit ¼ Liter Rum oder Arak. Je nachdem es nun Weichsel, Aprikosen, Johannisbeeren, Himbeeren, Pfirsiche, Zwetschgen, Birnen, Aepfel, Trauben ꝛc. gibt, füllt man von jeder der eben vorhandenen Obstsorte 140 Gramm nach und bestreut sie stets mit dem gleichen Gewicht gestoßenen Zuckers, bindet das Glas aber immer mit einer Blase gut zu. Das Obst wird stets ausgesteint und geschält, Aepfel und Birnen in Schnitzchen geschnitten, Alles fleißig umgerührt und so viel Arak als nötig ist, dazu geschüttet.

1026. Aprikosen in Dunst.

Reife, aber noch sehr feste Aprikosen werden geschält, halbirt, in weithalsige Glasflaschen mit der aufgeschnittenen Seite nach unten gelegt, mit geklärtem Zucker übergossen, so daß die Früchte ganz bedeckt sind, einige abgeschälte Kerne darunter gemischt und die Gläser mit einer Schweinsblase oder wasserdichtem Pergamentpapier verbunden. Beim Verbinden ist es wichtig, daß wenig Luft im Innern bleibt, deßhalb hält man das mit Wasser erweichte Pergamentpapier oder die Blase mit der linken Hand am Halse des Glases fest, drückt es mit der rechten etwas ein, damit die Luft entweicht und bindet dann die Blase recht fest zu. Solange dann die Blasen eingedrückt oder gerade bleiben, ist der Inhalt gut, wenn sie sich wölben, so ist Gährung eingetreten und man muß die Früchte verbrauchen. Zum Dunstsieden stellt man nun die Gläser in einen Kessel auf eine Lage Heu, umwickelt sie mit Heu, füllt den Kessel mit kaltem Wasser, so daß die Gläser bis an den Hals im Wasser stehen, deckt ihn gut zu, erwärmt das Wasser langsam und läßt es 6—8 Minuten kochen. Dann nimmt man den Kessel vom Feuer und läßt die Gläser zugedeckt darin erkalten, wischt sie rein ab und bewahrt sie an einem trockenen und kühlen Ort auf.

1027. Pfirsich in Dunst,
1028. Zwetschgen in Dunst,
1029. Mirabellen in Dunst,
1030. Weichseln in Dunst

werden wie Nr. 1026 bereitet.

1031. Dunst-Obst ohne Zucker.

Alles vorher benannte Obst siedet man in Dunst, indem man es in weithalsige Flaschen ganz voll einfüllt, dieselben dabei auf ein Tuch immer etwas aufstößt, damit die Früchte gut aufeinander sitzen. Nun verpfropft man die Flaschen gut mit einem Korkstöpsel, überbindet denselben mit Bindfaden, um das Heraustreiben der Stöpsel zu verhindern und behandelt sie genau ebenso wie in Nr. 1026, indem man sie mit Heu in einen Kessel stellt.

Nachdem die Flaschen im Kessel erkaltet sind, verpicht man sie und verwahrt sie an einem kühlen, trockenen Ort.

Wenn die Dunstfrüchte gut eingemacht sind, kommen sie den frischen Früchten fast ganz gleich. Man verwendet sie hauptsächlich im Winter als Compot oder zu Obstkuchen.

1032. Aprikosen-Marmelade.

Man nimmt dazu sehr reife und weiche Aprikosen, kernt sie aus und passirt sie durch ein Sieb. Auf 500 Gramm ausgekernte Aprikosen läutert man 500 Gramm Zucker, kocht ihn zum Flug, schüttet dann das Mark dazu und läßt es bei fleißigem Umrühren und öfterem Abschäumen dick einkochen. Ist die Marmelade halb ausgekühlt, so füllt man sie in Gläser und bindet sie gut zu.

Man kann sie auch unpassirt mit weniger geläutertem Zucker zu einem dicken Brei kochen, bis sich derselbe vom Löffel löst.

1033. Pfirsich-Marmelade

wird wie vorhergehende Aprikosen Nr. 1032 bereitet.

1034. Himbeer-Marmelade.

Schöne, reife Himbeeren werden zerdrückt und das Mark durch ein Sieb passirt. Auf 500 Gramm Mark gibt man 250 Gramm feingestoßenen Zucker zusammen in eine Messingpfanne und rührt es so lange fleißig auf dem Feuer, bis man beim Rühren den Boden der Pfanne sehen kann. Nun wird die Marmelade vom Feuer genommen, halb ausgekühlt in Gläser gefüllt, mit einem in Arak befeuchteten Papier bedeckt und gut zugebunden.

1035. Apfel-Marmelade.

Man nimmt dazu Borsdorfer- oder Reinettenäpfel, schält und zerschneidet sie und kocht sie nur mit so viel Wasser, daß es die Aepfel knapp bedeckt. Sind sie weich, so rührt man sie zu Brei und passirt sie durch ein Sieb. Auf 500 Gramm Apfelbrei läutert man 500 Gramm Zucker bis zum Breitlauf, gibt den Apfelbrei nebst feingeschnittener Zitronenschale dazu und läßt es so lange kochen, bis es so dick ist, daß man beim Rühren den Boden der Pfanne sehen kann. Dann füllt man die Marmelade in einen Steintopf, bedeckt sie nach dem Erkalten mit in Arak getränktem Papier und bindet ihn gut zu. Man kann auch etwas Arak zur Marmelade mischen, wenn man sie vom Feuer wegnimmt.

1036. Quitten-Marmelade in Formen.

Gelbe, gut abgelegene Quittenäpfel werden sammt den Schalen in Schnitze geschnitten, im Wasser ganz weich gekocht und durch ein Haarsieb getrieben. Sodann kocht man das Mark mit gleich viel gestoßenem Zucker, bis es ganz dick ist und rührt es fleißig um, da es leicht anliegt und dadurch die schöne Farbe verliert. Am Schluß gibt man etwas gestoßenen Zimmt, sehr wenig gestoßene Nelken, sehr kleinwürflig geschnittenes Zitronat und Orangenschalen dazu, rührt Alles gut durcheinander, füllt es nach einer Minute in beliebige Formen, streicht sie oben glatt und stellt sie an einen warmen Ort. Am nächsten Tag nimmt man die Quitten aus der Form, legt sie über Papier auf ein Blech, stellt sie noch einige Stunden warm und verwahrt sie dann gut zugedeckt.

Den Saft der abgekochten Quitten kann man zu Quittengelée verwenden.

1037. Zwetschgen-Marmeladen.

a) Reife, schöne Zwetschgen werden geschält, ausgesteint, halbirt und über Nacht mit halb so viel gestoßenem Zucker stehen gelassen, den nächsten Tag kocht man sie, bis sie sulzig sind und gibt nach Belieben auch ein Stückchen Vanille dazu.

b) Zu 3 Kilo geschälten und ausgesteinten Zwetschgen läutert man 500 Gramm Hutzucker mit ¼ Liter gutem Weinessig. Sobald der Zucker abgeschäumt ist, gibt man die Zwetschgen, etwas Zimmt, einige Nelken, die feingewiegte Schale einer Zitrone, sowie 70 Gramm feingewiegte Pomeranzenschalen hinein und läßt dies so lange kochen, bis es ganz dick ist. Die Marmelade hält sich sehr gut.

c) Ungeschälte Zwetschgen halbirt man, entfernt die Steine, gibt zu 1 Kilo 250 Gramm Zucker und kocht sie mit etwas ganzem Zimmt dick ein. Um die Zwetschgen zu erhalten, da sie gerne gähren, gibt man auf 3 Kilo nach dem Erkalten 2 Gramm Salicylpulver darunter.

1038. Reineclauden-Marmelade

wird wie Zwetschgen-Marmelade Nr. 1037b bereitet.

1039. Hagebutten-Marmelade.

Man bekommt sie fast überall schon passirt zu kaufen, ist dies jedoch nicht der Fall, so nimmt man die Kernchen aus den sehr reifen Hagebutten heraus, überspritzt sie mit sehr frischem Wasser, dem man auch ein kleines Gläschen Wein beigießen kann, läßt sie 3—4 Tage im Keller stehen und rührt sie öfters um. Sie werden sodann durch ein Haarsieb getrieben, auf 500 Gramm Mark 400 Gramm feingestoßener Zucker genommen und unter fleißigem Rühren dick eingekocht. Dann füllt man sie in einen Steintopf oder ein Glas, belegt sie nach dem Erkalten mit einem in Arak getränkten Papier und bindet den Topf gut zu.

1040. Quodlibet von Früchten.

1 Kilo ausgesteinte Weichseln, 1 Kilo ausgesteinte schwarze Kirschen, 1 Kilo Johannisbeeren, 1 Kilo Stachelbeeren werden mit 1 Kilo Zucker unter öfterem Umrühren dick eingekocht und ausgekühlt in Gläser gefüllt. Man kann zuletzt auch 1 Kilo Himbeeren noch mit einkochen, nimmt aber dann 125 Gramm Zucker mehr dazu.

1041. Orangen-Marmelade.

Man bereitet dieselbe Ende März oder Anfang April, wo die Orangen am reifsten zu haben sind. Auf 6 Pomeranzen nimmt man 4 schöne Apfelsinen und 1 Zitrone, und ebensoviel Hutzucker als Früchte. Nun reibt man die Früchte mit einem reinen Tuch ab, gibt sie in eine Kasserole, übergießt sie mit kaltem Wasser, bringt dasselbe zum Kochen, schüttet es ab, gießt frisches Wasser darüber und kocht die Orangen, bis sich deren Schale leicht mit einem Stecknadelknopf durchstechen läßt. Dann schüttet man sie zum Abtropfen auf ein Sieb, schneidet sie in sehr dünne Scheiben, beseitigt die Kerne, legt die Orangenscheiben in eine glasirte Kasserole, gießt auf jedes halbe Kilogramm Früchte $1/4$ Liter von dem Wasser, worin sie zuletzt gekocht wurden, hinzu, läßt sie erst mit der Hälfte des Zuckers leise kochen, gibt dann den übrigen Zucker daran und kocht die Marmelade langsam unter fleißigem Umrühren, bis sie geléeartig breit vom Löffel fällt, wonach man sie in Gläser oder Büchsen füllt, erkalten läßt und mit Papier oder Blase überbindet. Liebt man die Marmelade süßer, so nimmt man auf jedes halbe Kilogramm Früchte 750 Gramm Zucker.

1042. Johannisbeer-Gelée.

Zu $1^1/_2$ Liter rothen Johannisbeeren nimmt man $1/_2$ Liter weiße; auch kann man zur Verfeinerung des Geschmackes den vierten Theil Himbeeren darunter mischen. Nun gibt man sie in einen neuen irdenen Topf, den man in eine Kasserole mit kaltem Wasser in das Bratrohr stellt, läßt das Wasser 2—3 Stunden langsam kochen, bis die Beeren geplatzt sind und allen Saft von sich geben, worauf man dieselben durch ein Tuch seiht, ohne die Beeren irgendwie zu pressen, da sonst das Gelée nicht klar werden würde. Auf je 500 Gramm Saft nimmt man das gleiche Gewicht Zucker und verkocht ihn mit dem Saft unter fleißigem Abschäumen, bis die Flüssigkeit breit vom Löffel rutscht und ein Tropfen, den man auf einen Teller fallen läßt, nicht mehr auseinander fließt, sondern erstarrt. Das Gelée wird in kleine, erwärmte Gläser gefüllt und wenn es kalt ist, mit in Arak getauchten Blättchen Papier überlegt und dann mit Papier überbunden.

1043. Quitten-Gelée.

Die Quittenäpfel werden mit einem Tuch abgerieben, sammt den Schalen in Stücke geschnitten und im Wasser weich gekocht. Dann wird der Saft gut ausgepreßt und so lange filtrirt, bis er klar ist. Man nimmt ebenso schwer Zucker wie Saft, läutert denselben bis zum Flug, gießt den Saft dazu und läßt Beides unter öfterem Umrühren kochen, bis der Saft an dem herausgezogenen Löffel als eine große Perle abtropft. Nach kurzem Auskühlen füllt man das Gelée in kleine Gläser und bindet sie mit Papier gut zu.

1044. Apfel-Gelée.

Am besten sind dazu Borsdorfer- oder Reinettenäpfel. Man schält und schneidet sie in Scheiben, gibt sie mit so viel Wasser zum Kochen, daß es mit den Aepfeln gleich steht, kocht sie zu Brei und läßt sie über Nacht stehen. Am nächsten Tage filtrirt man sie durch ein ausgewaschenes Tuch, drückt zu je einem halben Liter Apfelsaft den Saft einer Zitrone, läutert dazu 250 Gramm Zucker zum Flug und beendet es ganz so wie vorhergehendes Quittengelée.

1045. Gelée aus unreifen Aepfeln.

Wird ganz wie vorstehende Nr. 1044 bereitet, nur schält man die Aepfel nicht, sondern schneidet sie in Scheiben und kocht sie mit sehr viel kaltem Wasser zu einem weichen Brei.

1046. Ananas-Gelée.

Man schneidet eine sehr reife Ananas in feine Scheiben, bestreut sie dick mit Zucker, läßt sie 2 Tage stehen und mengt den so gewonnenen Saft zu dem nach Nr. 1044 filtrirten Apfelsaft von 12 feinen Aepfeln und beendet es wie das bezeichnete Apfelgelée.

In Essig eingemachte Früchte.

1047. Weichseln in Essig.

I. Die Weichseln werden ausgekernt und 24 Stunden in Weinessig gelegt, so daß dieser gut darüber geht. Dann läßt man sie durch ein Sieb abtropfen, mischt die Weichseln in einer Schüssel mit gesiebtem Zucker (auf 500 Gramm Frucht 375 Gramm Zucker) und füllt sie in ein Glas. Nach drei Tagen gibt es einen klaren Saft, obwohl der Essig ganz entfernt wird.

Oder: II. Man schneidet von besonders großen, schönen Kirschen oder Weichseln die Stiele halb ab und legt sie in ein Glas oder einen Steintopf möglichst dicht bis obenauf. Dann kocht man feinen Weinessig, nimmt auf je ½ Liter 250 Gramm Zucker, einige Nelken und eine Stange sehr feinen ganzen Zimmt, läßt ihn nach dem Aufsieden erkalten, gießt ihn über die Weichseln, bindet die Gläser fest zu, wiederholt nach 8 Tagen das Aufsieden des Essigs und verwahrt sie dann fest zugebunden an einem kühlen Ort.

1048. Zwetschgen in Essig.

Nachdem weiche, große Zwetschgen von den Stielen gepflückt und jede mit der Nadel einige Male gestupft wurde, werden sie sorgfältig in einen Topf eingelegt und wie obige Weichseln Nr. 1047 II mit kochendem Essig zubereitet.

1049. Birnen in Essig.

Auf 1 Kilo kleine, reife Birnen kocht man ½ Kilo Zucker mit ¼ Liter Essig und ¼ Liter Wasser, 8 Nelken und etwas ganzen Zimmt, und gibt dann die geschälten Birnen dazu, bis sie wie durchsichtig aussehen. Nun nimmt man sie heraus, läßt den Saft noch besser einkochen und gibt ihn dann über die Birnen.

1050. Essiggurken.

Nachdem man seine, kleine oder halbgewachsene Gurken mit frischem Wasser gewaschen, legt man sie in eine Schüssel, streut eine Handvoll Salz und etwas Wasser darüber und läßt sie 4—5 Stunden stehen. Dann nimmt man sie heraus, trocknet jede einzelne mit reiner Leinwand ab, nimmt ein reines, gut ausgetrocknetes Einmachglas oder einen steinernen Topf und legt die Gurken nebst ein paar Zweigen Estragon und Fenchel, einer Schote spanischen Pfeffer, ein paar Lorbeerblättern, einigen geschälten Schalotten, einigen Nelken, Pfefferkörnern und ein paar Stückchen sauber geputzten und verschnittenen Meerrettig hinein. Nun kocht man ächten, reinen Weinessig, der nicht zu scharf ist, schäumt ihn ab und gießt ihn erkaltet über die Gurken, so daß sie gut damit bedeckt sind. Nach zwei Tagen wird der Essig abgeseiht, aufgekocht, abgeschäumt und heiß nochmals darüber gegossen. Wenn er kalt ist, wird das Glas oder der Topf mit einer Blase überbunden.

1051. Senfgurken.

Man nimmt Schlangengurken, schält sie, befreit sie von allen Körnern und dem Faserigen und schneidet sie in beliebige Stücke. Dann läßt man Wasser mit Salz kochen, gibt die Gurken hinein, läßt sie nur einmal aufkochen und legt sie dann auf ein Tuch zum Abtropfen; dann schüttet man sie in eine Schüssel und gibt so viel mit etwas Salz aufgekochten Weinessig darüber, daß sie gut bedeckt sind. Nach einigen Tagen schüttet man die Gurken in einen Durchschlag, läßt den Essig abtropfen, legt sie mit Pfefferkörnern, gelben Senfkörnern, Schalotten, Knoblauch, Lorbeerblättern und nach Belieben etwas feingeschnittenem Meerrettig schichtenweise in die Gläser, kocht den Essig nochmal auf, schäumt ihn ab und gießt ihn abgekühlt durch ein Sieb über die Gurken.

1052. Zuckergurken.

1 Liter Weinessig wird mit ½ Liter Wasser, ½ Kilo Zucker, einem Stückchen Zimmt und einigen Nelken gekocht, 9 ausgewachsene, aber feste Gurken geschält, der Länge nach in 6—8 Theile geschnitten, von den Kernen befreit und im obigen Essig einige Male aufgekocht und abgeschäumt. Tags darauf läßt man den abgeseihten Essig wieder sieden, gibt ihn über die Gurken und läßt sie zugedeckt über Nacht stehen. Dann kocht man den abgeseihten Essig nochmals, gibt die Gurken in Einmachgläser, gießt den gänzlich

In Essig eingemachte Früchte.

erkalteten Essig darüber, verschließt die Gläser mit einer Blase oder mit Papier und stellt sie an einen kühlen Ort.

1053. Bohnen in Salzwasser.

Man kocht die abgezogenen Bohnen einigemal auf, läßt sie ablaufen, trocken und kalt werden und schichtet sie dann fest in einen großen, steinernen Topf. Unterdessen kocht man zu 2 Liter Wasser 500 Gramm Salz gerechnet, läßt dieses Salzwasser auskühlen, gießt es über die Bohnen, daß dieselben ganz bedeckt sind, legt obenauf Weinblätter oder ein reines Tuch und darüber ein Brettchen, das man beschwert. Tuch und Brettchen müssen öfters gereinigt werden. Als Gemüse bereitet man sie nach Nr. 186.

1054. Grüne Bohnen in Essig.

Hiezu nimmt man kleine, zarte Bohnen, schneidet sie oben und unten etwas zu, zieht die Fäden seitwärts ab, wäscht sie und gibt sie in viel kochendes, stark gesalzenes Wasser, wozu man eine Messerspitze Pottasche für einen Liter Wasser nehmen kann. Nachdem sie einige Male aufgekocht, werden sie abgeseiht, mit frischem Wasser abgeschwenkt und nach dem Abtropfen in einer Schüssel mit kochendem Weinessig übergossen. Den nächsten Tag gibt man die Bohnen mit etwas Schalotten, Lorbeerblättern, Pfefferkörnern in die Einmachgläser, kocht den Weinessig nochmals ab (sollte er zu scharf sein, kocht man das nöthige Wasser mit), läßt ihn gänzlich erkalten und gießt ihn über die Bohnen. Man bedeckt die Oberfläche mit gutem Salat-(Oliven-)Oel und verschließt das Glas mit Pergamentpapier.

1055. Spargel in Essig.

Schöner, frisch abgeschnittener Spargel wird gut geputzt, alles Holzige der Länge nach mit einem feinen Messer weggeschnitten und in siedendem Salzwasser ein paar Minuten überkocht. Nachdem er abgeseiht, mit frischem Wasser übergossen und gut abgetropft ist, übergießt man ihn mit kochendem Weinessig. Den nächsten Tag kocht man den Essig, wenn er zu scharf sein sollte, mit etwas Wasser wieder auf, füllt die Spargeln in die Gläser, gießt den ganz abgekühlten Essig dazu und bedeckt ihn mit einer Schichte guten Salat-(Oliven-)Oels.

1056. Blumenkohl in Essig

wird wie vorhergehender Spargel bereitet.

1057. Reizker in Essig.

5 Liter Reizker werden rein geputzt und die Stiele entfernt. 1½ Liter Essig mit 1 Liter Wasser und dem nöthigen Salz kocht man, gibt die gewaschenen Schwämme hinein und läßt sie so lange kochen, bis sie sich ganz weich anfühlen. Den nächsten Tag richtet man sie in Gläser oder Steintöpfe, gibt 1 Kaffeelöffel Pfefferkörner, ½ Kaffeelöffel Piment, 2 Lorbeerblätter, 4 bis 5 Nelken und eine in Scheiben geschnittene Zwiebel dazwischen, läßt den Essig nochmals aufkochen und gießt ihn erkaltet über die Schwämme.

1058. Estragon-Essig.

Man läßt frische Estragonblätter auf Papierbogen an einem schattigen, aber warmen Orte abwelken, gibt 150—200 Gramm davon in eine große Flasche mit 1 Liter feinsten Wein-Essigs, fügt nach Belieben noch etwas Salz und Schalotten dazu, verkorkt die Flasche, läßt sie 14 Tage in der Sonne stehen und filtrirt dann den Essig.

1059. Himbeer-Essig.

Man nimmt ebenso viel zerdrückte Himbeeren als Weinessig oder doch mindestens die Hälfte und stellt sie in mit Papier verschlossenen Flaschen 3 Wochen an die Sonne, dann seiht man den Essig in Flaschen und verkorkt und verpicht dieselben.

1060. Deutscher Senf.

½ Liter Weinessig, 1 kleine Zwiebel und 2 Nelken läßt man 10 Minuten kochen. Dann schüttet man es über 140 Gramm gelbes und 70 Gramm grünes Senfmehl, das man mit 140 Gramm Farinzucker vorher gut mischt, und rührt es mit einem glühenden Eisen 4—5 mal um.

1061. Französischer Senf.

70 Gramm geputzte und ausgegrätete Sardellen, 2 große Eßlöffel Kapern, nach Belieben etwas Knoblauch und Zwiebel wird fein gehackt; dann 70 Gramm französisches Senfmehl mit wenigem siedenden Wein angebrüht, so daß man es kaum rühren kann, das Gehackte, 6 Eßlöffel feines Salat-(Oliven-)Oel und so viel Kräuteressig dazugegeben, bis der Senf die rechte Dicke und Säure hat, dieser nun stark verrührt und in Steintöpfe eingefüllt.

Speisezettel.

Große Diners.

Ochsenschweifsuppe.
Caviar und Sardellenbrödchen.
Seezunge in Krebsbutter.
Filetbraten mit verschiedenen Gemüsen garnirt.
Warme Wildpretpastete.
Gebratener Indian mit Salat und Compot.
Stangenspargel in Frikassee-Sauce.
Kalte Maraskino-Crême.
Chokolade- und Nußtorte.
Gefrorenes mit Hohlhippen.
Feines Obst und Confekt.
Zwei Arten Käse, Butter, feingeschnittener Pumpernickel,
Schwarzbrodscheibchen und Weißbrod.
Kaffee. Liqueur.

Austern mit Zitronenscheiben.
Kraftsuppe mit Hirnkoch.
Gemischtes Ragout in Muscheln.
Blauabgesottene Forellen mit kleinen Kartoffeln.
Rehrücken mit kleinen Pastetchen.
Gänselebercroquetten oder gefüllte Lammskoteletten mit grünen Bohnen.
Gebratener Fasan mit Endiviensalat und glacirten Kastanien.
Weichsel- und Apfelcompot.
Brodpudding mit Weinsauce.
Gefrorene Schlagrahmcrême mit Makronen.
Verschiedene Käse, Butter ꝛc.
Feines Obst, Confekt.
Kaffee. Liqueur.

Als Getränke reicht man zu Vorspeisen (wie Austern ꝛc.) vor der Suppe Sherry, dann Weiß- und Rothwein bis zum Geflügel und von da ab Champagner.

Kleinere Diners.

Hühnerpüreesuppe.
Hecht in Butter gedämpft.
Warmer Schinken mit Pflückerbsen.
Gebratene Schnepfen mit Schnepfenbrod und Endiviensalat.
Tag- und Nachtpudding mit Weinsauce.
Käse, Butter. Obst, Dessert ꝛc. — Kaffee.

Suppe mit Hirnknöbelchen.
Gemischtes Ragout.
Rehrücken mit kleinen Pastetchen.
Gebratener Kapaun mit gemischtem Salat und Johannisbeergelée.
Kalter Gries.
Käse, Butter. Obst, Confekt ꝛc. — Kaffee.

Kalbsbriessuppe.
Hummermayonnaise.
Lendenschnitten mit Sardellenbutter und gebratenen Kartoffeln.
Haselhühner mit Brunnkreßsalat und Orangencompot.
Russische Crême.
Käse, Butter. Obst, Dessert ꝛc. — Kaffee.

Braune Suppe mit Reis.
Gebratener Aal.
Filetbraten mit verschiedenen Gemüsen.
Perlhuhn in Speck gebraten mit Kastanienpüree und Salat.
Halselnußcrême mit Schlagrahm.
Käse, Butter. Obst, Confekt ꝛc. — Kaffee.

Blumenkohlsuppe mit Markknöbelchen.
Warme Pastetchen mit Sardellenfarce.
Gespickter Hasenbraten mit Schinkenreis.
Hühner am Spieß mit Kopfsalat und Apfelcompot.
Orangeneis mit Confekt.
Käse, Butter. Obst, Dessert ꝛc. — Kaffee.

Suppe mit Eierkäs.
Stangenspargel mit Kalbsbries.
Englisches Roastbeef mit Pflückerbsen und Mixed Pilles.
Gebackene Hühner mit Salat und Compot.
Reispudding mit Obstsauce.
Käse, Butter. Obst, Confect ꝛc. — Kaffee.

Suppe mit Goldwürfeln.
Sardellen- und Kaviarbröbchen.
Rehrücken mit Kartoffelpüree und Orangencompot.
Gebratener Indian mit gemischtem Salat und glacirten Kastanien.
Gefüllte Nußtorte.
Käse, Butter. Obst, Confekt ꝛc. — Kaffee.

Gerstenschleimsuppe.
Hühnerfrikassee mit Reis.
Gefüllte Kalbskoteletten mit Salat und Compot.
Hirschkalbrücken mit kleinen Pastetchen.
Nudelpudding.
Käse, Butter. Obst, Confekt ꝛc. — Kaffee.

Spargelsuppe.
Gespickter Hecht in Rahmsauce.
Gedämpftes Ochsenschwanzstück mit Blumenkohlgemüse
und Bratkartoffeln.
Gebratene Enten mit Kopfsalat und gemischtem Compot.
Chokoladen-Crême in Gläsern.
Käse, Butter. Obst, Confekt ꝛc. — Kaffee.

Wildpretpüreesuppe.
Gansleber-Croquetten.
Englische Beefsteaks mit Spargelgemüse.
Gebratener Birkhahn mit Endiviensalat und Aprikosencompot.
Merinquen mit Schlagrahm.
Käse, Butter. Obst, Confekt ꝛc. — Kaffee.

Biscuitensuppe.
Hühnermayonnaise.
Geräucherte Ochsenzunge mit Pflückerbsen.
Hammelschlegel auf Wildpretart.
Stranizen mit Schlagrahm.
Käse, Butter. Obst, Confekt 2c. — Kaffee.

Französische Wurzelsuppe.
Gekochte Krebse.
Lendenbraten in Madeirasauce und glacirten Kastanien.
Junge Rebhühner mit Sauerkraut.
Rubiertorte.
Käse, Butter. Obst, Confekt 2c. — Kaffee.

Warme Soupers.

Alle vorhergehenden Menus können ebenso gut für feinere Soupers verwendet werden, nur läßt man die Suppe und den schwarzen Kaffee ganz weg und servirt vor oder statt der Mehlspeise zwei Schalen mit feinem Compot.

Kalte Soupers.

Thee.
Austern oder verschiedene belegte Bröbchen.
Lachs= oder Hirnmayonnaise in Muscheln.
Kalter, fein aufgeschnittener Rehbraten und Endiviensalat
mit gefüllten harten Eiern garnirt.
Kalter gebratener Indian mit verschiedenen Compots.
Gänseleberpastete.
Rabieschen, Käse, Butter, Pumpernickel, Obst, Confekt.

Thee.
Kaviar mit Zitronenscheibchen und gebackenen Brobschnitten.
Uebersulzter Aal oder Amaul.
Kalter feingeschnittener Filetbraten mit zerhackter weißer Aspik
und Rabieschen garnirt; Apfelcompot.
Fein aufgeschnittene Pöckelzunge mit italienischem Salat.
Kalte Wildpretpastete.
Verschiedene Käse, Butter, Pumpernickel, Obst, Confekt.

Speisezettel.

Fasten-Diner.

Krebssuppe.
Fischpastetchen.
Rühreier mit Kieler Sprotten.
Rheinlachs mit zerlassener Butter und geschwungenen Kartoffeln.
Stangenspargel mit Fritassee-Sauce.
Gebratener Huchen mit Kopfsalat.
Reistimballo.
Gestürzte Nußcrême.
Obst, Confekt. Käse, Butter ꝛc. — Kaffee.

Fischsuppe mit kleinen Knödeln.
Gefüllte Schnecken.
Spinat mit Ochsenaugen.
Blauabgesottene Forellen.
Eingemachte Froschschenkel mit Blumenkohl und Champignons.
Gebackener Karpfen mit grünem Salat.
Fischpudding.
Erdbeercrême mit Schlagrahm.
Käse, Butter. Obst, Confekt ꝛc. — Kaffee.

Gabelfrühstück.

Austern mit Zitronenscheibchen.
Gefüllte Kalbs- oder Lammskoteletten mit Spargel.
Blauabgesottene Saiblinge.
Gansleberpastete.
Gebratene Hühner mit italienischem Salat.
Radieschen, Käse, Butter, Pumpernickel ꝛc.

Caviar und Anchovis-Brödchen.
Gemischtes Ragout mit kleinen Pastetchen.
Seezunge in Krebssarce.
Gebratene Schnepfen mit Salat und Compot.
Gestürzte Maraskinocrême.
Käse, Butter, Obst, Dessert.

Als Getränke stellt man Bouillon in Tassen, sowie Roth- und Weißwein auf den Tisch.

Hausball.

Gleich nach der Ankunft wird Thee mit kaltem Rahm, Rum und den üblichen kleinen Bäckereien herumgereicht.

Während des Tanzens servirt man Limonade mit Mandel- und Sandtorte.

Um 10 Uhr findet das Souper statt oder man richtet ein sogenanntes kaltes Buffet mit folgenden Platten:

Uebersulzter Aal, Lachs oder Hecht.
Wildpret- oder irgend welche andere gesulzte Pastete.
Hummer oder Hühner in Mayonnaise.
Kalter, gebratener, schön zertheilter Indian.
Fein aufgeschnittener Filet- und Rehbraten oder Kalbfleisch als falscher Salm.
Pöckelzunge und Schinken mit zerhackter Aspik überstreut.
Italienischer Salat, Endiviensalat, Radieschen, 2 Schalen Compot,
Gestürzter Vanille- und Kastanien-Crème,
Kleines Backwerk, Früchte, Bonbons,
Butter, Käse, feingeschnittener Pumpernickel, Weißbröbchen ꝛc.

Bouillon kann zu Anfang des Soupers in Tassen herumgereicht werden, wie später auch Bier; außerdem stellt man auf jedes Soupertischchen eine Flasche Roth- und eine Flasche Weißwein.

Um 12 oder $^1/_2$1 Uhr servirt man verschiedenes Eis und zweierlei Torten, kleines Confekt, sowie Champagner oder irgend eine Fruchtbowle.

Vor Schluß des Balles bekommt jeder Gast eine Tasse schwarzen Kaffees.

RAFFINIERTES SACCHARIN,

500 mal so süss wie Zucker, ist das beste, gesündeste und billigste Versüssungs- und Konservierungsmittel für Haushalt und Industrie.

Wie versüsst man am besten und billigsten **Pflaumenmus, Apfelmus, Kompott, Dunstobst, Fruchtsäfte,** *Warmbier,* **Suppen** *?*

Man nehme für diesen Zweck leicht lösliches raffiniertes Saccharin (450 mal so süss wie Zucker) und zwar an Stelle von je 1 kg Zucker nur 2¼ Gramm, löse es in etwas warmem Wasser auf und setze diese Lösung den Kompotten, Musen, Fruchtsäften, Warmbier, Suppen etc. zu, die dadurch vorzüglich wohlschmeckend und **haltbar** werden.

Wie versüsst man am besten und billigsten **Kaffee,** *Thee,* **Kakao, Maitrank, Bowlen,** *Grog,* **Punsch** *?*

Man verwende in diesem Falle Saccharin-Tabletten. 1 Tablette — 1½ Stück Würfelzucker verleiht einer Tasse Kaffee, Thee, Kakao oder einem Glase Grog, Punsch, Bowle, einen angenehmen, süssen Geschmack, ohne das feine, selbst zarteste Aroma zu verdecken.

Wie versüsst man am besten und billigsten Milch für Kinder, Kost für Fettleibige, Magen-, Gicht- und Zuckerkranke?

Jede Hausfrau versüsse die Milch für Kinder und alle Speisen für Fettleibige, Magen-, Gicht- und Zuckerkranke mit leicht löslichem raffinirten Saccharin (450 mal so süss wie Zucker). Dasselbe verursacht keine Magensäure, die für Kinder und Kranke sehr belästigend und schädlich sein kann, und macht die Milch und sonstige Speisen gleichzeitig viel haltbarer.

☞ **Man überzeuge sich durch einen Versuch!** ☜

Saccharin von **Fahlberg, List & Co.** ist von **unübertrefflicher, reinster Qualität** und **höchster Süsskraft.**

Ausführl. Gebrauchsanweisungen, Muster, Mässchen zum leichten Abmessen kostenfrei durch

Fahlberg, List & Co., Saccharin-Fabrik,
Salbke-Westerhüsen a. Elbe.

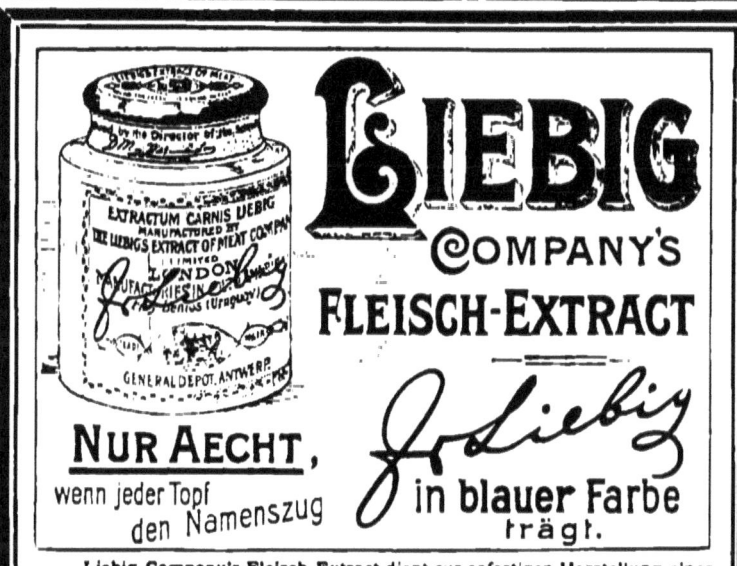

Liebig Company's Fleisch-Extract dient zur sofortigen Herstellung einer vortrefflichen Kraftsuppe, sowie zur Verbesserung und Würze aller Suppen, Saucen, Gemüse und Fleischspeisen, und bietet, richtig angewandt, neben **ausserordentlicher Bequemlichkeit** das Mittel zu **grosser Ersparnis** im Haushalt.

Käuflich in ⅛, ¼, ½ und 1/1 engl. Pfund-Töpfen netto, sowie 2 und 5 engl. Pfund-Blechdosen netto.

Notizen.

Notizen.

Notizen.

Notizen.

Notizen.

Notizen.

Notizen.

Notizen.